머리말

KB208089

반갑습니다!

외환전문역 I 종 자격시험과 관련하여 다양한 교재들이 있음에도 불구하고 본 교재를 선택해 주셔서 감사합니다.

본 교재는, 한국금융연수원에서 시행하는 외환전문역 I 종 자격시험에 대비하여 쓰여진 수험서입니다. 교재의 기본 구성은 한국금융연수원에서 발간한 기본서들을 참조하였으나, 해당 기본서가 다루는 주제들을 저자의 실무경험을 바탕으로 하여 충실하면서도 이해하기 쉬운 방식으로 전개하였습니다.

외환전문역 I 종 자격시험은 '금융기관에서 외환관련 개인금융 업무를 담당하는 자 또는 담당예정자의 능력을 검정하는 시험으로서, 외국환관련법규를 다룬 외환관리실무, 외국환거래실무, 환리스크 관리 등의 실무지식 및 적용능력을 측정하기 위함'이라고 시험 주관처는 밝히고 있습니다.

본 교재 집필의 가장 중요한 목적은 외환전문역 I 종 자격시험을 준비하시는 분들이 성공적으로 시험에 합격할 수 있도록 도움을 드리는 것이기 때문에, 자격시험이 의도하는 바를 참작하여, 해당 자격시험이 다룰 핵심사항들을 Compact하게 엮었습니다. 각 파트별 학습안내를 참조하셔서, 실무에서 접할 일이 많으면서도 이해하기 쉬운 부분부터 공부해 주시고, 거기서 조금씩 학습범위를 넓혀 교재 전체를 이해해 나가는 방식의 효율적인 학습을 권합니다.

외환전문역 I 종 자격시험은 60점 이상을 얻으면 합격입니다. 시험을 고득점으로 합격하는 것 못지 않게 중요한 것은 추후 활용할 수 있는 지식들을 탄탄하게 내 것으로 만드는 것이라 생각합니다. 당장은 시험에 합격해야 한다는 목표를 가지고 공부하는 것이지만, 실무 현장에서 활용할 지식을 하나하나 충실히 쌓아가겠다는 자세로 임하신다면, 합격은 덤으로 따라오리라 확신합니다.

본 교재를 이용하여 공부하시는 분들 모두에게 좋은 결과가 있기를 기원합니다.

2025년 4월
한 승 연 씀

시험안내

시험주관처

한국금융연수원(www.kbi.or.kr)

시험관련 세부 정보

응시자격	응시료	시험시간	문제형식
제한 없음	55,000원	10:00~12:00(120분)	객관식 4지선다형

합격기준

전체 시험과목에서 평균 60점 이상을 득점하고, 시험과목별 40점(100점 만점 기준) 이상 득점한 자

합격자 발표

한국금융연수원 자격시험 접수센터(www.kbi.or.kr) 접속 후 '합격자 발표'에서 확인

2025 시험일정

회 차	접수기간	시험일	합격발표일
52회	02.11(화)~02.18(화)	03.22(토)	04.04(금)
53회	05.27(화)~06.03(화)	07.05(토)	07.18(금)
54회	10.14(화)~10.21(화)	11.22(토)	12.05(금)

※ 상기 시험일정은 금융연수원(www.kbi.or.kr)에 따른 것으로 주최측의 사정에 따라 변동될 수 있습니다.

CERTIFIED FOREIGN EXCHANGE SPECIALIST

한승연의
외환전문역 I종

한권으로 끝내기 + 무료동영상

시대에듀

한승연의
외환
전문역 I종

CERTIFIED FOREIGN
EXCHANGE SPECIALIST

Always with you

사람의 인연은 길에서 우연하게 만나거나 함께 살아가는 것만을 의미하지는 않습니다.
책을 펴내는 출판사와 그 책을 읽는 독자의 만남도 소중한 인연입니다.
시대에듀는 항상 독자의 마음을 헤아리기 위해 노력하고 있습니다. 늘 독자와 함께하겠습니다.

취득 시 학점 인정

국가공인 외환전문역 자격소지자에 대해 10학점이 인정됨 : 국가평생교육진흥원 학점은행(www.cb.or.kr)

시험구성

시험과목		주요 내용	문항 수	배 점
제1과목	외환관리 실무	외국환거래 일반	35	50
		지급과 자본거래		
		현지금융 / 해외직접투자		
제2과목	외국환 거래실무	은행 및 본 · 지점 간 외환실무	25	30
		대고객 외환실무		
		특수한 외환상품		
		외국환 회계		
		외국환업무와 관련된 컴플라이언스업무		
제3과목	환리스크 관리	외환의 개념	20	20
		환리스크의 개요와 실행방안		
		선물환거래 / 통화선물 / 스왑 / 통화옵션 등 전반적인 이해		
합 계			80	100

유의사항

❶ 자격취득자는 자격 유지를 위하여 자격취득 년도 말일을 기준으로 매 3년 이내에 1회 이상 소정의 보수교육을 받아 자격을 갱신해야 함

❷ 보수교육을 이수하지 않을 경우에는 보수교육 이수 시까지 자격이 일시 정지되며, 보수교육 이수 후 자격이 부활됨

❸ 보수교육은 해당 자격 분야의 규정 및 법령의 변경 내용, 신 금융상품 및 금융기법, 최근 동향 및 향후 전망 등 자격소지자들이 업무를 수행하는데 필요한 새로운 지식과 기법을 중심으로 금융연수원 홈페이지의 '자격시험/보수교육/강의실'에서 동영상 강의로 진행됨

과목별 학습전략

CERTIFIED FOREIGN EXCHANGE SPECIALIST

외환전문역 I 종

외환전문역은 그 대상에 따라 외환전문역 I 종 및 II종으로 구분되는데, 그렇다면 외환전문역 I 종 자격을 취득하기 위해서는 무엇을 공부해야 할까요? 먼저 외환전문역 I 종 시험이 어떻게 구성되어 있는지 알아보도록 합시다.

제1과목
외환관리 실무

검정목표

외국환거래 시 적용되는 외국환거래법의 이해와 외국환의 매매, 환전 및 자본거래와 현지 금융 등에 대한 기본적인 내용을 파악하여 외국환업무 전반에 대한 내용을 이해하고 실무에 적용할 수 있는 능력을 측정

외국환거래 일반
- 외국환거래법의 이해
- 외국환거래 일반(거주성의 구분, 지정등록대상 거래, 업무처리기간 등)
- 외국환 매입과 매각(외국환 매각 또는 매입 시 고려대상

지급과 자본거래
- 거주성별 지급 등의 세부절차 이해, 해외여행경비 및 해외이주비 등의 '지급' 등
- 자본거래(거주자/비거주자계정 개설 및 금전대차, 대외계정 및 해외예금의 관리, 외화차입 및 외화여신의 절차, 증권의 발행, 취득 및 파생상품, 해외부동산 거래 등)

현지금융/해외직접투자
- 현지금융의 신고와 사후관리
- 해외직접투자의 신고 및 사후관리
- 외국인 직접투자 등

제2과목
외국환 거래 실무

검정목표

외국환지급결제업무에 대한 이해와 주로 영업점에서 발생하는 대고객 외국환 업무 및 대고객업무를 지원하기 위한 은행 간, 은행 본·지점 간 지원시스템 및 관리업무에 대한 이해도 측정

은행 및 본·지점 간 외환실무

환거래계약, 외화자금관리, 외신관리, 외국환대사, 외화계산

대고객 외환실무

외화예금, 당발송금, 타발송금, 외국통화의 매매, 여행자수표, 외화수표

특수한 외환상품

국제금융과 국제금융시장의 개요, 환율연동상품, 외화보험상품, 해외펀드상품

외국환 회계

외국환 회계 개요, 외환업무별 회계처리, 외화자산 및 부채의 평가

외국환업무와 관련된 컴플라이언스 업무

개요, 외국환업무 취급 시 유의사항 및 Check Point, 사례

제3과목
환리스크 관리

검정목표

무역 및 자본자유화의 진전에 수반되는 기업 및 개인고객의 환리스크의 기초에 대한 이해와 환리스크 및 이자율리스크를 관리할 수 있는 파생금융상품들의 개요 및 활용방안에 대한 업무지식을 이해하고 실무에 적용할 수 있는 능력을 측정

외환의 개념

외환포지션의 의의, 종류, 형태, 외환거래 및 외환시장분석

환리스크의 개요와 실행방안

환리스크의 유형과 결정요인, 내부적/외부적관리 기법의 이해

선물환거래 / 통화선물 / 스왑 / 통화옵션 등 전반적인 이해

- 선물환거래의 이해
- 기간별 외환스왑의 유형
- 이자율 스왑의 가격결정 기초
- 옵션의 시간가치와 내재가치
- 선물환율의 산정
- 통화선물
- 통화스왑의 개념
- 통화옵션 전략 등

기출유형 파악하기

외환전문역 Ⅰ종은 4지선다로 출제됩니다. 금융기관에서 외환관련 개인금융 업무를 담당하는 자 또는 담당 예정자의 능력을 검정하는 시험으로서, 법규의 이해와 적용능력에 관한 외환관리실무, 외국환거래실무, 고객의 외화자산을 효율적으로 관리하기 위한 각종 외환리스크 등의 이론과 실무지식 및 적용능력을 측정합니다. 아래의 기출유형을 통해 실제 출제되는 유형에 익숙해짐으로써 학습방향을 점검하시기 바랍니다.

출처 : 한국금융연수원

CERTIFIED FOREIGN EXCHANGE SPECIALIST

제1과목
외환관리 실무

외국환거래법령에서 말하는 '신고등'이라 함은 외국환거래 당사자가 소정의 신고서에 당해 외국환거래 등의 사유와 금액을 입증하는 서류를 첨부하여 신고기관에 제출하는 것을 말한다. 다음 중 신고대상과 신고기관이 잘못 짝지어진 것은?

[제5회 출제]

① 지급수단의 수출입 – 관할 세관장
② 대외지급수단 매매신고 – 한국은행총재
③ 상호계산 – 한국은행총재
④ 상계 – 한국은행총재 또는 외국환은행의 장

해 설 상호계산방법으로 지급 등을 하고자 하는 자는 상호계산신고서를 지정 거래외국환은행장에게 제출하여야 한다.

정 답 ③

다음 계정 간 국내이체에 대한 자금이동표시 중 별도의 제한사항이 있는 경우는?

[제18회 출제]

① 거주자계정(예금주A) ⇒ 거주자계정(예금주B)
② 대외계정(예금주A) ⇒ 대외계정(예금주B)
③ 비거주자원화계정(예금주A) ⇒ 대외계정(예금주A)
④ 대외계정(예금주A) ⇒ 비거주자자유원계정(예금주A)

해 설 비거주자원화계정은 국내에서 사용하기 위한 자금이며, 대외지급이 자유로운 대외계정으로 이체는 인정된 거래에 한한다.

정 답 ③

제2과목
외국환 거래 실무

다음 중 환포지션에 대한 설명으로 옳은 것은?　　　　　[제18회 출제]

① 외국환의 매도액과 매입액의 차이를 의미하며 외국통화 간 거래에서도 발생한다.
② Cash 포지션은 종합포지션에서 선물환매매분을 제외한 부분으로 환율 변동에 무관한 포지션이다.
③ 국내은행이 Over Bought Position을 유지하고 있을 때 환율이 상승(원화가치하락)하면 은행은 손실을 보게 된다.
④ 국내은행 영업점에서 포지션이 Over Sold Position인 경우 본부로 외화를 전금하고 그 대가로 원화를 받는다.

해설 ① 원화를 대가로 한 외국통화 매매뿐 아니라, 외국통화 간([예] USD/YEN) 거래에서도 포지션이 발생한다.

② 포지션은 환율변동에 따라 가치가 변동한다.

③ 이익을 보게 된다.

④ 외화를 받고(역환) 원화를 보낸다(전금).

정답 ①

제3과목
환리스크 관리

다음 중 환리스크의 개요에 대한 설명으로 옳지 않은 것은?　　[제18회 출제]

① 환산환리스크는 같은 금액인 1백만 달러의 외화부채를 가진 C기업이 지난해 말과 올해 말에 재무제표를 작성할 때 원화 금액이 달라질 수 있는 가능성을 말한다.
② 외환익스포저의 규모가 클수록 환리스크는 커진다.
③ 외화자금을 차입한 기업의 경우 차입시기의 환율과 상환시기의 환율의 차이가 영업환리스크이다.
④ 환리스크는 크게 회계적 환리스크와 경제적 환리스크로 구분할 수 있다.

해설 외화자금을 차입한 기업의 경우 차입시기의 환율과 상환시기의 환율의 차이가 거래환리스크이다.

정답 ③

단기 합격플레너

CERTIFIED FOREIGN EXCHANGE SPECIALIST

	학습내용	SELF 완셩!	셩취도
DAY 1, 2, 3	제1과목 외환관리실무 (외국환관계법령)	DAY _____	☆ ☆ ☆ ☆ ☆
DAY 4	핵심정리 & 핵심문제	DAY _____	☆ ☆ ☆ ☆ ☆
	1과목 정리	DAY _____	☆ ☆ ☆ ☆ ☆
DAY 5, 6	제2과목 외국환거래실무	DAY _____	☆ ☆ ☆ ☆ ☆
DAY 7	핵심정리 & 핵심문제	DAY _____	☆ ☆ ☆ ☆ ☆
	2과목 정리	DAY _____	☆ ☆ ☆ ☆ ☆
DAY 8	제3과목 환리스크 관리	DAY _____	☆ ☆ ☆ ☆ ☆
	핵심정리 & 핵심문제	DAY _____	☆ ☆ ☆ ☆ ☆
DAY 9	3과목 정리	DAY _____	☆ ☆ ☆ ☆ ☆
DAY 10	최종모의고사 및 오답정리	DAY _____	☆ ☆ ☆ ☆ ☆

이 책의 구성

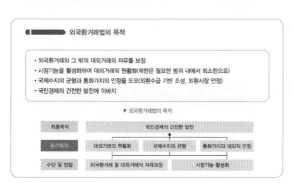

외환전문역 I 종 미리보기!

단기완성을 위한 한승연 저자님이 알려주시는 학습방법으로 어떠한 내용을 중점적으로 학습하는 것이 좋을지 미리 확인하실 수 있습니다.

본격! 이론학습하기

한승연의 외환전문역 I 종만의 시험에 나올 내용만 요약한 이론으로 전략적으로 학습하실 수 있습니다.

이론 마무리!

핵심정리와 핵심문제
각 과목별 이론학습 후에는 핵심정리와 핵심문제로 복습하세요. 놓쳤던 내용을 되새기고 재정리할 수 있습니다.

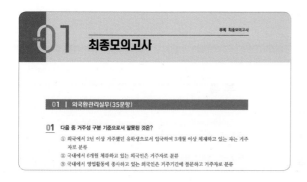

합격률 높이기!

최종모의고사
시험 직전 실력을 최종 점검할 수 있는 최종모의고사로 효율적인 마무리 학습을 할 수 있습니다.

CERTIFIED FOREIGN EXCHANGE SPECIALIST

한승연의
외환
전문역 I종

한권으로 끝내기 + 무료동영상

PART

01

외환관리실무
(외국환관계법령)

학습안내

외국환관계법령은 외국환거래법, 외국환거래법 시행령, 외국환거래 규정으로 이루어져 있습니다. 이러한 법령을 바탕으로 외국환은행들은 외국환거래업무취급세칙이나 외국환거래업무취급지침을 정하여 외국환업무를 취급하고 있습니다.

법령이나 취급지침을 법령집 등에 쓰여 있는 그대로 이해하고 숙지하기는 대단히 어렵습니다. 경험에 의하면, 특정 사안이 발생했을 때 해당 법규나 지침 등을 찾아보고 전문 부서에 질문하는 과정에서 이해가 되고 체득이 되는 경우가 많았고(Case Study), 대부분의 외국환은행 영업점에서는 상당히 제한된 업무만 발생하기 때문에 평소에 잘 접하기 어려운 분야에 관한 법령을 깊게 공부할 필요성도 없었다는 생각이 듭니다. 실제로 평소 접해보지 않았던 사안이 발생하면, 법령집을 살펴봐도 이해가 쉽지 않기 때문에, 외국환은행 각 영업점의 직원들은 관련 업무에 능통한 전문 부서에 문의하여 취급하는 것이 일반적입니다. 외국환은행 자체적으로도 답을 확신하기 어려운 경우가 있어서 한국은행이나 기획재정부까지 문의하는 일이 종종 발생하기도 합니다.

그러나, 외환의 매매, 당발송금 및 타발송금, 지급과 수령, 외화계정의 개설, 해외 유학생 경비 관련 업무는 외국환은행의 일반 영업점에서 일상적으로 다루게 되는 업무이며, 해외이주비, 재외동포 재산반출, 거주자의 해외부동산 취득, 해외직접투자 등과 관련된 업무도 이따금 수행해야 하기 때문에 직원(특히, 외국환업무 담당직원)들이 잘 이해하고 숙지함으로써 외국환은행이 확인 등이나 사후관리를 소홀히 하는 일이 없어야 합니다.

본 과목은 외환전문역 시험에 대비한 것이니만큼 자격시험에 합격할 수 있도록 효과적으로 공부해 보시기를 권해 드립니다. 우선, 위에서 언급한 분야를 공부하시고, 시간적인 여유가 있으면 나머지 분야를 살펴보시기 바랍니다. 실질적으로도 향후 접근 가능성도 낮고, 이해도 어려운 분야보다는 향후 접근 가능성이 높은 업무를 먼저 익힌 뒤에 여기서부터 이해를 넓혀가는 전략이 좋을 것이라 생각됩니다.

본 교재는 시험에 대비하여 정리한 것이므로 외국환거래 법령 전체를 완벽하게 다루고 있지 않습니다. 학습 목적상 적절한 생략과 발췌 형식을 취하고 있음을 이해하시기 바라며, 각 법령의 全文이 필요한 경우에는 '국가법령정보센터(www.law.go.kr)'에서 검색하여 참고하시기 바랍니다(은행의 각 지점 외환계에는 외국환거래 법/시행령/규정에 관해 1권으로 된 책이 있습니다. 그걸 보시는 게 최선일 것으로 생각됩니다).

CHAPTER 01

외국환거래법 및 시행령

⊘ 법 : 외국환거래법(국회에서 입법한 법률)

⊘ 시행령 : 외국환거래법 시행령(대통령 令) : 시행령은 법률의 시행을 위하여 발하는 집행명령(執行命令)과 법률이 특히 위임한 위임명령(委任命令)을 포함하며 이는 대통령의 명령을 말한다. 외국환거래에 관한 기본적 사항은 법률로써 규정하게 되지만, 그 세부적 사항은 국회의 시간·능력의 결여, 전문성 및 경제사정의 변화 등의 이유로 법률에서 규정할 수 없는 경우가 있으므로 세부적 사항에 대하여는 법률에서 구체적으로 범위를 정하여 명령(命令)으로 위임하게 되는데, 이를 시행령이라 한다.

⊘ 규정 : 외국환거래 규정(기획재정부 고시) : 외국환거래법과 동법 시행령에서 위임된 사항과 그 시행에 관하여 필요한 사항을 규정한다.

▶ 외국환거래법의 목적

• 외국환거래와 그 밖의 대외거래의 자유를 보장
• 시장기능을 활성화하여 대외거래의 원활화(제한은 필요한 범위 내에서 최소한으로)
• 국제수지의 균형과 통화가치의 안정을 도모(외환수급 기반 조성, 외환시장 안정)
• 국민경제의 건전한 발전에 이바지

▼ 외국환거래법의 목적

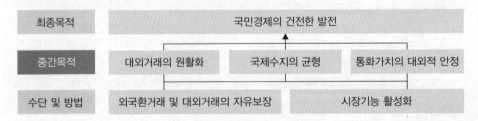

출처 : 한국은행 http://www.bok.or.kr

4

외국환거래법은 기본적으로 대외거래의 자유를 보장하되 국부가 부당하게 유출되거나, 대외거래를 통한 탈세 및 국제 투기세력들에 의한 시장교란 등이 발생하지 않도록 일정한 제한사항을 규정하고 있다. 정부나 중앙은행은 거주자들의 대외부채라든가 비거주자들의 국내 투자금액, 각 외국환은행들의 외화유동성 등도 잘 파악하고 있어야 한다. 이러한 목적을 달성하기 위해서 외국환거래법령에는 외국환은행들의 확인의무를 정하고 있으며 각종 신고사항이나 거래에 대한 사후관리에 관해서도 그 절차와 방법을 규정하고 있다.

외국환거래법은, 외환거래 자유화에 따른 부작용을 최소화하기 위해 외환전산망을 통한 거래정보의 집중, 사후 모니터링, 국세청 등에 대한 자동통보제 등을 시행하는 등, 사전 관리보다는 사후 관리에 중점을 두고 있으며, 시장에 교란요인이 있을 때는 다양한 안정장치를 발동할 근거를 두고 있다.

* 사전 관리 : 확인, 신고, 신고수리, 허가
* 사후 관리 : 각종 보고서, 외환 거래정보 집중(외환전산망), 유관기간(국세청, 관세청, 금융감독원) 통보, 금융정보분석원(혐의거래 등), 검사 및 제재

한국은행(http://www.bok.or.kr)은 우리나라의 외환정책 및 외환제도에 관해 다음과 같이 소개하고 있다.

"우리나라의 외환정책은 경제규모 및 대외개방 확대, 금융 및 외환시장의 양적 · 질적 발전 등에 따라 규제 위주에서 시장원리를 강조하는 방향으로 발전해 왔다. 1990년대 들어 자본자유화와 개방화가 본격적으로 추진되었으며, 1997년 말 외환위기 이후 환율제도를 자유변동환율제도로 변경하면서 환율정책의 목표도 국제수지 흑자 달성보다는 환율의 변동성 완화 등 시장안정에 보다 큰 비중을 두게 되었다.

또한 국가 간 자본이동이 더욱 자유로워지면서 외자유출입이 우리 경제에 미치는 영향도 커지게 되었다. 자본자유화에 따른 경제성장, 금융시장 발전 등 긍정적 효과가 커진 반면 통화팽창, 자산가격 급등, 환율변동성 확대 등 거시경제 운용의 어려움도 가중되었다. 이에 한국은행과 정부는 외자유출입에 대한 상시 모니터링을 더욱 강화하였다. 외환전산망을 구축하여 외자유출입에 대한 상세한 정보를 면밀히 파악함과 아울러 외환정보집중기관제도를 도입하여 한국은행이 우리나라의 외환정보를 집중 · 관리토록 하고 있다.

한편 외환위기 이후 외환보유액을 꾸준히 확충하여 긴급 시 대외지급수요에 철저히 대비하고 있다. 외환보유액은 민간의 외환부족 시 환율안정 등을 위해 활용할 수 있을 뿐만 아니라 국가신인도 제고에도 도움을 준다.

2008년 글로벌 금융위기 이후에는 거시경제 안정, 외환보유액의 적정 관리 등 일차적인 위기 방지 노력은 물론 경제 전반의 시스템리스크를 줄일 수 있는 거시건전성 제고가 중요하다는 인식이 범세계적으로 확산되었다. 이에 따라 국제기구 등을 중심으로 동 논의가 활발히 진행되고 있으며 우리나라도 두 차례에 걸쳐 「자본유출입 변동 완화방안」을 마련하는 등 거시건전성 제고를 위해 노력하고 있다. 이와 함께 글로벌 금융안전망 구축 등 국제금융협력 강화도 그 어느 때보다 중요시되고 있다.

대외거래가 원활히 이루어지도록 하기 위해서는 외환거래의 자유를 보장하고 외환시장을 활성화시키는 것이 바람직하다. 그러나 대외거래의 자유를 과도하게 허용할 경우 자본유출입의 변동성이 증가하여 외환시장 및 국민경제의 안정성을 저해할 수 있으므로 이를 방지하기 위한 제도적 장치를 마련할 필요가 있다. 또한 한 국가의 외국환 수요와 공급이 균형 상태를 유지하지 못하고 외환 수급의 불균형이 심화되는 경우 각국은 통화 및 재정 정책, 환율의 유연성 제고 등과 함께 외국환 거래에 대한 직·간접적인 규제를 통해 대외 불균형을 해소할 수 있다.

우리나라는 1997년 외환위기 이후 IMF의 권고를 수용하여 규제·관리 위주의 「외국환관리법」을 폐지하고 외환거래 지원을 주 내용으로 하는 「외국환거래법」을 제정하였다. 「외국환거래법」은 민간부문의 경상거래 및 자본거래를 전면적으로 자유화하고 국가경제 측면에서 필요한 최소한의 사항만을 제한하고 있다."

IMF 8條國(Article 8 nation of IMF)

IMF 8조의 의무를 이행하기로 수락한 IMF 가맹국을 가리킨다. 우리나라도 1988년 11월에 8조국으로 이행되었다. IMF 8조는 모두 5개항으로 되어있다. 1항과 5항은 선언적 조항으로 1항에 IMF 회원국은 원칙적으로 모두 8조의 규정을 준수해야 함을 규정하고 있고, 5항은 IMF 업무집행에 관한 자국의 제반 경제자료를 제출해야 함을 규정하고 있다. 2항에서는 상품과 운송, 여행, 보험 등의 서비스무역에 따른 외환지급은 정부의 간섭 없이 자유롭게 이루어져야 함을 규정하고 있으며, 3항에서는 다른 나라와 특정 통화를 우대하는 차별적인 통화협정을 맺거나 외환거래 종류에 따라 서로 다른 환율적용을 금지하고 있고, 4항에서는 자국통화를 보유한 다른 회원국이 경상지급을 위해 자국통화를 매입해주도록 요청하는 경우 이를 매입할 것을 규정하고 있다.

출처 : 매경닷컴 dic.mk.co.kr

외환시장 안정장치

외국환거래의 정지 등(법 6조)
* '외국인투자촉진법'에 따른 외국인투자자에 대하여는 적용치 아니함

① 기획재정부장관은 천재지변, 전시·사변, 국내외 경제사정의 중대하고도 급격한 변동, 그 밖에 이에 준하는 사태가 발생하여 부득이 하다고 인정되는 경우에는 다음의 어느 하나에 해당하는 조치를 할 수 있다.

　1. 이 법을 적용받는 지급 또는 수령, 거래의 전부 또는 일부에 대한 일시 정지

　2. 지급수단 또는 귀금속을 한국은행·정부기관·외국환평형기금·금융회사 등에 보관·예치 또는 매각하도록 하는 의무의 부과

　3. 비거주자에 대한 채권을 보유하고 있는 거주자로 하여금 그 채권을 추심하여 국내로 회수하도록 하는 의무의 부과

② 기획재정부장관은 다음의 어느 하나에 해당된다고 인정되는 경우에는 자본거래를 하려는 자에게 허가를 받도록 하는 의무를 부과하거나, 자본거래를 하는 자에게 그 거래와 관련하여 취득하는 지급수단의 일부를 한국은행·외국환평형기금 또는 금융회사 등에 예치하도록 하는 의무를 부과하는 조치를 할 수 있다(특별한 사유가 없으면 6개월 이내에서).

　1. 국제수지 및 국제금융상 심각한 어려움에 처하거나 처할 우려가 있는 경우

　2. 대한민국과 외국 간의 자본 이동으로 통화정책, 환율정책, 그 밖의 거시경제정책을 수행하는 데에 심각한 지장을 주거나 줄 우려가 있는 경우

외환건전성부담금(법 11조의 2)
기획재정부장관은 외화자금의 급격한 유입·유출에 따른 금융시장의 불안을 최소화하고 국민경제의 건전한 발전을 위하여 금융시장에서의 역할, 취급 외국환업무 및 외국통화 표시 비예금활성화부채의 규모 등을 종합적으로 고려하여 대통령령으로 정하는 금융회사 등에 외환건전성부담금을 부과·징수할 수 있으며, 이는 외국환평형기금으로 귀속되어 은행 및 금융회사 등에 대한 유동성 공급에 사용한다.
* 부채규모 산정 시 경과적 계정 성격의 '비예금성 외화부채'는 제외함
* 비예금성외화부채 : 외화부채 중 외화예수금과 경과적 성격의 부채계정 잔액을 제외한 부채

한국은행의 외환시장개입 및 보유외환의 운용(규정 2−27조)
한국은행총재는 외환시장의 안정을 위하여 필요하다고 인정될 때에는 한국은행 및 외국환평형기금의 자금으로 외환시장에 개입할 수 있으며 기획재정부장관은 외환시장 개입, 외화자금의 조달 및 운용에 대하여 필요한 지시를 할 수 있다.

◀■■■■▶ 외국환거래법 적용 대상

1. 국내에서의 외국환거래 및 이와 관련되는 행위

2. 대한민국과 외국 간의 거래 또는 지급·수령(외국에서 하는 행위로서 대한민국에서 그 효과가 발생하는 것을 포함) 및 이와 관련되는 행위

3. 외국에 주소 또는 거소를 둔 개인과 외국에 주된 사무소를 둔 법인이 하는 거래로서 대한민국 통화(通貨)로 표시되거나 지급받을 수 있는 거래 및 이와 관련되는 행위

4. 국내에 주소 또는 거소를 둔 개인과 국내에 주된 사무소를 둔 법인의 대표자, 대리인, 사용인, 그 밖의 종업원이 외국에서 그 개인 또는 법인의 재산이나 업무에 관하여 한 행위

> * 대한민국과 외국, 거주자와 비거주자 사이에 행해지는 외국환, 내국지급수단(원화), 귀금속(금, 지금, 비유통 금화)의 거래에도 외국환거래법이 적용됨

> * 관련되는 행위 : 지급 또는 수령과 직접 관련하여 행해지는 지급수단·귀금속·증권 등의 취득, 보유, 송금, 추심, 수출, 수입 등

◀■■■■▶ 용어의 정의

"외국환"이란 대외지급수단, 외화증권, 외화파생상품 및 외화채권

"지급수단"
가. 정부지폐, 은행권, 주화(액면가액을 초과하여 매매되는 금화 등은 제외), 수표, 우편환, 신용장
나. 증권에 해당하지 아니하는 환어음, 약속어음, 여행자카드, 상품권, 우편 또는 전신에 의한 지급지시
다. 증표, 플라스틱카드 또는 그 밖의 물건에 전자 또는 자기적 방법으로 재산적 가치가 입력되어 불특정 다수인 간에 지급을 위하여 통화를 갈음하여 사용할 수 있는 '전자금융거래법상의 전자화폐', 선불전자지급수단 등

"대외지급수단"이란 외국통화, 외국통화로 표시된 지급수단, 그 밖에 표시통화에 관계없이 외국에서 사용할 수 있는 지급수단

"귀금속"이란 금, 금합금의 지금(地金), 유통되지 아니하는 금화, 그 밖에 금을 주재료로 하는 제품 및 가공품을 말한다.

"파생상품"이란 「자본시장과 금융투자업에 관한 법률」 제5조에 따른 파생상품과 상품의 구성이 복잡하고 향후 수익을 예측하기 어려워 대규모 외환유출입을 야기할 우려가 있는 금융상품으로서 기획재정부장관이 고시하는 것

"외화채권"이란 모든 종류의 예금, 신탁, 보증, 貸借 등으로 생기는 금전 등의 지급을 청구할 수 있는 권리로서 외국통화로 표시된 채권 또는 외국에서 지급받을 수 있는 채권

"거주자"란 대한민국에 주소 또는 거소를 둔 개인과 대한민국에 주된 사무소를 둔 법인
 * 외국인이 외국인등록증을 발급받은 경우에는 국내에 거소가 있는 것이므로 거주자로 분류됨

"비거주자"란 거주자 외의 개인 및 법인을 말한다. 다만, 비거주자의 대한민국에 있는 지점, 출장소, 그 밖의 사무소는 법률상 대리권의 유무에 상관없이 거주자로 본다.

거주성의 구분

외국환거래법은 외국환거래의 주체를 거주자와 비거주자로 구분하고 적용범위 및 신고(보고)의무의 부과를 다르게 규정한다. 거주성을 국적이나 소재지 관련서류(주민등록증, 시민권, 거소증 등)만으로 판단하면 안 되며, 체재기간 및 영업활동 종사 여부 등을 확인하여 경제활동의 실질적 중심지를 기준으로 판단하여야 한다.

① 다음 각 호의 자는 거주자로 본다.

 1. 대한민국 재외공관

 2. 국내에 주된 사무소가 있는 단체·기관, 그 밖에 이에 준하는 조직체
    * 국내에 소재하는 모든 외국계회사는 거주자임(법률상의 대리권 유무 불문)

 3. 다음 각 목의 어느 하나에 해당하는 대한민국국민(국민인거주자)

    가. 대한민국 재외공관에서 근무할 목적으로 외국에 파견되어 체재하고 있는 자

    나. 비거주자(국민인비거주자)였던 자로서 입국하여 국내에 3개월 이상 체재하고 있는 자
       * 외국 영주권자, 2년 이상 외국에서 살았던 해외유학생 및 상사주재원이 귀국하면 3개월이 지나야 거주자로 인정됨

    다. 그 밖에 영업 양태, 주요 체재지 등을 고려하여 거주자로 판단할 필요성이 인정되는 자로서 기획재정부장관이 정하는 자

 4. 다음 각 목의 어느 하나에 해당하는 외국인(외국인거주자)

    가. 국내에서 영업활동에 종사하고 있는 자
       * 외국인으로서 국내에 취업자(거주기간 불문)

나. 6개월 이상 국내에서 체재하고 있는 자

　＊ 외국인거주자가 출국하여 3개월 이내에 재입국하지 않으면 비거주자로 바뀌게 됨

② 다음 각 호의 자는 비거주자로 본다.

1. 국내에 있는 외국정부의 공관과 국제기구

2. 「대한민국과 아메리카합중국 간의 상호방위조약 제4조에 의한 시설과 구역 및 대한민국에 서의 합중국군대의 지위에 관한 협정」에 따른 미합중국군대 및 이에 준하는 국제연합군, 미합중국군대 등의 구성원·군속·초청계약자와 미합중국군대 등의 비세출자금기관·군사우편국 및 군용은행시설

3. 외국에 있는 국내법인 등의 영업소 및 그 밖의 사무소

4. 외국에 주된 사무소가 있는 단체·기관, 그 밖에 이에 준하는 조직체

5. 다음 각 목의 어느 하나에 해당하는 대한민국국민(국민인비거주자)

　가. 외국에서 영업활동에 종사하고 있는 자

　나. 외국에 있는 국제기구에서 근무하고 있는 자

　다. 2년 이상 외국에 체재하고 있는자. 이 경우 일시 귀국의 목적으로 귀국하여 3개월 이내의 기간 동안 체재한 경우 그 체재기간은 2년에 포함되는 것으로 본다.

　라. 그 밖에 영업양태, 주요 체재지 등을 고려하여 비거주자로 판단할 필요성이 인정되는 자로서 기획재정부장관이 정하는 자

6. 다음 각 목의 어느 하나에 해당하는 외국인(외국인비거주자)

　가. 국내에 있는 외국정부의 공관 또는 국제기구에서 근무하는 외교관·영사 또는 그 수행원이나 사용인

　나. 외국정부 또는 국제기구의 공무로 입국하는 자

　다. 거주자였던 외국인으로서 출국하여 외국에서 3개월 이상 체재 중인 자

＊ 거주자 또는 비거주자에 의하여 주로 생계를 유지하는 동거 가족은 해당 거주자 또는 비거주자의 구분에 따라 거주자 또는 비거주자로 구분한다.

"외국환업무"란 다음 각 목의 어느 하나에 해당하는 것을 말한다.

 – 외국환의 발행 또는 매매
 – 대한민국과 외국 간의 지급·추심 및 수령
 – 외국통화로 표시되거나 지급되는 거주자와의 예금, 금전의 대차 또는 보증
 – 비거주자와의 예금, 금전의 대차 또는 보증
 – 비거주자와 내국통화로 표시되거나 지급되는 증권 또는 채권의 매매 및 중개
 – 거주자와 비거주자 간의 신탁/보험 및 파생상품거래
 – 거주자 간의 신탁/보험 및 파생상품거래(외국환과 관련된 경우에 한정)
 – 외국통화로 표시된 시설대여

"해외직접투자"란 거주자가 하는 다음 각 목의 어느 하나에 해당하는 거래·행위 또는 지급을 말한다.

① 외국법령에 따라 설립된 법인(설립 중인 법인을 포함)이 발행한 증권을 취득하거나 그 법인에 대한 금전의 대여 등을 통하여 그 법인과 지속적인 경제관계를 맺기 위하여 하는 거래 또는 행위

  1. 외국법령에 따라 설립된 법인의 경영에 참가하기 위하여 취득한 주식 또는 출자지분이 해당 외국법인의 발행주식 총수 또는 출자총액(주식 또는 출자지분을 공동으로 취득하는 경우에는 그 주식 또는 출자지분 전체의 비율을 말한다)의 100분의 10 이상인 투자

   * 거래당사자의 개별투자분이 10% 미만이더라도 공동투자한 투자지분 전체가 10% 이상인 경우, 최다출자자가 외국환은행의 장에게 연명하여 신고하여야 함
   * 경영에 참가할 수 없는 지분(예 우선주 등)만을 취득하는 경우는 해당되지 않음

  2. 투자비율이 100분의 10 미만인 경우라도 해당 외국법인과 다음의 어느 하나에 해당하는 관계를 수립하는 것
   가. 임원의 파견
   나. 계약기간이 1년 이상인 원자재 또는 제품의 매매계약의 체결
   다. 기술의 제공·도입 또는 공동연구개발계약의 체결
   라. 해외건설 및 산업설비공사를 수주하는 계약의 체결

  3. 제1호 및 제2호에 따라 이미 투자한 외국법인의 주식 또는 출자지분을 추가로 취득하는 것

4. 외국법인에 투자한 거주자가 해당 외국법인에 대하여 상환기간을 1년 이상(기한연장으로 1년 이상이 되는 경우 포함)으로 하여 금전을 대여하는 것

> * 현지법인에 대한 단기(1년 미만) 금전 대여는 '거주자의 비거주자에 대한 대출'에 해당(규정 7-16)되며 거래외국환은행의 장에게 신고해야 함

② 외국에서 영업소를 설치·확장·운영하거나 해외사업 활동을 하기 위하여 자금을 지급하는 행위
  - 지점 또는 사무소의 설치비 및 영업기금
  - 거주자가 외국에서 법인 형태가 아닌 기업을 설치·운영하기 위한 자금

> * 개인이 외국에서 개인사업체(제과점, 세탁소 등)를 설립하는 경우 등
> * 외국인투자자의 국내투자도 3개 업종(원자력발전, 지상파TV 방송, 라디오방송)을 제외하고는 대부분 개방되어 있으며, 외국인투자기업의 신고 및 등록은 각행 본점을 통해 이루어짐

"자본거래"란 다음 각 목의 어느 하나에 해당하는 거래 또는 행위를 말한다. 다만, 거주자 간의 거래는 외국환과 관련된 경우로 한정한다.
  가. 예금계약, 신탁계약, 금전대차계약, 채무보증계약, 대외지급수단·채권 등의 매매계약에 따른 채권의 발생·변경 또는 소멸에 관한 거래
  나. 증권의 발행·모집, 증권 또는 이에 관한 권리의 취득
  다. 파생상품거래
  라. 거주자에 의한 외국에 있는 부동산이나 이에 관한 권리의 취득 또는 비거주자에 의한 국내에 있는 부동산이나 이에 관한 권리의 취득
  마. 법인의 국내에 있는 본점, 지점, 출장소, 그 밖의 사무소와 외국에 있는 사무소 사이에 이루어지는 사무소의 설치·확장 또는 운영 등과 관련된 행위와 그에 따른 자금의 수수(授受)(사무소를 유지하는 데에 필요한 경비나 경상적 거래와 관련된 자금의 수수는 제외)
  바. 대통령령으로 정하는 별도의 거래 또는 행위

◀■■■▶ 외국환업무 취급기관

외국환업무를 업으로 하려는 자는 대통령령으로 정하는 바에 따라 외국환업무를 하는 데에 충분한 자본·시설 및 전문인력을 갖추어 미리 기획재정부장관에게 등록하여야 한다(체신관서는 등록 불요).

외국환업무는 금융회사 등만 할 수 있으며, 외국환업무를 하는 금융회사 등은 대통령령으로
정하는 바에 따라 그 금융회사 등의 업무와 직접 관련되는 범위에서 외국환업무를 할 수 있다.

금융회사 등이 아닌 자가 외국환업무를 업으로 하려는 경우에는 대통령령으로 정하는 바에
따라 해당 업무에 필요한 자본·시설 및 전문인력 등 정하는 요건을 갖추어 미리 기획재정부
장관에게 등록하여야 한다.

* 기획재정부장관은 외국환업무의 성실한 이행을 위하여 등록한 자에게 지정하는 기관에 보증금을 예탁하게 하거나 보험 또
  는 공제에 가입하게 할 수 있다.

◀■■■■▶ **권한의 위임·위탁**

* 권한의 '위임'이란 권한의 일부를 원래 권한자의 지휘계통에 속하는 하급기관에 맡기는 것을 말하며, 권한의 '위탁'이란 원래
  권한자로부터 독립되어 있는 다른 기관의 장에게 그 권한을 맡기는 것을 말함

① 다음 각 호의 사항에 관한 기획재정부장관의 권한은 관세청장에게 위임한다. 관세청장은
   기획재정부장관의 승인을 받아 위임받은 권한의 일부를 세관의 장에게 재위임할 수 있다.
   - 환전영업자의 등록과 등록사항 변경 및 폐지의 신고
   - 환전영업자에 대한 감독 및 감독상 필요한 명령
   - 환전영업자의 업무제한·업무정지 또는 경고, 과태료의 부과 및 징수
   - 지급수단 등의 수출 또는 수입 신고

② 다음 각 호의 사항에 관한 기획재정부장관의 권한은 금융위원회에 위탁한다. 금융위원회
   는 기획재정부장관의 승인을 받아 위탁받은 권한의 일부를 금융감독원장에게 재위탁할 수
   있다.
   - 외국환업무취급기관 및 기타전문외국환업무에 대한 감독 및 감독상 필요한 명령
     * 기타전문외국환업무 : 전자화폐의 발행·관리업무, 선불전자지급수단의 발행·관리업무, 전자지급결제대행에 관한
       업무
   - 외국환업무취급기관 및 기타전문외국환업무를 등록한 자에 대한 업무제한·업무정지
     또는 과징금의 부과
   - 자본거래의 신고

③ 다음 각 호의 사항에 관한 기획재정부장관의 권한은 한국은행총재에게 위탁한다.
 - 외국환중개회사에 대한 감독 및 감독상 필요한 명령
 - 외화자금의 조달 및 운용방법에 관한 사항
 - 외국환중개회사의 업무제한·업무정지 또는 경고
 - 외국환평형기금의 운용 및 관리에 관한 사무
 - 지급 또는 수령의 허가
 - 지급 또는 수령방법의 신고
 - 자본거래의 신고
 - 외국환거래법을 적용받는 관계기관의 장에 대해 외환통계의 작성에 필요한 경우 등에 관한 자료 또는 정보 제출의 요구

   * 외국금융기관(외국의 법령에 따라 설립되어 외국에서 금융업을 영위하는 자)도 기재부장관이 정하여 고시하는 업종 및 재무건전성 기준에 해당하면 외국환중개회사를 통한 내국지급수단을 매수할 수 있음(2023. 10. 4)

④ 소액해외송금업자에 대한 감독 및 감독상 필요한 명령 등에 관한 기획재정부장관의 권한은 금융감독원장에게 위탁한다.

⑤ 다음 사항에 관한 기획재정부장관의 권한은 외국환업무취급기관의 장에게 위탁한다.
 - 상계등의 방법으로 채권 채무를 소멸시키거나 상쇄시키는 방법으로 결제하는 경우 및 거주자가 해당 거래의 당사자가 아닌 자와 지급등을 하는 경우의 신고
 - 기획재정부장관이 정하여 고시하는 금액 미만의 소액 자본거래와 같은 자본거래의 신고
 - 해외에서 체재 중인 자의 비거주자와의 예금거래 신고

외국환거래법, 외국환거래법 시행령, 외국환거래규정의 全文은 어떻게 구하나?

- 외국환은행 각 지점에 법, 시행령, 거래규정을 3단으로 정리하여 배포된 법령집

- 국가법령정보센터 홈페이지(http://www.law.go.kr) 접속하여 '외국환거래법'을 검색하면 외국환거래법 및 외국환거래법시행령 파일이 나타남

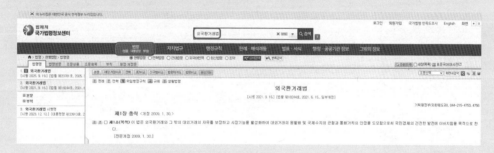

- 위 화면에서 '외국환거래규정'을 검색한 후, '행정규칙'이라는 메뉴를 선택하면 해당 파일이 나타남

- '연혁'이라는 탭을 클릭하면 최근 개정된 내역을 살펴볼 수 있음

- 각 개정 내역을 클릭하면 그 당시의 외국환거래규정이 나타남(예 2022. 4. 11)

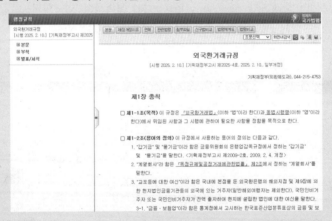

- 상기 화면에서 '첨부파일'을 클릭하면 개정案 및 개정이유서 등이 나타나므로 당시 개정된 내용을 살펴볼 수 있음

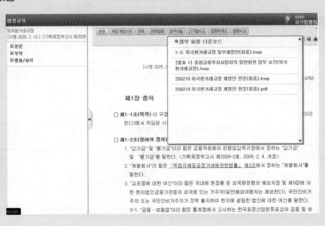

외국환거래규정(2025. 2. 10)

외국환거래규정은 다음과 같이 구성되어 있다. 실무현장에서 업무를 처리하거나 자격증 취득을 위해 문제풀이를 하는 과정에서 특정 주제에 관해 해당 세부내용을 확인해야 하는 경우가 대부분이다. 외국환거래규정의 전반적인 틀에 대해 이해하고 있으면 효율적인 검색은 물론, 관련되는 사항들의 상호점검에도 도움이 된다.

01 총칙은 주로 외국환거래규정 전반에서 다루게 될 용어에 관해 정의하고 있다.

02 외국환업무 취급기관에서는 외국환은행이 수행하는 지급 및 수령, 외국통화의 매입 및 매각, 외화자금의 차입 및 증권발행, 대출, 예금 및 신탁, 대출채권의 매매, 대외지급수단의 발행, 보증, 외국환포지션, 역외계정 등에 관해 규정하고 있다. 이 중 외화자금 차입 및 증권발행, 대출, 예금 및 신탁, 보증 등은 07의 자본거래에서도 언급되고 있는 바, 상호 참조하여 학습하도록 한다.
또한, 2장에서는 환전영업자, 소액해외송금업자, 외국환중개회사의 업무에 관해서도 규정하고 있다.

03 (생략)

04 지급과 수령은 거주자와 비거주자 간의 지급등에 관한 각종 절차와 규정이다. 해외여행경비 지급, 해외이주비 지급, 재외동포의 국내재산 반출절차, 지급과 수령에 관련된 국세청장 등에 대한 통보에 관해 규정하고 있다.

05 지급등의 방법에서는 대외거래에 있어서 정상적인 결제방법이 아닌 방법으로 지급과 수령을 하는 경우의 신고등 업무처리 방법에 관해 규정하고 있다. 상계 및 상호계산에 의한 지급등, 기재부장관이 정하는 기간을 초과하는 지급등, 대응수출입 의무, 제3자 지급등, 외국환은행을 통하지 아니하는 지급등에 관해 규정하고 있다.

06 지급수단등의 수출입에서는 지급수단의 휴대수출입과 관련한 내용 등을 규정한다.

07 자본거래는 거주자 간, 거주자와 비거주자 간, 비거주자 간의 각종 자본거래(예금, 해외예금, 대출, 차입, 보증, 증권발행, 증권취득, 거주자의 외화증권 투자, 외국인투자자의 국내원화증권 투자, 기타 자본거래) 등에 관한 규정이다.

08 현지금융(2023. 7. 4 폐지)

09 직접투자 및 부동산 취득은 해외직접투자 및 거주자의 외국부동산 취득, 비거주자의 국내부동산 취득에 관한 규정이다.

10 보칙은 보고서, 검사, 외국환거래의 사후관리에 관한 규정이며 거래외국환은행을 지정해야 하는 거래들에 관해 기술하고 있다.

"매매기준율"이라 함은 최근 거래일의 오전 9시 00분부터 오후 3시 30분(대한민국 표준시 기준)까지 외국환중개회사를 통하여 거래가 이루어진 미화와 위안화 각각의 현물환매매 중 익익영업일 결제거래에서 형성되는 율과 그 거래량을 가중 평균하여 산출되는 시장평균환율을 말한다.

"재정된 매매기준율"이라 함은 최근 주요 국제금융시장에서 형성된 기타통화(미화와 위안화 이외의 통화)와 미화와의 매매중간율(= Bid rate와 Offer rate의 중간)을 미화 매매기준율로 재정한 율을 말한다.

> * USD와 CNY의 매매기준율은 국내 '외국환은행 간 거래(Inter-bank Transaction)'에서 형성된 '시장평균환율'을 사용하고,
> USD와 CNY를 제외한 기타 외국통화의 매매기준율은 재정환율(= Cross Rate)을 산출하여 사용함
> 예 USD/WON 시장평균환율 1,100
> USD/YEN 104.95 - 105.05
> YEN(100)/WON 매매기준율 1,047(=1,100÷105×100)

"선물환거래"라 함은 대외지급수단의 매매계약일의 제3영업일 이후 장래의 약정한 시기에 거래당사자간에 매매계약 시 미리 약정한 환율에 의하여 대외지급수단을 매매하고 그 대금을 결제하는 거래

"신고등"이라 함은 법 및 영과 이 규정에 의한 허가, 신고수리, 신고, 확인, 인정을 말한다.

가. 확인 : 외국환은행의 실명증표 확인, 거래증빙 확인 등에 이에 해당된다.

나. 신고 : 거주자가 외국에서 증권을 발행하는 경우 등 주로 자본거래가 신고절차를 거쳐야 한다. 소정의 신고서에 거래 사유와 금액 등을 증빙하는 서류를 첨부하여 외국환은행, 한국은행, 기획재정부 등에 제출한다.

> * 신고는 당해 행위 또는 거래를 착수 또는 개시하기 전에 이루어져야 함

다. 신고수리 : 사후관리의 중요성을 감안하여 신고수리 요건에 적합한지 심사한 후 거래 가능여부를 결정한다. 거주자의 해외부동산 및 이에 관한 권리의 취득(외국환은행의 장), 비금융기관 해외지점의 부동산 및 증권 관련 거래 등(한국은행총재) 등이 해당된다.

> * 신고 및 신고수리업무는 별도로 정한 경우를 제외하고 다음 처리 기간 내에 처리하여야 한다.
> • 외국환은행의 장의 신고수리업무 : 7영업일 이내(신고수리서 교부)
> • 외국환은행의 장의 신고업무 : 2영업일 이내(신고서에 '신고필'이라 기록하고 직인을 찍어 교부)

라. 허가 : 시장 교란요인 등으로 작용할 것으로 예상되는 거래를 통제할 목적으로 운용하며, 역외계정과 일반계정 간의 자금이체에 대한 기획재정부장관의 허가, 테러자금 관련 금융거래제한대상자와의 거래에 대한 금융위원회의 허가, 국제평화 및 안전유지를 위한 금융제재대상자와의 지급등에 대한 한국은행총재의 허가 등이 해당된다.

마. 인정 : 건당 미회수 잔액이 미화 50만불을 초과하는 채권을 보유하고 있는 거주자는 당해 채권의 만기일 또는 조건성취일로부터 3년 이내에 이를 국내로 회수하여야 하며, 대외채권 회수의무를 면제받기 위해서는 외국환은행의 장의 인정이 필요하다.

  * 대외채권 회수의무 조항은 2017. 7. 18. 폐지되었으나 시행일 이전의 회수대상 채권에 대해서는 아직 유효

"여행자카드"라 함은 해외여행경비 지급을 위한 수단으로 외국환은행이 대금을 미리 받고 이에 상당하는 외화금액을 기록(전자 또는 자기적 방법에 의하여 개별카드 또는 중앙전산처리장치에서의 기록을 말한다)하여 발행 또는 판매하는 증표로서 여행자카드 매입자가 그 기록된 범위 내에서 현금을 인출하거나 물품 또는 용역을 제공받을 수 있게 한 증표를 말한다.

"역외금융회사"라 함은 직접 또는 자회사 등을 통해 증권, 채권 및 파생상품에 투자하여 수익을 얻는 것을 주된 목적으로 외국법에 따라 설립된 회사(설립 중인 회사 및 계약형태를 포함)로서 설립준거법령지역에 실질적인 경영활동을 위한 영업소를 설치하지 않은 회사를 말한다.

"외국환은행을 통한 지급등"이라 함은 외국환은행을 통하여 지급, 추심, 수령을 하거나 외국환은행에 개설된 계정간의 이체에 의한 방법으로 지급등을 하는 것을 말한다.

"외환동시결제시스템"이라 함은 매도통화와 매입통화의 동시결제를 통한 외환결제리스크의 감축을 목적으로 설립된 외환결제전문기관인 CLS은행(CLS Bank International)이 운영하는 결제시스템을 말한다.

  * 외환결제리스크는 외환거래에 따른 결제를 할 때 관련 통화가 결제되는 Time Zone이 달라서 발생할 수 있다. 예컨대, USD/Won 거래에 따라 Won화를 지급해야 하는 측은 해당 결제일의 한국 시간대에 결제를 마쳤으나 USD가 결제되어야 할 미국 시간대에 USD를 지급할 은행이 지급불능이 될 위험을 말하는 것이다. 이러한 문제를 해결하기 위해 외환거래 관련통화를 동시에 결제토록 하는 제도가 CLS(Continuous Linked System)이다.

"외환증거금거래"라 함은 통화의 실제인수도 없이 외국환은행에 일정액의 거래증거금을 예치한 후 통화를 매매하고, 환율변동 및 통화 간 이자율 격차 등에 따라 손익을 정산하는 거래를 말한다.

"외환파생상품"이라 함은 자본시장과 금융투자업에 관한 법률에서 규정한 파생상품 중 외국통화를 기초자산(Underlying Asset)으로 하는 파생상품을 말한다.

"인정된 거래"라 함은 법 및 영과 이 규정에 의하여 신고등을 하였거나 신고등을 요하지 아니하는 거래를 말한다.

"자금통합관리"라 함은 국내기업 또는 외국인투자촉진법에 의한 외국인투자기업이 현지법인 또는 외국본사(그 계열회사를 포함)와 수시로 대출이나 차입 등이 가능한 자금공유계약을 맺고 그 계약내용에 따라 국내외 금융기관과 외화예금, 외화차입, 담보제공거래를 하거나 현지법인 또는 외국본사와 외화대차거래를 함으로써 참여기업 간에 잉여ㆍ부족자금을 통합관리하는 것을 말한다.

"장내파생상품"이란 파생상품이 거래소(Exchange)에서 거래되면 장내(場內)파생상품이고, 그 외는 장외(場外)파생상품이라 한다.
  * 외국환은행에서 판매하는 파생상품은 장외상품에 해당

"재외동포"라 함은 다음에 해당하는 자를 말한다.
– 해외이주법에 의한 해외이주자로서 외국 국적을 취득한 자
– 대한민국 국민으로서 외국의 영주권 또는 이에 준하는 자격을 취득한 자
– 출생에 의하여 대한민국 국적을 보유하였던 자(대한민국 정부 수립 전에 국외로 이주한 자를 포함) 또는 그 직계비속으로서 대한민국 국적을 가지지 아니한 자

"지급등"이라 함은 이 법에 따른 지급 또는 수령을 말한다.

"지급수단"이라 함은 법에서 규정하는 정부지폐ㆍ은행권ㆍ주화ㆍ수표ㆍ우편환ㆍ신용장과 환어음ㆍ약속어음ㆍ여행자카드ㆍ상품권ㆍ기타 지급받을 수 있는 내용이 표시된 우편 또는 전신에 의한 지급지시 및 전자금융거래법상 전자화폐, 선불전자지급수단 등 전자적 방법에 따른 지급수단을 말한다. 다만, 액면가격을 초과하여 매매되는 금화 등은 주화에서 제외한다.

"지정거래외국환은행"이라 함은 이 규정의 적용을 받는 행위 또는 거래의 당사자가 대외거래 및 사후관리(한도관리, 보고서 제출 등)를 위하여 지정한 외국환은행을 말한다.

"해외여행자"라 함은 다음 각 목의 구분에 의한다.

가. 해외체재자 : 다음에 해당하는 자로서 체재기간이 30일을 초과하여 외국에 체재하는 자

　(1) 상용, 문화, 공무, 기술훈련, 국외연수(6월 미만의 경우에 한한다)를 목적으로 외국에 체재하는자. 다만, 국내거주기간이 5년 미만인 외국인거주자는 제외한다.

　　　* 해외 체재기간이 30일을 초과하면 해외체재자에 해당되지만, 국외연수인 경우 해외 체재기간이 6개월 이상이면 해외유학생으로 별도 분류

　(2) 국내기업 및 연구기관 등에 근무하는 자로서 그 근무기관의 업무를 위하여 외국에 체재하는 국내거주기간 5년 미만인 외국인거주자

나. 해외유학생 : 다음의 어느 하나에 해당하는 자로서 외국의 교육기관·연구기관 또는 연수기관에서 6월 이상의 기간에 걸쳐 수학하거나 학문·기술을 연구 또는 연수할 목적으로 외국에 체재하는자

　(1) 국민 또는 국내 거주기간 5년 이상인 외국인인 경우

　(2) (1)에 해당되지 않은 자로서, 유학경비를 지급하는 부 또는 모가 국민인거주자인 경우

　　　* 학생이 영주권자라 하더라도 유학경비를 지급하는 부 또는 모가 국민인거주자이면 해당 학생은 해외유학생으로 분류

다. 일반해외여행자 : 가목 및 나목에 해당하지 아니하는 거주자인 해외여행자

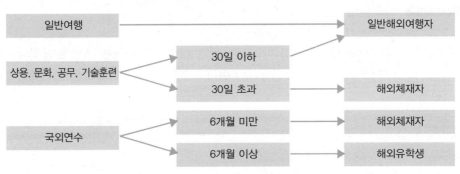

▼ 해외유학생·체재자 구분

출처 : 은행연합회 외환길잡이, http://exchange.kfb.or.kr/page/guide03.php

"해외이주비"라 함은 해외이주자(해외이주법 등 관련 법령에 의하여 해외이주가 인정된 자를 말한다) 및 해외이주예정자가 지급할 수 있는 경비를 말한다.

"현지금융"이라 함은 거주자의 현지법인(금융기관의 현지법인 및 비금융기관이 설립한 현지법인금융기관은 제외) 및 거주자의 해외지점이 외국에서 사용하기 위하여 외국에서 자금을 차입(증권발행에 의한 경우를 포함)하거나 지급보증을 받는 것을 말한다.

"내국수입유산스"라 함은 외국환은행이 기한부수입신용장을 개설하고 동 신용장에 의하여 외국의 수출업자가 발행한 수출환어음을 인수·매입하거나 수입인수금융을 통해 어음기간 동안 국내수입업자에게 공여하는 신용을 말한다.

"수입인수금융"이라 함은 외국환은행이 국내 또는 국외 금융기관에 차입을 통해 수입대금 결제대행을 위탁함으로써 국내 수입업자에게 신용을 제공하는 것을 말한다.

"현지통화 직거래(LCT ; Local Currency Transaction) 체제"라 함은 대한민국과 특정 외국 간 합의에 따라 무역거래 등을 함에 있어 원화와 상대국 통화를 사용할 수 있도록 하는 시스템을 말한다.
* 현재 인도네시아와 LCT체제를 도입하여 운용 중

02 | 외국환업무 취급기관 등

I. 외국환은행

▶ 외국환의 매입

① 외국환은행이 외국환을 매입하고자 하는 경우에는 매각하고자 하는 자의 당해 외국환의 취득이 신고등의 대상인지 여부를 확인하여야 한다. 다만, 다음에 해당하는 경우에는 그러하지 아니하다.
   * 외국환은행의 장은 건당 미화 5천불을 초과하는 지급등에 대해서는 당해 지급등이 외국환거래법령에 의한 '신고등'의 대상인지를 확인해야 하며, 지급신청서 및 확인절차를 이행하였음을 입증하는 서류(지급신청서, 영수확인서)를 5년 간 보관하여야 한다(증빙서류 및 취득경위 입증서류를 확인).

   1. 미화 2만불 이하인 대외지급수단을 매입하는 경우. 다만, 동일자에 동일인으로부터 2회 이상 매입하는 경우에는 이를 합산한 금액이 미화 2만불 이하인 경우에 한한다.

   2. 정부, 지방자치단체, 외국환업무취급기관, 환전영업자 및 소액해외송금업자로부터 대외지급수단을 매입하는 경우

   3. 거주자로부터 당해 거주자의 거주자계정 및 거주자외화신탁계정에 예치된 외국환을 매입하는 경우(종합금융투자사업자로 지정을 받은 투자매매업자·투자중개업자 명의의 거주자계정에 예치된 당해 거주자의 외국환을 매입하는 경우도 포함)
      * 예치 시에 이미 확인했으므로 처분할 때는 재확인 생략

4. 국내에 있는 외국정부의 공관과 국제기구, 미합중국 군대 및 이에 준하는 국제연합군과 그 구성원, 외국정부 또는 국제기구의 공무로 입국하는 자

② 동일자 · 동일인 기준 미화 1만불 이하인 대외지급수단을 매입하면,
 – 위 ①항 제2호 내지 제4호에 해당하는 경우
 – 외국에 있는 금융기관으로부터 매입하는 경우
 – 외화표시 내국신용장어음을 매입하는 경우
를 제외하고, 외국환은행은 매월별로 익월 10일 이내에 매입에 관한 사항을 국세청장 및 관세청장에게 통보하여야 한다.
 * 동일자에 1만불을 초과하는 외화를 매입하는 경우에는 모두 한국은행 외환전산망으로 자동통보 되므로, 미화 1만불 이하 매입의 경우에는 별도로 통보하는 것임

③ 외국환은행이 외국인거주자 또는 비거주자로부터 취득경위를 입증하는 서류를 제출하지 않는 대외지급수단을 매입하는 경우에는 당해 매각을 하고자 하는 자가 '대외지급수단매매 신고서'에 의하여 한국은행총재에게 신고하여야 한다.

④ 외국환은행은 외국인거주자 또는 비거주자로부터 외국환을 매입하는 경우에는 1회에 한하여 외국환매입증명서, 영수증, 계산서 등 외국환의 매입을 증명할 수 있는 서류를 발행 · 교부하여야 한다(나중에 매각실적 증빙자료로 사용됨).
 * 외국인거주자 및 비거주자로부터 동일자 · 동일인 미화 2만불 이하 매입인 경우에는 취득경위 확인을 생략할 수 있지만, 미화 2만불 초과인 경우에는 정당한 소유자임을 입증하는 외국환신고(확인)필증이나 대외지급수단 매매신고서가 있어야 매입할 수 있다. 대외지급수단 매매신고필증은 한국은행이 발행하는 것으로 외국환신고필증이 없는 대외지급수단을 매입할 경우 필요하다.
 * 국민인거주자로부터는 취득경위 입증서류가 없어도 금액 제한 없이 매입 가능하며 '영수확인서' 징구대상도 아님. 입증서류 없는 경우 수령(취득)사유는 '이전거래'로 처리한다.
 * 외국인거주자 및 비거주자로부터 '외국환신고(확인)필증'에 의한 외국환 매입의 경우에는 해당 필증에 매입일자, 매입금액, 매입기관을 기재한 후 반환하여야 한다.
 * 입증서류가 있으면 수령사유를 해당 내용(예 수출대금)으로 처리하고, 입증서류 없는 경우 수령(취득)사유는 '이전거래'로 처리한다.
 * 비거주자 또는 외국인거주자가 외국으로부터 송금된 대외지급수단을 내국지급수단을 대가로 매각 요청하는 경우로서 처분목적을 알 수 없는 경우에는 수령사유를 '해외재산 반입자금'으로 처리한다.

◀■■■■■▶ 외국환의 매각

① 국민인거주자에 대한 매각

  가. 당해 외국환을 인정된 거래 또는 지급에 사용하기 위한 경우

  나. 외국인거주자를 제외한 거주자가 외국통화, 여행자수표 및 여행자카드를 소지할 목적
    으로 매입하는 경우

     * 거주자가 소지할 목적으로 외화를 매입하는 경우 한도 제한 없이 매각이 가능하다. 다만, 동일자 1만불 초과 시에
      는 국세청 및 관세청에 통보된다.

     * 외국인거주자를 제외한 거주자가 해외여행경비 충당 목적으로 매입하는 경우에도 매각금액 한도 제한이 없다. 다
      만, 여행자는 해외여행경비로 미화 1만불을 초과한 금액을 휴대하여 출국 시 세관에 지급수단 수출입신고를 해야
      한다.

  다. 거주자계정 및 거주자외화신탁계정에의 예치를 위하여 매각하는 경우

  라. 다른 외국환은행으로 이체하기 위하여 외국환을 매각하는 경우. 다만, 대외계정 및 비거
    주자외화신탁계정으로 이체하고자 하는 경우에는 인정된 거래에 따른 지급에 한한다.

  마. 소액해외송금업자에게 외국통화를 매각하는 경우

  바. 환전영업자에게 외국통화를 매각하는 경우

② 외국인거주자에게 매각

  가. 외국인거주자가 국내에서 매각한 실적 범위 내에서 매각 가능

     * 최초 매입 시 교부한 영수증, 계산서, 외국환매입증명서 중 하나를 통해 실적을 확인하여 당초 매각금액 범위 내에
      서 매각할 수 있으며, 매각 시에는 해당 증빙서를 모두 회수하거나 해당 증빙서 상에 외환 매각내용(일자, 매각기
      관, 금액)을 기재하여 추후 중복매각이 발생하지 않도록 해야 한다(증빙된 매각실적 내에서는 제한 없음).

  나. 국내에서 발생한 소득등의 대외지급을 위한 매각

     * 국내에서 고용되어 받은 보수나 자유영업에 따른 소득, 국내에서 지급받은 사회보험 및 보장급부 또는 연금 등의
      소득 등의 범위 내에서 매각 가능하며 거래외국환은행을 지정해야 한다. 고용주가 확인한 급여명세서, 납세증명
      서, 보험금 수령증 등의 증빙이 필요하다(송금 및 환전지급 가능). 다만, 「외국인근로자의 고용등에 관한 법률」에
      따른 출국만기보험 수령은 지정거래외국환은행을 통하지 아니하여도 된다.

     * 예외조항으로, 소득 관련 증빙서류가 없거나 제출할 수 없는 경우에도 동일한 지정거래외국환은행에서 연간 누계
      미화 5만불 이내에서는 대외지급이 가능하다(이 경우, 송금과 대외계정 예치는 가능하나 환전지급은 불가).

  다. (매각실적이 없더라도 매 해외여행 시) 해외여행경비로 미화 1만불까지 매각(환전 및 송
    금 가능하며 여권에 환전사실을 기재함. 다만, 1백만원 상당액 이하의 외국통화 매각 시
    에는 기재 생략)

  라. 5년 이상 국내에서 거주한 외국인의 해외유학경비 지급을 위한 매각

  마. 자본거래에서 신고등의 절차를 이행한 투자과실 등

③ 비거주자에 대한 매각으로서 다음에 해당하는 경우

　가. 비거주자가 최근 입국일 이후 당해 체류기간 중 외국환업무취급기관 또는 환전영업자에게 내국통화 및 원화표시여행자수표를 대가로 외국환을 매각한 실적 범위 내(송금 및 환전지급 가능)

　나. 국내에서 발생한 소득등의 대외지급을 위한 매각

　　* 국내에서 고용되어 받은 보수나 자유영업에 따른 소득, 국내에서 지급받은 사회보험 및 보장급부 또는 연금 등의 소득 등의 범위 내에서 매각 가능하며 거래외국환은행을 지정해야 한다. 고용주가 확인한 급여명세서, 납세증명서, 보험금 수령증 등의 증빙이 필요하다(송금 및 환전 가능).

　　* 예외적으로 소득 증빙서류가 없거나 제출할 수 없는 경우에도 연간누계 미화 5만불 이내에서는 대외지급이 가능하다(송금과 대외계정 예치는 가능하나 환전지급은 불가).

　다. 비거주자가 외국환은행해외지점, 현지법인금융기관 및 외국금융기관에 내국통화 및 원화표시여행자수표를 대가로 외국환을 매각한 실적범위 내

　라. 외국에서 발행된 신용카드 또는 직불카드를 소지한 비거주자가 국내에서 원화현금서비스를 받거나 직불카드로 원화를 인출한 경우에는 그 금액범위 내

　마. 매각실적 등이 없는 비거주자의 경우에는 미화 1만불 이내 매각 가능(환전 및 송금 가능하며 여권에 매각사실을 기재함. 다만, 1백만원 상당 이하 외국통화 매각 시는 표시 생략)

　바. 인정된 거래에 따른 대외지급을 위한 경우(신고절차를 마친 투자과실 등)

　사. 비거주자인 재외동포가 관할세무서장으로부터 발급받은 부동산매각자금확인서 또는 자금출처확인서의 범위 이내에서 지정거래외국환은행을 통해 지급하는 경우

'외국환신고(확인)필증' 주요 발급사유

1. 국민인거주자와 재외동포(미화 1만불 초과 시 발급)
   - 해외유학경비
   - 해외체재비
   - 재외동포 국내재산반출 및 해외이주비
   - 여행업자의 단체해외여행경비, 교육기관 등의 단체해외연수경비

2. 외국인거주자, 비거주자
   - 외국인 급여소득(증빙서류 제출한 경우에 한하며, 금액에 관계없이 발급)
   - 대외계정에서의 인출(미화 1만불 초과)
   - 한국은행 대외지급수단매매신고에 의한 환전(금액에 관계없이 발급)
   - 재환전(미화 1만불 초과하는 금액)

3. 기타(금액에 관계없이 발급)
   실수요증빙 서류가 있는 여행경비(치료비, 교육관련경비, 주무부장관 한국무역협회장 추천 금액)

④ 외국인거주자나 비거주자가 다음에 해당하는 지급을 위하여 매각하는 경우에는 당해 매입을 하고자 하는 자가 대외지급수단매매신고서에 의하여 한국은행총재에게 신고하여야 한다.

　가. 국민인비거주자가 국내에서 사용하기 위하여 개설하였던 국내원화예금 및 국내원화신탁계정관련 원리금의 지급. 다만, 비거주자인 재외동포의 국내재산 반출의 경우에는 관할세무서장으로부터 발급받은 부동산매각자금확인서 또는 자금출처확인서의 범위 이내에서 지정거래외국환은행을 통해 지급

　나. 외국인거주자의 국내부동산 매각대금의 지급. 다만, 외국으로부터 휴대수입 또는 송금(대외계정에 예치된 자금을 포함)된 자금으로 국내부동산을 취득한 후 취득금액 범위 내에서 매각대금을 지급하고자 하는 경우로서 부동산소재지 또는 신청자의 최종주소지 관할세무서장이 발행한 부동산매각자금확인서를 제출하는 경우에는 그러하지 아니하다.

　다. 교포등에 대한 여신과 관련하여 담보제공 또는 보증에 따른 대지급의 경우를 제외하고 비거주자 간의 거래와 관련하여 비거주자가 담보·보증 제공 후 국내재산 처분대금의 지급

　라. 외국인거주자 및 비거주자에 대한 매각의 범위를 초과하여 내국지급수단을 대가로 지급

⑤ 거주자에게 동일자·동일인 기준 미화 1만불을 초과하는 외국통화, 여행자카드 및 여행자수표를 매각한 경우에는 동 사실을 매월별로 익월 10일 이내에 국세청 및 관세청에 통보하여야 한다. 다만, 정부, 지방자치단체, 외국환업무취급기관, 외국인거주자 및 환전영업자에게 매각한 경우에는 그러지 아니하다.

◀■■■■■▶ 외국환은행의 외화자금차입 및 증권발행

① 외국환은행이 비거주자로부터 미화 5천만불 초과의 외화자금을 상환기간(거치기간을 포함) 1년 초과의 조건으로 차입(외화증권발행 포함)하고자 하는 경우에는 기획재정부장관에게 신고하여야 한다.

② 제1항의 경우를 제외하고 외국환은행이 외화자금을 차입(외화증권발행 포함)하는 경우에는 신고를 요하지 아니한다.

　* 금액이 5천만불 이하이거나 상환기간 1년 이하인 단기차입금은 제한 없음

외국환은행의 대출

① 외국환은행이 거주자 또는 비거주자에게 외화대출을 하고자 하는 경우에는 신고를 요하지 아니한다. 다만, 외국환은행이 거주자로부터 보증 또는 담보를 제공받아 비거주자에게 외화대출을 하는 경우에는 대출을 받고자 하는 비거주자가 한국은행총재에게 신고하여야 하며, 한국은행총재는 필요 시 동 신고내용을 국세청장에게 열람하도록 하여야 한다.

> * 거주자에 대한 외화대출은 외국환거래규정상 제한이 없으나 한국은행의 '외국환거래업무취급세칙'에서 외화대출 용도를 해외사용 실수요목적 자금(수입결제 등)과 국내시설자금으로 국한하고 있음

② 외국환은행이 국내에서 비거주자에게 다음에 해당하는 원화자금을 대출하고자 하는 경우에는 신고를 요하지 아니한다.

1. 국내에 있는 외국정부의 공관과 국제기구 등

2. 비거주자자유원계정(당좌예금에 대한 당좌대출에 한함) 및 투자전용비거주자원화계정(증권매매자금 결제와 직접 관련된 경우에 한함)을 개설한 비거주자에 대한 2영업일 이내의 결제자금을 위한 원화대출

3. 국민인비거주자에 대한 원화자금 대출(금액 제한 없음)

4. 위 1~3에 해당되지 않는 자에 대한 동일인 기준 10억원 이하(다른 외국환은행의 대출 포함)의 원화자금 대출

③ 제②항의 규정에 해당하는 경우를 제외하고 외국환은행이 국내에서 동일인 기준 300억원 이하(다른 외국환은행의 대출 포함)의 원화자금을 비거주자에게 대출하고자 하는 경우에는 당해 비거주자가 외국환은행의 장에게 신고하여야 한다. 다만, 거주자의 보증 또는 담보제공을 받아 대출하는 경우에는 당해 비거주자가 한국은행총재에게 신고하여야 한다.

④ 외국환은행이 비거주자에 대하여 제②항 또는 제③항에 해당하지 않는 원화자금(동일인 기준 300억원 초과 등)을 대출하고자 하는 경우에는 대출을 받고자 하는 비거주자가 차입자금의 용도 등을 명기하여 한국은행총재에게 신고하여야 한다.

외국환은행의 예금 및 신탁

① 외국환은행이 거주자 또는 비거주자를 위하여 개설할 수 있는 예금계정 및 금전신탁계정의 종류는 다음과 같다.

1. 거주자(대한민국정부의 재외공관 근무자 및 그 동거가족은 제외) 및 '개인사업자인 외국인거주자'의 외화자금 예치를 위한 거주자계정 및 거주자외화신탁계정
   * 개인사업자인 외국인거주자는 거주자계정으로 개설

2. 다음에 해당하는 자의 외화자금 예치를 위한 대외계정 및 비거주자외화신탁계정
   가. 비거주자
   나. 개인인 외국인거주자(개인사업자인 외국인거주자는 거주자계정으로 개설)
   다. 대한민국정부의 재외공관 근무자 및 그 동거가족

3. 비거주자가 국내에서 사용하기 위한 목적의 원화자금을 예치하는 비거주자원화계정

4. 비거주자(외국인거주자 포함)가 대외지급이 자유로운 원화자금을 예치하는 비거주자자유원계정 및 비거주자원화신탁계정

5. 해외이주자 또는 재외동포가 국내재산 반출용 외화자금을 예치하는 해외이주자계정

6. 거주자가 외화증권 투자용 외화자금을 예치하는 외화증권투자전용외화계정

7. 비거주자 또는 외국인거주자가 국내원화증권 · 장내파생상품 투자, 장외파생상품의 청산을 위한 원화자금 및 외화자금을 각각 예치하는 투자전용비거주자원화계정 및 투자전용대외계정

8. 투자매매업자 · 투자중개업자 · 한국거래소 및 증권금융회사, 청산회사가 비거주자 또는 외국인거주자의 증권 · 장내파생상품의 투자자금 관리 또는 청산을 위하여 외화자금을 예치하는 투자전용외화계정

9. 한국예탁결제원이 비거주자의 주식예탁증서 발행 관련 자금을 관리하기 위하여 외화자금을 예치하는 원화증권전용외화계정

외국환은행의 대출채권 등의 매매

외국환은행이 거주자 또는 비거주자와 대출채권, 대출어음, 대출채권의 원리금 수취권, 외화증권 및 외화채권을 매매하는 경우에는 신고를 요하지 아니한다.
* 대출채권을 유동화하기 위한 자산유동화증권(ABS ; Asset Backed Securities)의 매매 등이 해당됨

외국환은행의 대외지급수단의 발행

외국환은행이 발행하는 전자금융거래법상 전자화폐, 선불전자지급수단 등 전자적 방법에 따른 대외지급수단은 다른 전자지급수단이나 주식·채권·파생상품 등 자산등이 아닌 재화 및 용역 구입에 사용되는 것으로 한정하며, 「금융실명거래 및 비밀보장에 관한 법률」에 따른 실지명의로 발행되거나 예금계좌와 연결되어 발행된 것만 보유할 수 있으며, 타인으로부터 양도받는 것은 보유할 수 없다.

외국환은행의 보증

① 외국환은행이 다음에 해당하는 보증을 하고자 하는 경우에는 신고를 요하지 아니한다.

  1. 거주자 간의 거래에 관하여 보증을 하는 경우(예 외화표시 내국신용장 개설)

  2. 거주자(채권자)와 비거주자(채무자)의 인정된 거래에 관하여 채권자인 거주자에 대하여 보증을 하는 경우로서 비거주자가 외국환은행에 보증 또는 담보를 제공하는 경우

  3. 거주자(채무자)와 비거주자(채권자)의 인정된 거래에 관하여 채권자인 비거주자에 대하여 보증을 하는 경우
     * 수입신용장 개설, 각종 보증신용장 등

  4. 교포등에 대한 여신과 관련하여 당해 여신을 받는 동일인당 미화 50만불 이내에서 보증(담보관리승낙을 포함)하는 경우
     * 국내 외국환은행의 해외점포에서 교포들에게 대출하면서 차주 명의의 국내예금을 담보로 취득할 때 국내은행이 질권 설정 및 담보관리를 승낙하는 경우임

② 제①항에 해당하는 경우를 제외하고 외국환은행이 보증(담보관리승낙을 포함)을 하고자 하는 경우에는 보증을 의뢰하는 당사자가 한국은행총재에게 신고하여야 하며, 한국은행총재는 필요 시 동 신고내용을 국세청장에게 열람하도록 하여야 한다.

◀■■■■■▶ 외국환 포지션(Position)

외국환은행의 외국환 매입초과액(Over-bought Position) 또는 매각초과액(Over-sold Position)은 다음과 같이 구분한다.

- 현물환포지션(현물외화자산잔액과 현물외화부채잔액과의 차액에 상당하는 금액)

- 선물환포지션(선물외화자산잔액과 선물외화부채잔액과의 차액에 상당하는 금액)

- 종합포지션(현물외화자산잔액 및 선물외화자산잔액의 합계액과 현물외화부채잔액 및 선물 외화부채잔액의 합계액과의 차액에 상당하는 금액)

  * 종합포지션 = 현물환포지션 + 선물환포지션
  * 환율변동에 노출된 외국환포지션이 과다한 경우 그에 비례하여 위험이 커지게 되는 바, '자기자본의 50/100 이내' 등과 같은 기준으로 매입초과 또는 매도초과 포지션의 한도를 규제하고 있음

◀■■■■■▶ 역외계정의 설치 · 운영

① 외국환은행이 비거주자(다른 역외계정을 포함)로부터 외화자금을 조달하여 비거주자(다른 역외계정을 포함)를 상대로 운용하는 역외계정을 설치한 경우에는 이를 일반계정과 구분계 리하여야 한다.

② 역외계정과 일반계정 간의 자금이체는 기획재정부장관의 허가를 받아야 한다. 다만, 직전 회계연도 중 역외외화자산평잔(월말 잔액을 기준으로 한 평잔)의 100분의 10 범위 내에서 의 자금이체는 그러하지 아니하다.

③ 외국환은행이 역외계정에의 예치목적으로 미화 5천만불을 초과하는 외화증권을 상환기간 1년 초과의 조건으로 발행하고자 하는 경우에는 기획재정부장관에게 신고하여야 한다.

④ 외국환은행의 장은 당해 법인의 당월 중 역외계정의 자산 및 부채상황을 익월 10일까지 한국은행총재 및 금융감독원장에게 보고하여야 하며, 한국은행총재는 그 내용을 종합하여 매분기별로 기획재정부장관에게 제출하여야 한다.

II. 기타 외국환업무 취급기관

외국환업무 취급기관은 크게 외국환은행과 '기타 외국환업무 취급기관', 전문외국환업무취급업자, 외국환중개회사로 대별할 수 있다. 기타 외국환업무 취급기관은 체신관서, 증권회사, 보험회사, 상호저축은행, 신용협동조합, 새마을금고, 신용카드회사, 종합금융회사 등이 있고, 전문외국환업무취급업자는 환전영업자, 소액해외송금업자, 기타 전문외국환업무를 등록한 자가 있다.

기타 외국환업무 취급기관의 외국환업무 취급범위 발췌

* 기타 외국환업무 취급기관들은 기본적으로 각자의 업무와 직접 관련된 외국환업무를 수행할 수 있으며 다음과 같은 예외 제약 또는 예외를 적용 받음

- 보험회사 : 보험회사의 업무와 직접 관련된 외국환업무를 영위할 수 있다. 다만, 외화예금 업무는 제외
- 신용협동조합 중앙회, 새마을금고 중앙회 : 해외용 직불카드의 발행만 가능
- 체신관서 : 외국인근로자 보수 등의 해외송금
- 다음의 기관은 모두 건당 각각 미화 5천불, 동일인당 각각 미화 5만불의 연간 누계 한도 범위 내에서 해외송금 및 수령업무를 할 수 있다.
  - 상호저축은행(직전 분기 말 총자산이 1조원 이상)
  - 신용카드업자
  - 지역단위 농협 및 수협(농협중앙회 및 수협중앙회의 위탁을 받아 수행)
- 금융위원회의 지정을 받은 대형 증권회사 : 대고객 일반 환전 가능

III. 전문외국환업무취급업자

■■■■■■▶ 환전영업자

환전업무의 등록, 등록변경, 폐지 등을 하고자 하는 자는 증빙서류를 첨부하여 관세청장에게 제출하여야 한다.

* 환전업무 방식(복수선택 가능) : 일반 환전영업, 무인환전기기 환전영업, 온라인 환전영업

◉ 환전영업자의 업무

① 환전영업자는 환전일자, 매각자(매입자)의 성명 및 주민등록번호·여권번호 등 인적사항, 환전금액, 적용환율, 거래내용을 기록한 환전장부 사본을 매 반기별 익월 10일까지 관세청장에게 제출한다.

② 환전영업자는 다음에서 정하는 바에 의하여 거주자 또는 비거주자로부터 내국지급수단을 대가로 외국통화 및 여행자수표를 매입할 수 있다.

   1. 외국통화등을 매입하는 경우에는 외국환매각신청서를 제출받아 주민등록증, 여권, 사업자등록증, 납세번호증 등 실명확인증표에 의하여 인적사항을 확인하여야 한다. 다만, 환전영업자가 자동동전교환기를 설치하여 외국통화를 매입하는 경우에는 그러하지 아니하다.

   2. 외국통화등을 매입하는 경우에는 당해 외국통화등의 취득이 신고등의 대상인지 여부를 확인(동일자·동일인 기준 미화 2만불을 초과하는 경우에 한함)하여야 하며, 외국환매각신청서 사본을 익월 10일 이내에 국세청장 및 관세청장에게 통보하여야 한다. 다만, 제1호 단서에 해당하는 경우 및 동일자에 동일인으로부터 미화 1만불 이하의 외국통화등을 매입하는 경우에는 그러하지 아니하다.

   3. 외국인거주자 또는 비거주자로부터 외국통화등을 매입하는 경우에는 1회에 한하여 외국환매입증명서를 발행·교부하여야 한다. 다만, 환전영업자가 자동동전교환기를 설치하여 외국통화를 매입하는 경우에는 그러하지 아니하다.

환전증명서

환전증명서는 외국환매각신청서와 외국환매입증명서가 1조로 되어 있고 일련번호가 부여되어 있으며 '환전증명서 관리대장'에 의해 관리되어야 한다. 환전 시 매각신청서는 환전영업자가 보관하고 매입증명서는 고객에게 교부하여 추후 재환전 시 증빙으로 사용된다. 환전증명서의 금액은 정정할 수 없으며, 정정해야 할 경우에는 해당 증명서를 폐기하여 보관한 뒤 추후 거래외국환은행에 반납하고 반납확인서를 수령해야 한다.

③ 환전영업자는 다음에 해당하는 경우에 한하여 재환전할 수 있다.

   1. 비거주자가 최근 입국일 이후 당해 체류기간 중 외국환업무취급기관 또는 환전영업자에게 내국지급수단을 대가로 대외지급수단을 매각한 실적 범위 내에서 재환전하는 경우

2. 비거주자 및 외국인거주자가 당해 환전영업자의 카지노에서 획득한 금액 또는 미사용한 금액에 대하여 재환전하는 경우

④ 제③항의 규정에 의하여 비거주자 및 외국인거주자로부터 재환전신청을 받은 환전영업자는 재환전신청서, 외국환매입증명서 및 여권을 제출받아야 한다. 다만, 미합중국군대, 외국정부의 및 국제기구 근무자, 외국정부 또는 국제기구의 공무로 입국하는 자로부터 재환전신청을 받은 경우에는 여권 이외에 신분증, 외국인등록증 등의 실명확인증표에 의하여 인적사항을 확인할 수 있다.

⑤ 위 제②항 내지 제④항에도 불구하고 환전영업자는 동일자·동일인 기준 미화 2천불 이하의(단, 환전장부를 전산관리하는 업자인 경우 미화 4천불) 외국통화등을 외국환매각신청서 및 외국환매입증명서 없이 매입하거나 매각할 수 있다.

⑥ 환전영업자는 다음에 해당하는 거래를 위하여 거래외국환은행을 지정하여야 한다.

1. 거주자 또는 비거주자로부터 매입한 외국통화등의 외국환은행에 대한 매각 및 예치

2. 재환전 및 제⑤항을 위한 외국환은행으로부터의 외국통화 매입

⑦ 환전영업자는 환전장부, 외국환매각신청서, 외국환매입증명서 등 환전관계 서류를 해당 연도 이후 5년간 보관하여야 한다.

⑧ 무인환전기기환전영업자는 동일자·동일인 기준 미화 2천불(단, 환전장부 전산관리업자의 경우 미화 4천불) 이하의 범위에서 외국통화 등을 매입하거나 매각할 수 있다.
  * 고객의 실명확인증표를 스캔하여 인식하는 방법으로 인적사항 확인

⑨ 온라인환전영업자는 동일자·동일인 기준 미화 2천불(단, 환전장부 전산관리업자의 경우 미화 4천불) 이하의 범위에서 외국통화 등을 매입 또는 매각할 수 있고, 이 경우 이외의 장소 또는 금융회사 등에 개설된 계좌를 통해서 고객으로부터 외국통화를 수령하거나 고객에게 외국통화 등을 지급할 수 있다.
  * 온라인 환전계약 체결 시 고객의 주민등록번호, 여권번호 등의 고유식별정보를 확인한 후 고객으로부터 외국통화 등을 수령하거나 고객에게 외국통화 등을 지급할 때 주민등록증, 여권 등 실명확인증표에 의하여 해당 정보를 확인하거나 관세청장이 인정하는 방식으로 인적사항을 확인
  * 고객이 환전에 따른 자금을 외국통화등을 수령할 때까지 제3자에게 결제대금을 예치하거나 관할세관장에게 1억원 이상의 이행보증금을 현금으로 예탁(다만, 이행보증금의 경우 관할세관장을 피보험자로 하고 국내보증보험회사가 발행하는 인허가보증보험에 가입하는 경우에는 보장금액에 해당하는 범위에서 이행보증금의 일부 또는 전부를 예탁하지 아니할 수 있음)

⑩ 환전영업자가 무인환전기기 방식과 온라인 방식을 결합하여 환전업무를 영위하고자 하는 경우 인적사항 확인방식에 따라 매각할 수 있는 외국통화의 범위는 다음과 같다.

- 실명확인증표를 스캔하여 인식(무인환전기기) : 동일자·동일인 기준 미화 2천불 이하 (단, 환전장부 전산관리업자의 경우 미화 4천불)
- 실명확인증표 실물에 의해 확인(온라인영업자) : 동일자·동일인 기준 미화 2천불 이하 (단, 환전장부 전산관리업자의 경우 미화 4천불)

◤▶ 소액해외송금업자

* 소액해외송금업체 자격요건 : 자기자본 10억원 이상, 기재부장관이 고시하는 재무건전성 기준 충족, 외환정보집중기관과 전산망 연결, 외국환업무 2년 이상 종사한 경력자(또는, 기재부장관이 정하는 교육을 이수한 자) 2명 이상 확보, 최소 3억 원 이상의 이행보증금(또는 인허가보증보험)
* 소액해외송금업체 조회 : 금융감독원 홈페이지/업무자료/외국환/소액해외송금업조회

소액해외송금업무의 건당 지급 및 수령 한도는 각각 건당 미화 5천불로 하며, 동일인당 연간 지급 및 수령 누계 한도는 각각 미화 5만불로 한다.
소액해외송금업자는 고객으로부터 자금을 수령하는 경우 건별로 수령해야 한다.

소액해외송금업자는 국내의 지급인 및 수령인별로 지급등의 내역을 기록하고 5년간 보관하여야 하며, 지급등의 내역을 매월별로 익월 10일까지 외환정보집중기관을 통하여 금융정보분석원장, 국세청장, 관세청장, 금융감독원장에게 통보하여야 한다.

소액해외송금업자는 소액해외송금업무 수행 과정에서의 정산 및 거래 내역(외국 협력업자와의 지급등 또는 상계 내역, 그 밖에 소액해외송금업무를 완결하기 위한 거래 또는 행위를 모두 포함)을 기록하고 5년간 보관해야 하며, 금융감독원장이 요구할 경우 이를 제출해야 한다.

◤▶ 기타 전문외국환업무를 등록한 자

- 전자금융거래법에 따른 전자화폐의 발행 및 관리 업무 과정에서의 대외지급수단인 전자화폐의 발행

- 전자금융거래법에 따른 선불전자지급수단의 발행 및 관리 업무 과정에서의 대외지급수단인 선불전자지급수단의 발행

– 전자화폐와 선불전자지급수단은 다른 전자지급수단이나 주식·채권·파생상품 등 자산 등이 아닌 재화 및 용역 구입에만 사용되는 것으로 한정한다.

– 전자화폐와 선불전자지급수단은 「금융실명거래 및 비밀보장에 관한 법률」에 따른 실지명의로 발행되거나 예금계좌와 연결되어 발행된 것만 보유할 수 있으며, 타인으로부터 양도받는 것은 보유할 수 없다.

Ⅳ 외국환중개회사

외국환중개업무의 인가를 받고자 하는 자는 외국환중개업무인가신청서를 기획재정부장관에게 제출하여야 한다.

* 국내 외국환은행 간 외환거래를 중개하는 외국환중개회사는 서울외환중개(주)와 한국자금중개(주)가 있음

한국은행총재는 외국환중개회사의 업무를 감독하고 업무감독에 필요한 명령을 할 수 있으며 외국환중개회사가 중대한 위반을 한 경우에는 기획재정부장관에게 인가취소를 건의할 수 있다.

03 | 위탁 및 중개, 신사업 규제 신속 확인·면제 제도 : 생략

04 | 지급과 수령

▶ 지급등의 절차

① 건당 미화 5천불을 초과하는 지급등을 하고자 하는 자는 외국환은행의 장에게 지급등의 사유와 금액을 입증하는 서류('지급등의 증빙서류')를 제출하여야 한다. 다만, 이 규정에 따른 신고를 요하지 않는 거래로서 비거주자 또는 외국인거주자가 외국에 있는 자금을 국내로 반입하기 위하여 수령하는 경우에는 그러하지 아니하다.

② 지급등을 하고자 하는 자는 당해 지급등을 하기 전에 당해 지급등 또는 그 원인이 되는 거래, 행위가 신고 등을 하여야 하는 경우에는 그 신고 등을 먼저 하여야 한다.

③ 지급등을 하고자 하는 자가 당해 지급등과 관련하여 필요한 신고등을 이행하지 않는 등 규정을 위반한 경우에는 당해 위반사실을 제재기관의 장(금융감독원장을 포함)에게 외국환은행을 경유하여 보고하고 필요한 신고절차를 사후적으로 완료한 후 지급등을 할 수 있다. 다만, 수령을 하고자 하는 경우에는 위반사실을 제재기관의 장에게 보고한 후 수령할 수 있다.

④ 위반사실을 보고받은 제재기관의 장은 위반한 당사자가 법에 따른 제재를 받을 우려가 있거나 기타 제재의 실효성 확보를 위하여 필요하다고 인정되는 경우 제재처분 확정시까지 지급등을 중단시킬 수 있다.

⑤ 이 규정에 따라 거래외국환은행을 지정한 경우에는 당해 외국환은행을 통하여 지급등(휴대수출입을 위한 환전을 포함)을 하여야 한다.

⑥ 지급등을 하고자 하는 자는 제①항에 의한 지급등의 증빙서류를 전자적 방법을 통해 제출할 수 있다.

◀■■■■■▶ 거주자의 지급등 절차 예외

① '지급등의 절차'의 규정에 불구하고 거주자(외국인거주자는 제외)는 다음에 해당하는 경우 지급등의 증빙서류를 제출하지 아니하고 지급 등을 할 수 있다.

1. 신고를 필요로 하지 않는 거래로서 다음에 해당하는 지급

   가. 연간 누계금액이 미화 10만불 이내(해외예금, 해외증권취득 관련 지급금액 포함)인 경우

   * 거래외국환은행을 지정하여야 한다.

   * 지급등의 사유와 금액을 입증하는 서류를 제출하지 않은 연간 지급누계액 미화 10만불 이내 거래의 경우 '지급신청서'에 기재된 지급사유에도 불구하고 '이전거래'로 간주하여 지급함

   * 건당 미화 5천불 초과 송금의 연간누계가 미화 1만불을 초과 시에는 국세청에 통보되며, 건당 미화 5천불 초과거래는 모두 관세청 및 금융감독원에 통보됨

   * 건당 미화 5천달러 상당액 이하의 해외송금은 연간 지급액 한도(미화 10만달러)에서도 차감되지 않는다.

   * 연간송금액이란 거래외국환은행 지정일로부터 1년간이 아니라 지정한 그해의 1월 1일부터 12월 31일까지의 송금 누계액을 뜻함

   * 10만불 한도에는 해외예금, 소액대출, 해외증권 취득 관련 송금이 포함되며, 해외직접투자 및 해외부동산 취득 관련 자금은 포함되지 않음(따라서, 해외예금을 위한 송금은 동 한도 미화 10만불 내에서 지정거래외국환은행을 통해 송금하면 되지만, 해외직접투자 및 해외부동산 취득을 위해서는 꼭 신고를 해야 함)

나. 연간 누계금액이 미화 10만불을 초과하는 지급으로서 당해 거래의 내용과 금액을 서류를 통해 외국환은행의 장이 확인할 수 있는 경우

> * 미화 10만불 상당액 초과 시에는 지급확인서(사유와 목적을 구체적으로 기재)와 증빙서류(납세증명서, 수취인의 실체를 확인할 서류 등 포함)를 제출해야 하며, 미화 10만불 한도란 건당 5천불 초과 거래를 모두 합산한 연간 총지급누계액임

2. 신고를 필요로 하지 않는 수령. 다만, 동일자·동일인 기준 미화 10만불을 초과하는 경우에는 서면에 의하여 외국환은행의 장으로부터 수령사유를 확인 받아야 한다.

> * 타발송금 미화 10만불 초과 시 증빙서류 제출. 증빙서류가 없으면 '영수확인서'를 받고 이전거래로 처리

3. 정부 또는 지방자치단체의 지급 등

4. 거래 또는 행위가 발생하기 전에 하는 '사전 개산 지급'(해외여행경비는 사전개산지급 대상이 아님). 이 경우 거래 또는 행위발생 후 일정한 기간 내에 지급 증빙서류를 제출하여 정산하여야 한다. 다만, 그 지급금액의 100분의 10 이내에서는 정산의무를 면제할 수 있다.

사전 개산(槪算)지급

지급금액을 미리 확정할 수 없는 거래인 경우 사전에 개략적인 금액을 지급하고 사후에(지급신청일로부터 60일 이내) 정산하는 구조로 관리되는 지급거래이다. 외국에서 영화촬영 등 소요경비를 사전에 예측할 수 없는 경우가 여기에 해당되며, 개산금액과 확정금액과의 차이가 10% 이내인 경우는 정산의무를 면제할 수 있다(정한 기한 내에 정산자료 미제출 시 금융감독원장에게 보고).

5. 전년도 수출실적이 미화 3천만불 이상인 기업의 송금방식 수출대금의 수령 및 전년도 수입실적이 미화 3천만불 이상인 기업의 송금방식 수입대금의 지급. 다만, 지급등의 증빙서류 제출을 면제받은 기업은 관련 지급등의 증빙서류를 5년간 보관하여야 한다.

> * 증빙서류를 외국환은행에 제출하지 않아도 되며, 추후 수출입실적이 감소하더라도 계속 면제대상임

6. 외국인투자촉진법상 외국인투자기업 및 외국기업 국내지사의 설립을 위하여 비거주자가 지출한 비용의 반환을 위한 지급. 다만, 지출비용을 수령한 외국환은행을 통하여 지급하여야 한다.

7. 해외이주자(「해외이주법」 등 관련 법령에 의하여 해외이주가 인정된 자를 말한다)가 관할세무서장으로부터 발급받은 자금출처확인서의 범위 이내에서 해외이주비를 지급하는 경우(거래외국환은행 지정해야 함)

② 지급등의 증빙서류를 제출하지 않는 경우에도 지급등을 하고자 하는 자는 외국환은행의 장에게 당해 거래의 내용을 설명하고 신고등의 대상 여부 및 수령사유 등을 확인받아야 한다.

▶ 비거주자 또는 외국인거주자의 지급

① 비거주자 및 외국인거주자는 다음에 해당하는 자금의 '취득경위 입증서류'를 제출하여 외국환은행 장의 확인을 받은 경우에 한하여 지급할 수 있다.

  1. 비거주자 또는 외국인거주자(배우자와 직계존비속을 포함)가 외국으로부터 수령 또는 휴대수입한 대외지급수단 범위 이내의 경우

     다만, 비거주자의 경우 최근 입국일 이후 수령 또는 휴대수입한 대외지급수단에 한한다.
     * 타발송금 영수 사실, 휴대수입 한 경우 외국환신고(확인)필증을 확인

  2. 한국은행총재에게 신고한 범위 이내의 경우(대외지급수단매매신고필증 확인)

  3. 국내에서의 고용, 근무에 따라 취득한 국내보수 또는 자유업 영위에 따른 소득 및 국내로부터 지급받는 사회보험 및 보장급부 또는 연금 기타 이와 유사한 소득범위 이내에서 지정거래외국환은행을 통해 지급하는 경우. 다만, 「외국인근로자의 고용등에 관한 법률」에 따른 출국만기보험 수령은 지정거래외국환은행을 통하지 아니하여도 된다.

  4. 대외지급이 인정된 자금의 지급(증권이나 부동산투자 등 신고등의 절차에 따른 경우, 자본거래 중 인정된 거래에 해당하는 본국송금)

② 상기 ①항에 해당이 없는 비거주자 등은 연간 미화 5만불(외국인거주자의 경우 해외여행경비 신용카드 사용분 포함) 범위 내에서 지정거래외국환은행 또는 신용카드사를 통해 지급할 수 있다. 다만 신용카드사를 통해 지급하는 경우에는 거래신용카드사를 지정하여야 한다.
  * 취득경위 입증서류가 없더라도 미화 5만불까지는 대외지급 가능(대외계정 입금 및 외국으로의 송금은 가능하나 환전은 안 됨)
  * 국내보수 또는 소득 관련 증빙서류 금액 범위내의 지급과는 별도로 추가지급 가능(외국환거래업무취급지침 제3장 제2절)
  * 연간 미화 5만불 이하의 지급은 외국환신고(확인)필증을 제출하지 않은 미화 2만불 이내의 대외 송금 및 대외계정 예치 금액을 합산 관리함

③ 비거주자와 외국인거주자는 제①항 및 제②항의 규정에도 불구하고 다음 각 호의 금액을 지급할 수 있다(매각실적이 전혀 없어도 미화 1만불까지는 송금 및 환전이 가능하며 여권에 매각 사실을 기재).

  – 매각실적이 없는 비거주자에게 미화 1만불 이내 매각

  – 외국인거주자의 미화 1만불 이내의 해외여행경비 지급

  – 외국인거주자가 제①항 3호에 해당하는 자금의 취득경위를 입증하는 서류를 제출하여 체신관서를 통하여 지급(지정외국환은행 뿐 아니라 우체국을 통해서도 송금 가능)

④ 비거주자인 재외동포가 관할세무서장으로부터 발급받은 부동산매각자금확인서 또는 자금 출처확인서의 범위 이내에서 지정거래외국환은행을 통해 지급하는 경우

해외여행경비 지급절차

① 해외여행자는 해외여행경비를 외국환은행을 통하여 지급하거나 휴대수출할 수 있다. 다만, 일반해외여행자는 다음에 해당되는 경우에만 외국환은행을 통하여 외국에 지급할 수 있다.

* 관련 증빙서류가 있어야 송금 가능하며 증빙서류가 없으면 휴대수출만 가능

  1. 다음에 해당하는 기관의 예산으로 지급되는 금액
     가. 정부, 지방자치단체
     나. 공공기관의 운영에 관한 법률에 따라 지정된 공공기관
     다. 한국은행, 외국환은행
     라. 한국무역협회, 중소기업협동조합중앙회, 언론기관(국내 신문사, 통신사, 방송국), 대한체육회, 전국경제인연합회, 대한상공회의소

  2. 다음에 해당하는 자에 대하여 주무부장관 또는 한국무역협회의 장이 필요성을 인정하여 추천하는 금액
     가. 수출, 해외건설 등 외화획득을 위한 여행자
     나. 방위산업체 근무자
     다. 기술, 연구목적 여행자

  3. 외국에서의 치료비

  4. 당해 수학기관에 지급하는 등록금, 연수비와 교재대금 등 교육관련 경비

  5. 외국에 소재한 여행업자, 숙박업자, 운수업자에 대한 해외여행경비의 지급(소속 임직원의 일반해외여행경비에 대해서 당해 법인이 지급하는 경우를 포함)

② 해외체재자 및 해외유학생이 해외여행경비를 지급하고자 하는 경우에는 거래외국환은행을 지정하여야 하며, 해외체재 또는 해외유학을 입증할 수 있는 서류를 제출하여야 한다. 다만, 해외유학생은 이후에도 매연도별로 외국교육기관의 장이 발급하는 재학증명서 등 재학사실을 입증할 수 있는 서류를 제출하여야 한다.

* 해외유학생의 경비로 미화 1만불을 초과하여 환전하는 경우 외국환신고(확인)필증을 발급한다. 은행이 발행한 확인필증 금액에 추가하여 휴대수출하는 금액이 1만불 초과 시에는 세관 신고

③ 여행업자 또는 교육기관 등(학교, 학원, 유학 알선업체 등)과의 계약에 의하여 해외여행을 하고자 하는 해외여행자는 해외여행경비의 전부 또는 일부를 당해 여행업자 또는 교육기관 등에게 외국환은행을 통하여 지급할 수 있으며, 여행업자 또는 교육기관 등은 동 경비를 외국의 숙박업자·여행사 또는 해외연수기관에 거래외국환은행을 통하여 지급하거나 휴대수출하여 지급할 수 있다.

④ 여행업자 또는 교육기관 등이 해외여행자와의 계약에 의한 필요외화 소요경비를 환전하고자 하는 경우에는 거래외국환은행의 장으로부터 환전금액이 해외여행자와의 계약에 따른 필요외화 소요경비임을 확인받아야 한다.

⑤ 지정거래외국환은행의 장은 제④항의 규정에 의하여 해외여행경비를 매각하는 경우로서 해외여행자가 외국인거주자인 경우에는 당해 해외여행자의 여권에 매각금액을 표시하여야 한다. 다만, 1백만원 이하에 상당하는 외국통화를 매각하는 경우에는 그러하지 아니하다.

⑥ 해외여행자는 해외여행경비를 신용카드 등(여행자카드 포함)으로 지급(현지에서의 외국통화 인출을 포함)할 수 있다. 다만, 국내소득 등의 취득경위를 입증을 못하는 외국인거주자의 경우 연간 미화 5만불 이내에서 해외여행경비를 신용카드 등으로 지정거래외국환은행을 통하여 지급할 수 있다.

  * 외국인거주자는 구체적 소득증빙이 없어도 미화 5만불까지는 대외지급이 가능한 바, 해외여행 시 카드사용금액을 同 한도에 포함하여 운용

⑦ 법인은 당해 법인의 예산으로 소속 임직원(일반해외여행자에 한함)에게 해외여행경비 지급할 경우 법인 명의로 환전하여 지급하거나, 법인 명의의 신용카드 등(여행자카드 포함)으로 지급할 수 있다.

외국환은행의 지급과 수령에 관련한 국세청장 등에 대한 통보

* 정부 또는 지방자치단체의 지급등은 제외

① 국세청장에게 통보

1. 건당 5천불 초과 연간누계금액 미화 10만불 이내 '증빙서류미제출 지급등' 및 외국환은 행의 장의 확인이 있는 연간누계금액 미화 10만불 초과 지급등으로서 지급인 및 수령 인별로 연간 미화 1만불을 초과하는 경우 및 해외예금 목적의 송금액이 지급인별로 연 간 미화 1만불을 초과하는 경우

2. 해외유학생 및 해외체재자의 해외여행경비 지급금액이 연간 미화 10만불을 초과하는 경우(신용카드 사용금액 포함)

3. 위 1과 2를 제외하고 건당 미화 1만불을 초과하는 금액을 외국환은행을 통하여 지급등 (송금수표에 의한 지급등을 포함)을 하는 경우

② 관세청장에게 통보

1. 수출입대금의 지급 또는 수령

2. 건당 미화 5천불 초과 증빙서류미제출 송금 및 신고예외사항 수령

3. 건당 미화 1만불을 초과하는 해외이주비의 지급

4. 위 1호 내지 4호의 경우를 제외하고 건당 미화 1만불을 초과하는 금액을 외국환은행을 통하여 지급등(송금수표에 의한 지급을 포함)을 하는 경우

③ 금융감독원장에게 통보

1. 건당 미화 5천불 초과 증빙서류미제출 송금, 해외예금 목적의 송금액이 지급인별로 연 간 미화 1만불을 초과하는 경우

2. 해외유학생 및 해외체재자의 해외여행경비 지급액이 연간 미화 10만불을 초과하는 경우

3. 위 1과 2를 제외하고 건당 미화 1만불을 초과하는 금액을 외국환은행을 통하여 지급 등(송금수표에 의한 지급을 포함)을 하는 경우

PART 01 PART 02 PART 03 부록

대외거래에 있어서 외국환은행을 경유하지 않는 지급, 수출입 대금의 차액결제, 거래당사자가 아닌 제3자 앞 대금 지급등과 같이 '정상적인 결제방법'이 아닌 방법으로 지급과 수령을 하게 되는 경우 '지급등의 방법(변경) 신고(보고)서'에 관계 서류를 첨부하여 신고기관에 신고하여야 하며, 신고등의 서류는 전자적 방법을 통해 실명확인을 받고 제출할 수 있다.

🔽 신고의 예외

– 자본거래 규정에 의하여 자본거래의 신고(외국환은행에 신고한 경우를 포함)를 한 자가 그 신고내용에 포함된 지급등의 방법으로 지급등을 하는 경우

– 조약 또는 일반적으로 승인된 국제법규에서 정하는 지급등의 방법으로 지급등을 하는 경우

– 거래당사자의 일방이 신고한 경우

– 정부 또는 지방자치단체가 지급등을 하는 경우

– 대외무역관리규정에서 별도로 정한 물품의 수출입대금을 지급 또는 수령하는 경우

◀▬▬▬▶ 상계등 계정의 대기 또는 차기에 의한 지급등의 방법

* 상계 및 상호계산은 은행을 통한 실제 지급절차가 생략된 채 당사자 간 의사표시만으로 이루어지는 경우가 빈번한 바, 신고(보고)를 누락하지 않도록 주의하여야 한다.

🔽 상 계

대외결제를 위해 금전의 대외송금 또는 수령에 의하지 않고 서로가 가지고 있는 채권과 채무를 장부상 소멸시키는 것을 말한다.

① 다음에 해당하는 방법 등으로 지급등을 하고자 하는 경우에는 신고를 요하지 아니한다.

– 일방의 금액(분할하여 지급등을 하는 경우에는 각각의 지급등의 금액을 합산한 금액을 말한다)이 미화 5천불 이하인 채권 또는 채무를 상계하고자 하는 경우

– 거주자가, 거주자와 비거주자간의 거래에 따른 채권 또는 채무를, 상호계산계정을 통하여, 당해 거래의 당사자인 비거주자에 대한 채무 또는 채권으로 상계하고자 하는 경우

- 연계무역, 위탁가공무역 및 수탁가공무역에 의하여 수출대금과 관련 수입대금을 상계하고자 하는 경우

- 물품의 수출입대금과 당해 수출입거래에 직접 수반되는 중개 또는 대리점 수수료 등을 상계하고자 하는 경우

- 거주자간에 외화표시 채권 또는 채무를 상계하고자 하는 경우

- 해운대리점이 외국 선박회사를 대리하면서 국내에서 징수한 선박임과 국내에서 지급한 경상운항경비를 상계하거나 상계한 잔액을 외국 선박회사와 지급 또는 수령하고자 하는 경우

② 신고예외 경우를 제외하고 거주자가 수출입, 자본거래 등 대외거래를 함에 있어서 계정의 대기 또는 차기에 의하여 결제하는 등 비거주자에 대한 채권 또는 채무를 비거주자에 대한 채무 또는 채권으로 상계를 하고자 하는 경우에는 외국환은행의 장에게 신고하거나, 상계처리 후 1개월 이내에 외국환은행의 장에게 사후보고를 하여야 한다.

③ 제②항의 규정에도 불구하고 다국적 기업의 상계센터를 통하여 상계하거나, 다수의 당사자의 채권 또는 채무를 상계하고자 하는 경우에는, 한국은행총재에게 신고하여야 한다.

④ 제②항 또는 제③항의 규정에 의한 신고를 받은 한국은행총재 또는 외국환은행의 장은 동 신고내용을 다음반기 첫째달 말일까지 국세청장 및 관세청장에게 통보하여야 한다.

⑤ 상계를 실시하는 자는 관계증빙서류를 5년간 보관하여야 한다.

✅ 상호계산

상계가 빈번하게 발생하는 경우, 일정기간에 발생한 거래들을 주기적으로 결산하여 정산하는 방식으로 서로의 채권 채무를 상계하는 제도이다.

▶ 지정거래외국환은행의 장에게 신고등

① 상대방과의 거래가 빈번하여 상호계산방법으로 지급등을 하고자 하는 자는 상호계산신고서를 지정거래외국환은행의 장에게 제출하여야 하며, 폐쇄하고자 하는 경우에도 신고하여야 한다.

② 지정거래외국환은행의 장은 상호계산을 실시하는 자가 법·영·규정 및 기타 법령에 규정하는 사항을 위반하거나 그 거래실적 거래내용이나 기타 사정에 비추어 상호계산계정의 존속이 필요 없다고 인정되는 경우에는 그 상호계산계정을 폐쇄할 수 있다.

③ 지정거래외국환은행의 장은 상호계산 관련 신고사실을 국세청장 및 관세청장에게 통보하여야 한다.

▶ 대차기 항목 및 기장시점

① 상호계산계정을 통하여 대기 또는 차기할 수 있는 항목은 상호계산 상대방과의 채권 또는 채무로 한다. 다만, 법·영 및 이 규정에 의하여 지급, 지급방법 및 자본거래에 있어 신고를 요하는 경우에는 신고하여야 한다.

② 상호계산계정의 기장은 당해 거래가 수출입인 경우에는 그 수출입의 완료 후 30일 이내, 기타의 경우에는 당해 거래에 따른 채권·채무의 확정 후 30일 이내에 행하여야 한다.

▶ 결산등

① 상호계산계정의 결산은 회계기간의 범위 내에서 월단위로 결산주기를 정하여 실시하여야 한다. 다만, 필요한 경우 회계기간의 범위 내에서 결산주기를 달리 정할 수 있다.

② 상호계산계정의 결산에 있어서의 대기 및 차기잔액은 각 상대방별 계정의 대차기잔액을 합산한 금액으로 한다.

③ 상호계산계정의 대차기잔액은 매 결산기간 종료 후 3월 이내에 지정거래외국환은행의 장에게 신고한 후 지급하거나 수령하여야 한다.

④ 상호계산을 실시하는 자는 결산보고서등 지정거래외국환은행의 장이 정하는 보고서를 지정거래외국환은행의 장에게 제출하여야 한다.

⑤ 상호계산을 실시하는 자는 장부 및 관계증빙서류를 5년간 보관하여야 한다.

기획재정부장관이 정하는 기간을 초과하는 지급등의 방법

① 거주자가 수출입대금(물품거래 대금으로 한정)을 다음에 해당하는 방법으로 지급등을 하고자 하는 자는 한국은행총재에게 신고하여야 한다. 다만, 선박, 철도차량, 항공기, 「대외무역법」에 의한 산업설비를 수출입하는 경우에는 신고를 요하지 아니한다. 수출입 상대방의 귀책 등 불가피한 사유가 인정되는 경우에는 1년을 초과한 날로부터 3월 이내에 한국은행총재에게 사후신고를 할 수 있다.

1. 계약건당 미화 10만불을 초과하는 수출대금을 물품의 선적 전 1년을 초과하여 수령하고자 하는 경우

2. 계약건당 미화 10만불을 초과하는 수입대금을 선적서류 또는 물품의 수령 전 1년을 초과하여 지급하고자 하는 경우

② 제1항에도 불구하고 수출입 상대방의 귀책 등 불가피한 사유가 인정되는 경우에는 1년을 초과한 날로부터 3월 이내에 한국은행총재에게 사후신고를 할 수 있다.

③ 제1항 및 제2항에 따라 신고를 받은 한국은행총재는 매월별로 익월 10일 이내에 동 신고사실을 국세청장 및 관세청장에게 통보하여야 한다.

제3자 지급등에 의한 지급등의 방법

① 거주자가 제3자 지급등을 하고자 하는 경우에는 한국은행총재에게 신고하여야 한다. 다만, 다음에 해당하는 경우 등은 신고를 요하지 아니한다.

- 미화 5천불 이하의 금액을 제3자 지급등을 하는 경우(분할하여 지급등을 하는 경우에는 각각의 지급등의 금액을 합산한 금액을 말한다)

- 인정된 거래에 따라 외국에 있는 부동산 또는 이에 관한 권리를 취득하고자 하는 거주자가 동 취득대금을 당해 부동산 소재지 국가에서 부동산계약 중개 · 대리업무를 영위하는 자에게 지급하는 경우

- 수입대행업체(거주자)에게 단순수입대행을 위탁한 거주자(납세의무자)가 수입대행계약 시 미리 정한 바에 따라 수입대금을 수출자인 비거주자에게 지급하는 경우

– 거주자가 인터넷으로 물품 수입을 하고 수입대금은 국내 구매대행업체를 통하여 지급하는 경우 및 수입대금을 받은 구매대행업체가 수출자에게 지급하는 경우

– 다국적 기업의 상계센터를 통한 상계로서 한국은행총재에게 상계 신고를 이행한 후 상계잔액을 해당 센터에 지급하는 경우

② 신고예외에 해당하는 경우를 제외하고 거주자가 미화 5천불을 초과하고 미화 1만불 이내의 금액(분할하여 지급등을 하는 경우에는 각각의 지급등의 금액을 합산한 금액)을 제3자와 지급등을 하려는 경우에는 외국환은행의 장에게 신고하여야 한다.

③ 신고예외에 해당하는 경우 및 외국환은행의 장에게 신고해야 하는 경우를 제외하고, 거주자가 제3자와 지급등을 하려는 경우에는 한국은행총재에게 신고하여야 한다.

④ 거주자와 다국적회사인 비거주자와의 거래의 결제를 위하여 당해 거래의 당사자가 아닌 다국적회사의 자금관리전문회사로 지정된 자에게 지급하는 경우에는 지급일로부터 1개월 이내에 신고를 사후 보고할 수 있다.

◀■■■■▶ 외국환은행을 통하지 아니하는 지급등의 방법

외국환거래와 관련된 자금의 수수는 외국환은행을 통해서 이루어져야 사후모니터링 등 효율적 관리가 가능하게 된다. 따라서, 외국환은행을 통하지 아니하는 지급등은 한국은행총재에게 신고하도록 되어 있다. 수령하는 경우는 제한사항이 없으나 지급의 경우에는 '신고 예외사항'을 제외하고 모두 신고하여야 한다.

① 거주자가 외국환은행을 통하지 아니하고 지급수단을 수령하고자 하는 경우 및 다음 등에 해당하는 방법으로 지급을 하고자 하는 경우에는 신고를 요하지 아니한다.

– 해외여행자(영행업자 및 교육기관을 포함) 또는 해외이주자 및 재외동포가 해외여행경비, 해외이주비 및 국내재산을 외국에서 직접 지급하는 경우

 * 해외체재자, 해외유학생, 해외이주자, 재외동포가 미화 1만불을 초과하는 대외지급수단을 휴대수출 하고자 하는 경우 지정거래외국환은행의 장은 외국환신고(확인)필증을 발행·교부하고, 일반해외여행자의 경우는 다음 ②항에서 규정하였듯 확인요청이 있으면 발급하거나 출국 시 세관장에게 신고하도록 한다.

– 외국인거주자 및 비거주자가 보수·소득 범위 내에서 환전한 대외지급수단을 휴대수출하여 지급하는 경우(외국환신고(확인)필증을 발행·교부)

- 거주자와 비거주자 간 또는 거주자와 다른 거주자 간의 건당 미화 1만불 이하(단, 「경제자유구역의 지정 및 운영에 관한 특별법」에 따른 경제자유구역에서는 10만불 이하)의 경상거래에 따른 대가를 대외지급수단으로 직접 지급하는 경우

- 거주자가 해외직접투자 등과 관련하여 건당 미화 1만불 이하 대외지급수단을 직접 지급하는 경우

② 상기 거래 등과 관련하여 확인요청을 받은 외국환은행의 장은 지급수단의 취득사실을 확인하고 당해 거주자에게 외국환신고(확인)필증을 발행·교부 하여야 한다.

③ 신고예외지급대상에 해당하는 경우를 제외하고 거주자가 외국환은행을 통하지 아니하고 지급등을 하고자 하는 경우(물품 또는 용역의 제공, 권리의 이전 등으로 비거주자와의 채권·채무를 결제하는 경우를 포함)에는 한국은행총재에게 신고하여야 한다.

06 │ 지급수단등의 수출입

일반적으로 물품의 수출입은 대외무역법에서 규정하고 있으나 물품의 범위에 외국환거래법령에서 정하는 지급수단등은 제외하고 있으며 이를 외국환법령에서 규정하고 있다.

① 거주자 또는 비거주자가 다음에 해당하는 지급수단등을 수출입하는 경우에는 신고를 요하지 아니한다.

1. 미화 1만불 이하의 지급수단등을 수입하는 경우(내국통화, 원화표시여행자수표 및 원화표시자기앞수표 포함)
   * 내국지급수단은 거래 또는 행위 발생시점의 매매기준율로 환산

2. 약속어음, 환어음, 신용장을 수입하는 경우

3. 미화 1만불 이하의 지급수단(대외지급수단, 내국통화, 원화표시자기앞수표 및 원화표시 여행자수표) 및 외국환신고(확인)필증이 발행된 대외지급수단을 수출하는 경우

4. 외국공관, 외교관 등이 대외지급수단을 수출입하는 경우

5. 다음에 해당하는 지급수단등을 수출입하는 경우

 - 거주자가 미화 5만불 상당액 이내의 외국통화 또는 내국통화를 지급수단으로 사용하지 아니하고 자가화폐수집용·기념용·자동판매기시험용·외국전시용 또는 화폐수집가 등에 대한 판매를 위하여 수출입하고자 하는 경우

 - 거주자가 수출대금의 수령을 위하여 외국통화표시수표를 휴대수입 이외의 방법으로 수입하는 경우

② 제①항의 경우를 제외하고 다음에 해당하는 경우에는 관할세관의 장에게 신고하여야 한다.

 - 거주자 또는 비거주자가 미화 1만불을 초과하는 지급수단(대외지급수단과 내국통화, 원화표시여행자수표 및 원화표시자기앞수표)을 휴대수입하는 경우

 - 국민인거주자가 미화 1만불을 초과하는 지급수단(대외지급수단, 내국통화, 원화표시여행자수표 및 원화표시자기앞수표)을 휴대수출하는 경우

③ 다음에 해당하는 자가 미화 1만불을 초과하는 대외지급수단을 국내에서 취득하는 경우에는 당해 취득사실에 대하여 외국환은행의 장의 확인을 받아야 한다(외국환신고(확인)필증을 발행·교부).

   * 외국환신고(확인)필증 분실 시 1회에 한하여 재발급 가능

   * 외국인거주자 및 비거주자가 국내에서의 고용 또는 자유영업 영위에 따른 국내 보수 또는 소득 및 국내로부터 지급받은 사회보험 및 보장급부 또는 연금 기타 이와 유사한 소득을 대가로 대외지급수단을 취득하는 경우에는 미화 1만불을 초과하지 않아도 외국환신고(확인)필증을 교부해야 함

   1. 외국인거주자 및 비거주자(외교관 등을 제외)가 대외지급수단을 대외계정 및 비거주자 외화신탁계정의 인출 등으로 취득하거나 송금을 수령하는 경우

   2. 비거주자가 최근입국일 이후 외국으로부터 영수하거나 휴대수입한 외화금액 범위 내에서 재환전 시

   3. 외국인거주자가 해외여행경비 지급을 위하여 취득하는 경우

④ 거주자 및 비거주자가 지급수단등을 수출입 하고자 하는 경우에는 별도로 '신고예외'인 경우를 제외하고 모두 관할세관의 장에게 신고하여야 하며, 국제우편물로 수입되어 수입된 사실을 알지 못하는 등 불가피한 사유로 인정되는 경우에는 지급수단이 수입된 날로부터 30일 이내에 사후보고 할 수 있다.

사례연구

특정국에 미화 50만불 상당 물품을 수출을 하면서 결제조건을 신용장발행 20만불과 현금결제 30만불로 하고, 수입국 현지에 나가서 현금결제 해당액을 직접 수령하였을 경우, 관련 규정의 적용 및 업무처리 방법

- 지급등의 방법 : 외국환은행을 통하지 않는 거래(30만불)가 있으나 지급이 아닌 '수령'인 경우이므로 한국은행총재앞 신고 제외

- 지급수단의 수출입 : 미화 30만불을 휴대수입 하는 경우이므로 입국 시 세관의 장에게 신고하고 외국환신고(확인)필증을 발급받아야 한다(미화 1만불 초과 휴대수입 시 신고).

- 외국환 매매 : 수출대금으로 수령한 외화의 매각 시 수출관련 증빙서류와 외국환신고(확인)필증을 제시(미화 2만불 초과 매각)해야 하여, 외국환은행은 매입 시에 매입사유를 '수출대금'으로 처리한다(수출실적, 무역금융 등을 고려).

07 | 자본거래

① 자본거래의 신고를 하려는 자는 기획재정부장관이 정하여 고시하는 신고 서류를 기획재정부장관에게 제출하여야 한다.

② 대통령령으로 정하는 신고 생략가능 자본거래란 다음 각 호의 거래를 말한다.

1. 외국환업무취급기관이 외국환업무로서 수행하는 거래. 다만, 외환거래질서를 해할 우려가 있거나 급격한 외환유출입을 야기할 위험이 있는 거래로서 기획재정부장관이 고시하는 경우에는 신고하도록 할 수 있다.

2. 기획재정부장관이 정하여 고시하는 금액 미만의 소액 자본거래

3. 해외에서 체재 중인 자의 비거주자와의 예금거래

4. 추가적인 자금유출입이 발생하지 아니하는 계약의 변경 등으로서 기획재정부장관이 경미한 사항으로 인정하는 거래

5. 그 밖에 기획재정부장관이 정하여 고시하는 거래

③ 기획재정부장관은 신고수리 여부를 결정할 때에는 신고수리, 거부 또는 거래 내용의 변경 권고 여부를 정하여 신고인에게 통지하여야 한다. 이 경우 투자 업종, 투자 유형, 투자 규모 등을 고려하여 정형화된 해외직접투자로 인정되는 것으로 미리 고시한 경우에 해당하면 요건심사를 생략할 수 있다.

④ 기획재정부장관은 제3항에 따른 심사를 할 때 신고 내용이 불명확하여 심사가 곤란하다고 인정되는 경우에는 지체 없이 상당한 기간을 정하여 보완을 요구할 수 있으며, 신고인이 이 기간에 보완을 하지 아니하면 신고 서류를 반려할 수 있다.

⑤ 제3항에 따라 거래 내용의 변경 권고를 받은 자는 변경 권고를 받은 날부터 10일 이내에 해당 변경 권고에 대한 수락 여부를 기획재정부장관에게 알려야 하며, 그 기간에 수락 여부를 알리지 아니하면 수락하지 아니한 것으로 본다.

⑥ 기획재정부장관은 제5항에 따라 수락하지 아니한다는 통지를 받은 때에는 통지를 받은 날(통지가 없는 경우에는 신고인이 변경 권고를 받은 날부터 10일이 지난 날)부터 10일 이내에 해당 자본거래의 변경 또는 중지를 명할 것인지의 여부를 결정하여 신고인에게 알려야 한다.

⑦ 대통령령으로 정하는 처리 기간이란 30일을 말한다. 이 경우 제4항에 따른 보완에 걸리는 기간은 처리기간에 산입하지 아니한다.

◐ 신고등의 예외거래

다음 등에 해당하는 자본거래를 하고자 하는 경우에는 신고등을 요하지 아니한다.

- 한국은행, 외국환업무취급기관, 환전영업자, 소액해외송금업자가 관련 업무로 행하는 거래
- 거래당사자의 일방이 신고등을 한 거래(다만, 신고인이 정해진 경우 해당 신고인이 신고등을 한 거래)
- 제7장 규정에 의한 자본거래로서 거래 건당 지급등의 금액(분할하여 지급등을 하는 경우에는 각각의 지급등의 금액을 합산한 금액)이 미화 5천불 이내인 경우
- 제7장 규정에 의한 자본거래로서 거주자(외국인거주자를 제외)의 거래 건당 지급금액이 미화 5천불 초과 10만불 이내이고, 연간 지급누계금액이 미화 10만불을 초과하지 않는 경우. 다만, 지급 시 지정거래외국환은행의 장으로부터 거래의 내용을 확인받아야 한다.

  * 이 규정에 따라 연간 미화 10만불 이내에서 송금하여 해외에 예금하는 경우는 별도 신고가 필요치 아니하고 지정외국

환거래은행을 통해 송금하면 됨. 다만, 건당 미화 5만 달러를 초과하여 국내에서 송금한 자금으로 예치하려는 경우에는 한국은행총재에게 신고해야 한다.

- 제7장 규정에 의한 자본거래로서 거주자의 거래 건당 수령금액이 미화 5천불 초과 10만불 이내이고, 연간 수령누계금액이 미화 10만불을 초과하지 않는 경우. 다만, 지정거래외국환은행의 장으로부터 거래내용을 확인받아야 하며 '외국환은행의 장에게 당해 거래의 내용을 설명'하는 등의 절차에 따라 수령하여야 한다.

◎ 자본거래에 관한 지급절차

별도로 정한 경우를 제외하고, 거주자간 자본거래 또는 행위에 따른 대금의 지급 등은 외국환은행을 통하여 지급·수령하여야 하며, 외국환은행을 통하지 아니하고 대금을 지급·수령하고자 하는 경우에는 한국은행총재에게 신고하여야 한다. 다만, 건당 지급·수령금액이 미화 5천불 이하인 경우와 '외국에 체재하고 있는 거주자간 금전대차거래' 등 별도로 정한 경우에는 그러하지 아니하다.

◎ 자본거래의 내신고수리

자본거래의 신고수리를 함에 있어서 자본거래의 신고수리기관은 내신고수리를 하여 일정기간의 준비기간이 경과한 후에 본신고 수리를 할 수 있다. '일정기간의 준비기간'이라 함은 당해 자본거래에 관한 당사자 간의 합의, 예약, 가계약 등 이후 본계약 체결 전까지의 기간을 말하며 그 기간은 1년을 초과할 수 없다.

◤━━━━━▶ 국내예금 및 국내신탁에 따른 자본거래

거주자 또는 비거주자가 국내에서 예금거래 및 신탁거래를 하고자 하는 경우 다음의 경우를 제외하고는 한국은행총재에게 신고하여야 한다.

- 거주자 또는 비거주자가 규정에서 정하는 예치 및 처분사유에 따라 외국환은행 등과 예금거래 및 금전신탁거래를 하는 경우

- 국민인비거주자가 국내에서 사용하기 위하여 내국통화로 예금거래 및 신탁거래를 하는 경우

◉ 계정에의 예치

① 거주자계정 및 거주자외화신탁계정에 예치할 수 있는 지급수단

* 거주자계정 : 국민인거주자(외국인거주자 명의의 개인사업자 포함)가 개설하는 외화예금 계정

1. 취득 또는 보유가 인정된 대외지급수단

* 외국통화 또는 외화표시수표로 동일자 미화 2만불 초과 예치 시에는 취득경위를 확인하여 입증서류가 있다면 해당 사유로, 미제출 시에는 '이전(移轉)거래'로 처리함(이 경우는 '영수확인서' 징구 대상이 아님)

* 해외로부터의 송금이나 대외계정에서 이체되는 자금으로서, 동일자 미화 10만불 초과 시에는 취득경위 입증서류를 제출하여 취득사유를 확인하며 입증서류를 제출하지 못하는 경우에는 영수확인서를 징구한 후 이전거래로 처리함 (수취인과 연락이 되지 않아 3영업일 이내에 영수사유를 알 수 없는 경우에도 영수확인서 징구를 생략하고 이전거래로 간주하여 처리)

2. 내국지급수단을 대가로 하여 외국환은행등 또는 투자매매업자 · 투자중개업자로부터 매입한 대외지급수단

② 대외계정 및 비거주자외화신탁계정에 예치할 수 있는 지급수단

* 대외계정 : 비거주자, 외국인거주자 및 대한민국 정부의 재외공관 직원이 개설하는 외화 계정이며 외국인(개인사업자인 외국인거주자는 제외)은 모두 대외계정으로 개설해야 함

1. 외국으로부터 송금되어 온 대외지급수단

2. 인정된 거래에 따라 대외지급이 인정된 대외지급수단

* 자금출처 확인이 필요하므로 송금된 자금이 아닌 휴대자금(외화현찰 등)을 동일자 미화 2만불 초과하여 예치하고자 하는 경우에는 외국환신고(확인)필증, 소득서류 등을 제출받아 확인해야 함

* 자금출처가 확인되지 않은 원화나 취득경위를 확인하지 아니한 미화 2만불 이하 외국통화로 예치하는 경우에는 지정거래은행을 통해 연간누계 미화 10만불 범위 내에서만 예치할 수 있음

* 외국인거주자의 해외여행경비(미화 1만불 이내, 여권기재) 및 비거주자의 재환전액(미화 1만불 이내, 여권기재)은 직접 환전 또는 송금하여야 하며 대외계정에 예치할 수 없음

3. 비거주자가 '국내에서 증권의 발행절차 규정'에 따라 증권의 발행으로 조달한 자금

* 원화 그대로 '비거주자 자유원계정'에 예치하거나 환전하여 '대외계정'에 예치

4. 「외국 금융기관의 외국환업무에 관한 지침」에 따른 비거주자 본인 명의 업무용외화계좌로부터의 이체

③ 해외이주자계정에 예치할 수 있는 지급수단은 다음에 해당하는 국내 재산을 처분하여 취득한 내국지급수단을 대가로 외국환은행등으로부터 매입한 대외지급수단

1. 해외이주자의 자기명의 재산

2. 비거주자인 재외동포의 자기명의 국내재산

* 세대별 해외이주비 예치금액 합계액이 미화 10만불을 초과하는 경우에는 예치금액 전체에 대해서 세무서장이 발급하는 자금출처확인서를 징구해야 함

* 대외지급이 예정된 자금이므로 개설신청인이 보유하는 여타 외화예금 계정과 구분하여 관리해야 함

④ 비거주자원화계정에 예치할 수 있는 지급수단

* 비거주자원화계정 : 비거주자가(외국인거주자 제외) 국내에서 사용하기 위해 개설하는 원화계정으로 예치 시에 재원 확인이 필요치 않으나 대외지급을 위한 처분 시 제한이 있음

1. 비거주자가 국내에서 취득한 내국지급수단(외국으로부터 수입 또는 수령한 대외지급수단을 대가로 하여 취득한 내국지급수단을 포함)

2. 비거주자가 대외경제협력기금법시행령에 의한 차관공여계약서에 따라 지급받은 내국지급수단

⑤ 비거주자자유원계정(Free Won Account) 및 비거주자원화신탁계정에 예치할 수 있는 지급수단

* 비거주자자유원계정 : 비거주자(외국인거주자 포함)가 개설하는 원화계정으로 대외계정의 경우와 같이 대외지급에는 제약이 없으나 예치 시 취득경위가 입증된 자금만으로 제한된다. 원화로 표시된 대외자산으로서 개설이나 예금의 처분 등에서 대외계정과 흡사함

– 비거주자(외국인거주자를 포함)가 외국으로부터 송금 받거나 휴대 반입한 외화자금 또는 본인 명의의 대외계정 및 비거주자외화신탁계정에 예치된 외화자금을 내국지급수단을 대가로 매각한 자금

* 비거주자 및 외국인거주자가 외국으로부터 송금 받은 자금을 원화로 환전한 경우 '비거주자원화계정'에 예치할 수도 있고 '비거주자자유원계정'에 입금할 수도 있다. 만약, 추후에 해당 원화를 외국으로 지급해야 할 수도 있다면 '비거주자자유원계정'에 예치하는 것이 처분 시 훨씬 자유롭다.

– 비거주자(경상거래대금의 추심 · 결제업무를 수행하는 외국환은행해외지점, 외국환은행 현지법인, 외국금융기관을 포함)가 내국통화표시 경상거래대금(수출입거래와 관련된 운임, 보험료를 포함) 또는 내국통화표시 재보험거래대금으로 취득한 내국지급수단

- 비거주자가 '국내에서 증권의 발행절차 규정'에 따라 증권 발행으로 조달한 자금
  * 원화 그대로 '비거주자자유원계정'에 예치하거나 환전하여 '대외계정'에 예치

- 국내에 본점을 둔 외국환은행의 해외지점, 현지법인 또는 외국 금융기관에 예치된 본인의 외화자금을 매각하여 취득한 내국지급수단

- 「외국 금융기관의 외국환업무에 관한 지침」에 따른 해외외국환업무취급기관에 본인의 외화자금을 매각하여 취득한 내국지급수단

- 상대국 현지통화 직거래은행이 제1-2조 제47호의 현지통화 직거래(LCT) 체제에 의해 허용된 거래에 따라 취득한 내국지급수단

❷ 계정의 처분

① 거주자계정 및 거주자외화신탁계정의 처분에는 제한을 두지 아니한다. 다만, 대외지급(대외계정 및 비거주자외화신탁계정으로의 이체를 포함)을 하고자 하는 경우에는 인정된 거래에 한해 가능하다.

② 대외계정 및 비거주자외화신탁계정은 다음에 해당하는 용도로 처분할 수 있다.

  1. 외국에 대한 송금

  2. 다른 외화예금계정 및 외화신탁계정에의 이체

  3. 대외지급수단으로의 인출 및 외국환은행등으로부터의 다른 대외지급수단의 매입

  4. 외국환은행등에 내국지급수단을 대가로 한 매각
     * 외화현찰 등으로 미화 1만불을 초과하여 인출 시 외국환신고(확인)필증을 교부하여야 하고, 원화로 인출 시에는 계산서 등 외환매입 증빙서류를 교부하여야 하며, 동일자 미화 2만불 상당액을 초과하는 원화 인출 시에는 처분사유를 확인해야 함(처분목적을 알 수 없는 경우에는 해외반입자금으로 간주하여 처분)

③ 해외이주자계정은 다음에 해당하는 용도로 처분할 수 있다.

  1. 해외이주비 송금(송금수표 및 여행자수표 인출을 포함) 및 규정에 의하여 인정된 국내 재산의 송금

  2. 외국환은행등에 내국지급수단을 대가로 한 매각
     * 예치 시 자금출처 확인서 등 증빙서를 징구해야 하는 대상이었으나 징구하지 못한 경우에는 처분 시 해당 서류를 징구

④ 비거주자 원화계정은 다음에 해당하는 용도로 처분할 수 있다.

1. 내국지급수단으로의 인출 또는 거주자원화계정 및 다른 비거주자원화계정으로의 이체 (원화로 인출하거나, 다른 원화계정으로 이체)

2. 비거주자원화계정으로 발생한 이자송금을 위하여 외국환은행등에 대외지급수단을 대가로 한 매각(원금이 아닌 이자는 제한 없음 : 과실송금)
   * 원금을 해외로 송금하는 경우에는 규정된 한도 내에서만 가능(최근 입국일 이후 매각실적 등)

⑤ 비거주자 자유원계정 및 비거주자원화신탁계정은 다음에 해당하는 용도로 처분할 수 있다.

- 외국환은행등에 대외지급수단을 대가로 한 매각

- 내국통화표시 경상거래대금 또는 내국통화표시 재보험거래대금 지급

- 거주자에 대한 원화자금 대출(규정 7-15조, 거주자의 원화자금 차입 참조)

- 외국에서 국내로 지급 의뢰된 건당(동일자 · 동일인 기준) 미화 2만불 상당액 이하 원화 자금의 지급(외국환은행해외지점, 외국환은행현지법인, 외국금융기관 명의의 계정에 한한다)
  * 금융기관 명의의 계정이면 해당 은행의 원화 예치환계정(Depo. 계좌)로 이용

- 외환동시결제시스템을 통한 결제 또는 이와 관련된 거래를 위한 자금의 이체

- 상대국 현지통화 직거래은행이 현지통화 직거래(LCT) 체제에 의해 허용된 거래에 따라 취득한 내국지급수단

- 국내에 본점을 둔 외국환은행의 해외지점 · 현지법인 또는 외국 금융기관에 본인의 외화자금을 예치하기 위한 원화자금 매각

- 「외국 금융기관의 외국환업무에 관한 지침」에 따른 해외외국환업무취급기관에 대외지급수단을 대가로 한 매각 및 업무용원화계좌로의 이체

▶ 해외예금 및 해외신탁

① 거주자가 비거주자와 해외에서 다음과 같은 경우 등에 해당하는 예금거래 및 신탁거래를 하고자 하는 경우에는 신고를 요하지 아니한다.

- 외국에 체재하고 있는 거주자가 외화예금 또는 외화신탁거래를 하는 경우

- 거주자가 규정에 따라 외국에서의 증권발행과 관련하여 예금거래를 하는 경우

- 외국에 있는 부동산 또는 이에 관한 권리를 취득하고자 하거나 이미 취득한 거주자가 신고한 내용에 따라 당해 부동산 취득과 관련하여 국내에서 송금한 자금으로 외화예금거래를 하는 경우

② 규정에 의해 신고가 면제된 경우를 제외하고 거주자가 해외에서 비거주자와 외화예금거래(해외 신탁은 지정거래외국환은행 지정대상이 아님)를 하고자 하는 경우에는 지정거래외국환은행의 장에게 신고하여야 한다. 다만, 국내에서 송금한 자금으로 예치하고자 하는 경우에는 지정거래외국환은행을 통하여 송금하여야 한다(외국환은행은 송금실적을 해외예금 한도관리대장에 기록/관리).

> * 이 장에 의한 자본거래로서 거주자(외국인거주자를 제외)의 거래 건당 지급금액이 미화 5천불 초과 10만불 이내이고, 연간 지급누계금액이 미화 10만불을 초과하지 않는 경우는 신고를 요하지 않으므로, 국민인거주자가 미화 10만불 이내의 해외예금을 하는 경우 신고는 생략되며, 송금 시 외국환은행을 지정하여 거래하면 됨

③ 거주자가 해외에서 비거주자와 다음에 해당하는 예금거래 및 신탁거래를 하고자 하는 경우에는 한국은행총재에게 신고하여야 한다.

1. 다음에 해당하는 자를 제외한 거주자가 건당(동일자·동일인 기준) 미화 5만불을 초과하여 국내에서 송금한 자금으로 예치하고자 하는 경우. 이 경우에도 지정거래외국환은행을 통하여 송금하여야 한다.

   > * 국민인거주자가 해외에서 비거주자와 외화예금 거래를 진행할 때, 연간 미화 10만 달러를 초과하지 않는 경우에는 신고 의무가 없지만, 건당 미화 5만 달러를 초과하여 국내에서 송금한 자금으로 예치하려는 경우에는 한국은행총재에게 신고해야 한다.

   가. 기관투자가
   나. 전년도 수출입 실적이 미화 5백만불 이상인 자
   다. 「해외건설촉진법」에 의한 해외건설업자
   라. 외국항로에 취항하고 있는 국내의 항공 또는 선박회사
   마. 원양어업자

2. 거주자(외국에서 체재하고 있는 거주자 제외)가 해외에서 비거주자와 신탁거래를 하고
자 하는 경우

④ 해외에서 비거주자와 신탁거래를 하는 거주자가 신탁계약기간이 만료됨에 따라 금전이 아
닌 자산 또는 이에 대한 권리를 취득하고자 하는 경우에는 이 규정에서 정하는 바에 따라
신고등을 하여야 한다.

⑤ 해외에서 예금거래를 하는 자(기관투자가는 별도 규정에 따라 보고)가 해외에서 건당 미화
1만불을 초과하여 입금한 경우에는 입금일부터 30일 이내에 해외입금보고서를 지정거래
외국환은행의 장에게 제출하여야 하며, 지정거래외국환은행의 장은 다음 연도 첫째 달 말
일까지 한국은행총재에게 보고하여야 한다.

⑥ 해외에서 예금거래 및 신탁거래를 하는 자(기관투자가는 별도 규정에 따름) 중 다음에 해
당하는 자는 지정거래외국환은행을 경유하여 다음 연도 첫째 달 말일까지 잔액현황보고서
를 한국은행총재에게 제출하여야 한다.
  – 법인 : 연간 입금액 또는 연말 잔액이 미화 50만불을 초과하는 경우
  – 법인이외의 자 : 연간입금액 또는 연말 잔액이 미화 10만불을 초과하는 경우

⑦ 한국은행총재는 해외입금보고서 및 잔액현황보고서를 국세청장 및 관세청장에게 통보하
여야 한다.

금전의 대차, 채무의 보증계약에 따른 자본거래

◉ 신고 예외거래

거주자가 금전의 대차계약에 따른 채권의 발생 등에 관한 거래를 하고자 하는 경우로서 다음
에 해당하는 경우 등에는 신고를 요하지 아니한다.

– 거주자가 다른 거주자와 금전의 대차계약에 따른 외국통화로 표시되거나 지급을 받을 수
있는 채권의 발생 등에 관한 거래를 하고자 하는 경우
  * 은행의 외화계정을 통해 수수하는 경우 제한이 없음

– '국민인거주자'와 '국민인비거주자' 간에 국내에서 내국통화로 표시되고 지급되는 금전의
대차계약을 하는 경우

– 대한민국정부의 재외공관근무자와 그 동거가족, 해외체재자 및 해외유학생이 그 체재함에 필요한 생활비 및 학자금 등의 지급을 위하여 비거주자와 금전의 대차계약을 하는 경우

– 인정된 거래에 따라 부동산을 취득하면서 취득자금에 충당하기 위해 취득부동산을 담보로 비거주자로부터 외화자금을 차입하는 경우(거주자의 해외부동산 취득 시 신고수리사항에 포함하여 운용)

✅ 거주자의 외화자금차입

① 다음에 해당하는 거주자가 비거주자로부터 외화자금을 차입(외화증권 및 원화연계외화증권 발행을 포함)하고자 하는 경우에는 현지금융 여부를 명시하여 지정거래외국환은행의 장에게 자금을 수령한 날로부터 1개월 이내에 거래사실을 보고(현지금융의 경우 다른 거주자가 보증 및 담보를 제공하지 않은 경우에 한함)하여야 하며, 미화 5천만불(차입신고시점으로부터 과거 1년간의 누적차입금액을 포함)을 초과하여 차입하고자 하는 경우에는 지정거래외국환은행을 경유하여 기획재정부장관에게 신고하여야 한다.

1. 지방자치단체, 공공기관
2. 정부, 지방자치단체, 공공기관이 설립하거나 출자 · 출연한 법인 또는 정부업무수탁법인
3. 영리법인

② 위 ①항 1호 및 제2호에 해당하는 자가 미화 5천만불 초과의 외화자금을 차입하고자 하는 경우에는 기획재정부장관과 사전협의 후 신고하여야 한다.

③ 개인 및 비영리법인이 비거주자로부터 외화자금을 차입하고자 하는 경우에는(금액에 관계없이) 지정거래외국환은행을 경유하여 한국은행총재에게 신고하여야 한다.
다만, 비영리법인의 현지 사용목적 현지차입의 경우에는 지정거래외국환은행의 장에게 거래가 있었던 날로부터 1개월 이내에 거래사실을 보고하여야 한다.

④ 외화를 차입한 거주자는 조달한 외화자금을 각 호의 1에 해당하는 절차에 따라 사용하여야 한다.

1. 현지금융이 아닌 경우에는 조달한 외화자금을 지정거래외국환은행에 개설된 거주자계정에 예치한 후 신고 또는 보고 시 명기한 용도로 사용하여야 한다. 다만, 경상거래대금의 대외지급, 해외직접투자를 위해 조달한 자금은 국내에 본점을 둔 외국환은행의

해외지점·현지법인 또는 외국 금융기관에 예치 후 지급하거나 비거주자에게 직접 지급할 수 있으며, 외화증권발행에 의하여 조달한 자금은 국내에 본점을 둔 외국환은행의 해외지점·현지법인에 예치할 수 있다.

2. 현지금융의 경우에는 제1항에 따른 변경 보고 또는 신고를 하거나 현지법인등과 국내 거주자 간의 인정된 경상거래에 따른 결제자금의 국내 유입의 경우를 제외하고는 국내에 예치하거나 국내로 유입할 수 없다.

⑤ 위 1의 단서규정에 의하여 외화자금을 예치하거나 지급한 자는 동 계정의 예치·인출 및 상환상황을 지정거래외국환은행의 장에게 보고하여야 한다. 지정거래외국환은행의 장은 매 분기 이를 한국은행총재에게 보고하여야 하며, 한국은행총재는 이를 종합하여 다음 분기 첫 째 달 20일 이내에 기획재정부장관에게 보고하여야 한다.

⑥ 기획재정부장관은 신고를 하는 자중 원화조달목적으로 외화자금을 차입한 거주자에 대하여 환율변동위험 방지를 위해 필요한 조치를 취하도록 지도할 수 있다.

◉ 현지법인등의 외화자금차입

① 다음 각 호의 1에 해당하는 자(이하 현지법인등)가 현지금융을 받고자 하는 경우에는 현지법인등을 설치한 거주자(국내 다른 기업과 공동출자하여 현지법인등을 설치한 경우에는 출자지분이 가장 많은 기업, 출자지분이 같은 경우에는 자기자본이 가장 큰 기업)가 현지금융을 받은 날로부터 1개월 이내에 지정거래외국환은행의 장에게 보고하여야 하며, 주채무계열 소속 기업체는 부득이한 경우를 제외하고 주채권은행을 현지금융관련 거래외국환은행으로 지정하여야 한다. 다만, 별도로 인정된 거래에 대해서는 보고를 요하지 아니한다.

1. 거주자의 현지법인(거주자의 현지법인이 100분의 50 이상 출자한 자회사를 포함)
2. 거주자의 해외지점

② 제1항에도 불구하고 현지법인등이 거주자의 보증 및 담보를 받지 아니하고 현지금융을 받는 경우에는 보고를 요하지 아니한다. 다만, 해외지점 및 다음 각호의 1에 해당하는 현지법인의 경우에는 현지법인 등을 설치한 거주자가 당해 현지법인등의 현지금융 차입 및 상환 반기보를 다음 반기 첫째달 말일까지 지정거래외국환은행의 장에게 보고하여야 한다.

1. 거주자의 투자비율이 100분의 50 이상인 현지법인
2. 제1호의 현지법인이 100분의 50 이상 출자한 자회사

③ 현지금융을 받은 자는(현지법인등을 설치한 거주자를 포함한다) 차입한 자금을 신고 또는 보고한 바에 따라 사용하여야 하며, 현지금융의 차입 및 상환 반기보를 당해 거주자의 지정거래외국환은행의 장에게 다음 반기 첫째달 말일까지 보고하여야 한다.

④ 보고를 받은 지정거래외국환은행의 장은 현지금융차입 및 상환상황 반기보를 다음 반기 둘째달 말일까지 한국은행총재에게 보고하여야 하며, 한국은행총재는 현지금융 차입 및 상환 상황을 국세청장 및 금융감독원장에게 통보하여야 한다.

⑤ 현지금융을 받은 자 또는 현지금융관련 보증등을 제공한 자가 그 원금 및 이자와 부대비용을 국내에서 외국에 지급하고자 하는 경우에는 지정거래외국환은행을 통하여 송금하여야 한다. 다만, 외국환은행이 보증과 관련하여 대지급하는 경우에는 그러하지 아니하다.

🗸 거주자의 원화자금차입

① 거주자가 비거주자로부터 원화자금을 차입하고자 하는 경우에는 지정거래외국환은행의 장에게 신고하여야 한다. 다만, 10억원(차입신고시점으로부터 과거 1년간의 누적차입금액을 포함)을 초과하여 차입하고자 하는 경우에는 지정거래외국환은행을 경유하여 기획재정부장관에게 신고하여야 한다.

② 거주자가 비거주자로부터 원화자금을 차입하는 경우에는 비거주자자유원계정에 예치된 내국지급수단에 한한다.
  * 貸主 명의로 비거주자 자유원계정이 있는지, 차입 원화가 해당 자유원계정에서 오는지 등을 확인해야 함
  * 비거주자자유원계정의 처분사유 참조

🗸 거주자의 비거주자에 대한 대출

① 신고면제로 규정된 경우를 제외하고 영 제8조에서 규정한 해외직접투자에 따라 외국 법인에 투자한 거주자가 해당 외국법인에 대하여 상환기간을 1년 미만으로 하여 금전을 대여하는 경우 에는 지정거래외국환은행의 장에게 신고하여야 한다.

② 거주자가 비거주자에게 대출을 하고자 하는 경우(규정 제2장에서 외국환업무취급기관의 외국환업무로서 허용된 경우 제외)에는 한국은행총재에게 신고하여야 한다. 다만, 이 항에 의한 신고사항 중 다른 거주자의 보증 또는 담보를 제공받아 대출하는 경우 및 10억원을 초과하는 원화자금을 대출하고자 하는 경우에는 대출을 받고자 하는 비거주자가 신고하여야 한다.

③ 지정외국환거래은행의 장과 한국은행총재는 제①항과 제②항에 의한 신고 중 법인이 아닌 거주자의 비거주자에 대한 대출에 대해서는 동 신고내용을 매월별로 익월 20일까지 국세청장에게 통보하여야 한다.

▶ 채무의 보증계약

❖ 신고의 예외거래

다음 등에 해당하는 채무의 보증계약에 따른 채권의 발생 등에 관한 거래를 하고자 하는 경우에는 신고를 요하지 아니한다.

- 거주자 간의 거래에 대하여 거주자가 외국통화표시 보증을 하는 경우

- 다른 인정된 거래와 관련하여 거주자가 비거주자로부터 보증을 받는 경우

- 거주자가 비거주자와 물품의 수출, 수입 또는 용역거래를 함에 있어서 보증을 하는 경우
  * 수입신용장 등

- 국민인거주자와 국민인비거주자 간의 원화보증

- 비거주자가 한국은행총재에게 신고하고 외국환은행으로부터 대출을 받음에 있어 거주자가 보증 또는 담보를 제공하는 경우

❖ 신고등

① 거주자가 비거주자와 채무의 보증계약에 따른 채권의 발생 등에 관한 거래를 하고자 하는 경우에는 외국환은행의 장에게 신고하여야 한다.

② 교포등에 대한 여신과 관련하여 거주자 또는 당해 여신을 받는 비거주자가 국내에 있는 금융기관에 미화 50만불 이내에서 원리금의 상환을 보증하고자 하는 경우에는 지정거래외국환은행의 장에게 신고하여야 한다.

이 경우 거래외국환은행의 지정은 여신을 받는 자의 명의로 하고, 해외에서도 하나의 외국환은행해외지점 또는 현지법인금융기관등을 거래금융기관으로 지정하여야 한다.

* 국내 거주자가 교포 등의 대출을 위해 담보(부동산, 예금 등)를 제공하거나 지급보증을 하는 경우이며, 50만불 기준은 대출한도가 아니라 보증 또는 담보제공의 한도금액임

③ 보증을 제공한 자가 대지급을 하고자 하는 경우에는 지정거래외국환은행을 통하여 송금하여야 한다. 다만, 외국환은행이 대지급 하는 경우에는 그러하지 아니하다.

④ 신고예외거래 및 지정거래외국환은행의 장에게 신고하는 경우를 제외하고, 거주자와 비거주자와의 거래 또는 비거주자 간 거래에 관하여, 거주자가 채권자인거주자 또는 비거주자와 채무의 보증계약에 따른 채권의 발생 등에 관한 거래를 하고자 하는 경우에는 한국은행총재에게 신고해야 하며, 한국은행총재는 필요 시 동 신고내용을 국세청장에게 열람하도록 하여야 한다.

◢■■■■■■▶ 대외지급수단, 채권 기타의 매매 및 용역계약에 따른 자본거래

◉ 거주자 간의 거래

거주자가 다른 거주자와 대외지급수단, 채권 기타의 매매 및 용역계약에 따른 '외국통화로 표시되거나 지급받을 수 있는 채권의 발생' 등에 관한 거래를 하고자 하는 경우로서 다음의 경우 등은 신고를 요하지 아니한다.

- 거주자 간에 외화를 대가로 한 물품 혹은 채권의 매매 및 외화 용역거래
- 거주자 간에 지급수단으로 사용목적이 아닌 화폐수집용 및 기념용으로 외국통화를 매매하는 거래
- 거주자 간 매매차익을 목적으로 하지 않는 거래로서 동일자에 미화 5천불 이내에서 대외지급수단을 매매하는 거래

  * 외국환매매익을 발생시키는 거래는 외국환업무에 해당되므로 등록기관이 아니면 거래불가(법 8조)

◉ 거주자와 비거주자 간의 거래

① 별도로 정한 신고예외거래를 제외하고 거주자가, 거주자 또는 비거주자와, 외국의 부동산이나 시설물 등의 이용 및 사용 또는 이에 관한 권리의 취득에 따른 회원권의 매입거래를 하고자 하는 경우에는 외국환은행의 장에게 신고하여야 한다.

  * 거주자가 해외 골프회원권 등을 해외에서 직접 취득하는 경우뿐 아니라, 다른 거주자로부터 외국에 있는 골프장회원권을 매입하는 경우에도 외국환은행의 장에게 신고해야 함

② 제1항 및 신고예외거래를 제외하고, 거주자가 비거주자와 대외지급수단 및 채권의 매매계약에 따른 채권의 발생 등에 관한 거래를 하고자 하는 경우에는 한국은행총재에게 신고하여야 한다.

③ 외국환은행의 장은 제①항의 규정에 의한 취득금액이 건당 미화 10만불을 초과하는 경우 국세청장 및 관세청장에게, 건당 미화 5만불을 초과하는 경우 금융감독원장에게 회원권 등의 매매내용을 익월 10일까지 통보하여야 한다.

◀▬▬▬▶ 증권의 발행

◉ 거주자의 증권발행

① 거주자가 국내에서 외화증권을 발행 또는 모집하고자 하는 경우에는 허가 및 신고를 요하지 아니한다.

② 거주자가 외국에서 외화증권을 발행하고자 하는 경우에는 지정거래외국환은행의 장 등에게 신고등을 하여야 하며 거주자의 외화차입규정을 준용한다. 다만, 외화증권발행방식에 의하여 미화 5천만불을 초과하는 현지금융을 받고자 하는 경우에는 지정거래외국환은행을 경유하여 기획재정부장관에게 신고하여야 한다.

* 미화 5천만불까지는 외국환은행 신고로, 미화 5천만불 초과는 기재부장관 신고로 발행 가능

③ 거주자(외국환업무취급기관을 포함)가 외국에서 원화증권을 발행하고자 하는 경우에는 기획재정부장관에게 신고하여야 한다.

④ 증권발행을 한 자가 납입을 완료했을 경우에는 지체 없이 증권발행보고서를 신고기관의 장에게 제출하여야 한다.

◉ 비거주자의 증권발행

비거주자가 다음에 해당하는 증권을 발행하고자 하는 경우에는 기획재정부장관에게 신고하여야 한다. 다만, 증권의 발행으로 조달한 자금은 신고 시 명기한 용도로 사용하여야 한다.

1. 비거주자가 국내에서 외화증권 또는 원화연계외화증권을 발행하고자 하거나 원화증권을 발행하고자 하는 경우

2. 비거주자가 외국에서 원화증권 또는 원화연계외화증권을 발행하고자 하는 경우

비거주자가 국내에서 증권을 발행한 경우, 원화증권인 경우에는 비거주자자유원계정을, 외화증권인 경우에는 대외계정을 개설하여 증권납입대금을 예치하여야 한다.

✅ 외국에서 원화증권 발행

거주자가 외국에서 원화증권을 발행하고자 하는 경우에는 증권발행신고서에 발행자금의 용도를 기재한 발행계획서를 첨부하여 기획재정부장관에게 제출하여야 한다.

비거주자가 외국에서 원화증권(원화연계외화증권을 포함)을 발행하고자 하는 경우에는 증권발행신고서에 발행자금의 용도를 기재한 발행계획서를 첨부하여 기획재정부장관에게 제출하여야 한다.

* 거주자든 비거주자든 외국에서 원화증권을 발행하는 경우에는 기재부장관 신고

▶ 증권의 취득

✅ 거주자의 증권취득

① 거주자가 비거주자로부터 증권을 취득하고자 하는 경우로서 다음의 경우 등에는 신고를 요하지 아니한다. 다만, 외국법인의 경영에 참가하기 위하여 당해 법인의 주식 또는 출자지분을 취득하고자 하는 경우에는 '해외직접투자 규정'에 의한다.

* 해외 현지법인의 지분율 10% 미만으로 취득하여 '해외직접투자'에 해당되지 않는 경우 한국은행총재 앞 외화증권 취득신고

- 거주자가 별도의 '거주자의 외화증권 투자절차' 규정에 정하는 바에 따라 외화증권에 투자하는 경우

- 거주자가 국민인비거주자로부터 국내에서 원화증권을 내국통화로 취득하는 경우

- 국내기업이 사업활동(독점판매계약에 따른 대리점 계약 등)과 관련하여 외국기업과의 거래관계의 유지 또는 원활화를 위하여 미화 5만불 이하의 당해 외국기업의 주식 또는 지분을 취득하는 경우

- 외국인투자기업, 외국기업국내지사, 외국은행국내지점에 근무하는 자가 본사의 주식 또는 지분을 취득하는 경우

- 거주자가 국내유가증권시장에 상장 또는 등록된 외화증권을 비거주자로부터 취득하거나 거주자의 인정된 거래를 통해 부여된 권리를 거주자가 행사함으로써 주식 또는 지분을 취득하는 경우

② 신고예외 경우를 제외하고 거주자가 비거주자로부터 증권을 취득하고자 하는 경우에는 한국은행총재에게 신고하여야 하며, 한국은행총재는 필요 시 동 신고내용을 국세청장에게 열람하도록 하여야 한다. 다만, 거주자가 보유증권을 대가로 하여 비거주자로부터 증권을 취득하고자 하는 경우에는 교환대상증권의 가격 적정성을 입증하여야 한다.

③ 한국은행총재는 연도별 증권취득현황 등을 다음 연도 둘째달 말일까지 기획재정부장관에게 보고하여야 한다.

◉ 비거주자의 증권취득

① 비거주자가 거주자로부터 증권을 취득하고자 하는 경우로서 다음과 같은 경우 등에 해당되면 신고를 요하지 아니한다.

- 투자전용계정을 통해 원화증권을 취득하는 경우(인정된 증권대차거래를 위하여 외국금융기관에 개설한 계좌에 외화담보를 예치 및 처분하는 경우 포함)
  * '외국인투자자의 국내 원화증권 투자절차' 참조

- 외국인투자촉진법의 규정에 의하여 인정된 외국인투자를 위하여 비거주자가 거주자로부터 증권을 취득하는 경우

- 비거주자가 거주자로부터 상속 · 유증으로 증권을 취득하는 경우

- 비거주자가 국내법령에 정하는 의무의 이행을 위하여 국공채를 매입하는 경우

- 국민인비거주자가 거주자로부터 국내에서 원화증권을 취득하는 경우

② 신고예외에 해당하는 경우를 제외하고, 비거주자가 거주자로부터 국내법인의 비상장 · 비등록 내국통화표시 주식 또는 지분을 '외국인투자촉진법'에서 정한 출자목적물에 의해 취득하는 경우에는 외국환은행의 장에게 신고하여야 한다.

* 비상장 주식에 투자하는 경우로서, 투자금액이 1억원 미만 이거나 투자지분이 10% 미만이면 외국환은행에 증권취득 신고

③ 위 ①항 및 ②항에서 정한 경우를 제외하고 비거주자가 거주자로부터 증권을 취득하고자 하는 경우에는 한국은행총재에게 신고하여야 한다.

⊙ 거주자의 외화증권 투자절차

① 거주자가 투자를 할 수 있는 외화증권은 제한을 두지 아니한다.

② 기관투자가가 외화증권을 매매하고자 하는 경우에는 신고를 요하지 아니하나 신용파생결합증권을 매매하고자 하는 경우에는 한국은행총재에게 신고하여야 한다.

③ 기관투자가 이외의 일반투자가가 외화증권을 매매하고자 하는 경우에는 투자중개업자를 통하여 외화증권의 매매를 위탁하여야 한다.

> * 매매위탁이 불가능한 경우 한국은행총재에게 신고 후 취득해야 하며, 의결권이 있는 주식을 10% 이상 취득 시에는 해외직접투자규정에 의해 투자신고 해야 함

④ 일반투자가로부터 외화증권의 매매를 위탁받은 투자중개업자는 외국환은행에 개설된 일반투자가 명의(투자중개업자의 명의를 부기함) 또는 투자중개업자 명의의 외화증권투자전용 외화계좌를 통하여 투자관련 자금을 송금하거나 회수하여야 하며, 거주자가 외화증권을 매매하고자 할 경우 투자매매업자 또는 투자중개업자는 증권금융회사 명의의 외화증권투자전용계좌에 투자자예탁금을 예치하여야 한다.

⑤ 거주자가 본 규정에 의하여 외화증권을 매매하고자 하는 경우, 증권금융회사 명의의 외화증권투자전용외화계좌에 투자예탁금을 예치할 수 있다.

⑥ 기관투자가는 외화증권 투자자금의 원천에 따라 구분하여 매월 외화증권의 인수, 매매, 보유, 대여 및 외화예금의 보유, 운영실적과 투자자금의 대외지급 및 국내회수실적을 다음달 10일까지 한국은행총재에게 보고하여야 한다.

⑦ 투자중개업자 및 외국집합투자증권을 매매하는 투자매매업자는 일반투자가의 매분기별 외화증권의 투자현황, 매매실적 등을 다음 분기 첫째 달 10일까지 한국은행총재 및 금융감독원장에게 보고하여야 한다.

⑧ 한국은행총재는 규정에 의하여 보고받은 외화증권투자현황을 종합하여 기획재정부장관에게 통보하여야 한다.

◆ 외국인투자자의 국내원화증권 투자절차

① 비거주자(국민인 경우에는 해외영주권을 가진 자) 또는 증권투자자금의 대외송금을 보장 받고자 하는 외국인거주자(이하 '외국인투자자')가 다음의 국내원화증권을 취득하거나 그 취득증권을 국내에서 매각 또는 증권대차거래 또는 환매조건부매매를 하는 경우 본 절차 에 따른다.
  1. 증권
  2. 기업어음
  3. 상업어음
  4. 무역어음
  5. 양도성예금증서
  6. 표지어음
  7. 종합금융회사 발행어음

외국인 투자등록증(CIR ; Certificate of Investment Registration)

국내 상장유가증권에 투자하려는 외국인투자자(비거주자)는 금융감독원에 투자자등록을 하고 등록번호(ID)를 부여 받아야 한다. 국민인비거주자(영주권자) 및 외국인거주자는 투자등록이 면제되지만 추후 회수하는 투자자금의 대외 송금을 보장받을 수 있도록 '외국인투자자'의 범주에 포함하여 운용하고 있다.

② 외국인투자자는 국내원화 증권에 투자(증권매각대금의 외국으로 송금을 포함)하거나 인정 된 증권대차거래 및 환매조건부매매와 관련된 자금의 지급등을 위해 외국환은행에 본인 명의 투자전용대외계정 및 투자전용비거주자원화계정(이하 '투자전용계정')을 통해 관련자 금을 예치 및 처분할 수 있다.

  * 투자전용계정은 투자를 위한 용도로만 전속 사용(여타 대외계정 및 비거주자원화계정 등과 구분)하도록 투자와 관련이 없는 거래는 입출금에 제한을 두고 있는 바, 이는 투자자금의 이동경로 파악 등 사후 모니터링을 용이하게 만든 투자 시스템임(증권 처분대금의 대외송금을 보장하는 대신 투자자금의 흐름을 명확히 파악하기 위함)

③ 외국인투자자가 투자전용대외계정에 예치할 수 있는 외화자금은 다음 각 호의 1에 한한다.
  – 외국인투자자가 외국으로부터 송금 또는 휴대반입한 외화자금

  – 본인 명의의 다른 투자전용대외계정 · 대외계정 · 비거주자외화신탁계정 · 「외국 금융기 관의 외국환업무에 관한 지침」 제3-3조에 따른 업무용외화계좌 및 투자중개업자 · 투자 매매업자의 투자전용외화계정, 한국거래소 · 예탁결제원 · 증권금융회사 · 청산회사의 투자전용외화계정에서 이체되어 온 외화자금

- 규정에 의하여 취득한 증권의 매각대금 · 배당금 · 이자 및 인정된 증권대차거래 · 환매조건부매매와 관련된 자금 등을 대가로 매입한 외화자금. 다만, 외국환은행은 이러한 거래와 관련해서는 외화를 매각한 다음 날로부터 3영업일 이내에 관련 거래내역을 확인할 수 있다.

- 본인 명의의 투자전용비거주자원화계정 · 비거주자자유원계정 · 비거주자원화신탁계정에 예치자금을 대가로 매입한 외화자금

④ 외국인투자자가 투자전용대외계정을 처분할 수 있는 경우는 다음에 한한다.
- 내국지급수단을 대가로 한 매각
- 외국에 대한 송금
- 대외지급수단으로의 인출 또는 다른 대외지급수단의 매입
- 본인 명의의 다른 투자전용대외계정 · 대외계정 · 비거주자외화신탁계정 · 「외국 금융기관의 외국환업무에 관한 지침」에 따른 업무용외화계좌 및 투자중개업자등의 투자전용외화계정, 한국거래소 · 예탁결제원 · 증권금융회사 · 청산회사의 투자전용외화계정으로의 이체

⑤ 외국인투자자가 투자전용비거주자원화계정에 예치할 수 있는 자금은 다음 각 호의 1에 한한다.
- 규정에 의한 증권의 매각대금 · 배당금 · 이자 및 인정된 증권대차거래 · 환매조건부매매와 관련된 자금 등. 다만, 외국환은행 · 투자중개업자등 · 예탁결제원 · 증권금융회사 · 종합금융회사 · 상호저축은행 또는 체신관서의 원화계정으로부터 이체하는 방법에 의한다.

- 본인 명의의 다른 투자전용비거주자원화계정 · 비거주자자유원계정 · 비거주자원화신탁계정 · 「외국 금융기관의 외국환업무에 관한 지침」에 따른 업무용원화계좌로부터 이체되어 온 자금

- 증권매매와 관련한 위탁증거금

- 본인 명의의 투자전용대외계정에 예치된 외화자금을 내국지급수단을 대가로 매각한 자금

- 국내에 본점을 둔 외국환은행의 해외지점, 현지법인 또는 외국 금융기관에 예치된 본인의 외화자금을 매각하여 취득한 내국지급수단

    – 「외국 금융기관의 외국환업무에 관한 지침」에서 정하는 해외외국환업무취급기관에 본인의 외화자금을 매각하여 취득한 원화자금

    – 「외국 금융기관의 외국환업무에 관한 지침」에서 정하는 업무용원화계좌로부터 이체된 본인의 내국지급수단

⑥ 투자전용비거주자원화계정을 처분할 수 있는 경우는 다음 각 호의 1에 한한다.

    – 본인 명의 투자전용대외계정으로 이체

    – 규정에 의한 증권 취득 관련 자금 또는 인정된 증권대차거래 · 환매조건부매매와 관련된 자금의 지급을 위한 외국환은행 · 투자중개업자등 · 예탁결제원 · 증권금융회사 · 종합금융회사 · 상호저축은행 또는 체신관서의 원화계정으로의 이체

    – 본인 명의의 다른 투자전용비거주자원화계정 · 비거주자자유원계정 · 비거주자원화신탁계정 ·「외국 금융기관의 외국환업무에 관한 지침」에서 규정하고 있는 업무용원화계좌로의 이체

    – 외국인투자자가 국내에서 체재함에 수반하는 생활비, 일상품 또는 용역의 구입 등을 위한 내국지급수단으로의 인출

    – 국내에 본점을 둔 외국환은행의 해외지점 · 현지법인 또는 외국 금융기관에 본인의 외화자금을 예치하기 위한 원화자금 매각

    – 「외국 금융기관의 외국환업무에 관한 지침」에 따른 해외외국환업무취급기관에 대외지급수단을 대가로 한 매각

⑦ 외국보관기관은 배당금수령 등 보관증권의 권리행사(매매거래는 제외)를 위하여 외국환은행에 보관기관 명의의 대외계정 및 비거주자원화계정을 개설할 수 있다.

    * 외국보관기관 : 주식 등의 Custody 업무 수행기관

⑧ 투자중개업자등은 외국인투자자의 국내원화증권 취득 및 매각 또는 인정된 증권대차거래 또는 환매조건부매매를 위하여 외국환은행에 투자중개업자등의 명의로 투자전용외화계정을 개설할 수 있다.

    * 이는 투자자들이 개인별로 투자전용계정을 개설하는데 따른 번거로움을 해소하여 투자자의 편의를 도모하기 위함임

▶ 파생상품거래

파생상품은 상품구조가 복잡할 수 있고 불리한 가격변동에 따른 손실로 대규모 외화유출이 발생할 수 있다. 따라서 투기적 성향이 강하고 위험요소가 큰 장외거래(거래소 外에서 행해지는 거래)나 금융상품이 아닌 Commodity(농산물, 광물 등)를 기초로 하는 파생상품에 대해서는 상당한 규제를 하고 있다. 비거주자가 한국거래소를 통해 거래되는 장내파생상품에 투자하는 경우에는 비거주자가 원화증권에 투자할 때처럼 투자전용계정을 통한 거래시스템을 이용하여 거래한다.

① 거주자 간 또는 거주자와 비거주자 간 파생상품거래로서 외국환업무취급기관이 외국환업무로서 행하는 거래는 신고를 요하지 아니한다.

② 거주자 간 또는 거주자와 비거주자 간 파생상품거래로서 제①항에 해당하지 않는 거래(외국환업무취급기관에 거래위탁하지 않은 신용위험 연계 파생상품 및 Commodity 관련 파생상품 등) 또는,

제①항에 해당하는 거래 중 다음에 해당하는 경우에는 거주자가 한국은행총재에게 신고하여야 하며, 한국은행총재는 필요 시 동 신고내용을 국세청장에게 열람하도록 하여야 한다.

다만, 제1호 내지 제3호에 해당하는 거래를 하고자 하는 경우에는 한국은행총재가 인정하는 거래타당성 입증서류를 제출하여야 한다.

1. 액면금액의 100분의 20 이상을 옵션프리미엄 등 선급수수료로 지급하는 거래를 하는 경우

2. 기체결된 파생상품거래를 변경·취소 및 종료할 경우에 기체결된 파생상품거래에서 발생한 손실을 새로운 파생상품거래의 가격에 반영하는 거래를 하고자 하는 경우

   * 선물환계약 등을 기한연장 할 때는 기한연장 당시의 환율과 당초 계약환율과의 차이를 고려하여 손실이 발생한 경우 정산을 해야 하는데, 정산을 하지 않고 당초 계약환율을 기준으로 연장함으로써, 발생한 손실을 이연시키는 Historical Rate Roll-over 등을 규제하기 위한 것임

3. 파생상품거래를 자금유출입·거주자의 비거주자에 대한 원화대출·거주자의 비거주자로부터의 자금조달 등의 거래에 있어 이 법·영 및 규정에서 정한 신고등의 절차를 회피하기 위하여 행하는 경우

4. 한국은행총재에게 신고해야 한다고 규정된 경우

08 | 현지금융(2023. 7. 4. 폐지)

금전대차 보증으로 통합하고 현지금융 차입자금의 국내예치 제한완화를 통해 외화자금 운용의 자율성을 확대하였음

09 | 직접투자 및 부동산 취득

거주자 또는 비거주자가 직접투자, 지사설치, 부동산 취득('직접투자등'이라 한다)을 하고자 하는 경우에는 규정 제9절(직접투자 및 부동산 취득)에서 정한 바에 따라 신고등을 하여야 한다. 다만, 비거주자가 '외국인투자촉진법'의 규정에 따라 국내에 직접투자를 하고자 하는 경우에는 제7절(자본거래)에서 정한 바에 따른다.

위의 규정에도 불구하고, 거주자가 해외에 직접투자등을 하고자 하는 경우에는 신고등의 절차를 이행하기 전에 미화 10만불 범위 내에서 지정거래외국환은행을 통해 지급할 수 있다. 이 경우 당해 거래의 계약이 성립한 날로부터 1년 이내에 신고등의 절차를 이행하여야 한다.

이 절에 의해 직접투자등 신고를 하거나 신고수리를 받은 자가 신고내용을 변경하고자 하는 경우에는 변경사항을 첨부하여 당해 신고(수리)기관에 제출하여야 한다. 다만, 기존 신고인 · 대리인 · 거래상대방에 관한 정보 변경에 대해서는 사후보고 할 수 있다.

개인투자자가 영주권, 시민권을 취득한 경우에는 투자금의 회수규정 및 사후관리 규정을 적용하지 아니한다. 다만, 영주권을 취득한 개인투자자가 이후 국내에 체재하여 거주자가 된 경우에는 그러하지 아니하다.

직접투자등의 서류는 전자적 방법을 통해 실명확인을 받고 제출할 수 있다.

◀━━━━━ 해외직접투자

① 해외직접투자의 수단은 다음 각 호의 1에 해당하는 것으로 한다.

- 지급수단
- 현지법인의 이익유보금 및 자본잉여금

- 자본재
- 산업재산권 기타 이에 준하는 기술과 이의 사용에 관한 권리
- 해외법인 또는 해외지점·사무소를 청산한 경우의 그 잔여재산
- 대외채권
- 주식
- 기타 그 가치와 금액의 적정성을 입증할 수 있는 자산

② 한국수출입은행장은 해외직접투자자 또는 신고기관으로부터 제출받은 각종 통계·보고서 등을 종합관리하고, 다음의 보고서를 작성하여 정한 기일 내에 기획재정부장관에게 제출하여야 한다.

③ 해외직접투자자는 당해 신고의 내용에 따라 투자원금과 과실을 국내에 회수하여야 한다. 다만, 해외에서 이 규정에 의해 인정된 자본거래를 하고자 하는 경우에는 그러하지 아니하다.

◉ 금융기관을 제외한 거주자의 해외직접투자

▶ 해외직접투자의 신고등

① 거주자가 해외직접투자(증액투자 포함)를 하고자 하는 경우 각 호에서 정한 외국환은행의 장에게 신고하여야 한다.

1. 주채무계열 소속 기업체인 경우에는 당해 기업의 주채권은행

2. 거주자가 주채무계열 소속 기업체가 아닌 경우에는 여신최다은행

3. 제1호 내지 제2호에 해당하지 않는 거주자의 경우 거주자가 지정하는 은행

② 제1항의 규정에도 불구하고, 거주자가 다음 각 호의 1에 해당하는 해외직접투자를 하고자 하는 경우에는 거래가 있은 날로부터 3개월 이내에 사후보고를 할 수 있다.

1. 거주자가 해외직접투자를 한 거주자로부터 당해 주식 또는 지분을 양수받아 해외직접투자를 하고자하는 경우

2. 이미 투자한 외국법인이 자체이익 유보금 또는 자본잉여금으로 증액투자하는 경우

③ 해외직접투자를 하고자 하는 자는 해외직접투자신고서(보고서)에 다음 각 호의 서류를 첨부하여 외국환은행의 장에게 제출하여야 한다. 제②항에 따른 사후보고의 경우에도 같다.

1. 사업계획서(자금조달 및 운용계획 포함)

2. 해외직접투자를 하고자 하는 자가 「신용정보의 이용 및 보호에 관한 법률」에 의한 금융 거래 등 상거래에 있어서 약정한 기일 내에 채무를 변제하지 아니한 자로서 종합신용정 보 집중기관에 등록되어 있지 않음을 입증하는 서류. 다만, 「회사정리법」 또는 「화의법」 에 의하여 정리절차가 진행되고 있는 기업체가 기존의 유휴설비나 보유기술을 투자하거 나 관련 법령이 정한 법원 또는 채권관리단의 결정에 의한 경우에는 그러하지 아니하다.

3. 조세체납이 없음을 입증하는 서류

4. 기타 신고기관의 장이 필요하다고 인정하는 서류

④ 거주자가 신고를 하지 아니하거나 신고된 내용과 다르게 해외직접투자를 한 경우에는 당 해 위반사실을 제재기관의 장에게 보고하고 당해 투자에 대하여 신고기관의 장에게 사후 신고를 할 수 있다.

▶ **해외직접투자사업의 청산**

① 해외직접투자자가 투자사업을 청산할 때에는 분배잔여재산을 즉시 국내로 회수하고 청산 관련서류를 신고기관에 보고하여야 한다.

② 제①항의 규정에 불구하고 청산 보고 후 해외에서 이 규정에 의해 인정된 자본거래를 하고 자 하는 경우에는 청산자금을 국내로 회수하지 아니할 수 있다.

▶ **사후관리**

① 해외직접투자자는 다음의 보고서 또는 서류를 정한 기일 내에 당해 신고기관의 장에게 제 출(전자적 방법을 통해 실명확인을 받고 제출할 수 있음)하여야 한다. 다만, 해외직접투자 자 또는 투자한 현지법인이 휴·폐업, 재난·재해 등 불가피한 사유로 해외직접투자자가 보고서 등을 제출하는 것이 불가능하다고 신고기관의 장이 인정하는 경우에는 당해 불가 피한 사유가 해소되기 전까지 보고서 또는 서류를 제출하지 아니할 수 있다.

1. 외화증권(채권)취득보고서(법인 및 개인기업 설립보고서 포함) : 투자금액 납입 또는 대여자금 제공 후 6월 이내
   * 해외직접투자 신고수리일로부터 1년 이내에 투자완료 하여야 하며 유효기간 만료 시 미송금액은 무효임. 만료기 일 경과 후 3개월 이내 신청 시 30일까지만 연장 가능함

2. 송금(투자)보고서 : 송금 또는 투자 즉시(투자금액을 현지금융으로 현지에서 조달하는 경우 투자시점)

3. 연간사업실적보고서(투자금액 합계가 미화 300만불 초과인 경우를 대상으로 하며, 해외자원개발사업 및 사회간접자본개발사업으로서 법인 형태가 아닌 투자의 경우는 제외한다) : 회계기간 종료 후 5월 이내

4. 청산보고서(금전대여의 경우 원리금회수내용을 포함) : 청산자금 수령 또는 원리금회수 후 즉시

5. 거주자가 동 규정 규정에 의하여 신고하거나 보고한 내용을 변경하는 경우 : 변경사유가 발생한 회계기간 종료 후 5월 이내

6. 해외직접투자를 한 거주자가 다른 거주자에게 당해 주식 또는 지분을 매각하는 경우 : 변경사유가 발생한 후 3개월 이내

7. 기타 신고기관의 장이 해외직접투자의 사후관리에 필요하다고 인정하여 요구하는 서류

② 신고기관의 장은 이 절의 규정에 의하여 신고를 받은 해외직접투자사업에 대한 사후관리를 위하여 해외직접투자 관리대장을 작성하여야 하며, 투자자들로부터 수보한 다음의 보고서 등을 한국수출입은행장에게 제출하여야 한다.
다만, ①항 단서에 따라 신고기관의 장이 해외직접투자자 및 투자한 현지법인으로부터 관련 보고서나 서류를 제출받는 것이 불가능한 것으로 인정되는 경우에는 그러하지 아니하며 이 경우 신고기관의 장은 보고서제출 곤란 등의 사실을 한국수출입은행장에게 보고하여야 한다.

1. 해외직접투자 신고서 사본(내용변경보고서 포함), 해외직접투자 신고 및 투자실적(월보) : 매 익월 15일 이내

2. 연간사업실적보고서(현지법인 투자현황표) : 해외직접투자자로부터 제출받은 즉시

3. 사후관리종합내역 등 기타 통계 또는 사후관리에 필요한 서류

③ 신고기관의 장이 신고, 송금, 사후관리(회수, 지분매각, 청산 등), 사업실적 내역을 한국수출입은행 해외직접투자 통계시스템에 입력하는 경우 제②항에 의한 서류를 제출한 것으로 본다.

④ 한국수출입은행장은 매년 해외직접투자기업 현황을 작성하여 기획재정부장관 및 해외공관의 장에게 송부하여야 한다. 이 경우 기획재정부장관은 사실 확인 등을 위하여 추가적인 자료의 요청 및 실태 점검 등을 실시할 수 있다.

⑤ 신고기관의 장은 개인, 개인사업자 또는 법인의 투자, 부동산관련업에 대한 투자 및 주식을 출자한 투자에 대하여는 투자자로부터 수보한 보고서 등을 한국수출입은행을 경유하여 국세청장, 관세청장 및 금융감독원장에게 통보하여야 한다.

◆ 국내기업 등 해외지사

해외지사는 다음 각 호와 같이 구분한다.

- 독립채산제를 원칙으로 하여 외국에서 영업활동을 영위하고자 설치하는 "해외지점"

- 외국에서 영업활동을 영위하지 아니하고 업무연락, 시장조사, 연구개발활동 등의 비영업적 기능만을 수행하거나 비영리단체가 국외에서 당해 단체의 설립목적에 부합하는 활동을 수행하기 위하여 설치하는 "해외사무소"

◆ 비금융기관의 해외지사

▶ 설치신고 등

① 비금융기관이 해외지사를 설치하고자 하는 경우에는 지정거래외국환은행의 장에게 신고하여야 한다.

② 해외지사를 설치한 자가 해외지사의 설치·운영·확장에 필요한 자금을 지급하고자 하는 경우에는 지정거래외국환은행을 통하여 지급하여야 한다.

▶ 해외지점의 영업활동

① 해외지점이 다음에 해당하는 거래 또는 행위를 하고자 하는 경우에는 한국은행총재에게 신고하여 수리를 받아야 한다.

　1. 부동산에 관한 거래 또는 행위. 다만, 당해 해외지점의 영업기금과 이익금유보액 범위 내에서 사무실 및 주재원의 주거용 부동산 등 해외에서의 영업활동에 필요한 외국에 있는 부동산의 취득 등과 관련하여 행하는 부동산 거래는 그러하지 아니하다.

2. 증권에 관한 거래 또는 행위. 다만, 당해 해외지점의 영업활동과 관련하여 당해 주재국 법령에 의한 의무를 이행하기 위한 경우와 당해 주재국내의 정부기관 또는 금융기관이 발행한 증권으로서 즉시 환금이 가능하며 시장성이 있는 증권에 대한 거래는 그러하지 아니하다.

3. 비거주자에 대한 상환기한이 1년을 초과하는 대부. 다만, 현지금융에 해당하는 경우는 제외한다.

② 한국은행총재는 위 ①항 1호의 부동산의 거래 또는 행위에 대하여 신고수리 함에 있어서 는 거주자의 외국부동산 취득 규정을 준용하여야 한다.

▶ 해외지사의 폐쇄 등

① 해외지사의 명칭 또는 위치를 변경한 자는 지정거래외국환은행의 장에게 그 변경내용을 사후보고 할 수 있다.

② 해외지사를 폐쇄할 때는 잔여재산을 국내로 즉시 회수하고 당해 해외지사의 재산목록, 대 차대조표, 재산처분명세서, 외국환매각증명서류를 지정거래외국환은행의 장에게 제출하 여야 한다. 다만, 잔여재산을 국내로 즉시 회수하는 것이 불가능하다고 지정거래외국환은 행이 인정하는 경우에는 분할하여 회수할 수 있으며, 해외에서 이 규정에 의해 인정된 자 본거래를 하고자 하는 경우에는 국내로 회수하지 아니할 수 있다.

▶ 해외지사에 관한 사후관리 등

① 해외지사의 설치에 관한 신고를 한 자는 설치신고를 한 날부터 6월 이내에 현지법규에 의 한 등록증 등 지사 설치를 확인할 수 있는 서류를 첨부하여 그 설치신고를 한 지정거래외 국환은행의 장에게 설치행위의 완료내용을 보고하여야 한다.

② 해외지사가 부동산을 취득 또는 처분하는 경우에는 그 취득 또는 처분일부터 6월 이내에 지정거래외국환은행의 장에게 그 취득 또는 처분내용을 보고하여야 한다.

③ 해외지점을 설치한 자는 당해 해외지점의 연도별 영업활동 상황(외화자금의 차입 및 대여 명세표를 포함)을 회계기간 종료후 5월 이내에 지정거래외국환은행의 장에게 제출하여야 한다. 다만, 해외지점을 설치한 자가 휴·폐업 등으로 인해 보고서를 제출하는 것이 불가 능하다고 신고기관의 장이 인정하는 경우에는 당해 휴·폐업의 기간에 보고서를 제출하지 아니할 수 있다.

④ 영업기금, 설치비, 유지활동비의 지급은 해외지사의 설치신고를 한 지정거래 외국환은행을 통하여 이루어져야 하며 동 지정거래외국환은행은 부동산의 취득 및 처분, 결산, 자금의 차입 및 대여 등에 대하여 해외지사별로 종합관리카드를 작성 비치하여 사후관리를 하여야 한다.

⑤ 지정거래외국환은행의 장(한국은행총재 신고내용을 포함)은 규정에서 정하는 보고서 또는 서류를 작성하여 한국수출입은행을 경유 한국은행총재, 국세청장 및 관세청장에게 통보하여야 한다.

◉ 외국기업등의 국내지사

비거주자의 국내지사는 국내에서 수익을 발생시키는 영업활동을 영위하는 '지점'과 국내에서 수익을 발생시키는 영업활동을 영위하지 아니하고 업무연락, 시장조사, 연구개발활동 등 비영업적 기능만을 수행하는 '사무소'로 구분한다.

▶ 설치신고 및 변경 등

① 비거주자가 국내지사를 설치하고자 하는 경우에는 지정거래외국환은행의 장에게 신고하여야 한다.

② 제①항의 규정에 불구하고 비거주자가 다음에 해당하는 업무 또는 이와 관련된 업무의 영위를 목적으로 하는 국내지사를 설치하고자 하는 경우에는 기획재정부장관에게 신고하여야 한다.

    1. 자금의 융자, 해외금융의 알선 및 중개, 카드업무, 할부금융 등 은행업 이외의 금융관련업무

    2. 증권업무 및 보험업무와 관련된 업무

    3. 외국인투자촉진법 등 다른 법령의 규정에 의하여 허용되지 아니하는 업무

▶ 영업기금 등의 도입

① 국내지사가 외국의 본사로부터 영업기금을 도입하고자 하는 경우에는 지정거래외국환은행을 통하여 도입하여야 한다(휴대수입 외화, 원화자금, 송금처가 본사가 아닌 경우 등은 인정하지 않음).

② 한국은행총재는 제①항의 규정에 의하여 도입된 영업기금을 매연도별로 다음 연도 2월말까지 금융감독원장에게 통보하여야 한다.

▶ 결산순이익금의 대외송금

① 규정에 의하여 설치신고를 한 지점이 결산순이익금을 외국에 송금하고자 하는 경우에는 지정거래외국환은행을 통하여 송금하여야 한다.

② 제①항의 규정에 의하여 송금을 하고자 하는 자는 외국기업국내지사결산순이익금송금신청서에 다음 각 호의 서류를 첨부하여 지정거래외국환은행의 장에게 제출하여야 한다. 다만, 별도 규정에 의하여 기획재정부장관에게 설치신고를 한 지점의 경우에는 결산순이익금 대외처분에 관한 관계법령에 의한 허가서 등으로 이를 갈음할 수 있다.

1. 당해 지점의 대차대조표 및 손익계산서

2. 납세증명

3. 당해 회계기간의 순이익금의 영업기금도입액에 대한 비율이 100분의 100 이상이거나 순이익금이 1억원을 초과할 경우에는 공인회계사의 감사증명서

▶ 국내지사의 폐쇄 등

① 이 절의 규정에 의하여 설치신고를 한 자가 국내지사를 폐쇄하고자 하는 경우에는 외국기업국내지사폐쇄신고서를 설치신고를 한 자에게 제출하여야 한다.

② 제①항의 규정에 의하여 폐쇄신고를 한 자가 국내보유자산의 처분대금을 외국으로 송금하고자 하는 경우에는 지정거래 외국환은행의 장에게 당해 국내지사의 관할세무서장이 발급한 납세증명을 제출하여야 한다.

거주자의 외국부동산 취득

◆ 신고수리요건의 심사

거주자의 외국에 있는 부동산 또는 이에 관한 권리의 취득과 관련하여 한국은행총재 또는 지정거래외국환은행의 장은 외국부동산 취득 신고가 있는 경우에는 다음의 사항을 심사하여 수리여부를 결정하여야 한다.

1. 외국에 있는 부동산 또는 이에 관한 물권 · 임차권 기타 이와 유사한 권리를 취득하고자 하는 자가 다음에 해당하는 자가 아닌지 여부

   가. '신용정보의 이용 및 보호에 관한 법률'에 의한 금융거래 등 상거래에 있어서 약정한 기일 내에 채무를 변제하지 아니한 자로서 종합신용정보집중기관에 등록된 자

   나. 조세체납자

2. 부동산취득금액이 현지금융기관 및 감정기관 등에서 적당하다고 인정하는 수준인지 여부
   * 취득가액 일부를 현지 금융기관으로부터 주택담보대출 또는 현지 소득으로 충당 가능
   * 현지의 주택담보대출이 포함된 경우 별도의 금전대차 신고는 불필요

3. 부동산취득이 해외사업활동 및 거주목적 등 실제 사용목적에 적합한지 여부

◆ 신고수리절차

① 거주자가 외국에 있는 부동산 또는 이에 관한 권리를 취득하고자 하는 경우로서 다음에 해당하는 경우 등에는 신고를 요하지 아니한다.

  – 거주자가 비거주자로부터 상속, 유증, 증여로 인해 부동산에 관한 권리를 취득하는 경우
  – 해외체재자 및 해외유학생이 본인 거주 목적으로 외국에 있는 부동산을 임차하는 경우
  – 임차보증금이 미화 1만불 이하인 외국의 부동산을 임차하는 경우

② 신고예외에 해당하는 경우를 제외하고 거주자가 다음에 해당하는 외국에 있는 부동산을 취득하고자 하는 경우에는 부동산취득신고(수리)서를 작성하여 지정거래외국환은행의 장에게 신고하여 수리를 받아야 한다.

1. 거주자가 주거 이외의 목적(보유목적 또는 투자목적 등)으로 외국에 있는 부동산을 취득하는 경우(예 건물, 상가, 토지, 주택) → 신고인 : 당해 부동산의 소유권을 취득하는 자

2. 거주자 본인 또는 거주자의 배우자(영주권, 시민권자 제외)가 해외에서 체재할 목적으로 주거용 주택을 취득하는 경우(거주자의 배우자 명의의 취득을 포함) → 신고인 : 본인, 거주자

   * 주거 목적인 경우에만 신고인과 그 배우자와의 공동 명의 취득이 가능함
   * 거주자(또는 거주자의 배우자)와 동거하지 않는 자녀의 주거를 목적으로 거주자의 주거용 부동산 취득은 불가함

3. 외국에 있는 부동산을 임차하는 경우(임차보증금이 미화 1만불 초과인 경우로 한한다) → 신고인 : 임차인

③ 제②항의 규정에도 불구하고 거주자가 외국부동산 매매계약이 확정되기 이전에 지정거래 외국환은행의 장으로부터 내신고수리를 받은 경우에는 취득 예정금액의 100분의 10 이내(금액한도 없음)에서 외국부동산 취득대금을 지급(분할지급은 불가)할 수 있다.

이 경우 내신고수리를 받은 날로부터 3개월 이내에 제②항의 규정에 의하여 신고하여 수리를 받거나, 지급한 자금을 국내로 회수하여야 한다.

④ 제①항 및 제②항에 규정된 경우를 제외하고 거주자가 외국에 있는 부동산 또는 이에 관한 권리를 취득하고자 하는 경우에는 부동산취득신고(수리)서를 작성하여 한국은행총재에게 신고하여 수리를 받아야 한다.

⑤ 해외부동산 취득자가 그 해외부동산을 처분한 경우 투자원금 및 과실을 즉시 국내로 회수하고 이를 신고기관에 보고해야 한다(신고인이 회수의무자임).

⑥ 개인투자자가 영주권 또는 시민권을 취득한 경우에는 투자금의 회수나 사후관리에 관한 규정은 적용하지 아니한다. 다만, 영주권을 취득한 개인투자자가 이후 국내에 체재하여 거주자가 된 경우에는 그러하지 아니하다.

▶ **사후관리**

① 한국은행총재 또는 지정거래외국환은행의 장은 거주자의 외국에 있는 부동산 또는 이에 관한 권리 취득에 대한 신고수리 내용을 매 익월 20일까지 국세청장, 관세청장 및 금융감독원장에게 통보하여야 한다.

② 규정에 의한 신고수리를 받아 외국에 있는 부동산 또는 이에 관한 권리를 취득한 자는 다음 각 호의 보고서를 한국은행총재 또는 지정거래외국환은행의 장에게 제출(전자적 방법을 통해 실명확인을 받고 제출할 수 있음)하여야 하며, 한국은행총재 또는 지정거래외국환은행의 장은 제1호 및 제2호의 보고서를 제출받은 날이 속하는 달의 익월 말일까지 국세청장, 관세청장 및 금융감독원장에게 제출하여야 한다.

다만, 현지의 재난 · 재해 등 불가피한 사유로 인해 부동산 또는 이에 관한 권리를 취득한 자가 보고서를 제출하는 것이 불가능한 것으로 한국은행총재 또는 지정거래외국환은행의 장이 인정하는 경우에는 그 사유가 해소될 때까지 다음 각 호의 보고서 또는 서류를 제출하지 아니할 수 있으며, 이 경우 한국은행총재 또는 지정거래외국환은행의 장은 국세청장, 관세청장 및 금융감독원장에게 그 사실을 통보하여야 한다.

1. 해외부동산취득보고서 : 부동산 취득대금 송금 후 3월 이내

2. 해외부동산처분(변경)보고서 : 부동산 처분(변경) 후 3월 이내. 다만, 3월 이내에 처분대금을 수령하는 경우에는 수령하는 시점

3. 수시보고서 : 한국은행총재 또는 지정거래외국환은행의 장이 취득부동산의 계속 보유 여부의 증명 등 사후관리에 필요하다고 인정하여 요구하는 경우

   * 외국환거래업무취급지침에 의거 신고수리일 기준 2년마다 제출(임차의 경우는 제외)

■■■■■▶ 비거주자의 국내부동산 취득

비거주자가 국내부동산을 취득함에 있어서는 대부분 자유화되어 있으며 부동산매각대금의 대외송금도 보장되어 있다. 외국인이 국내부동산을 취득하는 경우 '부동산 거래신고 등에 관한 법률'에 따라 부동산 취득 계약체결일로부터 60일 이내에 해당 행정관서의 장에게 신고를 이행하여야 한다(다만, 공인중개사법 또는 주택법에 따라 주택거래신고를 한 경우에는 신고 생략).

◆ 신고절차

① 비거주자가 국내에 있는 부동산 또는 이에 관한 물권·임차권 기타 이와 유사한 권리를 취득하고자 하는 경우로서 다음에 해당하는 경우 등에는 신고를 요하지 아니한다.

- 비거주자가 본인, 친족, 종업원의 거주용으로 국내에 있는 부동산을 임차하는 경우

- 국민인비거주자가 국내에 있는 부동산 또는 이에 관한 권리를 취득하는 경우

- 비거주자가 국내에 있는 비거주자로부터 토지 이외의 부동산 또는 이에 관한 권리를 취득하는 경우

- 외국인비거주자가 상속 또는 유증으로 인하여 국내에 있는 부동산 또는 이에 관한 권리를 취득하는 경우

② 신고예외 경우를 제외하고 비거주자가 국내부동산 또는 이에 관한 권리를 취득하고자 하는 경우로서 다음에 해당하는 경우에는 부동산취득신고(수리)서에 당해 부동산거래를 입증할 수 있는 서류 또는 담보취득을 입증할 수 있는 서류를 첨부하여 외국환은행의 장에게 신고하여야 한다.

1. 외국으로부터 휴대수입 또는 송금(대외계정에 예치된 자금을 포함)된 자금으로 취득하는 경우

2. 거주자와의 인정된 거래에 따른 담보권을 취득하는 경우

3. 위 1과 2의 방법으로 또는 제①항의 신고예외 사유에 해당하여 신고없이 부동산 또는 이에 관한 권리를 취득한 비거주자로부터 부동산 또는 이에 관한 권리를 취득하는 경우
   * 최초에 부동산 취득신고를 한 외국환은행의 장에게 소유권이전 신고를 하여야 함

③ 제①항 및 제②항의 경우를 제외하고 비거주자가 국내에 있는 부동산 또는 이에 관한 권리를 취득하고자 하는 경우에는 한국은행총재에게 신고하여야 한다.

🔽 매각대금의 지급 등

① 비거주자가 다음에 해당하는 방법으로 취득한 국내에 있는 부동산 또는 이에 관한 권리의 매각대금을 외국으로 지급하고자 하는 경우에는 당해 부동산 또는 이에 관한 권리의 취득 및 매각을 입증할 수 있는 서류를 외국환은행의 장에게 제출하여야 한다. 다만, 재외동포의 국내재산 반출의 경우에는 해당 규정을 적용한다.

1. 국내부동산 취득자금이 외국으로부터 휴대수입 하였거나 송금받은 자금으로, 비거주자의 국내부동산 취득신고 제외 규정에 의하여 국내에 있는 부동산 또는 이에 관한 권리를 취득한 경우

2. 부동산 및 이에 관한 권리취득 시 외국환은행 신고를 거친 취득한 부동산 또는 이에 관한 권리를 취득한 경우. 다만, 국내에서 국민인비거주자가 국민인거주자에게 금전대차 관련한 부동산 담보권실행으로 국내부동산 또는 이에 관한 권리를 취득한 경우를 제외한다.

3. 비거주가 상속 또는 유증으로 인하여 취득한 국내부동산 등의 매각대금을 지급하거나, 취득 시 한국은행총재 신고절차를 거친 국내부동산의 매각자금

② 제①항 본문의 경우를 제외하고 비거주자가 국내에 있는 부동산 또는 이에 관한 권리의 매각대금을 외국으로 지급하기 위하여 대외지급수단을 매입하는 경우에는 대외지급수단매매신고서에 의하여 한국은행총재에게 신고하여야 한다.

▶▶▶▶▶ 보 고

▶ **한국은행총재의 보고**

한국은행총재는 다른 장에서 규정하는 보고 이외에 다음 각 호의 1에 해당하는 보고서를 기획재정부장관에게 제출하여야 한다.

1. 10일보
    가. 주요외환지표(유선)

2. 월 보
    가. 외국환포지션 상황
    나. 종합외화자금 현황(외화자산 현황 첨부)
    다. 수출 및 수입상황(품목별, 결제방법별 내역 첨부)
    라. 보유외화자산 운용현황
    마. 무역외수입 및 지급상황
    바. 외화대출상황
    사. 수출선수금 취급상황
    아. 월별·연간국제수지표
    자. 기술도입대가 지급 및 수령상황
    차. 외국투자가의 배당금 송금 및 출자금 회수실적
    카. 대외채권 및 채무현황
    타. 한국은행총재의 신고수리현황
    파. 파생상품거래실적

3. 분기보
    가. 외환의 매매(선물환거래, 금융선물거래 및 스왑금융거래 포함)상황
    나. 수출관련 역외금융대출상황
    다. 외화차입자금의 인출 및 상환현황

4. 반기보
    가. 은행별 차관단 대출한도 운영현황
    나. 현지금융 차입 및 상환현황

5. 연 보
    가. 해외예금 및 신탁 잔액현황

▶ 한국은행총재의 보고서 징구

① 한국은행총재는 다음 각 호의 1에 해당하는 경우에는 관계행정기관의 장, 외국환업무취급 기관의 장, 환전영업자 또는 외국환거래의 당사자나 이에 관련되는 자에 대하여 보고서 자료 또는 정보의 제출을 요구하거나 질문할 수 있다.

  1. 기획재정부장관에 대한 보고서를 작성함에 필요한 경우

  2. 국제수지 및 외국환통계의 작성에 필요한 경우

  3. 기타 한국은행총재에게 위탁한 업무를 수행하기 위하여 필요한 경우

② 다음 각 호의 1에 해당하는 거주자 중 한국은행총재가 정하는 자는 반기말 현재 미화 5만 불을 초과하는 비거주자에 대한 대외채권 및 채무 보유현황을 다음 반기 셋째 달 말일까지 한국은행총재에게 제출하여야 한다.

  1. 자본시장과 금융투자업에 관한 법률에서 정하는 주권상장법인

  2. 제1호에 해당하지 않는 자로서 주채무계열 소속 기업체중 상위 30대 계열기업

▶ 신용카드등에 대한 보고

① 대외지급에 사용될 신용카드등을 국내에서 발행 또는 발행을 대행하거나 외국에서 발행된 신용카드등의 사용대금의 지급 또는 지급의 대행업무를 영위하는 자는 다음 각 호의 보고 서 등을 매분기별로 한국여신전문금융업협회장에게 제출하여야 하고 여신협회장은 개인 별 및 법인별 신용카드등의 대외지급실적(외국에서의 외국통화 인출 실적을 포함)이 포함 된 동 보고서를 종합하여 다음 분기 둘째 달 10일까지 한국은행총재에게 제출하여야 하며 한국은행총재는 이를 다음 분기 둘째 달 20일까지 기획재정부장관에게 보고하여야 한다.

  1. 거주자의 신용카드등의 대외지급 및 외국에서의 외국통화 인출 실적(월별)

  2. 비거주자의 신용카드등의 국내사용 실적(월별)

② 제①항의 규정에 의한 월별 실적은 사용월의 초일부터 말일까지의 사용분으로 작성하여야 한다.

③ 신용카드등의 발행업자는 개인별 및 법인별 연간 대외지급 및 외국에서의 외국통화 인출 내역을 여신협회장에게 통보하여야 하고 여신협회장은 개인별 및 법인별 신용카드등의 대 외지급 실적(외국에서의 외국통화 인출 실적 포함)이 연간 미화 1만불을 초과하는 경우에는 국세청장 및 관세청장에게 다음 연도 둘째 달 20일까지 통보하여야 한다.

④ 여행자카드를 발행 또는 판매한 자는 다음 각 호의 보고서를 다음 분기 첫째 달 20일까지 한국은행총재에게 제출하여야 하며, 한국은행총재는 동 보고서를 종합하여 기획재정부장관에게 보고하여야 한다.

　　1. 여행자카드의 판매 및 결제실적(월별)

　　2. 개인별 및 법인별 여행자카드의 결제(미화 5천불 초과)실적(월별)

⑤ 한국은행총재는 해외체재자 및 해외유학생의 해외여행경비, 해외여행경비와 관련된 신용카드등의 대외지급실적(외국에서의 외국통화 인출 실적 포함) 및 제④항에 의한 여행자카드 결제 실적의 합계가 연간 미화 10만불을 초과하는 경우 국세청장에게 다음 연도 3월 말일까지 통보하여야 한다.

▶ 외국환거래의 사후관리

◉ 사후관리절차등

① 시행령에 의하여 권한의 위탁을 받아 외국환거래의 보고 등을 받은 한국은행총재 또는 외국환은행의 장은 당해 외국환거래당사자가 한 외국환거래가 법령의 규정대로 실행되었는지 여부에 대하여 법·영 및 이 규정에서 정한 범위 내에서 사후관리를 하여야 한다. 다만, 거래당사자가 거래외국환은행을 지정하였거나 한국은행총재가 사후관리은행을 지정한 경우에는 그 지정된 외국환은행의 장이 사후관리를 하여야 한다.

② 한국은행총재가 외국환거래 또는 행위에 대하여 신고(수리)를 한 경우에는 신고(수리)를 신청한 자가 지정하는 대가지급은행 또는 사후관리은행으로 신고(수리)서 사본 및 계약서 사본 등을 송부하여야 한다.

③ 외국환은행의 장은 사후관리 결과 외국환거래당사자가 신고등의 조건을 이행하지 아니한 경우에는 그 기한 만료일부터 30일 이내에 당해 조건의 이행을 독촉하여야 하며, 독촉일부터 60일 이내에도 그 의무를 이행하지 아니하거나 외국환거래당사자가 경고 및 거래정지에 해당하는 경우에는 이를 금융감독원장에게 보고하여야 한다.

✅ 거래외국환은행 지정등

① 다음 각 호의 1에 해당하는 거래당사자는 외국환거래의 신고등 및 사후관리를 위하여 거래외국환은행을 지정하여야 한다.

> * 법인의 경우 거래외국환은행 지정은 부득이한 경우를 제외하고는 업체 단위로 하여야 한다(공장, 지점 또는 사업부 단위로 할 수 없음).

- 환전업무를 영위하는 자
- 연간 누계금액이 미화 10만불을 초과하여 지급하고자 하는 자
- 비거주자 및 외국인거주자로서 국내에서의 고용에 따라 취득한 국내보수 또는 자유업 영위에 따른 소득 등의 범위 내에서 지급하고자 하는 경우
- 해외체재자 및 해외유학생이 해외여행경비를 지급하고자 하는 경우 및 외국인거주자로서 미화 5만불 이내에서 해외여행경비를 신용카드등으로 지급하는 경우
- 단체해외여행경비를 지급하고자 하는 여행업자 또는 교육기관등
- 상호계산을 실시하고자 하는 자
- 해외예금을 하고자 하는 자
- 자금통합관리를 하고자 하는 자
- 자본거래 관련 신고 예외거래로서 연간 수령누계금액이 미화 10만불 이내에서 수령하고자 하는 자
- 거주자의 외화자금 차입과, 거주자가 비거주자로부터 원화자금 차입규정에 의하여 자금을 차입하고자 하는 자
- 교포등에 대한 여신과 관련하여 거주자 또는 당해 여신을 받는 비거주자가 국내에 있는 금융기관에 미화 50만불 이내에서 원리금의 상환을 보증하고자 하는 경우
- 거주자가 국내에서 외화증권을 발행하고자 하는 경우
- 외국에 있는 부동산을 취득하고자 하는 자
- 외국기업으로서 국내지사를 설치·운영하고자 하는 자
- 현지금융을 받고자 하는 자
- 해외직접투자를 하고자 하는 자
- 해외지사를 설치·운영하고자 하는 자
- 기타 한국은행총재가 필요하다고 인정하는 자

② 제①항의 규정에 의하여 거래외국환은행으로 지정신청을 받은 외국환은행은 거래외국환은행 지정사실을 확인한 후 지정명부에 등록하여야 한다.

③ 제①항의 규정에 의하여 거래외국환은행으로 지정된 외국환은행의 장은 그 지정사실을 외환정보집중기관의 장이 정하는 기간 내에 외환정보집중기관의 장에게 보고하여야 한다.

④ 외국환은행의 장은 제①항에 규정한 거래외국환은행을 지정하여야 하는 사항에 관하여 신고 또는 지급신청을 받은 경우에는 제②항의 규정에 의거 당해 외국환은행을 거래외국환은행으로 등록되었는지의 여부를 확인한 후 신고를 받거나 신고수리·지급을 하여야 하고 그 신고사항에 관하여 사후관리를 하여야 한다.

⑤ 거래외국환은행을 지정한 자가 지정된 거래외국환은행을 변경하고자 할 경우에는 현재 지정되어 있는 거래외국환은행을 경유하여 새로이 지정할 은행의 확인을 받아야 하며, 신규 지정된 거래외국환은행이 그 변경 사실을 외환정보집중기관의 장에게 보고하여야 한다.

* 거래외국환은행을 지정한 경우, 관리기간 내에서는 지정을 취소할 수 없으며 다른 외국환은행으로의 변경만 허용된다.

◀▬▬▬▶ 기 타

❷ 외환정보집중기관의 지정등

① 영 제39조의 규정에 의거 한국은행을 외환정보집중기관으로 하고 국제금융센터를 외환정보분석기관으로 한다.

② 외환정보집중기관의 장은 외환정보집중기관의 업무에 필요한 세부 운영기준을 정할 수 있으며, 외국환업무취급기관등 외국환거래당사자 및 관계기관으로 하여금 외환정보집중기관에 필요한 보고를 하게 하거나 관련자료 또는 정보의 제출을 요구할 수 있다.

③ 외국환업무취급기관등 외국환거래당사자 또는 관계인이 이 규정에 의하여 기획재정부장관, 한국은행총재 또는 금융감독원장, 국세청장 또는 관세청장 등에게 보고할 경우에는 한국은행총재가 따로 정하는 경우와 금융감독원이 관리하고 있는 외국인투자관리시스템을 통하여 보고하는 경우를 제외하고는 외환정보집중기관을 통하여 이를 행하여야 한다.

④ 외환정보분석기관의 장은 외환정보집중기관 업무처리기준에서 정하는 바에 따라 다음 각 호의 정보를 외환정보집중기관으로부터 제공받을 수 있다.

　　1. 기관투자가의 증권투자 관련자료

　　2. 금융기관 외화유동성 관련자료

　　3. 비거주자 국내증권투자 관련자료

　　4. 환율 및 외환거래, 파생거래 관련자료

　　5. 기타 기획재정부장관이 외환정보분석을 위하여 필요하다고 인정하는 정보

✅ 별도 규정

기획재정부장관이 법 및 영에서 부여된 권한의 범위 내에서 이 규정에 규정된 사항 또는 규정되지 아니한 사항에 관하여 별도로 정하는 경우에는 이 규정에 우선하여 이를 적용한다(북한지역 관광 환전지침 등).

✅ 외국환거래규정 재검토

기획재정부장관은 제3-1조, 제3-2조제4항, 제7-33조, 제7-39조, 제7-40조, 제9-18조, 제9-33조, 제9-34조, 제10-2조, 제10-6조, 제10-9조, 제10-14조에 대하여 2018년 1월 1일을 기준으로 3년마다(매 3년이 되는 해의 기준일과 같은 날 전까지를 말한다) 이 규정 발령 후의 법령이나 현실여건의 변화 등을 검토하여 개선 등의 조치를 하여야 한다.

✅ 외국환거래 촉진 외국환업무취급기관의 선정

기획재정부장관은 한국은행으로 하여금 「외국환거래법」 시행령에 따라 외국환거래의 촉진을 위한 역할을 수행하는 외국환업무취급기관을 원화·위안화시장 시장조성자 또는 원화·미화 미국 선도은행으로 선정하게 할 수 있다.

❤ 외환제도발전심의위원회

외국환거래제도에 관한 사항을 심의하기 위하여 기획재정부장관 소속으로 외환제도발전심위원회를 두어 다음 각 호의 사항을 심의한다.

1. 외국환거래제도에 관한 주요정책의 수립에 관한 사항
2. 외국환거래 관련 법령의 제정 · 개정 및 해석에 관한 사항
3. 그 밖에 위원회의 위원장이 심의가 필요하다고 인정하여 회의에 부치는 사항

❤ 외국환거래법규 위반에 대한 제재

– 행정처분 : 경고, 거래정지 또는 제한, 허가 취소, 과태료
– 벌칙 : 징역 및 벌금
– 몰수 및 추징

01 외국환관계법령 핵심정리

☑ 외국환거래 관계법령은, 외환거래의 자유화에 따른 부작용을 최소화하기 위해 거래 정보의 집중, 사후관리, 국세청 등에 대한 거래내용 통보 등을 통해 관리하고 있으며, 각종 거래에 따른 절차적 요건들을 규정하고 있다.

☑ 외국환은행은 고객과의 외환거래(환전, 지급, 수령)가 외국환 관계법령상 인정된 거래인지 확인하여야 하며, 신고등(확인, 신고, 신고수리, 허가, 인정)이 필요한 경우에는 사전에 그러한 절차를 거친 후 거래토록 안내하여야 한다. 고객과의 거래가 자본 거래에 해당하거나 비정상적인 결제방법으로 결제하는 경우에는 신고 등의 절차적인 제한이 있다.

* 신고수리 : 해외부동산이나 이에 관한 권리취득, 비금융기관 해외지점의 부동산 관련 거래 등
* 허가 : 역외계정과 일반계정간의 자금이체, 테러자금 관련 금융거래 제한대상자와의 거래
* 인정 : 대외채권 회수의무 면제

☑ 외국환거래법은 외국환거래의 주체를 국민인거주자, 외국인거주자, 국민인비거주, 외국인비거주자로 구분하고 적용범위 및 신고(보고)의무의 부과를 다르게 규정한다. 거주성을 국적이나 소재지 관련서류(주민등록증, 시민권, 거소증 등)만으로 판단하면 안 되며, 체재기간 및 영업활동 종사 여부 등을 확인하여 경제활동의 실질적 중심지를 기준으로 판단하여야 한다.

☑ 외국환은행의 외국환업무에 관해 다룬 제2장은(창구에서 업무를 처리하는 은행원들이 필수적으로 알아야 할) 외국환의 매입 및 매각을 비롯하여 외국환은행의 예금계정에 관한 내용을 규정하고 있고, 이러한 업무들에는 지급과 수령, 자본거래에 관한 사항들이 연관되어 다뤄지고 있으므로 가장 중요한 부분이라 할 수 있다.

☑ 외국환거래규정 제4장 지급과 수령은 외국환은행의 외국환매입 및 외국환매각을 비롯하여 대외지급에 관해 토대가 되는 부분을 규정하고 있고, 제5장 지급등의 방법은 대외거래에 있어서 발생할 수 있는 비정상적인 결제형태를 분류하여 신고가 필요한 행위들을 규정하고 있으므로 열심히 공부를 해야 하는 부분이다.

▶ 외국환은행의 외국환 매입 및 매각

☑ **국민인거주자로부터의 외화매입은 금액한도 없이 가능하다.**

* 국민인거주자는 소지목적으로 필요한 경우 별도의 신고 없이 외국환은행으로부터 외화를 얼마든지 매입할 수 있는 것이기 때문에, 외국환은행이 국민인거주자로부터 외화를 매입할 때 '당해 외국환의 취득이 신고등의 대상'이 아닌 것을 이미 아고 있는 바, '신고등의 대상인지 여부를 확인'할 필요없이 매입할 수 있다.

☑ **외국인거주자 및 비거주자로부터는 동일자, 동일인 기준으로 미화 2만불 이하의 외화매입(동일자에 동일인으로부터 2회 이상 매입하는 경우에는 모두 합산)은 증빙서류 없이 가능하다.**

* 미화 2만불을 초과하는 매입은 '당해 외국환의 취득이 신고등의 대상인지 여부를 확인'해야 한다. 외국인거주자 및 비거주자가 외국에서 외화를 휴대수입 했다면 세관장에게 신고를 하고 '외국환신고(확인)필증'을 받았을 것이고, 입국 후 국내에서 취득한 것이라면 '대외지급수단 매매신고서'에 의해 신고를 하고 한국은행총재의 신고필증을 받았을 것이므로 해당 증빙서류를 징구해야 한다.

☑ **국민인거주자가 외국에서 미화 5천불 초과~10만불 이하 송금을 받아 환전하는 경우에는 해당 외화가 송금되어진 사유를 입증서류 또는 설명을 통해 확인하고 환전하여 원화계좌로 입금 처리한다. 타발송금액이 미화 10만불을 초과하는 경우에는 취득경위 입증서류를 받아 처리하는 게 원칙이지만 입증서류가 없어도 영수확인서를 받고 환전 해주면 된다. 영수확인서를 받아 환전 해주는 경우에는 고객(국민인거주자)이 취득사유를 어떻게 기재하였든(예 수출대금) 그걸 무시하고 이전거래로 처리하여 환전한다.**

☑ **외국인거주자 및 비거주자가 외국에서 송금 받은 외화를 환전하고자 할 때는 입증서류가 있으면 징구하여 해당 사유로 처리하고, 없으면 징구를 생략한 채 해외재산 반입으로 처리하여 환전한다.**

☑ **국민인거주자가 외화 소지, 거주자계정 입금, 해외여행경비 등의 목적으로 외국환은행으로부터 외화를 매입하고자 하는 경우 외국환은행은 한도 제한 없이 매각할 수 있다. 국민인거주자가 보유하고 있는 외화를 가지고 외국에 나갈 때(휴대수출) 그 금액이 미화 1만불을 초과하면 세관장에게 신고하고 외국환신고(확인)필증을 받아야 한다.**

PART 01 PART 02 PART 03 부록

☑ 외국인거주자에게는 외국인거주자가 국내에서 매각한 금액 범위 내에서 매각(재환전)할 수 있다. 따라서 외국인거주자가 환전할 때 받았던 증빙(외국환매입증명서, 영수증, 계산서 등)을 회수해야 한다. 다만, 매각실적의 일부를 재환전 하는 경우에는 재매각 관련 내용(환전일자, 금액, 환전기관)을 해당 증빙서상에 기재하여 추후 중복 매각이 발생하지 않도록 한다.

외국인거주자가 국내에서 환전한 실적이 전혀 없는 경우라 하더라도 매번 해외로 나갈 때마다 미화 1만불까지는 매각 가능하다. 이렇게 환전 해주는 경우에는 해당 환전 사실을 외국인거주자의 여권에 기재해야 하는데, 환전금액이 1백만원 상당액 이하인 경우에는 기재를 생략할 수 있다.

국내에 5년 이상 거주한 외국인거주자에게는 해외유학경비 명목이라면 금액 제한없이 매각 가능하다. 해당 외화는 대외송금하거나 휴대수출 할 수 있다.

☑ 비거주자에게는 최근입국일 이후 당해 체류기간 중에 매각(원화로 환전)한 금액 범위 내에서 매각할 수 있다. 따라서 비거주자가 원화로 환전할 때 받았던 증빙(외국환매입증명서, 영수증, 계산서 등)을 회수해야 한다. 다만, 매각실적의 일부를 재환전 하는 경우에는 재매각 관련 내용(환전일자, 금액, 환전기관)을 해당 증빙서상에 기재하여 추후 중복 매각이 발생하지 않도록 한다.

비거주자가 국내에서 환전한 실적이 전혀 없는 경우라 하더라도 미화 1만불까지는 매각 가능하다. 이렇게 환전해 주는 경우에는 해당 환전 사실을 외국인거주자의 여권에 기재해야 하는데, 환전금액이 1백만원 상당액 이하인 경우에는 기재를 생략할 수 있다.

☑ 외국인거주자 및 비거주자 공히 국내에서 발생한 소득 등은 입증서류에 의해 증빙된 범위까지는 제한 없이 환전, 대외송금, 대외계정 입금 가능하다.

국내소득 등의 입증서류가 없다 하더라도 연간누계액 미화 5만불까지는 매각할 수 있는데 해당 금액은 대외송금 또는 대외계정 입금만 가능하고 환전은 불가하다. 국내소득이 입증된 금액에 추가하여 연간 미화 5만불 이내에서는 대외송금 및 대외계정 입금을 위한 매각이 가능하다. 외국인거주자 및 비거주자가 국내소득 등을 입증하는 서류를 제출하는 경우에는 지정거래외국환은행 뿐 아니라 체신관서(우체국)에서도 대외송금이 가능하다.

국민인거주자의 대외송금을 위해 매각하는 경우, 연간 누계금액 미화 10만불(해외예금 및 해외증권 취득 관련 지급금액 포함) 상당액 이하는 지급증빙서류 없이도 가능하며, 미화 10만불을 초과하여 대외송금 하려면 지급확인서, 납세증명서, 주민등록등본 등을 징구하여야 한다.

* 해외직접투자 및 해외부동산 취득을 위한 지급인 경우에는 금액 불문하고 신고하여야 함

상기 한도(미화 10만불)에는 자본거래에 해당하는 해외증권 취득 및 해외예금 관련 금액도 포함되는 바, 연간 지급누계금액이 미화 10만불 이내라면 해외예금이나 해외증권취득이라 할지라도 자본거래 관련 신고면제 대상이며 지급증빙서류 없이 대외송금이 가능하다.

☑ 전년도 수출실적이 미화 3천만불 이상인 기업의 송금방식 수출대금 수령 및 전년도 수입실적이 미화 3천만불 이상인 기업의 송금방식 수입대금 지급은 증빙서류 제출 없이 거래 가능하다.

☑ 외국인거주자 및 비거주자의 대외지급 관련 요약

사 유		외국인거주자	비거주자	지급방법	비고
재환전 (매각실적 기준)		전체 매각실적 (기간불문)	최근입국일 이후 매각실적	송금, 환전	매각실적 범위 내
소득, 보험금, 연금	증빙제출	증빙금액 범위 내		송금, 환전	
	증빙미제출	연간누계 미화 5만불		송 금	환전 안 됨
미화 1만불 이내 지급		일반여행경비로 매 여행 시마다 1만불까지 지급	매각실적 없어도 1만불까지는 환전해 줌	송금, 환전	여권에 환전사실 기재

━━━━━━▶ 지급등의 방법

☑ '지급등'에서 지급이 아닌 영수거래는 국부유출이 없는 거래이므로 제한사항이 거의 없는 반면, 지급거래와 관련하여 다음과 같은 비정상적인 경우 신고를 필요로 한다.

 – 상계등 계정의 대기 또는 차기에 의한 지급등의 방법(상계, 상호계산)
 – 제3자 지급등에 의한 지급등의 방법
 – 외국환은행을 통하지 아니하는 지급등의 방법
 – 기재부장관이 정하는 기간을 초과하는 지급등의 방법

◀ ■■■■■▶ 외국환거래 관련 신고 등의 신고처 (* 신고예외사항은 제외)

거래 구분	외국환은행	한국은행	기재부
대외지급수단 매매신고		○	
상계(양자 간)	○		
상계(다국적기업 상계센터, 다자간)		○	
상호계산	○		
기재부장관이 정하는 기간 초과 지급등		○	
제3자 지급등(미화 1만불 이하)	○		
제3자 지급등(미화 1만불 초과)		○	
외국환은행을 통하지 않은 지급		○	
외국환은행의 비거주자 앞 10억원 초과 300억원 이하 원화대출	○		
외국환은행의 비거주자 앞 300억원 초과 원화대출		○	
거주자의 보증이나 담보제공에 의한 비거주자 앞 대출		○	
거주자가 비거주자에게 대출(외국환은행의 대출은 제외)		○	
역외계정과 일반계정 간의 자금이체			○
거주자가 해외에서 비거주자와 외화예금거래(註1)	○		
거주자가 미화 10만불을 초과하여 국내에서 송금한 자금을 해외 예치		○	
거주자가 해외에서 비거주자와 신탁거래		○	
해외예금 거래를 하는 자가 해외에서 건당 1만불을 초과하여 입금	○		
영리법인이 비거주자로부터 외화자금 차입(5천만불 이하)	○		
영리법인이 비거주자로부터 외화자금 차입(5천만불 초과)			○
개인, 비영리법인이 비거주자로부터 외화자금 차입(금액 불문)		○	
교포 등에 대한 여신 관련 미화 50만불 이내의 원리금 상환 보증	○		
교포 등에 대한 여신 관련 미화 50만불 초과 원리금 상환 보증		○	
외국의 부동산이나 시설물의 이용 및 사용에 관한 회원권 매입	○		
거주자가 외국에서 외화증권 발행(미화 5천만불 이하)	○		
거주자가 외국에서 외화증권 발행(미화 5천만불 초과)			○
거주자가 외국에서 원화증권 발행			○
비거주자가 국내에서 외화증권이나 원화증권 발행			○
거주자가 비거주자로부터 증권을 취득		○	
거주자와 비거주자 간 건당 미화 3천만불 이하의 물품 임대차계약	○		
비거주자와 다른 비거주자와의 원화표시 자본거래		○	

거래 구분	외국환은행	한국은행	기재부
해외직접투자	O		
비금융기관의 해외지사 설치	O		
신고한 영업기금을 초과하는 해외지점 영업기금 송금	O		
해외사무소 확장에 따른 경비 지급	O		
비금융기관 해외지점의 영업활동(부동산, 증권, 대출)		O	
외국기업 국내지사 설치신고	O		
외국기업 국내지사 설치신고(증권, 보험, 금융, 카드)			O
거주자의 외국부동산 취득	O	O	
거주자의 외국부동산 임차(미화 1만불 초과)	O		
거주자의 외국부동산에 대한 물권 등 유사한 권리의 취득		O	
비거주자의 국내부동산 또는 이에 관한 권리의 취득	O	O	
비거주자의 국내부동산 매각자금 송금	O	O	

(註1) 국내에서 송금하는 미화 10만불 이하의 금액으로 해외예금을 하고자 하는 경우에는 별도 '신고'는 불요하며, 지정외국환거래은행을 통하여 송금하면 된다. 다만, 건당(동일자, 동일인 기준) 미화 5만불을 초과하여 국내에서 송금한 자금으로 예치하고자 하는 경우에는 한국은행총재에게 신고하여야 한다.

외국환관계법령 핵심문제

01 다음 중 외국환거래법의 목적이 아닌 것은?

① 대외거래의 자유를 보장
② 외국환거래의 합리적 조정 또는 관리
③ 국제수지의 균형
④ 통화가치의 안정

02 다음 중 외국환거래법에 규정된 외환시장 안정장치가 아닌 것은?

① 외환건전성 부담금
② 비예금성 외화부채 감액요청
③ 외국환평형기금을 이용한 외환시장 개입
④ 대외채권의 회수의무 부과

진위형
03 외국에 주소를 둔 개인이나 외국에 주된 사무소를 둔 법인이 원화로 표시되거나 지급받을 수 있는 거래를 하는 경우에는 그것이 외국에서 하는 거래라 할지라도 외국환거래법 적용 대상이다.

(   )

04 다음 중 거주자가 아닌 것은?

① 대한민국 재외공관에 근무하기 위해 파견된 국민
② 국내에서 취업중인 외국인
③ 외국영주권자로서 입국하여 국내에 2개월 이상 체재하고 있는 자
④ 외국인으로서 국내에 6개월 이상 체재하고 있는 자

05 다음 중 비거주자로 볼 수 없는 것은?

① 거주자였던 외국인으로서 출국하여 외국에서 3개월 이상 체재중인 자
② 외국에 있는 국내법인 등의 영업소
③ 외국에서 영업활동에 종사하고 있는 자
④ 1년 이상 외국에 체재하고 있는 자

06 다음 중 외국환업무취급기관이 아닌 것은?

① 외국환은행
② 환전영업자
③ 소액해외송금업자
④ 외국환중개회사

단답형

07 지역단위 농협 및 수협은 각각 농협은행 및 수협중앙회의 업무위탁을 받아 건당 (   ) 이하, 동일인당 연간 합산 각각 (   ) 이내의 해외송금 및 수금업무를 취급할 수 있다.

진위형

08 계약건당 미화 10만불을 초과하는 수출대금을 물품의 선적 전 1년을 초과하여 수령하고자 하는 경우 및 계약건당 미화 10만불을 초과하는 수입대금을 선적서류 또는 물품의 수령 전 1년을 초과하여 지급하고자 하는 경우는 '기획재정부장관이 정하는 기간을 초과하는 지급등'에 해당 되므로 한국은행총재 앞 신고하여야 한다.

(   )

진위형

09 '제3자 지급등에 의한 지급등'은 한국은행총재 앞 신고사항이다. 그러나 거주자가 미화 5천불을 초과하고 미화 1만불 이내의 금액을 제3자와 지급등을 하려는 경우에는 외국환은행의 장에게 신고한다.

(   )

진위형

10 대외결제를 위해 금전의 대외송금 또는 수령에 의하지 않고 서로 가지고 있는 채권과 채무를 장부상 소멸시키는 상계를 실시하고자 하는 자는 외국환은행의 장에게 사전 신고하거나 상계처리 후 1개월 이내에 사후보고할 수 있다.

(   )

단답형

11 기획재정부장관은 환전영업자에 대한 관리 권한을 (   )에게 위임하고 있고, 외국환중개회사에 대한 감독업무는 (   )에게 위탁하고 있으며, 소액해외송금업자에 대한 감독업무는 (   )에게 위탁하고 있다.

단답형

12 시장평균환율이란, 외국환중개회사를 통하여 거래가 이루어진 현물환매매 중 거래결제일(Value Date)이 (   )인 거래에서 형성되는 환율과 그 거래량을 가중평균한 환율을 말하며, 이러한 방식으로 매매기준율이 결정되는 통화는 (   )와 (   )이다.
재정된 매매기준율이란, 주요 국제외환시장에서 형성된 '미달러화와 기타통화와의 매매중간율'을 (   )로 재정한 환율을 말한다.

단답형

13 선물환거래는 결제일이 거래일로부터 (   ) 이후에 도래하는 외환거래이다.

단답형

14 외국환거래규정에서 '신고등'이라 함은 (   ), (   ), (   ), (   ), (   )을 말한다.

단답형

15 외환결제리스크는 외환거래에 따른 결제를 할 때 관련 통화가 결제되는 Time Zone이 달라서 발생할 수 있다. 예컨대, USD/Won 거래에 따라 Won화를 지급해야 하는 측은 해당 결제일의 한국 시간대에 결제를 마쳤으나 USD가 결제되어야 할 미국 시간대에 USD를 지급할 은행이 지급불능이 될 위험을 말하는 것이다. 이러한 문제를 해결하기 위해 외환거래 관련통화를 동시에 결제토록 하는 국제적인 외환결제 제도를 (   )라 한다.

16 외국환거래법과 동 시행령 및 외국환관리규정에 의하여 신고등을 하였거나 신고등을 필요로 하지않는 거래를 (   ) 거래라 한다.

17 해외체재자란 다음에 해당하는 자로서 체재기간이 (   )일을 초과하여 외국에 체재하는 자를 말한다.

> (1) 상용, 문화, 공무, 기술훈련, 국외연수[(   )월 미만의 경우에 한한다]를 목적으로 외국에 체재하는 자. 다만, 국내거주기간이 5년 미만인 외국인거주자는 제외한다.
>
> (2) 국내기업 및 연구기관 등에 근무하는 자로서 그 근무기관의 업무를 위하여 외국에 체재하는 국내 거주기간 5년 미만인 외국인거주자

18 다음 중 외국환은행의 '외국환의 매입'과 관련하여 잘못 설명된 것은?

① 미화 2만불 이하의 대외지급수단을 매입하는 경우 당해 외국환의 취득이 신고대상이었는지 확인하지 않아도 된다.

② 환전영업자로부터 대외지급수단을 매입하는 경우에는 제한없이 매입 가능하다.

③ 거주자계정에 예치되어 있던 외국환을 매입하는 경우 당해 외국환의 취득이 신고대상이었는지 확인해야 한다.

④ 동일자 미화 1만불을 초과하는 매입은 모두 외환전산망을 통해 한국은행에 자동통보되므로 그 외의 매입에 대해서는 매월별로 국세청장 및 관세청장에게 통보하여야 한다.

19 비거주자 또는 외국인거주자로부터 동일자 동일인 미화 2만불 이하 매입은 취득경위를 확인하지 않아도 되지만 2만불 초과인 경우에는 정당한 소유자임을 입증하는 (   )이나 (   )이 있어야 매입할 수 있다. 동일자 2만불을 초과하면서 입증서류가 없는 경우에는 매입이 불가하다.

20 다음 중 외국환은행의 '외국환 매각'과 관련하여 매각 시 제한이 있는 거래는?

① 거주자(외국인거주자 제외)가 소지할 목적으로 매입
② 거주자(외국인거주자 제외)가 해외여행경비 충당 목적으로 매입
③ 거주자가 거주자계정에 예치하기 위해 매입
④ 거주자가 국내 외국환은행의 대외계정에 이체하기 위해 매입

단답형

21 외국인거주자에 대한 재환전 매각은 외국인거주자가 외국환은행에 매각한 실적만 있으면 그 금액 내에서 제한 없이 매각 가능하나, 비거주자에 대한 재환전 매각 시에는 (   )을 고려하여 매각 가능금액을 산정한다.

진위형

22 외국인거주자 및 비거주자가 국내에서 고용되어 보수를 받거나 자영업을 통해 소득을 얻은 경우 이에 대한 증빙이 있으면 그 증빙금액에 대해서는 제한없이 송금 및 환전 지급이 가능하다. 그러나 소득을 증빙할 자료가 없다면 미화 1만불 이내에서의 환전만 가능하다.

(   )

단답형

23 외국환은행이 외국인거주자에게 미화 1만불을 초과하여 외국통화 또는 여행자수표를 매각하는 경우에는 (   )을 발급해야 하며, 거주자(외국인거주자 제외)가 외국에서 송금된 미화 10만불 초과 금액을 외국환은행에 매각하거나 예치하면서 취득경위를 입증하는 서류를 제출하지 않을 경우에는 (   )를 징구한다.

단답형

24 외국환은행이 국내에서 비거주자에게 동일인 기준 (   )원 이하 원화자금대출을 하는 경우에는 신고를 요하지 않는다. '신고를 요하지 않는 금액'을 300억원 이하의 원화자금을 비거주자에게 대출하고자 하는 경우에는 당해 비거주자가 (   )에게 신고해야 하며, 300억원을 초과하여 비거주자에게 원화대출을 하고자 하는 경우에는 대출을 받고자 하는 비거주자가 (   )에게 신고하여야 한다.

단답형
25 외국인거주자가 국내부동산을 매각한 후 이를 외화로 바꾸고자 하는 경우, 외화를 매입하는 외국인거주자가 (   )신고서에 의해 (   )에게 신고하여야 한다.

다만, 외국인거주자가 외국으로부터 휴대수입 또는 송금된 자금으로 국내부동산을 취득한 후 취득금액 범위 내에서 매각대금을 대외송금 하고자 하는 경우로서 부동산소재지 또는 신청자의 최종주소지 관할세무서장이 발행한 (   )를 제출하는 경우에는 그러하지 아니하다.

26 다음 중 외화예금계정과 관련하여 연결이 잘못 된 것은?

① 비거주자 – 대외계정
② 대한민국 정부의 재외공관 근무자 및 그 동거가족 – 대외계정
③ 사업자인 외국인거주자 – 대외계정
④ 해외이주예정자 – 해외이주자계정

단답형
27 비거주자가 '국내에서 증권의 발행절차 규정'에 따라 증권의 발행으로 조달한 자금은 원화 그대로 (   )에 예치하거나 환전하여 (   )에 예치할 수 있다.

단답형
28 비거주자로부터 외화를 차입한 거주자는 조달한 외화자금(인정된 거래에 의해 부동산을 취득하면서 동 부동산을 담보로 비거주자로부터 조달한 외화자금은 제외)을 지정거래외국환은행에 개설된 (   )계정에 예치한 후 신고 시 명기한 용도로 사용하여야 한다.

진위형
29 비거주자가 국내에서 자유롭게 사용하기 위한 목적으로 원화자금을 예치하는 경우 개설하는 원화계정은 '비거주자자유원계정'이라하고, 비거주자가 대외지급이 자유로운 원화자금을 예치하는 경우 개설하는 원화계정은 '비거주자원화계정'이라 한다.

(   )

단답형

30 비거주자 또는 외국인거주자가 국내원화증권 투자 시 외화자금을 예치하기 위해 개설하는 계정을 (   )이라 하며, 원화자금을 예치하기 위해 개설하는 계정은 (   )이라 한다.

단답형

31 동일자, 동일인 기준 미화 10만불을 초과하는 타발송금을 받은 경우에는 서면에 의하여 외국환은행의 장으로부터 수령사유를 확인받아야 하며, 이 때 징구하는 서류가 (   )이며, 이 서류는 (   )년간 보관하여야 한다.

진위형

32 지급과 수령을 위해 지급등의 증빙서류를 제출하여야 하는 경우 증빙하는 서류는 원본으로 받아야 하며, PDF나 Fax. 등 전자적 방법을 통한 서류제출은 인정되지 않는다.

(   )

진위형

33 거주자가 해외에 개설되어 있는 본인의 외화계정에 입금하기 위해 송금하는 경우에는 금액을 불문하고 외국환은행의 장에게 신고하여야 하며, 연간 입금액 또는 연말잔액이 미화 10만불을 초과하는 경우에는 매년 첫째 달 말일까지 잔액현황보고서를 한국은행총재에게 제출하여야 한다.

(   )

진위형

34 연간누계 미화 10만불 상당액을 초과하여 지급하는 경우에는 지급확인서(사유와 목적을 구체적으로 기재)와 증빙서류(납세증명서, 거주자의 실체를 확인할 서류 등)을 징구해야 하며, 미화 10만불 한도 산정 시 건당 미화 5천불 이하 거래는 모두 제외된다.

(   )

35 환전영업자의 업무와 관련하여 잘못 기술된 것은?

① 거주자 또는 비거주자로부터 내국지급수단을 대가로 외국통화를 매입할 수 있다.

② 비거주자가 최근 입국일 이후 당해 체류기간 중 매각한 실적 범위 내에서 재환전해 줄 수 있으며, 환전영업자가 아닌 외국환업무취급기관에 매각한 실적에 대해서도 재환전 가능하다.

③ 재환전 신청 시에는 재환전신청서, 외국환매입증명서, 여권을 제출받아야 한다.

④ 동일자, 동일인 기준 미화 5천불 이하의 외국통화 등을 외국환매각신청서 및 외국환매입증명서 없이 매입하거나 매각할 수 있다.

단답형
36 소액해외송금업자들의 건당 지급 및 수령 한도는 각각 미화 (   )이며, 동일인당 연간 지급 및 수령한도는 각각 미화 (   )이다.

진위형
37 국내 외국환은행들은 외국환중개회사인 서울외환중개(주)와 한국자금중개(주)를 통해 은행 간 원·달러 거래를 하고 있으며, 외국환중개회사의 업무는 한국은행총재가 감독한다.

(   )

단답형
38 전년도 수출실적이 (   ) 이상인 기업의 송금방식 수출대금의 수령 및 전년도 수입실적이 (   ) 이상인 기업의 송금방식 수입대금의 지급 시에는 증빙서류를 외국환은행에 제출하지 않아도 되며, 지급등의 증빙서류 제출을 면제받은 기업은 관련 지급등의 증빙서류를 (   ) 년간 보관하여야 한다.

39 거주자의 지급등과 관련하여 증빙서류를 제출이 면제되는 경우가 아닌 것은?

① 연간누계금액 미화 10만불 이내의 지급(해외직접투자 포함)

② 전년도 수출실적이 미화 3천만불 이상인 기업의 송금방식 수출대금의 수령

③ 거래 또는 행위가 발생하기 전에 하는 사전 개산 지급

④ 동일자, 동일인 기준 미화 10만불 이하의 신고를 필요로 하지 않는 수령

40 다음 중 지급등의 절차와 관련하여 잘못된 것은?

① 미화 10만불 상당액 초과 시에는 지급확인서와 증빙서류를 제출해야 하며, 미화 10만불 한도란 건당 5천불 초과 거래를 모두 합산한 연간 총지급누계액이다.
② 건당 미화 5천불 상당액 이하의 해외송금은 연간 송금액 한도(미화 10만달러)에서 차감되지 않는다.
③ 10만불 한도에는 해외예금, 소액대출, 해외증권 취득 관련 송금이 포함되며, 해외직접투자 및 해외부동산 취득 관련 자금은 포함되지 않는다.
④ 연간송금액이란 거래외국환은행 지정일로부터 1년간 송금된 금액을 말한다.

41 비거주자 또는 외국인거주자의 지급한도와 관련하여 잘못 기술된 것은?

① 외국인거주자에 대해서는 거주하는 동안 외국으로부터 수령하였거나 휴대수입한 대외지급수단의 총액 범위 내에서 재환전할 수 있다.
② 비거주자의 경우는 최근 입국일 이후 수령 또는 휴대 수입한 범위 내에서 환전 가능하다.
③ 비거주자의 경우 고용에 따른 국내보수 등 입증서류가 있으면 확인된 실적까지 제한 없이 대외송금할 수 있으나, 입증서류가 없는 경우 대외송금이 불가하다.
④ 비거주자 및 외국인거주자 공히 매각실적이 전혀 없어도 미화 1만불까지 환전이 가능하다.

진위형
42 비거주자 및 외국인거주자는 출국 및 해외여행 시 과거 매각실적과 관계없이 미화 1만불까지 환전할 수 있으나, 해당 환전사실을 여권에 표시하여야 한다. 다만, 1백만원 이하의 환전인 경우에는 여권에 표시하는 것을 생략한다.

(   )

단답형
43 해외체재비 및 해외유학경비의 지급금액 제한은 없으나 연간 지급누계가 (   ) 초과 시에는 국세청 및 금융감독원에 통보된다. 이 기준금액에는 신용카드등으로 사용한 금액을 포함한다.
해외체재자 및 해외유학생이 해외여행경비를 지급하고자 하는 경우에는 (   )을 지정하여야 하며, 해외체재 또는 해외유학을 입증할 수 있는 서류를 제출하여야 한다. 다만, 해외유학생은 이후에도 매연도별로 외국교육기관의 장이 발급하는 재학증명서 등 (   )을 입증할 수 있는 서류를 제출하여야 한다.

44 해외여행경비 지급과 관련하여 잘못 설명한 것은?

① 해외여행자는 해외여행경비를 휴대수출 하거나, 규정에서 별도로 정하는 경우에는 외국
환은행을 통한 송금도 가능하다.

② 미화 1만불을 초과하여 휴대수출 하는 경우에는 출국 시 세관에 신고하여야 한다.

③ 여행업자 또는 교육기관 등은 해외여행경비를 외국의 숙박업자, 여행사, 연수기관에 지정
거래외국환은행을 통해 송금하거나 휴대수출하여 지급할 수 있다.

④ 여행업자 또는 교육기관 등이 해외여행자와의 계약에 의해 필요외화 소요경비를 환전하
는 경우, 해외여행자가 외국인거주자이면 당해 여행자의 여권에 매각금액을 표시하여야
한다. 다만, 미화 1만불 이하에 상당하는 외화를 매각하는 경우에는 그러하지 아니하다.

단답형
45 해외이주자는 세대별 해외이주비 지급누계액이 미화 10만불을 초과하는 경우 해외이주자 관할
세무서장이 발급하는 해외이주비 전체 금액에 대한 (   )를 지정거래외국환은행의 장
에게 제출해야 한다.

46 재외동포의 국내재산 반출은 증빙만 되면 반출 한도에 제한이 없다. 다음 중 반출 대상 재산이
아닌 것은?

① 재외동포 자격 취득 후 형성된 본인 명의 부동산의 처분대금

② 본인 명의 국내예금 및 증권매각대금

③ 배우자 명의의 국내예금

④ 본인 명의 부동산의 임대보증금

47 지급과 수령에 관한 국세청장 앞 통보대상으로 잘못 설명된 것은?

① 신고예외 영수금액이 연간 미화 1만불을 초과

② 건당 미화 5천불 초과하는 증빙서류미제출 송금의 연간누계액이 미화 1만불 초과

③ 건당 미화 1만불을 초과하여 소지목적, 해외여행 목적, 외화예금 예치를 위해 환전 시

④ 신용카드나 직불카드 사용금액이 연간 미화 1만불 초과 시

단답형

48 외국환은행장은 해외유학생 및 해외체재자의 해외여행경비 지급금액이 연간 미화 10만불을 초과하는 경우(신용카드 사용금액 포함)에는 (　　　　) 및 (　　　　)에게 통보하여야 한다.

주관식

49 외국환거래규정 제5장 '지급등의 방법'에서 규정하고 있는 외국환은행의 장이나 한국은행총재에게 '신고'하여야 하는 거래형태에 관해 아는대로 기술하시오.

50 지급등의 방법과 관련하여 잘못 기술된 것은?

① 비거주자에 대한 채권 또는 채무를 비거주자에 대한 채무 또는 채권으로 상계하고자 하는 경우에는 외국환은행의 장에게 신고해야 한다. 다만, 다국적기업의 상계센터를 통해 상계하거나 다자간 상계인 경우에는 한국은행총재에게 신고하여야 한다.
② 기획재정부장관이 정하는 기간을 초과하는 지급등에서 신고대상 거래는 모두 한국은행총재에게 신고하여야 한다.
③ 제3자 지급등에 의한 지급등에서 신고대상 거래는 모두 한국은행총재에게 신고하여야 한다.
④ 외국환은행을 통하지 아니하는 지급등은 신고를 요하지 않는 경우를 제외하고는 모두 한국은행총재에게 신고하여야 한다.

단답형

51 계약 건당 금액 (　　　　)을 초과하는 수입대금을 선적서류 또는 물품의 수령 전 1년을 초과하여 사전송금방식으로 지급하고자 하는 경우에는 한국은행총재에게 신고하여야 한다. 따라서, 수입대금 사전송금 시 확인하는 증빙서에 선적기일이 (　　)년 후로 되어 있는지 확인하여야 한다.

단답형

52 거주자가 해외에서 물건을 사면서 판매자가 아닌 제3자에게 대금을 지급하는 것은 '제3자앞 지급등'에 해당되어 한국은행총재 등에게 신고하여야 한다. 다만, (　　　　) 이하의 금액을 제3자앞 지급등을 하는 경우에는 신고를 요하지 아니한다.

단답형
53 외국환거래법상 자본거래는 원칙적으로 (　　　)를 하도록 되어 있으며, 거주자의 해외직접투자 및 해외부동산이나 이에 관한 권리취득에 대하여는 (　　　　)사항으로 규정하고 있고, 역외계정과 일반계정간의 자금이체 등은 (　　　)를 받도록 규정하고 있다.

진위형
54 규정에서 '전년도 수출입실적이 미화 5백만불 이상인 자' 등 별도로 정하는 자 이외의 거주자가 건당(동일자, 동일인 기준) 미화 5만불을 초과하여 국내에서 송금한 자금으로 해외은행에 예치하고자 하는 경우 (　　　　　　)에게 신고하여야 한다.

55 해외예금에 따른 자본거래와 관련하여 잘못 기술된 것은?

① 거주자가 해외에서 비거주자와 외화예금거래를 하고자 하는 경우에는 지정외국환은행의 장에게 신고하여야 한다. 다만, 거주자가 건당(동일자, 동일인 기준) 미화 5만불을 초과하여 국내에서 송금한 자금으로 예치하고자 하는 경우 별도로 정한 자 외에는 한국은행총재에게 신고하여야 한다.

② 별도로 정한 경우를 제외하고, 해외에서 예금거래를 하는 자가 해외에서 건당 미화 1만불을 초과하여 입금한 경우에는 입금일로부터 30일 이내에 지정거래외국환은행의 장에게 해외입금보고서를 제출하여야 한다.

③ 법인 이외의 자인 경우, 연간입금액 또는 연말잔액이 미화 5만불을 초과하면 다음연도 첫째 달 말일까지 외국환은행의 장을 경유하여 한국은행총재 앞 잔액현황보고서를 제출하여야 한다.

④ 법인의 경우, 연간입금액 또는 연말잔액이 미화 50만불을 초과하면 다음연도 첫째 달 말일까지 외국환은행의 장을 경유하여 한국은행총재 앞 잔액현황보고서를 제출하여야 한다.

단답형
56 개인 및 비영리법인이 비거주자로부터 외화자금을 차입하고자 하는 경우에는 지정거래외국환은행을 경유하여 한국은행총재에게 신고하여야 한다. 영리법인이 비거주자로부터 외화자금을 차입하고자 하는 경우에는 (　　　　　　)에게 신고하면 되지만, 미화 5천만불(차입신고 시점으로부터 과거 1년간의 누적차입금액 포함)을 초과하여 차입하고자 하는 경우에는 지정거래외국환은행을 경유하여 (　　　　　　)에게 신고하여야 한다.

단답형

57 지방자치단체나 공공기관 및 이들이 설립하거나 출자한 법인이 비거주자로부터 미화 5천만불을 초과하여 외화자금을 차입하고자 하는 경우에는 기획재정부장관과 (　　　　) 후 신고하여야 한다.

진위형

58 거주자가 비거주자에게 동일인 기준 10억원을 초과하여 원화대출을 하고자 하는 경우 대출을 하는 거주자가 한국은행총재에게 신고하여야 한다.

(　　　　)

단답형

59 국내거주자가 교포등의 대출을 위해 담보를 제공하거나 지급보증을 하는 경우 그 금액이 (　　　　)만불 이내이면 지정거래외국환은행의 장에게 신고하고, 해당 금액을 초과하면 한국은행총재에게 신고한다.

진위형

60 별도로 규정된 신고예외거래를 제외하고 거주자가, 거주자 또는 비거주자와 시설의 이용 또는 이에 관한 권리의 취득에 따른 회원권 등의 매입거래를 하고자 하는 경우에는 외국환은행의 장에게 신고하여야 한다. 따라서, 거주자가 외국으로부터 직접 매입하는 회원권은 물론, 국내의 다른 거주자로부터 외국에 있는 골프장 회원권을 매입하는 경우에도 외국환은행의 장에게 신고해야 한다.

(　　　　)

단답형

61 거주자가 해외 골프장 회원권을 매입하고 동 사실을 신고받은 외국환은행의 장은, 해당 거래금액이 건당 미화 10만불을 초과하는 경우 (　　　　) 및 (　　　　)에게, 건당 미화 5만불을 초과하는 경우에는 (　　　　)에게 회원권 등의 매매내용을 통보하여야 한다.

62 거주자가 외화증권을 매매하고자 하는 경우, 기관투자가 이외의 일반투자가는 반드시 (   )를 통하여 외화증권의 매매를 위탁하여야 하며, 매매위탁이 불가능한 경우 한국은행총재에게 신고하여야 한다.

일반투자가로부터 외화증권의 매매를 위탁받은 자는 외국환은행에 개설된 일반투자가 명의 또는 자신 명의의 (   )계정을 통하여 투자관련 자금을 송금하거나 회수하여야 한다.

63 거주자의 해외증권 취득과 관련하여 잘못 기술된 것은?

① 거주자가 투자할 수 있는 외화증권은 제한을 두지 않으나 투자중개업자를 통해 외화증권의 매매를 위탁하여야 한다.

② 외국법인의 경영에 참가하기 위하여 당해 법인의 주식을 취득하고자 하는 경우에는 '해외직접투자' 규정을 따른다.

③ 거주자 명의 또는 투자중개업자 명의의 외화증권투자전용 외화계정을 통해 투자 관련 자금을 송금하거나 회수하여야 한다.

④ 투자중개업자를 통한 매매위탁이 불가할 경우 한국은행총재에게 신고 후 취득하여야 한다.

64 비거주자 및 외국인거주자의 국내주식투자와 관련하여 다음 거래과정에서 거치게 되는 계정의 명칭을 기재하시오.

> 투자자금으로 들어온 외화는 (   )계정에 예치되며, 이를 원화로 환전하면 (   )계정에 예치한 후, 해당 원화를 가지고 주식을 매입한다. 국내주식을 팔아 본국으로 자금을 가지고 가고자 하는 경우에는 주식판매대금은 (   )계정을 거친 후 환전되어 (   )에 예치되고 추후 출금되어 해외로 송금된다.

65 현지금융에 관한 내용으로서 잘못 기술된 것은?

① 금융기관을 제외한 거주자 또는 거주자의 해외지점 및 현지법인이, 외국에서 사용할 목적으로, 외국에서 외화자금을 차입하거나 지급보증 받는 것을 말한다.

② 현지법인 등이 거주자의 보증을 받지 아니하고 현지금융을 받고자 하는 경우에는 신고를 하지 않아도 된다.

③ 현지법인인 거주자의 보증을 받아 현지금융을 이용하는 경우 현지법인이 현지금융 내용을 지정거래외국환은행의 장에게 신고하여야 한다.

④ 현지금융으로 조달한 자금은 현지법인 등과 국내거주자 간의 인정된 경상거래에 따른 결제자금의 국내 유입의 경우를 제외하고는 국내에 예치하거나 국내로 유입할 수 없다.

66 거주자의 해외직접투자는 외국환은행의 장 앞 신고대상이다. 규정에서 정하는 '해외직접투자'에 해당하지 않는 것은?

① 외국 법령에 따라 설립된 법인의 경영에 참가하기 위하여 취득한 주식 또는 출자지분이 해당 외국법인의 발행주식 총수 또는 출자총액에서 차지하는 비율이 100분의 10 이상인 투자

② 거주자가 외국에서 개인사업체를 설치·운영하기 위한 자금

③ 이미 투자한 외국법인의 주식 또는 출자지분을 추가로 취득하는 것

④ 외국법인에 투자한 거주자가 해당 외국법인에 대하여 금전을 대여하는 것

단답형
67 해외직접투자를 위해서는 신고등의 절차를 이행한 후에 지급할 수 있지만, 필요한 경우 신고등의 절차를 이행하기 전에 미화 (   ) 범위 내에서 지급할 수 있다. 이 경우, 당해 거래의 계약이 성립한 날로부터 (   )년 이내에 신고등의 절차를 이행해야 한다.

단답형
68 외국환은행은 거주자의 해외직접투자 신고 시 해외직접투자에 해당되는지 점검(지분 취득비율이 10% 이상인지, 10% 미만이더라도 경제관계 수립 예정인지, 대부투자인 경우 상환기간이 1년 이상인지 등)하고 이에 해당되지 않는 투자인 경우는 자본거래에 해당되어 (   ) 앞 신고대상이다.

69 해외직접투자의 사후관리와 관련된 보고서 제출기한이 잘못된 것은?

① 외화증권 취득보고서 : 투자금액 납입 또는 대여자금 제공 후 6월 이내
② 송금보고서 : 송금 또는 투자 즉시
③ 연간사업실적보고서 : 회계기간 종료 후 6월 이내
④ 청산보고서 : 청산자금 수령 또는 원리금 회수 후 즉시

70 거주자의 외국부동산 취득과 관련하여 신고를 요하지 않는 경우는?

① 해외체재자 및 해외유학생이 본인 거주 목적으로 외국에 있는 부동산을 임차하는 경우
② 거주자가 주거 이외의 목적으로 외국에 있는 부동산을 취득하는 경우
③ 거주자가 또는 거주자의 배우자가 해외에서 체재할 목적으로 주거용 주택을 취득하는 경우
④ 임차보증금이 미화 1만불을 초과하는 외국부동산을 임차하는 경우

단답형
71 거주자가 외국부동산을 취득하고자 하는 경우에는, 지정거래외국환은행의 장에게 신고하여 수리를 받아야 지급할 수 있지만, 부동산 매매계약이 확정되기 이전에 지정거래외국환은행의 장으로부터 (   )를 받은 경우에는 취득예정금액의 (   )% 이내에서 부동산 취득대금을 지급할 수 있다. 이 경우, 내신고수리를 받은 날로부터 (   )개월 이내에 신고하여 신고수리를 받거나 지급한 자금을 국내로 회수해야 한다.

단답형
72 외국에 있는 부동산 또는 이에 관한 권리를 취득한 자는 부동산 취득대금 송금 후 (   )월 이내에 지정거래외국환은행의 장에게 해외부동산 취득보고서를 제출하여야 한다. 해외부동산을 처분하였을 경우에는 부동산 처분 후 (   )월 이내에 해외부동산처분보고서를 제출해야 한다.

73 다음 중 거래외국환은행을 지정해야 하는 경우가 아닌 것은?

① 연간 누계금액이 미화 10만불을 초과하여 지급하고자 하는 경우
② 외국인거주자로서 국내 자유업 영위에 따른 소득범위 내에서 지급하고자 하는 경우
③ 해외직접투자를 하고자 하는 경우
④ 외국에 있는 부동산을 취득하고자 하는 경우

단답형

74 외국환은행의 장은 사후관리 결과 외국환거래당사자가 신고등의 조건을 이행하지 아니한 경우에는 그 기한 만료일부터 (   )일 이내에 당해 조건의 이행을 독촉하여야 하며, 독촉일부터 (   )일 이내에도 그 의무를 이행하지 아니하거나 외국환거래당사자가 경고 및 거래정지에 해당하는 경우에는 이를 금융감독원장에게 보고하여야 한다.

진위형

75 외국환거래법은 국가가 법률행위의 단속을 목적으로 그것을 금지하거나 제한하는 것이므로 위반 시 제재를 받게 되지만 법률행위 자체의 효력에는 영향이 없는 법률이다.

(   )

01 답 ②

> 해설

기본적으로 대외거래의 자유를 보장하되 국부가 부당하게 유출되거나 국제 투기세력들에 의한 시장교란 등을
예방할 수 있도록 최소한의 절차와 사후관리 등을 규정한다.

02 답 ②

> 해설

비예금성 외화부채를 고려하여 외환건전성 부담금을 부과하며, 비예금성 외화부채 감액요청이 외국환거래법에
규정된 외환시장 안전장치는 아니다.

03 답 ○

04 답 ③

> 해설

외국영주권자나 2년 이상 외국에서 살았던 해외유학생 및 상사주재원은 귀국 후 3개월이 지나야 거주자로 인
정된다. 외국인이 국내에서 6개월 이상 체류하면 거주자로 간주한다. 외국인이 국내에서 고용되어 근로하고 있
으면 체재기간을 불문하고 거주자이다.

05 답 ④

> 해설

국민이 2년 이상 외국에 체재하면 비거주자로 간주하며, 일시 귀국의 목적으로 귀국하여 3개월 이내의 기간 동
안 체재한 경우 그 체재기간은 2년에 포함되는 것으로 본다.

06 답 모두 외국환업무취급기관이다.

07 답 미화 5천불, 미화 5만불

08 답 ○

09 답 ○

10 답 ○

11 관세청장, 한국은행총재, 금융감독원장

12 익익영업일(= 2영업일 후), 미달러화, 위안화, 미달러화 매매기준율

> 해설
>
> 기타통화의 매매기준율은, 국제시장에서 형성되는 미 달러화와 기타통화 환율의 중간율(예 USD/Yen 환율이 100.10 − 100.20으로 제시되고 있다면 100.15)과 미달러화와 원화의 매매기준율을 고려하여 산출되는 교차환율(= 재정환율)을 사용한다.

13 3영업일

> 해설
>
> 외환거래로서 거래당일에 결제하면 Value Today, 거래일 다음 영업일에 결제하면 Value Tom(= Tomorrow), 거래일로부터 2영업일(= 익익영업일)에 결제하면 Value Spot 거래라 한다. 현물환(Spot)거래라 하면 이러한 3종류의 결제일 거래까지를 칭하는 것이며, 3영업일 결제분부터는 선물환(Forward)거래라 한다.

14 확인, 신고, 신고수리, 허가, 인정

15 🔖 외환동시결제시스템(CLS ; Continuous Linked System)

16 🔖 인정된

17 🔖 30, 6

> 해설
>
> 국내 거주기간이 5년 이상인 외국인은 국민의 경우처럼 적용한다.

18 ③

> 해설
>
> 거주자계정 예치 시 확인하므로 처분할 때는 재확인을 생략한다.
> ④ 외환전산망 자동통보는 동일자 미화 1만불 초과 매입인 경우이며, 미화 1만불 이하의 대외지급수단을 매입하는 경우에는 매월별로 익월 10일까지 국세청 및 관세청에 별도 통보한다.

19 🔖 외국환신고(확인)필증, 대외지급수단 매매신고필증

20 🔖 ④

> 해설
>
> 거주자가(외국인거주자 제외) 소지하거나 해외여행경비 충당 및 거주자계정 예치를 위해 매입하고자 하면 제한 없이 매각 가능. 대외계정으로 이체하는 것은 외국으로 송금하는 것과 같이 취급된다(연간누계액으로 미화 10만불 범위 내에서는 증빙서류 없어도 가능하지만, 초과하는 경우에는 지급확인서, 납세증명서, 주민등록등본 등의 서류를 제출하여야 함).

21 답 최근 입국일 이후 당해 체류기간 중 매각한 실적

해설

외국인거주자인 경우에는 전 기간을 통해서 매각한 실적을 고려하여 매각 가능금액을 정한다.

22 답 ×

해설

소득증빙을 할 수 없는 경우라도 환전이 아닌 대외지급(송금)은 연간 누계 미화 5만불까지 가능하며, 이 금액은 소득이 증빙된 금액의 대외지급과는 별도로 추가지급이 가능하다.

23 답 외국환신고(확인)필증, 영수확인서

24 답 10억원, 외국환은행의 장, 한국은행총재

25 답 대외지급수단매매, 한국은행총재, 부동산매각자금확인서

26 답 ③

해설

사업자인 외국인거주자는 거주자계정으로 개설한다(외국인거주자가 사업자가 아닌 개인 자격으로 개설할 경우에는 '대외계정'으로 개설).

27 답 비거주자자유원계정, 대외계정

28 답 거주자

29 답 ×

해설

서로 바뀌었다. 비거주자원화계정은 국내에서 사용하기 위한 목적으로 개설되며, 예치 시에는 아무런 제한이 없으나 대외지급을 위한 출금 시에는 해외송금절차에 따른 제한을 받는다. 비거주자자유원계정은 입금 시에는 취득경위를 입증하여야 하나 대외지급 시에는 제한이 없다.

30 답 투자전용대외계정, 투자전용비거주자원화계정

31 답 영수확인서, 5

32 답 ×

해설

전자적 방법(PDF, Fax)에 의한 거래 증빙도 허용된다.

33 답 ×

증빙이 없는 송금 등을 포함하여 연간 누계 미화 10만불 이내에서는 해외예금에 예치하는 경우라도 별도로 신고하지 않아도 된다. 10만불 한도에는 해외예금, 소액대출, 해외증권 취득 관련 송금이 포함되며, 해외직접투자 및 해외부동산 취득 관련 자금은 포함되지 않는다(따라서, 해외예금을 위한 송금은 동 한도 10만불 내에서 신고 없이도 가능하지만, 해외직접투자 및 해외부동산 취득을 위해서는 금액 불문하고 신고를 해야 함).

34 답 ○

35 답 ④

미화 2천불 이하인 경우에 그러하다. 다만, 환전장부를 전산으로 관리하는 업자인 경우에는 미화 4천불 이하의 매입 및 매각 시 외국환매각신청서 및 외국환매입증명서 없이 거래할 수 있다.

36 답 5천불, 5만불

37 답 ○

38 답 미화 3천만불, 미화 3천만불, 5

39 답 ①

연간누계금액 미화 10만불 이내 기준은 해외예금 및 해외증권취득 관련 지급금액을 포함하며(따라서, 연간누계 미화 10만불 이내에서 해외예금을 자유롭게 할 수 있음), 해외직접투자 및 해외부동산 취득의 경우에는 관련 서류를 갖춰 신고하여야 한다.

40 답 ④

연간송금액이란 거래외국환은행 지정일로부터 1년간 송금된 금액이 아니라 지정한 그해의 1월 1일부터 12월 31일까지의 송금 누계액을 뜻한다.

41 답 ③

입증서류가 없더라도 연간 미화 5만불 범위 내에서 지정외국환은행을 통해 송금 및 대외계정 입금이 가능하다. ④의 경우는 여권에 환전사실을 기재한다(1백만원 이하 상당액 환전의 경우는 기재 생략).

42 답 ○

43 답 미화 10만불, 거래외국환은행, 재학사실

44 답 ④

해설

다만, 1백만원 이하에 상당하는 외국통화를 매각하는 경우에는 그러하지 아니하다.

45 답 자금출처확인서

46 답 ③

해설

본인 명의 예금에 한하며, 재외동포 자격 취득 후 구입한 부동산의 처분대금도 포함된다.

47 답 모두 통보대상이다.

48 답 국세청장, 금융감독원장

49 답
• 대외결제를 위해 금전의 대외송금 또는 수령에 의하지 아니하고 서로가 가지고 있는 채권과 채무를 장부상 소멸시키는 '상계'등
• 기획재정부장관이 정하는 기간을 초과하는 지급등
• 제3자 앞 지급등
• 외국환은행을 통하지 아니하는 지급등

50 답 ③

해설

신고대상 거래 중 거주자가 미화 5천불을 초과하고 미화 1만불 이내의 금액을 제3자와 지급등을 하려는 경우에는 외국환은행의 장에게 신고한다. 1만불 초과 시에는 한국은행총재에게 신고한다.

51 답 미화 10만불, 1

52 답 미화 5천불

53 답 신고, 신고수리, 허가

54 답 한국은행총재

55 답 ③

해설

미화 10만불이다.

56 답 지정거래외국환은행의 장, 기획재정부장관

57 답 사전협의

58 답 ×

해설
대출을 받는 비거주자가 신고해야 한다.

59 답 미화 50

60 답 ○

61 답 국세청장, 관세청장, 금융감독원장

62 답 투자중개업자, 외화증권투자전용 외화(계정)

63 답 ②
10/100 이상의 지분을 취득하거나, 10/100 미만이더라도 임원의 파견 등의 관계를 수립하는 경우에 해당되어야 '해외직접투자'이다.

64 답 투자전용대외(계정), 투자전용비거주자원화(계정), 투자전용비거주자원화(계정), 투자전용대외(계정)

65 답 ③

해설
현지법인을 설치한 거주자가 지정거래외국환은행의 장에게 신고

66 답 ④

해설
상환기간이 1년 이상인 금전을 대여하는 경우는 '해외직접투자'에 해당되어 외국환은행의 장에게 신고하지만, 상환기간 1년 이내인 금전대여는 '자본거래(거주자의 비거주자에 대한 대출)'에 해당되며 외국환은행의 장 앞 신고대상이다(규정 7-16조).

67 답 5만불, 1

68 답 한국은행총재

69 답 ③

70 답 ①

71 탑 내신고수리, 10, 3

72 탑 3, 3

73 탑 모두 지정해야 함

74 탑 30, 60

75 탑 ○

합 격 의
공 식
시대에듀

S D E D U

교육은 우리 자신의 무지를 점차 발견해 가는 과정이다.

– 윌 듀란트 –

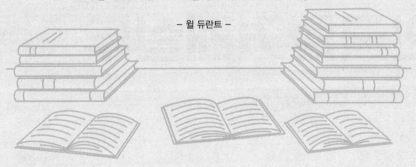

PART 02

외국환거래실무

학습안내

외환실무는 외국환영업점의 외환담당직원(또는, 외환업무 담당 예비인력)들이 실무에서 당장 활용할 업무지식에 관한 과목이라 할 수 있습니다. 외환실무에서 접하게 될 외국통화 매매, 외화송금, 외화예금 등은 외국환관계법령에서 정한 규정을 준수하며 실행되어야 하는 것이므로 부득이 외국환관계법령 부문과 학습범위가 중복되어 다뤄지고 있습니다.

한국금융연수원에서 발간한 외환전문역 1종 자격시험의 기본서인 '외국환거래 실무'를 살펴보면 유동성 관리, 외국환 컴플라이언스 업무 등이 기술되어 있고, '특수한 외환상품' 분야는 외화보험 상품과 해외펀드상품 등에 대해 상당량 할애되어 있으며, 채권 및 해외펀드와 관련하여 다양한 전문용어를 다루고 있습니다만, 본 교재는, 외환전문역 1종 자격시험에서 목표하는 수준인 '외국환 영업점에서 외환관련 개인금융 업무를 담당하는 자 또는 담당예정자로서 갖춰야 할 능력'에 초점을 맞추어 학습범위를 적절히 조정하였습니다. 본 과목의 학습은, 우선 대고객 외환실무, 외국환 회계, 은행간 및 본지점간 외환실무를 먼저 익힌 다음, 제4장의 국제금융시장 및 파생금융상품의 활용 순으로 공부하시면 좋을 듯 합니다.

* 환거래관리, 자금관리, 외신관리는 외국환은행 본점 주무부서에서 발생하고 관리되는 분야이며 영업점의 업무와는 다소 거리가 있음(필자 註)

옵션 등 특수한 외환상품에 관한 부분은 본 교재의 '환리스크 관리'부문과 중복되는 바, '환리스크 관리' 부분에서 다루는 것으로 갈음하였습니다.

은행間 및 본지점間 외환실무

외국환은행에서 행해지는 외환업무는 외국환은행 간에(국내은행 상호 간 또는 국내은행과 해외은행) 행해지는 업무와 외국환은행과 고객 간에 발생되는 업무로 대별된다. 아래의 그림에서 A부분이 은행 간(Inter-bank) 업무에 해당되며, B부분은 은행과 고객 사이에서 발생하는 업무가 이루어지는 영역이다. 여기에 외국환은행의 본점과 지점 또는 지점 상호 간에 이루어지는 업무가 더해지면 전반적인 외환실무가 다 구성되게 된다.

▼ 외화송금 업무 절차도

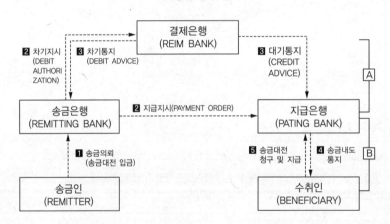

출처 : 기업금융나들목 http://www.smefn.or.kr

위 그림은 고객이 외국환은행을 통해 해외에 있는 수취인에게 외화송금을 하는 업무가 처리되는 절차도이다. 외국환은행이 본 사례와 같은 외환업무를 수행하기 위해서는 미리 챙겨야 할 사항들이 많이 있다. 고객이 외화송금을 의뢰하는 경우 외국환 관계법령에서 정하는 규정에 따라 확인절차를 수행해야 하고, 상대은행에 보낸 지급지시가 수용되어 처리되기 위해서는 상대은행과 환거래계약(Correspondent Arrangement)이 체결되어 있어야 하며, 지급지시 및 자금이체 지시를 보내기 위해서는 서로가 신뢰할만한 통신수단(例, SWIFT)도 갖추고 있어야 한다.

외국환은행들은 국제적인 외환업무 수행을 위해 각 외국통화별로 계정(Depo.)도 개설하여 운용하고 있다. USD계좌는 미국에, Yen계좌는 일본에, Euro계좌는 독일 등 주요 유럽국가에 개설하고 이러한 계좌들을 통해 고객과의 외환거래로부터 비롯되는 자금의 입출금을 관리한다.

또한, 수출입거래 및 투·융자 거래 등을 위한 자금조달을 위해 Credit Line(신용공여 한도)을 확보해야 한다.

기업들이 은행계정조정표를 작성하며 은행 계정에서의 입출금 내역과 자신이 계상한 입출금 내역을 대조확인 하듯이, 외국환은행들은 해외은행에 개설되어 있는 계좌에서의 입출금 내역과 자신이 계정처리 한 내용을 지속적으로 Cross-check 하는데 이러한 업무를 외국환 대사(對査, Reconcilement)라 한다.

고객과의 거래(B부분)가 발생하면 외국환은행의 각 영업점은 해당 영업일의 마감시간에 대고객거래에서 비롯된 포지션(매입초과 또는 매도초과)을 본부로 집중시켜 포지션커버 거래를 하게 되며, 이러한 과정을 거쳐서 외국환은행은 대고객거래에서 취하고자 했던 마진(영업이익)을 안정적으로 확보하게 된다. 예를 들어, 원가가 1,000원인 USD를 마진 10원을 더하여 1,010에 팔았다면, 어디선가 1,000원에 USD를 사와야 마진 10원을 확정할 수 있다. 만약, USD를 매도한 채 가만히 있다가 USD의 가격이 1,010원으로 올라가면 당초 희망했던 마진이 다 없어져 버리는 결과가 될 수 있으므로 이러한 위험을 제거하기 위해서 본부에 해당 포지션을 집중시켜 반대매매 거래를 해야 한다.

환거래계약(Correspondent Arrangement)

외국환은행이 해외에 있는 은행과 거래를 하기 위해서는 서로를 거래 상대방으로 인정할 수 있어야 한다. 예컨대, 신용장 개설이나 자금의 이체 등과 관련하여 서로 주고받는 업무지시의 이행이나 업무협조 등은 사전에 계약관계를 맺어야 하는데 이를 환거래계약이라 한다. 환거래 계약을 위해서는 상대방이 신뢰할 만한 지 평가를 하게 되고, 거래상대방으로 적절하다 판단되면 거래조건(Terms & Conditions), 서명감, 암호문 등의 문서를 교환하고 계약을 체결한다.

서명감(Authorized Signature) 및 암호문(Test Key)

외국환은행 간 통신수단인 SWIFT가 도입되기 전에는 서신이나 텔렉스에 의한 업무교신이 이루어졌으므로 서신을 보낸 사람이 적정 권한을 가진 사람인지 확인하기 위해 상대은행에서 보내온 서명(Signature) 목록과 대조하였으며, 텔렉스를 통해 들어온 문서의 진정성은 서로 교환한 암호문을 이용하여 확인하였다. SWIFT는, 마치 인터넷뱅킹을 할 때 공인인증서를 사용하여 본인 확인을 하듯이 Log-in 시 암호가 있으며, 환거래은행 간 교환된 Authentication Key에 의해 전문의 진위가 자동으로 확인된다.

⊙ 환거래은행의 구분

환거래계약 상대은행에 자기명의의 예금계좌를 개설하여 운용하고 있다면 예치환거래은행(Depository Bank)이라 하고, 계좌가 없는 환거래은행은 무예치환거래은행이라 한다.

미국에는 많은 은행들이 있지만 국내 외국환은행들이 자기 예금계좌를 개설한 은행은 주요 은행에 국한된다. 이론적으로는 미국에 1개의 USD계좌만 가지고 있어도 업무처리가 가능하고 계좌 수가 적을수록 자금관리가 용이할 것이지만(Idle Money 최소화), 미국과의 거래는 대체로 몇 개의 대형은행(Money center Bank)들로 집중되는 경향이 있고 그 거래량도 대단히 큰 바, 국내 외국환은행들은 대체로 미국의 각 주요 은행에 USD계좌를 보유하고 있다.

Yen이나 Euro계좌의 경우에도 일본의 주요은행이나 유럽의 각국별 주요은행에 개설 운용되며, 기타 거래량이 적은 통화들은 각국별로 1개의 Depo. 계좌를 운용하는 게 일반적이다.

▼ 외화송금 업무 흐름

* 결제은행은 (A)와 (B)의 Depo. Bank

```
                              ┌──────────────┐
                              │    결제은행   │
    2 차기지시    3 Debit      │              │      3 Credit
    MT202         Advice       │ (A)    (B)   │        Advice
                              │ XX │   │ XX  │
                              └──────────────┘

    ┌──────────────┐   2 지급지시(P/O) MT103   ┌──────────────┐
    │   송금은행(A)  │ ─────────────────────→  │   지급은행(B)  │
    └──────────────┘                           └──────────────┘
         ↑ 1 송금의뢰                              4 송금대전 지급 ↑
    ┌──────────────┐                           ┌──────────────┐
    │     송금인    │                           │     수취인    │
    └──────────────┘                           └──────────────┘
```

위 그림처럼, 국내의 고객이 미국에 있는 지인에게 송금을 하는 경우로서 미국의 수취인이 Bank of America(BoA)에 개설되어 있는 계좌로 돈을 받고자 한다고 가정해 보자. 만약, 지급은행인 BoA에 송금은행(예 KB)의 USD계좌가 개설되어 있다면(BoA가 KB의 예치환거래은행 이라면) KB는 BoA에게 내 계좌에서 출금하여 수취인의 계좌에 입금시켜 주라는 지급지시서(Payment Order, SWIFT 전문 MT103)를 보내는 것으로 외화송금 절차를 마무리할 수 있다(결제은행과 지급은행이 동일).

그렇지만, 수취인이 ABC Bank에 계좌를 가지고 있고, 송금은행인 KB는 ABC Bank에 USD 계좌를 가지고 있지 않다면(무예치환거래은행), KB는 ABC Bank에 지급지시서를 보냄과 동시에 자신의 USD계좌를 관리하고 있는 환거래은행(예 BoA)에 별도의 차기지시서(Debit Authorization, SWIFT 전문 MT202)를 보내서 내 계좌에서 출금하여 지급은행인 ABC Bank의 계좌로 보내주라는 요청을 하게 되며, 돈을 받은 ABC Bank는 지급지시서 내역을 살펴서 자신의 은행에 개설된 수취인 계좌로 송금대전을 입금하게 된다(결제은행과 지급은행이 다름).

미국의 특정은행에 집중되는 송금 거래량을 고려하여 자신의 USD계좌를 개설하는 것이 유리하다면 계좌관리에 따르는 비용이 초래된다 하더라도 해당 은행에 계좌를 개설하는 것이며, 이렇게 하다보면 미국의 몇 개 주요 은행에 자기명의의 계좌를 갖게 되는 것이다(Yen이나 Euro의 경우에도 이와 같음).

당방계정(當方, Nostro Account), 선방계정(先方, Vostro Account)

상대은행에 개설한 자기명의의 계좌를 당방계정이라 하고, 상대은행이 자기에게 개설한 계좌를 선방계정이라 한다. 해외 외국환은행들이 자신들의 원화계정(= 비거주자자유원계정)을 국내 외국환은행에 개설한 경우, 해당 원화계정은 국내 외국환은행들의 입장에서 볼 때 선방계정이 되는 것이다.

▶ 외화자금 관리

외국환은행은, 자신의 해외투자 등에 필요한 자금수요 뿐 아니라 대고객거래로 인해서도 자금의 조달이 필요하다. 장기간의 해외투자를 위해서는 Syndicated Loan이나 해외에서 외화채권 발행 등을 통해 중장기 자금으로 조달하고, 일반적인 외환업무와 관련해서는 해외 환거래은행들로부터 차입한도(Credit Line)를 받아 조달하는 게 일반적이다.

◐ 수출입거래와 관련된 자금의 수요

수출기업이 수출상품을 선적한 뒤, 선적서류와 관련 환어음을 외국환은행에 제시하고 Nego.(외국환은행 입장에서 수출환어음 매입)를 하게 되면, 고객은 거래당일에 은행으로부터 수출대금(예 USD)을 수령하지만, 은행은 해당 선적서류를 신용장 개설은행에 보내 상환 받기까지 상당 기일이 소요된다. 우편일수나 수입자의 결제기간 등을 고려하면 대체로 1주일 정도의 자금부담을 지게 되며 이 기간 동안 자금을 조달해야 한다.

수입의 경우, 해외 외국환은행이 국내 외국환은행의 당방계정에서 수입결제대금으로 인출해 간 자금은 해외로부터 선적서류가 오는 우편일수와 수입자의 결제기간까지의 기간 동안 국내 외국환은행에게 자금부담을 주게 되어 이 기간 동안 자금을 조달해야 한다.

위와 같은 경우는 대체로 1주일정도 기간으로 자금을 조달하면 되지만 Usance 거래인 경우 는 해당 기간만큼을 더 고려하여 자금을 차입해야 하며, 외국환은행의 자금관리는 결국 이처 럼 다양한 요소들을 고려하여 필요한 자금을 경쟁력 있는 금리로(수익성), 필요한 시점에 필 요한 만큼(유동성) 조달할 뿐 아니라, 자금을 필요 이상으로 조달하여 이자도 없는 계좌에 놀 리는 자금(Idle Money, 무수익성 자산)이 최소가 되도록 하는 것이다.

외국환은행의 단기자금 조달

- 외화예금(고객들이 예치하는 예금)
- 국내 외국환은행 간 Call 거래
- 외환시장에서 외환스왑(USD/Won FX Swap : Buy & Sell Swap으로 USD 조달)
  * 본 교재 '환리스크 관리' 부문 참조
- Money Market에서 해외 환거래은행으로부터의 단기 차입(사전에 Credit Line 설정)
- 한국은행 외화수탁금(한국은행에서 빌려주는 외화자금을 한국은행 외화수탁금 계정으로 관리함)

✅ 유휴자금(Idle Money)과 부족자금(Over-draft)

외국환은행의 자금관리자는 해당 은행이 개설·유지하는 당방계정(외국환은행은 이를 외화타 점예치계정이라 함)에서 입금되거나 출금될 내역을 파악하여 무수익성 자산인 Idle Money가 발생하지 않도록 관리해야 한다. 그러나 Money Market 거래나 FX Dealing과 같은 결제일 이 확정된 거래가 아니면 정확하게 입출금 기일을 파악할 수가 없으므로 대체로 경험에 의한 자금관리를 할 수밖에 없는 실정이다. 물론, 수출환어음 매입 후 특정일(예 7일) 후에 예정대 체 거래를 함으로써 그 때쯤이면 자금이 들어올 것이라는 추정을 근간으로 관리하지만 이게 꼭 맞을 수 없는 일이기 때문이다.

그러다 보니, (사후적으로 보았을 때) 불필요하게 자금을 많이 남겨두는 결과가 되기도 하고, 어떤 때는 잔액이 부족하여 차월(Over-draft)이 발생하는 일도 적지 않다.
O/D(Over-draft)가 발생하면 당연히 이자를 지불해야 하므로 Idle Money를 최소화 하려다 가 더 큰 비용을 치르는 결과를 얻게 될 수도 있는 것이다. Idle Money는 결국 이자를 주고

빌려온 돈이므로 그 잔액을 최소화해야 하지만 O/D가 발생하지 않도록 적절한 수준으로 운용되어야 한다.

Back Value(기산일 소급)

특정 결제일에 외화타점예치계정(외타계정)에 자금이 입금될 것으로 예상하여 자금을 조정(운용 등) 해두었는데, 자금을 입금시켜 주어야 할 거래상대방이 이를 빠뜨렸을 경우에는, 외타계정에 O/D가 발생하게 되고 고율의 이자를 부담해야 한다. 이런 경우, 거래상대방에게 기산일을 소급 (Back Value) 하여 자금을 이체해 줄 것을 요청하게 된다. Back Value를 위해서는 결제의무를 불이행 한 측이 별도의 수수료를 지급해야 한다.

외화 유동성 리스크

우리나라에 외환위기가 초래된 큰 이유 중 하나가 바로 미숙한 외화 유동성관리이다. 그 때 당시 신흥개발국들의 국채금리는 대단히 높았었고, 우리나라는 OECD 회원국으로서 조달금리가 상대적으로 낮았었다. 이러한 상황에서 국내의 외국환은행(종금사 등 포함)은 자금을 Money Market에서 단기로 조달하여 장기의 신흥국 국채에 투자하였고, 단기자금의 만기가 돌아오면 Roll-over 시켜 나가면서 유동성을 관리하는 방식으로 큰 수익을 올리고 있었으나(장기금리가 단기금리보다 높았을 뿐 아니라 신흥개발국들의 신용프리미엄이 컸으므로), 우리나라의 신용도에 문제가 발생하면서 해외은행들이 신용공여한도(Credit Line)를 축소하고 Roll-over를 불허하자 만기가 도래된 자금을 갚을 수 없는 상황이 된 것이다.

유동성 관리의 기본은 차입과 운용의 기간을 Match 시키는 것이다. 장기운용은 장기조달 자금으로, 단기운용은 단기조달 자금으로 해야 유동성 리스크도 피하면서 금리 리스크도 회피할 수 있게 된다. 기간 Match가 잘 되어 있는지를 측정하는 지표로 각 기간별 유동성 갭(Liquidity Gap)을 사용하며, 국내 외국환은행들은 잔존만기 3개월 이하 외화부채에 대한 3개월 이하 외화자산의 비율을 특정 수준(예 85%)으로 유지하도록 감독을 받고 있다. 상환기간이 1년 이상인 외화대출은 상환기간이 1년 초과인 외화자금을 조달하여야 하는데, 감독기관은 1년 초과 외화자금대출에 대한 상환기간 1년 초과 외화자금의 조달 지도비율을 100% 이상으로 유지 하도록 요구하고 있다(단기부채는 단기자산 운용으로, 장기운용은 장기조달로 하라는 의미).

외신이란, 국내외 외국환은행 간의 통신 등을 통한 Communication Channel을 일컫는다. SWIFT가 도입되기 전에는 주로 텔렉스를 통해 교신하고 이 내용들이 진정한 것인지는 Test Key를 이용하여 확인하였으나, 1977년에 SWIFT 서비스 도입으로 외국환은행간 금융 메세지가 SWIFT를 통해 교환되기 시작하였으며, 국내 외국환은행들은 1992년부터 가입하여 사용하고 있다.

거래 외국환은행으로부터 들어오는 전신문은 수시로 살펴봐야 하며 처리에 신속을 기해야 한다. 상대은행에서 뭔가를 조회했는데 답변이 없다거나 고객에게 처리해줘야 할 업무를 지연시키는 등의 일이 발생하면 상당히 심각한 문제를 야기할 수 있기 때문이다. 예를 들어, 타발송금에 관한 SWIFT 전문이 왔었는데 이를 확인하지 않아 고객에게 통보하지 않은 상태에서 환율이 급락한다면 그 결과가 어찌될까? 이러한 문제들을 방지하기 위해서 각 외국환은행들은 미추출한 SWIFT 전문이 없는지 확인하는 보고서를 업무마감 시 점검토록 하고 있다.

SWIFT(Society for Worldwide Inter-bank Financial Telecommunication)

예전의 텔렉스는 텔렉스 전용기계를 통해 電文을 주고 받았지만 SWIFT는 컴퓨터를 이용한 통신망이다. 통신문의 내용이 항목별로 표준화 되어있어 업무가 시스템에 의해 자동으로 처리될 수 있으며, 동 시스템에 접속을 위해서는 별도로 부여받은 Log-in Key 및 Select Key를 입력해야 하고, 교환된 전문은 환거래은행 간에 교환된 Authentication Key에 의해 그 진정성이 자동으로 확인되는 등 보안성이 완벽하다. 또한, 텔렉스 통신을 위해서는 지정된 텔렉스 전용기계만을 이용해야 했지만 SWIFT는 모든 사용자의 컴퓨터 단말기에서 조작이 가능하다.

✔ SWIFT 전신문의 이해(송금 관련 전문, MT103)

RECEIVER: CZNBKRSEXXX

Kookmin Bank, Seoul

송신하는 은행 및 수신하는 은행을 SWIFT Code로 식별하고 있다. SWIFT Code는 해당 통신망에 가입한 은행에게 부여하는 고유번호로서 마치 해당 외국환은행의 주소와 같은 것이며, 은행명, 국가명, 도시명의 영문약어 8자리로 구성된 은행 식별번호(BIC ; Bank Identification Code)에 XXX(3자리)가 붙어 총 11자리로 구성된다.

해외에 송금할 경우(당발송금)에는 수취인이 거래하는 은행의 SWIFT Code를 확인해야 하고, 해외로부터 송금을 받을 경우(타발송금)에는 국내 수취인이 거래하는 국내은행의 SWIFT Code를 해외송금인에게 알려주어야 한다.

```
MESSAGE TYPE: MT103


SENDER'S REFERENCE   20: H1091103K001341
                                              당발송금은행의 관리번호(참조번호)

BANK OPERATION CODE   23B: CRED
                                                    자금이체임을 나타냄

VAL DTE/CURR/INTERBNK SETTLD AMT   32A: 2018-11-05   USD193.00
                                          타발송금대금의 자금이체일, 통화 및 금액을 나타냄
CURRENCY/INSTRUCTED AMOUNT   33B: USD200.00
                                               고객의 송금요청 통화 및 금액

ORDERING CUSTOMER   50K: /652562141   KYU H CHO
                                                    송금요청인 정보

RECEIVER'S CORRESPONDENT  54A: SCBLUS33XXX
STANDARD CHARTERED BANK
                                          중계은행(수취은행의 Depo. Bank)

BENEFICIARY CUSTOMER   59: /07902357482
                   HONG GIL DONG,  SEOUL KOREA
                                                  송금 수취인 정보

REMITTANCE INFORMATION   70: INVOICE NO. COM 113
                                             기타 송금관련 정보

DETAILS OF CHARGES  71A: BEN
                                          타발송금수수료 부담자를 표시
                             BEN은 수취인 부담조건, OUR는 송금인 부담조건
SENDER'S CHARGES  71F: USD7.00
                                          중계은행 수수료를 나타냄
```

Message Type 은 SWIFT 전문의 유형을 말하며, MT103 전문은 고객 송금대금 이체에 관한 것이다. Message Type(MT)은 3자리 숫자로 이루어지는데 맨 앞자리 숫자는 다음과 같이 업무별 Category를 구분해 준다.

1 : 고객송금(Customer Transfer) 관련 업무
2 : 외국환은행 간 자금이체(Financial Institution) 관련 업무. 외국환은행의 외화타점예치 계정 간 이체 시 이용(예 BoA에 개설된 계좌에 있는 자금을 CITI에 개설된 계좌로 이체하는 경우 MT202)
7 : 신용장(Documentary Credit, Guarantee) 관련 업무
9 : 외국환은행이 보유하는 외화타점예치계정의 Statements나 Report에 관한 업무

외국환 영업점에서 가장 많이 사용되는 Message Type은 MT103(고객송금 지급지시)과 MT700, MT701(화환신용장 개설)이다.

◀▬▬▶ 외국환 대사(對査, Reconcilement)

Reconcilement란, 외국환은행의 예치환거래은행에 개설된 외화타점예치 계정의 입출금 내역(Actual, 예치환으로부터 정기적으로 Statement를 수신하여 생성함)과 외국환은행이(수출환어음 매입분의 예정 대체거래 등을 포함하여) 자체적으로 계상한 입출금 내역(Shadow, 외국환은행이 자체적으로 계정 처리한 내용을 바탕으로 생성)을 상호 Cross-check하여 거래내용을 일치시켜 나가는 일련의 과정을 말한다.

예정대체(豫定對替)

외국환은행이 수출환어음을 매입하면 同 매입대금은 우편기일 등을 고려하여 약 1주일 후에 예치환거래은행의 외화타점예치계정(Nostro a/c, Our a/c)에 입금되는 게 일반적이다. 예치환거래은행으로부터 입금통지를 받고 난 후에 '매입외환'계정을 貸記하고 '외화타점예치'계정(Nostro a/c)을 借記하는 것이 원칙이지만 건별로 입금일자가 상이하여 업무취급상 번잡스러울 뿐 아니라 서로 다른 우송기간 등으로 인하여 정확한 입금일자의 파악도 어려우므로 '예정 대체일'을 정하여 수출환어음 매입 후 일정기간이 지나면 외화타점예치계정에 일괄 계상하는 업무처리를 예정대체라고 한다.

외국환 대사 시스템을 이용하면 거래금액이나 관련 참고번호 등이 일치하는 거래가 자동으로 제거되고, 거래금액이 상이하거나 참고번호 등이 없는 거래는 거래내역이 일치하지 않아 정리대상 거래로 남게 되는데 이를 미달환이라 하며, 未達換 명세(Pending List)에 포함된 거래들은 그 원인을 신속히 파악하여 정리해야 한다. 특히, 外他계정에서 원인이 불명확한 상태

로 빠져나간(They Debited) 거래나 이중으로 빠져나간 거래는 그 원인은 철저히 파악함으로써 부당한 자금손실을 방지해야 한다.

◆ 차변(Debtor), 대변(Creditor), 차기(Debited), 대기(Credited)

회계에서 보는 재무상태표는 왼쪽이 차변(借邊)이고 오른쪽이 대변(貸邊)이다. 나에게 자금을 빌려간(借) 사람(Debtor)은 왼쪽에 적고, 나에게 돈을 빌려준(貸) 사람(Creditor)은 오른쪽에 기장한다. 차변에 기입하는 것을 차기(借記, Debit)한다 하고, 대변에 기입하는 것을 대기(貸記, Credit)한다고 표현한다.

외국환은행이 외화타점예치계정에 자금을 예치하면 자기의 자산이 늘어난 것이기 때문에 외화타점예치 과목의 차변에 기입하고(차기), 자금이 빠져 나가면 반대로 대변에 기입(대기)한다.

외국환은행의 외화타점예치계정을 통해 자금을 예수한 상대은행은 고객으로부터 예금을 수취하여 부채가 늘어난 것이므로 이를 대변에 기입(대기)해야 하며, 해당 자금이 수입대금 결제 등으로 빠져나가면 차변에 기입(차기)하게 된다.

이러한 내용을 잘 떠올리면 다음에 설명하는 미달환 발생원인을 잘 이해할 수 있다(Debit의 'D'와 차기의 '차', Credit의 'C'와 대기의 '대'가 이상하게 혼란스러운 면이 있음).

◆ 미달환(未達換) 발생원인

① They debited but, we did not credit(예치환거래은행 차기, 당행 未대기)
치환거래은행이 당행계좌에서 수입대금, 각종 수수료 등을 이미 빼갔으나(이는 부채인 예금이 줄어들도록 차기하는 것임) 당행은 차기통지서를 받지 못하여(차변에 기록되어 있는) 자산인 예금을 감소시켜(대기) 놓지 않은 경우 등에 발생하는 미달환

② They credited but, we did not debit(예치환거래은행 대기, 당행 未차기)
수출환어음 매입대금이 예정대체일보다 빨리 입금되는 경우 등에 발생하는 미달환

③ We debited but, they did not credit(당행은 차기, 예치환거래은행 未대기)
수출환어음 매입분을 예정대체일에 외타계정에 차기하였으나 예치환거래은행에는 아직 대금이 입금되지 아니한 경우 등에 발생하는 미달환

④ We credited but, they did not debit(당행은 대기, 상대는 未차기)

당행이 고객의 해외송금 요청을 받아 상대은행계좌로 입금처리하고 지급지시를 보냈으나, 상대은행이 해당 지급지시서를 받지 못하여 당행의 계정에서 빼가지(차기) 아니한 경우 등에 발생하는 미달환

◉ 미달환의 정리

당발송금으로서 수취인 불명이라든가 송금착오 등이 발생하여 송금대전을 반환받는 경우에는 상대은행이 공제한 수수료 등으로 인해 금액이 불일치되어 자동 대사처리 되지 않는다. 수출환매입 대금의 경우에도 수수료 등으로 인해 매입대금과 실제 입금액이 다른 경우가 많이 발생한다. 이러한 이유로 불일치 되어 미달환명세로 추출되면 Ref. Number 등을 참조하여 수작업으로 처리해야 하며, 이때 확인된 금액상위분은 해당 영업점앞 '외화본지점' 계정으로 처리하고 대사를 종결한다.

◆▅▅▅▅▶ 외국환은행 영업점의 포지션 조정거래

환율변동 위험에 노출된 자산이나 부채의 규모를 환노출(Exposure)라 하며, 환노출의 상태(Position)가 환율상승 시 이익이 나는 구조이면 Long Position(= Over-bought Position)이라 하고, 환율하락 시 이익이 나는 구조이면 Short Position(= Over-sold Position)이라 한다.

외국환은행 영업점의 대고객거래는 대부분이 원화를 대가로 한 외화 매매거래로서 각 외국통화별로 포지션이 발생하게 되며, 대고객거래에서 매입액이 매도액을 초과하면 Long Position(= 매입초과 포지션)이 되고, 그 반대는 매도초과 포지션인 Short Position이 된다. 이러한 포지션은 환율의 변동에 따라 가치가 변하는 위험에 노출되므로 매 영업일 마감 시 해당 포지션을 본점(딜링룸)으로 이전하여 각 통화별로 포지션을 Square(= Exposure가 '0'인 상태)시켜야 하는데 이를 포지션 조정거래(포지션 집중거래)라 한다.

특정 영업점이 USD를 고객에게 1,010원에 매도(Short)했다고 하자. 이때의 매매기준율이 1,000원이었다면 영업점은 거래마진으로 10원을 가산한 셈이다. 그러나 이러한 마진은 매도한 USD를 어디선가 1,000원에 매입하여 해당 Short Position을 Square시켜야 판매이익을 확정지을 수 있게 된다. 만약, 매도거래가 끝난 후 포지션을 Square시키기 위해 외환시장에서 USD를 매입하려 했더니 환율이 이미 1,020원으로 올라 버렸다면 이익은커녕 오히려 10원을 손해 보는 결과가 발생하는 것이다.

이런 이유 때문에 발생한 포지션은 바로바로 반대거래를 통해 커버해야 하나, 각 영업점에서 발생하는 수많은 거래들을 그렇게 처리할 수는 없기 때문에, 매 영업일 업무마감 시에 일괄하여 포지션을 본점으로 집중시키는 것이다. 본점 딜링룸에서는(영업점이 영업종료 후 포지션 집중거래를 하기 전에) 각 영업일의 포지션 예상액을 산정하여 영업시간 중에 은행 간 거래를 통해 커버거래를 하는 등 불리한 환율변동으로 인해 외환매매익이 침해당하지 않도록 관리하고 있다.

각 영업점에서는 큰 금액(예 미화 50만불 상당)의 외환매매거래가 발생하면(영업 마감시각까지 기다리지 말고) 바로 딜링룸에 통보하여 반대거래를 할 수 있도록 해야 한다(이처럼 큰 금액들은 통상 시장연동환율을 적용하는 방식으로 딜링룸이 포지션 커버를 즉시 할 수 있는 시스템을 운용하고 있음).

포지션이 원화를 대가로 한 외화매매거래에서만 발생하는 것은 아니다. 외국환은행이 고객과 USD/Yen 거래를 통해 USD를 팔고 Yen을 매입했다면 이는 마치 원화를 대가로 USD를 팔고, 원화를 주고 Yen화를 매입한 것과 같아서, USD는 Short Position 상태가 되고 Yen은 Long Position 상태가 된다.

대고객 외환실무

01 | 외국통화 매매

외국통화의 매매에는 현찰매매율이 적용된다. 외국환은행은 고객들에게 현찰을 공급하기 위해 해당 외화를 수입해야 하고 이를 고객이 사갈 때까지 금고에 보관하고 있어야 하므로 수입비용은 물론 무수익성 자산인 현금의 기회비용을 부담하게 된다. 그렇기 때문에 고객과의 현찰매매에 적용되는 마진은 이를 충분히 보상할 수 있도록 정해져야 하고, 고객과의 매매거래 후 외국환은행이 떠안게 되는 환율변동위험 등도 고려되어야 한다.

미 달러화의 경우 전신환매매율은 매매기준율에 약 1%에 해당하는 마진을 가감하여 정해지지만, 현찰매매율은 매매기준율에 약 2% 정도의 마진을 가감하여 정해진다. 거래가 빈번하게 발생하지 않는 기타통화(Exotic Currency)의 거래마진은 거래가 빈번한 통화들보다 더 크게 적용된다.

외국통화의 매입

🔽 매입 가능 통화 여부 확인

각 외국환은행은 자신이 매매 가능한 통화에 대해서만 환율을 고시한다. 원래 Two-way Quote 라는 것은 고객이 나에게 외화를 사갈지 아니면 팔지 모르지만, 고객이 원하면 어느 쪽이든 거래를 수용하되, 내가 살 때는 매입률(Bid rate)을 적용하여 매입하고 팔 때는 매도율(Offer rate)을 적용하겠다는 뜻이다. 은행이 고시하는 환율도 Two-way로 제시되며, 고시한 통화는 매입 또는 매도가 가능하다는 의미로 해석해야 한다.

🔽 위조지폐 여부 확인

외국통화 견양집과 위조지폐 감별기 등을 이용하여 지폐의 위변조 여부를 확인해야 한다. 위조지폐인 것으로 판명되면 해당 위폐를 가능한 한 회수하고(위조지폐 실물을 고객으로부터 강제로 회수할 권한은 없지만) 위변조 외국통화 보관증을 교부한 후 보관증 사본을 별도로 관리한다.

고객으로부터 회수한 위변조 지폐 실물은 관할경찰서에 인도하고 인수증을 수령해야 하며, 위변조 외국통화 발견통보서에 의거 본점 주무부서 및 한국은행 앞으로 보고해야 한다.

* 위변조 외국통화를 복사하면 복사 시 발산되는 빛에 의해 지면에서 지문들의 채취가 어려워지므로 경찰의 감식 전에는 복사하지 말고 경찰에 인도해야 함

◈ 외국통화의 매입 업무절차

① 국민인거주자로부터의 매입

- 실명, 취득경위, 위폐 여부, 신고대상 여부 등을 확인

- 미화 2만불 상당액 이하 : 실명확인증표만 징구하고 매입처리 가능

- 미화 2만불(동일자, 동일인, 동일점포 기준) 상당액 초과 : 취득경위를 입증할 수 있는 서류를 징구하여 해당 취득사유로 매입한다. 즉, 수출대금을 직접 수령하였다면 수출 증빙서류를 징구하여 '수출대금'으로 처리한다. 취득경위 입증서류가 없어도 금액 제한 없이 매입 가능한데 이 때는 '이전거래'로 처리한다.

② 외국인거주자 및 비거주자로부터의 매입

- 실명, 취득경위, 위폐 여부, 신고대상 여부 등을 확인

- 미화 2만불 상당액 이하 : 실명확인증표만 징구하고 매입처리 가능

- 미화 2만불(동일자, 동일인, 동일점포 기준) 상당액 초과 : 취득경위를 입증하는 '외국환 신고(확인)필증'이나 '대외지급수단 매매신고필증'을 징구한 후 매입할 수 있으며, 외국 환신고필증 등을 제시받아 외국통화를 매입하는 경우에는 동 신고필증 상에 매입금액, 매입일자, 매입은행명을 기재하여야 한다.

  * 해외에서 입국하는 외국인 등이 미화 1만불 상당액을 초과하는 외화를 휴대수입 할 때는 세관장에게 신고하고 '외국환신고(확인)필증'을 받아오게 된다. 외국환신고(확인)필증이 없는 경우에는 '대외지급수단매매신고서'에 의하여 한국은행 총재에게 신고한 필증을 징구하여야 한다.

- 매입 시 1회에 한하여 외국환매입증명서, 영수증, 계산서 등 외국환의 매입을 증명할 수 있는 서류를 발행·교부하여야 한다(추후 재환전 시 매각실적 증빙자료로 사용됨).

  * 비거주자는 최근입국일 이후 외국통화를 매각한 범위 내에서 추후 재환전을 할 수 있고, 외국인거주자는 (기간 제한 없이) 그동안 매각한 범위 내에서 재환전 할 수 있는 바, 이의 근거로서 계산서가 필요하다. 만약, '외국환매입증명서'를 별도로 발급하는 경우에는 계산서(영수증)를 회수함으로써 추후 중복하여 재환전이 발생하지 않도록 해야 한다(각 매입에 대해 1회에 한하여 발급 가능).

대외지급수단 매매신고필증

외국인거주자 또는 비거주자는 미화 1만불을 초과하는 금액을 휴대수입 하는 경우 입국 시 세관장에게 신고하고 외국환신고(확인)필증을 받아야 한다. 미화 2만불 상당액까지는 외국환신고(확인)필증이 없어도 환전해 주지만 미화 2만불 상당액을 초과하면 외국환신고필증을 제시해야 하며, 해당 외화가 휴대수입한 것이 아니고 국내에서의 거래 등의 결과 취득한 것이라면 대외지급수단매매신고필증을 제시해야 한다. 대외지급수단 매매신고필증은 외국인거주자 또는 비거주자가 직접 한국은행에 신고하고 교부 받아야 한다.

🞂 기 타

- 미화 1만불 상당액 초과 매입 시 국세청 및 관세청에 전산 자동통보
- 1백만원 이하 환전 시에는 실명확인 절차 생략가능

〔별지 제6-1호 서식〕

	반출입구분(Ex or Import)

외국환신고(확인)필증 (Declaration of Currency or Monetary Instruments)		

성 명 Name Last First Middle Initial	생년월일 Date of Birth	· · ·
	국 적 Nationality	

주민등록번호 : Passport No. :	체재기간 From Expected Term of Stay To

신고내역 및 금액 (Description and Amount of Declaration)

신고사유 Reasons	통화종류 Code of Currency	형태 Form	통화별금액 Amount in each Currency	합계(미화상당) Sum (US$ equiv)	반출입용도 Use	비 고(Note) (수표번호 등)
휴 대 (Carried)						
송 금 (Remitted)						
기 타 (From Other eligible sources)						

- -

신고일자 :   .   신고인 서명 (Signature)

확인자 성명: (전화번호 :   ) 확인기관 :   직인

외국환매입장(Record of Foreign Exchange Sold)			Official Use Only
일자 Date	금액 Amount	매 입 기 관 Bank Money Changer or Post Officer	확 인 Responsible Official

재반출 확인(Confirmation of Re-Export)				Official Use Only
일자 Date	통화종류 Code of Currency	금액 Amount	확인기관 Confirmation Office	확인자 Signature

※ 이 서류는 원·외화 반출입 시 소지하여 세관에 제시하여야 합니다.(This sheet must be submitted to Customs officer when you carry with the Currency or Monetary Instruments.)

(　　　　) 매매 신고서		처리기간

신청인	상 호 및 대 표 자 성 명	㉑
	주 소(소 재 지)	(전화번호)
	업 종(직 업)	

신청내역	매 각 인	(성명)　　　(주소)　　　　　(전화번호)
	매 입 인	(성명)　　　(주소)　　　　　(전화번호)
	매 매 대 상 물 종 류	
	매 매 금 액	(미불화 상당액)
	원 화 금 액	(원 화 환 율)
	매 매 사 유	

외국환거래법 제18조의 규정에 의하여 위와 같이 신고합니다.

년　　월　　일

한국은행총재 귀하

신 고 번 호	
신 고 금 액	
유 효 기 간	

년　　월　　일

신고기관 : 한국은행총재　　㉑

210mm×mm

〈첨부서류〉　1. 매매계약서
　　　　　　2. 매매대상물 취득 증빙서류
　　　　　　3. 비거주자의 거주자와의 대외지급수단매매 신고 시에는 대상 내국지급수단이 적법하게 취
　　　　　　　 득한 본인의 자금임을 입증하는 서류 〈신설 2001. 11. 6〉

◢■■■■■➤ 외국통화의 매도

❷ 매도한도 및 징구서류 등

거주성	용도 및 받을 서류	매도한도	비 고
국민인 거주자	▶ 일반 해외여행경비 • 받을 서류 : 실명확인증표	한도제한 없음	▷ 미화 1만불 초과 국세청 등 통보 ▷ 일반 해외여행자가 미화 1만불 초과 휴대수출 시 세관 신고 ▷ 외국환신고(확인)필증 발급대상 거래가 아님
	▶ 소지목적 • 받을 서류 : 실명확인증표		

	▶ 유학생경비, 해외체재비
	• 받을 서류
	– 유학생 : 여권 및 수학기관의 입학
	  허가서 등
	– 해외체재자 : 여권 및 소속법인
	  단체장의 출장 · 파견증명서 등
	
	※ 거래외국환은행 지정 필요
			▷ 연간 미화 10만불 초과 국세청, 금융감독원 등 통보(카드 사용 금액 합산)
			
			▷ 해외유학생은 신청 후 매년 재학사실 입증서류 제출
			
			▷ 미화 1만불 초과 매각 시 '외국환 신고 (확인) 필증' 교부
			
			▷ 은행이 발행한 (확인)필증 금액을 초과한 추가 휴대금액이 미화 1만불 초과 시 세관신고

비거주자, 외국인 거주자	▶ 매각실적이 없는 경우 • 받을 서류 : 여권	미화 1만불 이내	▷ 여권에 환전금액 등 표시 (1백만원 이하는 제외)
	▶ 매각실적이 있는 경우 • 받을 서류 : 여권 및 외국환 매입증 명서, 영수증, 외국환신고(확인)필 증 등	매각실적 범위 내 (註 1)	▷ 매각사실 입증 서류에 매각일자, 매각금액 등 표시 ▷ 1만불 초과 환전 시 외국환신고(확인)필증 교부
	▶ 국내보수, 소득지급 • 받을 서류 : 여권, 고용사실 확인서, 소득증빙(급여명세표 등) ※ 거래외국환은행 지정 필요	증빙서류 범위 내 (註 2)	▷ 금액에 관계없이 외국환신고(확인)필증 교부

(註 1) 비거주자는 최근입국일 이후 매각실적 범위 내, 외국인거주자는 기간 제한 없이 매각한 실적 범위 내
(註 2) 증빙서류가 없는 경우 지급은, 국내보수 또는 소득관련 증빙서류 금액 범위 내의 지급과는 별도로 연간 누계 미화 5만불 범위 내에서 추가적으로 대외지급이 가능하나 외국통화로의 환전은 불가

☑ 기 타

- 미화 1만불 상당액 초과 매도 시 국세청 및 관세청에 전산 자동통보
- 1백만원 이하 환전 시 실명확인 생략 가능
- 북한지역 관광객 및 남북한 이산가족 방문 여행자는 미화 2천불 이내의 경비를 휴대수출 가능
  * 북한지역 관광에 따른 환전지침(기획재정부 고시, 규정10-15조)

외화현금수수료

고객이 예금계정에서 인출하면서 해당 금액을 외국통화로 달라고 하면, 외국환은행의 입장에서는 외환매매이익이 발생하지 않게 되어 외국통화를 준비하여 보유함에 따른 비용(외국통화 수입비용, 현수송 비용, 금융비용 등)을 보상받을 수 없게 된다. 이러한 점을 고려하여, 원화를 대가로 한 매매를 수반하지 않는 외화현금 거래에 적용하는 보상 성격의 수수료가 외화현금수수료이다.

☑ 외국통화 매도 업무 요약

국민인거주자가 소지목적 및 해외여행경비 충당 목적으로 매입하고자 하는 경우, 외국환은행은 금액제한 없이 매도할 수 있다. 미화 1만불 상당액 초과 시에는 국세청에 자동통보 되며, 미화 1만불 상당액을 초과하여 여행경비로 휴대수출 하는 경우에는 출국 시 세관에 신고해야 한다.

국민인거주자에게는 해외유학생경비 및 해외체재비도 금액한도 없이 매도 가능하다. 외국환은행은 미화 1만불 초과 매도 시 외국환신고(확인)필증을 교부해야 하며, 연간 미화 10만불 상당액 초과 시는 국세청 및 금융감독원에 통보된다. 거래외국환은행을 지정하여 거래해야 하며, 외국환신고(확일)필증이 발행된 금액 이외의 미화 1만불 초과하는 금액을 휴대하여 출국하는 경우 세관장에게 신고하여야 한다.

외국인거주자는 외국통화 매각실적 범위 내에서(증빙서류의 발행일자나 기간에 관계없음) 금액 제한 없이 재환전 할 수 있으며, 당초 매각 시 받았던 외국환매입증명서나 외국환신고필증을 제시하여야 한다. 매각실적이 없어도 매번 해외여행 시마다 여행경비조로 미화 1만불까지 환전할 수 있으며, 이때는 여권에 환전사실을 기재해야 한다(단, 1백만원 이하는 제외). 외국환은행은 미화 1만불 초과 매도 시 외국환신고(확인)필증을 교부해야 한다.

비거주자는 최근입국일 이후에 매각한 실적 범위 내에서 재환전 할 수 있다. 매각실적이 없다면 미화 1만불까지만 환전이 가능하다. 매각실적 확인, 환전사실 여권기재, 외국환신고필증 교부 사항은 외국인거주자의 경우와 같다.

02 | 외국통화 송금

▶ 당발송금

당발(當發)송금이란, 외국환은행이 국내의 송금인으로부터 송금대전을 원화 또는 외화로 받은 다음 해외은행을 통하여 외국의 수취인에게 송금대전을 지급하는 업무를 말한다. 일상생활과 관련하여 다양한 형태의 증빙서류 미제출 송금(증여성 송금)이 압도적으로 많이 발생하고 있고, 수입결제를 위한 수입대금 송금은 이미 수입결제의 70% 수준에 달하는 결제방식이되었다. 이외에도, 해외유학생 송금, 재외동포 국내재산 반출을 위한 송금, 해외이주비 송금, 해외직접투자를 위한 송금 등 많은 이유들로 인해 외화가 송금되고 있다.

금융정보분석원(KFIU ; Korea Financial Intelligence Unit)앞 보고 제도

의심거래 보고제도(STR ; Suspicious Transaction Report) : 금융거래(금액불문)와 관련하여 수수한 재산이 불법재산이라고 의심되는 합당한 근거가 있거나 금융거래의 상대방이 자금세탁 행위를 하고 있다고 의심되는 합당한 근거가 있는 경우 이를 금융정보분석원장에게 보고토록 한 제도이다. 불법자금조달 또는 자금세탁(Money Laundering)행위를 하고 있다고 의심되는 합당한 근거의 판단주체는 금융회사 종사자이며, 그들의 주관적 판단에 의존하는 제도라는 특성이 있다.

고액현금거래 보고제도(CTR ; Currency Transaction Reporting System) : 동일자 동일인 명의로 1천만원 이상 현금거래 시 금융정보분석원으로 자동보고 된다. 불법자금의 유출입 또는 자금세탁 혐의가 있는 비정상적 금융거래를 효율적으로 차단하려는 데 목적이 있다.

* 동일인 명의로 이루어지는 1거래일 동안의 금융거래에 따라 지급 또는 영수한 금액을 합산하되 100만원 이하의 원화송금 및 100만원 이하 상당액의 외국통화 매매금액은 제외한다.

고객주의(확인) 의무(CDD ; Customer Due Diligence) : 미화 1만불 이상(원화는 1,500만원)을 계좌에 의하지 않는 일회성 금융거래(무통장입금, 외화송금, 환전, 자기앞수표 발행, 보호예수) 등은 자금세탁행위 또는 불법자금조달행위에 이용될 수 있는 바, 거래자는 물론 명의제공자의 신원사항과 거래목적 등을 확인하여 금융정보분석원에 통보해야 한다. 금융회사가 고객에 대해 이렇게 적절한 주의를 기울이도록 한 것은 자신이 제공하는 서비스가 자금세탁행위 등에 이용되는 것을 방지하기 위함이다. 고객알기정책(Know Your Customer Policy)이라고도 한다.

증빙서류 미제출 당발송금은 외환관리 목적상 하나의 외국환은행을 송금은행으로 지정하고 추후 송금을 지정된 은행을 통해서만 가능하도록 하는 거래외국환은행 지정제도를 운용하고 있다. 그러나 미화 5천불 이하의 소액송금이나 용역대가 및 수입대금 송금 등은 거래외국환은행 지정 없이 가능하다(실무적으로, 연간지급 누계금액이 미화 10만불 이하인 경우는 송금신청서와 외국환은행 지정 신청서를 같은 양식에 통합하여 사용하고 있음).

해외송금 시 분쟁, 소송 또는 미재무성 제재대상(OFAC)국가, UN제재대상국가 명단에 해당하는 경우 송금이 지연되거나 자금이 압류될 수 있으므로 유의하여야 한다.

> * OFAC : Office of Foreign assets control, 미국 재무부 해외재산관리국

◆ 당발송금의 종류

① 전신 송금(T/T ; Telegraphic Transfer)

송금인이 수취인에게 보낸 금액을 지급하여 줄 것을 위탁하는 지급지시서(P/O ; Payment Order)를 수취인의 거래은행 또는 지급은행 앞으로 전신발송(SWIFT 또는 Telex) 하는 방법이며, SWIFT가 도입된 이후로는 Telex를 사용하는 경우가 거의 없으며, 수취은행의 SWIFT Code를 알아야 송금할 수 있다.

> * 외화송금(당발 및 타발) 시 적용되는 환율 : 당발송금은 전신환매도율(T/T Selling Rate), 타발송금 대전의 원화 환전 시
> 전신환매입률(T/T Buying Rate)을 적용

해외 송금 시 요구되는 각종 Code

SWIFT Code : 각 은행의 인식코드이며(BIC ; Bank Identifier Code), 국제적으로 송금(당, 타발) 및 신용장개설 등의 업무 시 SWIFT 전문을 보내기 위해서 꼭 필요한 Code이다.

IBAN(International Bank Account Number) Code : EU 국가로 송금하는 경우 사용되는 수취인 수취계좌의 고유번호로서 국가별로 상이한 계좌번호 체계로 인해 발생될 수 있는 지급지연 및 미지급 등의 문제를 해결하기 위한 EU 국가 내의 통일된 계좌번호 체계이다.

ABA(American Bankers Association) Routing Number : 미연방정부은행이 Fed-wire에 가입한 미국 국내은행에 부여한 번호로 9자리 아라비아 숫자로 구성되어 있으며 Routing No. 또는 Fed-wire No. 라고도 한다. 미국 내에서 사용되는 은행식별코드이다. 한국에서 송금 시에는 SWIFT Code로 충분하나 가끔 요구되기도 한다.

> * 유럽으로 송금 시 IBAN Code를 입력하지 않을 경우에는 입금지연 및 추가수수료가 발생하므로 반드시 IBAN CODE를 조회하여 입력하여야 한다.
> * 수취은행소재국가가 미국(ABA번호 : 9자리), 캐나다(TRANSIT번호 : 9자리), 호주(BSB번호 : 6자리)인 경우 수취은행코드(Bank Code)를 입력하여야 한다.

② 송금수표(D/D ; Demand Draft)

송금은행이 송금수표를 발행하여 송금의뢰인에게 교부하면, 송금의뢰인은 동 수표를 수취인에게 보내게 되며, 수취인은 자기의 거래은행에 송금수표를 제시하고 송금대전을 수령하는 방법의 송금방식이다. 수취인이 해외은행에 수취계좌를 가지고 있지 않거나, 거래 상대방이 송금수표로 보내줄 것을 요청하는 경우에 사용된다. 대부분의 국내 외국환은행들은 자체적으로 송금수표를 제작하지 않고 씨티은행이 제공하는 서비스인 CRS(Citicorp Remittance Service)를 발행하여 송금하고 있다.

◉ 당발송금 시 확인사항 및 징구서류

외화송금신청서와 각 거래에 따라 추가로 필요한 증빙서류를 받는다. 증빙서류는 전자적 방법(Fax, e-mail, 스캔방식에 의한 경우)으로도 가능하며, 건당 미화 50만불 상당액 이하의 송금방식에 의한 수입대금 지급인 경우는 지급증빙서류를 사본으로 확인할 수 있다.

거래별 추가징구 서류

구 분	징구서류	비 고
연간누계금액 미화 10만불 이하 지급 증빙서류 미제출 송금	• 신분증 사본 • 거래외국환은행 지정(미화 5천불 상당액 이하는 제외)	송금신청서와 외국환은행지정신청서를 겸용
연간누계금액 미화 10만불 초과 송금	• 거래외국환은행 지정 • 지급확인서(사유와 목적) • 납세증명서 • 수취인 실체를 확인할 서류	신고인이 종교단체인 경우 납세증명서는 매년 최초신고 시 1회에 한해 징구
외국인 및 비거주자의 국내소득을 근거로 한 송금	• 거래외국환은행 지정신청서 • 고용주 확인서류(급여 등) • 여권 사본 • 납세증명 및 소득증명(사업자)	소득증빙서류가 없어도 연간 미화 5만불까지 가능 (소득증빙 확인분과는 별도로 추가하여 가능)
외국인 및 비거주자가 외국으로부터 영수 또는 휴대 수입한 범위 내에서 송금	• 외국환매입증명서 또는 영수증 • 여권 사본	
유학생경비 송금	• 거래외국환은행 지정신청서 • 여권사본 • 입학 허가서 또는 재학사실 증명서	연간 미화 10만불 초과 시에는 국세청장 및 금융감독원장 앞 자동통보
수입대금 송금	수입계약서 등	전년도 수입실적 미화 3천만불 이상 업체는 면제 가능

PART 01 / PART 02 / PART 03 / 부록

✅ 당발송금 시 소요되는 수수료

① 예치환은행(Depo Bank)의 중계은행수수료(Intermediary Bank Fee), 전신료(원화)
② 해외중계은행수수료 부담은 수취인 또는 송금인으로 정할 수 있다. 송금인 부담을 선택하면 통화 종류에 따른 중계수수료가 송금인에게 부과되고, 수취인 부담을 선택하면 송금대전에서 차감하여 수취한다(중계수수료 예 : USD송금-USD18, EUR송금-EUR20, CAD송금-CAD20, AUD송금-AUD20, NZD송금-NZD20). 따라서, 해외중계은행수수료를 송금수취인이 부담하는 경우 송금하는 금액과 받는 금액이 다르게 된다.

✅ 거래외국환은행 지정 등

거주자의 지급증빙서류 미제출 송금, 해외유학비(체재비) 지급, 외국인거주자 및 비거주자의 국내소득을 근거로 한 송금 등 외국환은행 지정이 필요한 경우에는 별도로 거래외국환은행 지정(변경)신청서를 받아 전산 등록하고, 향후 거래 시 반드시 지정은행을 통해 거래해야 함을 송금의뢰인에게 안내해야 한다.

거래당사자로부터 거래외국환은행 변경신청이 있는 경우, 변경 전 거래외국환은행은 사후관리상 미결사항이 있는 경우를 제외하고 즉시 변경 동의를 해주어야 한다.

당발송금 대금을 외화계정에서 인출하거나 외국통화로 가져온 경우에는 외환매매익이 발생하지 않게 되는 바, 대체료나 현금수수료를 받는다. 해당 고객의 거래기여도에 따라 우대환율을 적용 하거나 수수료의 면제 또는 감면이 가능하다.

✅ 당발송금 사후관리

송금정보가 정확치 않아 상대은행으로부터 문의가 오면, 송금의뢰인에게 연락하여 정확한 정보를 신속히 통보하여야 한다. 이때 발송하는 SWIFT 전신문을 조건변경(Amend) 전문이라 한다.

송금인이 송금을 취소하거나, 송금대전의 수취인 앞 지급이 불가능하여 고객으로부터 퇴결요청을 받은 경우에는 결제은행(중계은행)과 지급은행 앞으로 퇴결요청 전문을 발송하여 송금대전을 돌려받는다. 이런 경우 상대은행이 퇴결에 따른 수수료(Refund Charge)를 공제하고 돌려주는 게 일반적이며, 송금의뢰인에게 퇴결대금을 원화로 돌려줄 때는 지급당시의 대고객 전신환매입률을 적용한다.

타발송금

타발(他發)송금은 외국에 소재하는 은행에서 당행을 지급은행으로 하여 국내의 수취인에게 보내오는 외화송금을 처리하는 업무이다. 당발송금 절차와 방향만 바뀐 채 업무흐름이 거의 같다. 타발송금도 전신송금, 송금수표 등이 있다.

해외로부터 송금을 받고자 할 때 다음의 사항들을 송금인에게 알려주어야 한다.
- 수취은행 영문명칭
- 수취은행 SWIFT Code
- 수취인 계좌번호(요구불 계좌, 외화계정이나 원화계정 모두 가능)
- 수취인 영문성명 및 연락처

타발송금 업무처리 절차

SWIFT 전문을 수시로 점검하여 타발송금이 도착한 경우 수취인에게 도착사실을 즉시 통지하여 송금대전을 지정된 계좌로 입금처리하여야 한다. 송금 도착통보가 지연되고 환율이 불리한 방향으로 급변되는 경우 곤란한 상황이 발생할 수 있기 때문이다. 타발송금 대전을 수취인의 원화계좌에 입금할 때는 전신환매입률이 적용되지만 필요 시 환율을 우대하여 적용할 수 있다.

타발송금 지시서에 기재된 수취인의 계좌번호와 수취인 성명이 수취계좌의 그것과 일치하는지 확인해야 한다. 수취인 계좌번호가 맞더라도 성명이 다르다든지 계좌번호 일부만 다르더라도 반드시 송금은행에 조건변경을 요청하여 전문을 다시 받아야 한다.

⊙ 타발송금 처리 시 서류징구 및 확인사항

국민인거주자(원화계좌, 외화계좌 공통)

구 분	서류징구	송금사유 확인
미화 5천불 이하	대상이 아님	필요 없음
미화 5천불초과~10만불 이하 (동일자, 동일인, 동일점포)	취득경위 입증서류가 있으면 징구, 없으면 생략 가능	입증서류의 내용대로 처리 또는 수취 인으로부터 당해 거래 내용 설명 받 되 수령 사유를 '이전거래'로 처리
미화 10만불 초과 (동일자, 동일인, 동일점포)	취득경위 입증서류 * 전년도 수출실적이 미화 3천만불 이상 업체는 입증서류 징구 면제	입증서류 내용대로 처리하되, 입증서 류 미제출 시에는 '영수확인서'를 징 구, 해당 확인서에 기재된 영수사유 와 관계없이 '이전거래'로 처리註

註 : 수취인의 소재불명으로 인하여 송금된 날로부터 3영업일 이내에 영수사유를 알 수 없는 경우에는 영수확인서 징구를 생략하고 '移轉거래'로 간주하여 매입 가능
* 취득경위 입증서류는 전자적 방법(Fax, e-mail, 스캔방식)으로 징구 가능하며, 건당 미화 50만불 상당액 이하의 송금방식에 의한 수출대금 영수의 경우는 사본으로 확인 가능

외국인거주자, 비거주자

구 분		서류징구	송금사유 확인
수취계좌가 외화계좌인 경우		필요 없음	필요 없음
수취계좌가 원화계좌인 경우	미화 2만불 이하	필요 없음	필요 없음
	미화 2만불 초과	생략가능	송금사유 확인하되 사유를 알 수 없 는 경우 해외재산 반입으로 처리
		신고를 요하는 경우에는 해당 거래에 필요한 서류	신고 등록 후 타발 처리

* 원화계좌로 입금하는 경우 1회에 한하여 외국환매입증명서 또는 영수증을 발행·교부, 이중발급에 유의
* 신고를 요하지 않는 거래로서 외국인거주자 또는 비거주자가 외국에 있는 자금을 국내로 반입하기 위하여 수령하는 경우에는 입증서류 제출이 면제됨(규정 4-2조)

영수확인서

거주자(외국인 거주자 및 비거주자 제외)가 외국에서 송금된 미화 10만불 초과 금액을 외국환은행에 매각하거나 예치하면서 취득경위를 입증하는 서류를 제출하지 아니할 경우 영수확인서를 징구한다. 이러한 경우에는 영수확인서에 기재된 영수 사유에 관계없이 단순 이전거래(증여)로 간주하여 매입 또는 예치하며, 송금된 자금의 수취인에게 연락이 안 되어 송금된 날로부터 3영업일 이내에 영수사유를 알 수 없는 경우에는 영수확인서 징구를 생략하고 단순 이전거래로 매입(또는 예치) 가능하다.

〔지침서식 제4-3호〕

영 수 확 인 서

외국환은행의 장 귀하   25   .   .

영수인 : _____ (인)   주민번호(사업자등록번호) : _____

주 소 : _____   전화번호 : _____

외국환거래규정 제4-3조제1항제2호에 의하여 아래와 같이 확인합니다.

영 수 금 액	(USD상당금액 :)		송 금 인	
			송금인과의관계	
영수사유	구분	무역	용역 및 서비스	증여	기타
	※ 영수사유를 구체적으로 기재하실 것				

본인은 상기내용을 사실대로 기재하였음을 확인합니다. 동 내용은 외국환거래규정 제408호에 의거 국세청장 · 관세청장 · 금융감독원장 등에 통보됨을 인지하고 있으며, 상기 내용이 허위기재로 판명될 경우 외국환거래법에 의거 위반사실에 대하여 관계기관으로부터 응분의 제재를 받겠습니다.

                                                    년   월   일

                              영 수 인 _____ (인)

※ 규정 제7-2조제9호에 의한 자본거래신고 면제를 하기 위하여 영수하는 경우 지정거래 외국환은행을 통하여 영수하여야 함
※ 동 확인서는 Fax. 또는 스캔방식에 의한 E-mail로 제출이 가능함

지 급 확 인 서

(연간 지급누계 10만불 초과 선교 · 구호 · 기부금 등 송금용)

외국환은행의 장 귀하   25   .   .

신청인 : _____ (인)   주민번호(사업자등록번호) : _____

주 소 : _____   전화번호 : _____

외국환거래규정 제4-3조제1항제1호나목에 의하여 아래와 같이 신청합니다.

지 급 금 액	(USD상당금액 :)	수 취 인	
		수취인과의관계	
지 급 사 유	※ 송금사유와 목적을 구체적으로 기재하실 것		
	본인은 신청내용을 사실대로 기재하였으며, 동 내용은 외국환거래규정 제4-8조에 의거 국세청장 · 관세청장 · 금융감독원장 등에 통보됨과 신청내용이 허위기재로 판명될 경우 외국환거래법에 의거 위반사실에 대하여 관계기관으로부터 제재가 있을 수 있음을 설명 들었으며 이에 확인합니다. 신청인 _____ (인)		

위 신청을 확인함

　　　　　　　　　　　　　　　　　　　　　　　　　　　　　　　년　　　월　　　일

　　　　　　　　　　　　　　　　지정거래외국환은행의 장 _____ (인)

〈첨부서류〉 1. 거래 또는 행위 사실을 확인할 수 있는 서류
　　　　　　 2. 납세증명서(관할 세무서장 발행)
　　　　　　 3. 수취인의 실체를 확인할 수 있는 서류

[지침서식 제1-2호]

거래외국환은행 지정(변경) 신청서

지정인 성명(상호) :   (인)   주민등록번호(사업자등록번호) :
주소 :   전화번호 :
대리인 성명(상호) :   (인)   주민등록번호(사업자등록번호) :
주소 :   전화번호 :
(해외교포여신취급국외금융기관명 :   )
아래 항목에 대하여 귀행을 거래 외국환은행으로 지정(변경)하고자 하오니 확인하여 주시기 바랍니다.

거 래 항 목	거 래 항 목
( ) 1. 거주자의 지급증빙서류 미제출 지급(연간 미화 10만불 이내 자본거래 신고예외 포함)(제4-3조제1항제1호, 제7-2조제8호) – 금년 중 송계누계액(변경전 거래 외국환은행의 확인) : US$ ( ) 2. 해외체재비(제4-5조제2항) ( ) 8. 외국인 또는 비거주자의 국내보수, 소득 또는 연금 등의 금액 지급 및 연간 미화5만불 이하의 지급(제4-4조제1항제3호, 제2항) ( ) 9. 거주자 등의 대북투자 (재경원고시 1995-23. 95.6.28) ( ) 13. 현지금융을 받고자 하는 자 등(제8-2조) ( ) 14. 해외지사 설치, 영업기금, 설치비, 유지활동비 지급 및 사후관리(제9장제2절) ( ) 16. 환전영업자(제3-2조제4항) ( ) 32. 국내지사의 설치 영업자금 도입 및 영업수익 대외송금(제9장 제3절) ( ) 33. 상호계산 실시업체(제5-5조) ( ) 53. 거주자의 외화증권발행(제7-22조제2항)	( ) 57. 해외교포 등에 대한 여신 관련 원리금 상환 보증, 담보제공 등(제7-18조제3항) ( ) 59. 해외직접투자를 하고자 하는 자(제9-5조) ( ) 61. 거주자의 해외예금(제7-11조제2항) ( ) 62. 비거주자의 국내증권 발행(제7장 제5절 제2관) ( ) 63. 재외동포 국내재산반출(제4-7조) ( ) 71. 거주자의 외화자금(외국인 투자기업이 단기 외화자금 포함차입 및 처분(제7-14조) ( ) 72. 북한에 관광비용을 지급할 관광사업자(재경부 고시 외관 417271-270.98.11.12) ( ) 74. 단체해외여행(연수)경비 등(제4-5조제3항) ( ) 75. 해외이주비(제4-6조) ( ) 76. 거주자의 자금통합관리(제7-2조) ( ) 77. 거주자의 원화자금 차입 및 처분(제7-15조) ( ) 78. 거주자의 해외부동산의 취득 및 매각(제9-39조제2항) ( ) 79. 거주자의 연간 미화10만불 이하 자본거래 영수(제7-2조제9호)

변경전 지정거래외국환은행의
경유확인 :   은행   장(인)

위 신청을 지정(변경지정) 확인함
        은행부(점)장(인)

지정확인번호	
지 정 일 자	25.

외화예금은 원화가 아닌 외화로 거래하는 예금으로서 외화보통예금, 외화정기예금, 외화당좌예금, 외화통지예금, 외화별단예금, 외화정기적금이 있으며, 이중 활발하게 이용되는 예금은 외화보통예금과 외화정기예금이다.

외화예금을 예치 받는 은행의 입장에서는 외화자금을 자금시장(Money Market)이나 자본시장(Capital Market)에서 차입하는 경우보다 낮은 금리로 조달할 수 있게 되는 셈이 된다. 고객의 입장에서는 향후 환율상승을 예상하고 외화를 매입하여 예치할 수도 있고(이러한 경우 매입한도에 제한이 없음), 수출대금을 수령한 수출입기업이 추후 수입대금에 충당하고자 일시적으로 예치할 수도 있다(이렇게 하면 수입대금 결제에 필요한 외화의 환율상승 위험으로부터 벗어나게 된다. 기업의 입장에서는 환율 상승가능성이 더 크다고 판단하기 때문이라고도 하겠으나 환율은 어떻게 변할지 모른다는 점을 고려하여 환리스크 관리 차원에서 예치하는 것이라고도 볼 수 있다).

외화예금은, 예금을 예치하는 자의 거주성 및 목적에 따라 구분하여 개설되어야 하며, 각 계정의 예치 및 처분과 관련하여 외국환관계법령의 규정이 적용된다.

  * 거주자 및 비거주자 구분에 관해서는 외국환관계법령 과목 참조

◆━━━━━▶ 거주자계정

거주자계정은 국민인거주자가 개설할 수 있다. 따라서, 외국인거주자나 비거주자는 개설할 수 없다. 대한민국의 재외공관에 근무하는 자는 국민인거주자이지만 본 거주자계정을 개설할 수 없다. 반면, 외국인이지만 국내에서 사업을 하는 개인사업자인 외국인거주자라면 거주자계정을 개설할 수 있다.

① 거주자계정 예치

 – 취득 또는 보유가 인정된 대외지급수단

 – 원화를 대가로 외국환은행으로부터 매입한 대외지급수단(예금 및 소지 목적으로 한도 제한 없이 매입할 수 있음) 및 수출대금 등

 – 외국통화로 미화 2만불을 초과하여 예치하고자 하는 경우에는 취득경위를 입증할 수 있는 서류(수출계약서 등)에 의해 취득경위를 확인하여 해당 사유로 입금 처리하고, 미제

출 시에는 취득사유를 '이전거래'로 간주하여 처리한다. 미화 2만불 상당액 이하(동일자, 동일인, 동일점포 기준) 예치는 입증서류 징구 및 확인절차를 생략할 수 있다.

– 다른 거주자계정에서 이체되어 온 자금은 별도 확인과정 없이 예치 가능

– 해외에서 송금된 자금으로서

• 미화 10만불 상당액 이하이면 취득경위를 입증할 수 있는 서류(수출계약서 등)에 의해 취득경위를 확인하여 해당 사유로 입금 처리하고, 미제출 시에는 취득사유를 이전거래로 간주하여 처리한다.

• 미화 10만불 상당액 초과하는 금액은 취득경위를 입증하는 서류 제출받아 취득사유를 확인하여 해당 사유로 입금 처리하고, 입증서류 제출이 안 되면 영수확인서를 받고 이전거래로 처리하여 예치한다.

② 거주자계정 처분

거주자계정의 처분에는 입금 재원에 불문하고 제한이 없다. 다만, 대외지급(대외계정으로의 이체 포함)을 하고자 하면 외국환관계법령에서 규정한 확인절차를 거치게 된다(일반 해외송금 절차에 따라 처리).

대외계정

대외계정은 비거주자 및 외국인거주자(개인사업자인 외국인거주자 제외), 대한민국 재외공관의 직원이 개설한다.

① 대외계정의 예치

– 외국으로부터 타발송금된 외화자금

– 대외지급이 인정된 자금(대외지급 신고등의 절차를 이행한 자금)

  * 미화 2만불 상당액을 초과하는 외국통화 또는 외화표시 여행자수표를 예치하고자 하는 경우에는 외국환신고필증 등 입증서류를 받아야 하며, 입증서류로 확인된 신고금액 범위 내에서는 제한 없이 예수 가능하다. 다만, 동일자·동일인 기준 미화 2만불 상당액 이하의 외국통화(외화표시 여행자수표 포함) 예치인 경우는 입증서류(외국환신고필증 등)가 없어도 가능하되 연간누계 미화 10만불까지 가능하다.

– 국내에서 고용, 근무에 따라 취득한 국내보수 또는 자유업 영위에 따른 소득 및 국내로부터 지급받는 사회보험 및 보장급부 또는 연금 등(소득범위 내에서 금액 제한없음)

– 위에서 언급한 3가지 경우에 해당하지 않는 경우에는 연간 미화 10만불(아무런 입증서류가 없어도 연간 미화 10만불까지는 예치 가능)

 – 비거주자가 국내에서 증권의 발행절차 규정에 따라 증권의 발행으로 조달한 자금

② 대외계정의 처분

대외계정에 예치되어 있는 자금은 외국에 개설된 계정에 입금된 것과 같아서 대외로 처분
(해외송금, 대외계정으로 이체 등) 되는 것에 관해서는 아무런 제한을 두지 않는다. 다만,
대외계정에서 인출하여 원화로 환전하고자 하는 경우에는 마치 외국에서 송금을 받아 매
각하는 것과 같으므로 외국환관계법령에 따른 확인절차를 거치게 된다.

 – 외국인 거주자 또는 비거주자가 미화 1만불을 초과하는 금액을 대외지급수단(외국통화)
으로 인출하는 경우에는 외국환신고(확인)필증을 발급하여야 한다.

 – 대외계정에서 출금한 자금을 내국지급수단(원화)을 대가로 처분하는 경우에는 당해 처
분이 신고등의 대상인지를 확인해야 하며, 미화 2만불 상당액 이하(동일인, 동일자, 동
일점포 기준)인 경우에는 확인절차를 생략할 수 있다.

 * 외국환은행의 장은 1회에 한해 외국환매입증명서(또는 영수증, 계산서)를 발급

 – 대외계정에서 미화 2만불 상당액을 초과(동일인, 동일자, 동일점포 기준)하여 원화로 인
출하는 경우에는 처분사유를 확인하여야 하며, 처분사유를 알 수 없는 경우에는 해외재
산반입자금으로 간주하여 처분할 수 있다.

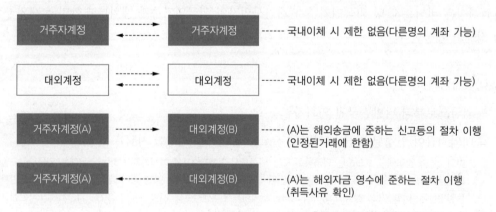

출처 : 기업금융나들목 http://www.smefn.or.kr

154

해외이주자 계정

해외이주자 계정은 재외동포 또는 해외이주자가 재산반출의 모든 지급절차와 지정외국환은행 등록을 마친 후 대외송금만 나중에 하기로 하고 우선 외화로 예치해 둘 목적으로 개설하는 계정이다. 따라서 개설신청인의 다른 외화예금계정과 구분해서 관리하여야 하며 외화정기적금으로는 개설할 수 없다.

해외이주자임을 확인할 수 있는 서류(여권, 비자, 해외이주신고 확인서 등)를 제출받아 해외이주자 계정 개설대상자인지 확인해야 한다.

① 해외이주자 계정 예치
   – 해외이주자 및 해외이주예정자의 자기명의 재산
   – 비거주자인 재외동포의 자기명의 국내재산(본인 명의 부동산 매각대금 및 국내예금 등)
     * 예치금액 합계액이 미화 10만불을 초과하는 경우 지정거래외국환은행의 주소지 또는 신청자의 최종주소지 관할세무서장이 발행한 예치금액 전체에 대한 자금출처확인서를 제출하여야 함(예치 시 확인서 제출이 안되었으면 처분 시에 징구해도 됨)

② 해외이주자 계정 처분
   – 해외이주비 송금(송금수표 및 여행자수표 인출을 포함) 및 규정에 의하여 인정된 국내재산의 송금
   – 외국환은행등에 내국지급수단을 대가로 한 매각

여행자수표(T/C ; Traveler's Check)란 해외여행 시 현금을 대신하여 이용할 수 있는 정액권 외화수표이며, 이를 이용하면 현금 휴대에 따른 불편과 분실 · 도난 위험을 벗어날 수 있을 뿐 아니라 적용환율 측면에서도 현찰매매율보다 유리하다. 다만, 여행자수표는 수표발행 회사(Amex, Citi 등)에서 T/C 발행수수료를 징구하기도 한다.

▼ 대고객 거래 환율 고시표

통화(통화명)	매매기준율	송금(전신환)		현찰		스프레드(%)		여행자수표(T/C)사실 때	미화환산율	외화수표파실 때
		보내실 때	받으실 때	사실 때	파실 때	사실때	파실때			
USD(미국 달러)	1,146.50	1,157.30	1,135.70	1,166.56	1,126.44	1.75	1.75	1,160.25	1.0000	1,135.70
JPY(일본 100 엔)	1,022.38	1,032.09	1,012.67	1,039.76	1,005.00	1.70	1.70	1,034.64	0.8917	1,012.67
EUR(유럽연합 유로)	1,223.43	1,235.41	1,211.45	1,247.53	1,199.33	1.97	1.97	1,238.11	1.0671	1,211.45

출처 : KB국민은행

여행자수표 매도율은 외국통화를 주고받는 거래가 아니어서 거래 성격상 전신환매도에 가깝지만 여행자수표 판매와 관련된 비용 등이 고려되므로 전신환매도율보다는 약간 환율이 높다. 외화현찰을 대가로 여행자수표를 매도할 때는 외환매매익이 발생하지 않기 때문에 '외화현금수수료'를 받게되며, 고객의 외화예금에서 인출하면서 여행자수표를 요청하는 경우에는 T/C 판매수수료를 받는다.

◎ 판매 시 유의할 사항

① 여행자수표 매도는 외국통화 매도로 간주되어 외국환관련법령이 적용된다.

② 고객에게 여행자수표를 교부한 후 Holder's Sign(아래 그림의 윗부분 네모칸)란에 고객이 직접 서명토록 한다. 이때의 서명은 여행자수표 구매신청서(Purchase Record)에 사용한 서명과 동일해야 하며, 추후 여행자수표 사용 시 여권을 요구하는 경우에 대비하여, 여권의 서명과도 일치하여야 한다. 여행사나 연수기관 등에게 단체여행경비 지급의 일부로 여행자수표를 판매하는 경우에는 해외에서 실제로 수표를 사용하는 자가 Holder's Sign란에 서명을 하도록 안내하여야 한다.

③ 아래칸 서명란은, 소지자가 여행자수표를 사용하는 시점에 수표수취인의 면전에서 직접 확인서명(Counter-sign)하므로, 여행자수표를 매입하는 시점에서 미리 서명하지 않도록 안내해야 한다.

▼ 여행자수표 견양

④ 구매신청서(구매자용)는 여행자수표의 분실 시 재발행의 근거서류가 되기 때문에 고객으로 하여금 여행자수표 실물과 구매신청서를 별도로 분리하여 소지하도록 안내해야 한다.

여행자수표 구매신청서(Purchase Record)

고객이 여행자수표를 구매할 때 작성하는 양식이며 은행보관용과 구매자용이 1조로 되어있다. 외국환은행은 판매한 여행자수표의 번호를 구매신청서에 기재한 후, 구매자용은 고객에게 교부하고 은행보관용은 은행에서 별도 보관한다.

◉ 여행자수표 분실 · 도난 시 처리절차

① 고객이 직접 여행자수표 회사로 신고(구매신청서 뒷면에 전화번호가 안내되어 있으며, 24시간 재발행센터 운영)

② 구매신청서(Purchase Record)와 여권 등을 지참하여 재발행 받는다.

　＊ Holder's Sign란에 서명을 하지 않았거나, Holder's Sign란 및 Counter Sign란에 모두 서명한 채 분실 또는 도난을 당하면 재발행 불가

외화수표는 지급지가 외국이고 표시통화가 외화로 된 수표이다. 개인이 발행하는 Personal Check는 국내의 가계수표와 유사하며(미국에서는 Personal Check 활용도가 높다), 은행이 발행하는 Banker's Check는 국내의 자기앞수표와 유사하다. 그 밖의 외화수표로는 여행자수표, 국고수표, Money Order 등을 들 수 있다.

외화수표의 매입이란, 지급지가 외국으로 되어있는 외화표시 수표를 고객으로부터 매입 또는 추심의뢰 받아, 환거래은행을 통하거나 직접 지급은행 앞으로 추심하여 대금을 회수하는 업무를 말한다. 외화수표 매입에는 추심 전 매입과 추심 후 지급이 있다. 외화수표 매입 시에는 전신환매입률이 적용되며 일정금액의 매입수수료와 우편료가 부과된다.

⊙ 추심 전 매입(BP ; Bill Purchased), 추심 후 지급(BC ; Bill Collected)

추심 전 매입은, 외화수표를 매입하여 대금을 먼저 지급하고 매입한 외화수표를 지급은행 앞으로 추심하여 매입대금을 나중에 회수하는 방식을 취하므로 일종의 여신행위라 할 수 있다. 따라서, 수표매입 의뢰인의 신용도나 외화수표에 대한 철저한 점검이 필요하며 추후 부도에 대비한 채권보전에 신중을 기해야 한다.

추심 후 지급은, 고객으로부터 매입 의뢰 받은 외화수표를 지급은행에 보내 청구하고 대금을 회수한 후에 동 대금을 고객에게 지급하는 방식으로서, 추심의뢰인의 신용도가 떨어지거나 Personal Check와 같이 예금부족 우려가 큰 외화수표는 원칙적으로 추심 후 지급 방식으로 매입하여야 한다.

*수표면에 특정 표시통화가 없이 단순히 $로만 표시된 경우에는 수표의 지급지 통화로 처리해야 함(지급지가 미국이면 USD, 홍콩이면 HKD)

환가료(換價料, Exchange Commission)

추심 전 매입은, 외국환은행이 고객에게 먼저 수표금액을 지급하고 그 대금은 지급은행에 외화수표를 보내어 나중에 받기 때문에 그 기간 동안 금융비용이 발생한다. 환가료는 이러한 자금손실을 보상하는 이자성격의 수수료이며, 외국환은행이 외화수표를 추심 전 매입할 경우에는 우편일수 등을 고려하여 약 10일 정도의 환가료를 징수한다.

⊗ 외화수표의 종류

① 은행수표(Banker's Check)

통상적으로 Official Check, Cashier's Check, Banker's Check라는 문구가 수표면에 인쇄되어 있다. 우리나라의 자기앞 수표와 유사한 것으로 예금부족 사유로 부도가 발생하지는 않으나 위변조 등의 사유로는 부도가 발생할 수 있으므로 다른 외화수표와 마찬가지로 취급에 주의를 기울여야 한다. 서명란에 Authorized Signature라는 문구가 인쇄되어 있는 점이 개인수표와 구별되는 특징 중 하나이다.

② 개인수표(Personal Check)

우리나라의 당좌수표나 가계수표와 유사한 외화수표로서, 은행에 예금계좌를 보유하고 있는 예금주가 은행을 지급인으로 하여 발행하는 수표이다. 예금부족 등으로 부도처리 될 가능성이 가장 높으므로 개인수표는 추심 후 지급 방식을 원칙으로 한다.

③ Money Order

수표 상에 지정되어 있는 수취인에게 지급해 줄 것을 지시하는 자금지시서이며 주로 우편으로 소액결제를 할 때 사용된다. 수표 발행 신청인이 수표 발행기관에 발행금액과 수수료를 지불하고 수표를 발행받기 때문에 예금부족으로 인한 부도는 발생하지 않으나 위변조에 따른 부도는 발생할 수 있다. 통상 Money Order 앞에 발행기관의 명칭을 붙여 사용하는데, 은행이 발행하면 Bank Money Order라고 부르며, Bank Money Order는 발행은행이 지급의무를 지므로 은행수표에 준하여 취급된다.

④ 여행자수표(Traveler's Check)

여행자수표는 거의 현금과 같은 것으로 추심 전 매입이 일반적이다. 매입 시에는 수표 소지인으로부터 Counter Sign을 받아서 이미 서명되어 있는 Holder's Sign(Original Sign)과 일치하는지 확인해야 하며, 호텔이나 면세점 등에서 매입하여 가져오는 여행자수표는 외국환은행이 매입하는 시점에서는 이미 Counter Sign까지 되어 있을 것이므로 여행자수표 사고신고 여부 등을 확인하고 매입해야 한다.

⑤ 국고수표(Treasury Check)

각 국가의 정부기관이 발행한 수표로서 발행일로부터 12개월이 경과하면 무효가 된다. 미국 재무성이 발행한 국고수표는 추심 후 지급을 인정하지 않으므로(Clearing System 상 추심이 불가능) 무조건 추심 전 매입으로 처리해야 한다.

외화수표 업무 관련 유의사항

✅ 외화수표 매입 또는 추심 시 배서의 중요성

정당한 소지인에 의한 배서양도는 중요한 법률행위이므로 Pay to the order of ~ 문구 다음에 오는 이름이 매입의뢰인의 이름인지 확인하고 수표 뒷면에 수취인의 배서를 반드시 받아야 하며, 배서불비(Endorsement Missing) 시 부도 처리 사유가 된다.

✅ 외화수표별 유효기간

외화수표의 유효기간은 외국환은행의 매입일자를 기준으로 하는 게 아니라 지급은행에 제시되는 일자를 기준으로 한다. 여행자수표는 유효기간이 없고, 국고수표는 1년, Personal Check는 발행일로부터 3개월, 기타 외화수표는 수표면에 유효기간이 표시되어 있을 경우 그에 따르고 별도표시가 없으면 통상 발행일로부터 6개월로 본다.

✅ 외화수표 매입 시 고객에게 안내할 사항(민원예방)

- 추심지급은행이 공제할 수수료(Less Charge)
- 추심 전 매입의 경우, 대금회수가 지연되면 받게 될 이자
- 미국 수표인 경우 위변조 등의 사유로 지급일부터 최장 3년까지는 부도처리 가능

✅ 외화수표 부도관리

① 부도등록 대상
- 추심은행으로부터 부도통보를 받은 경우
- 외화수표 매입 후 동 수표를 추심한 날로부터 60일까지 입금되지 아니한 경우

② 부도대전 회수치 처리
- 부도대금 원금 회수 : 매입금액(외화)×회수당시의 전신환매도율
- 부도 이자 : 매입금액에 추심 전 매입 시 징수했던 환가료를 받은 다음날부터 부도대금 회수일 전일까지의 기간에 대해 회수당시 연체이율을 적용하여 외화 이자금액을 산출하고, 여기에 회수당시의 전신환매도율을 적용하여 수령할 원화를 산출
- 부도 수수료 : 상대은행이 차감한 부도수수료×회수당시 전신환매도율
- 기타 : 상대은행으로부터 청구되어진 우편료 등 비용

외화수표 부도사유

- 잔고부족(Not Sufficient Fund)
- 지급정지(Payment Stopped)
- 유효기일 경과(Stale Date)
- 배서불비(Endorsement Missing)
- 서명상이(Signature Irregular)
- 서명위조(Signature Forged)
- 계좌폐쇄(Closed Account)
- 도난 및 분실(Lost or Stolen Check)
- 배서위조(Forged Endorsement)
- 선일자 발행(Post Date)
- 채권 · 채무자 간 계약불이행(Refer to Maker)

03

외국환 회계

외국환 회계는 외국환은행에서 취급하는 외국환업무에 관한 회계로서 본질적으로는 은행의 일반회계와 다를 것이 없지만, 각 외화별로 환율이 개입되고 보유자산 및 부채가 환율변동에 의해 가치가 변동하며, 외국환거래가 격지 간 대외거래인 탓에 고객과의 거래와 동 거래에 따른 자금의 입출시점이 서로 다름에 따라 부득이 경과계정(Tunnel A/C)을 이용하게 된다는 등의 특징이 있다.

외화자산 및 외화부채에 관하여는 원화자산 및 원화부채와 구분하여 별도의 외화대차대조표를 작성하지만, 외국환업무 관련 손익은 외화로 발생하더라도 원화로 환산하여 회계처리 하므로 외화손익계산서는 작성되지 않는 바, 모든 외환관련 손익은 원화 손익계산서에 포함하여 작성한다.

외국환거래 관련 수수료

- 취급수수료 성격 : 신용장통지 수수료, L/G발급 수수료, 외화대체료, 외화현금수수료
- 신용위험부담 보상적 수수료 : 신용장개설수수료, 수출신용장 확인수수료, L/G보증료
- 자금부담비용 보상적 수수료 : 환가료

외국환 회계의 특성

환율변동에 따른 자산 및 부채 가치의 변화

원화자산 및 원화부채와는 다르게 외화자산 및 외화부채는 환율의 변동에 따라 가치가 변하게 된다. 이러한 까닭에 외국환은행의 영업점들은 대고객거래에서 발생한 외화포지션을 본점으로 집중하여 영업점의 포지션을 Square시키고(= 포지션을 '0'으로 하여 추후 환율변동에 따른 자산부채의 가치가 변하지 않게 하는 것이며, 환 Exposure를 '0'로 만든다는 것과 같은 의미), 영업점들로부터 포지션을 넘겨받은 본점은 외환시장에서의 반대거래를 통해 포지션을 커버하게 된다. 각 외국환은행은 보유하고 있는 자산 및 부채에 대해 매 영업일 마감 시 당일의 환율에 의해 평가손익이 계상된다.

* 외국환은행은 외국환 매매를 하는 경우 거래통화 및 적용환율을 전표나 장부에 기재하여야 하며, 외화금액 뿐 아니라 해당
외화에 적용환율을 고려한 원화금액도 병기하여야 함

외환평가손익

외국환 자산 및 부채가 계상되는 당시의 환율에 비해 결산 또는 평가시점의 환율이 변동하면 외환
평가손익이 발생한다. 외환평가손익은 거래가 종결된 것은 아니지만 특정시점에서 외화자산과 외
화부채를 평가할 때 각각 취득시점의 환율로 환산한 금액과 특정시점의 환율로 환산한 금액을 비
교하여 유리하게 변동했으면 외환평가이익으로 처리되고 불리하게 변동했으면 외환평가손실로
처리된다. 예를 들어, USD를 매매하는 경우에는 매입가격과 매도가격을 비교하여 외환매매 손익
이 확정되겠지만 USD를 보유한 상태에서 특정시점의 가격을 기준으로 평가하여 산정하는 손익은
일시적인 평가손익이다. 보유기간동안 발생한 평가손익을 모두 합하면 결과적으로 매입·매도간
가격차이와 같게 되는 바, 평가손익은 회계 목적상 각 결산일에 시장가격으로 평가한 결과 나타나
는 손익일 뿐이다.

▼ 평가손익과 매매손익 비교

구 분	평가일 가격	평가손익	평가손익 누계	매매손익
매입가격 10,000	11,000	1,000	1,000	
	9,000	−2,000	−1,000	
	12,000	3,000	2,000	
매도가격 15,000	15,000	3,000	5,000	5,000

◉ 경과계정(Tunnel Account) 운용

외국환은행들은 각 통화별로 해외 또는 국내 외국환은행에 자신의 예금계좌를 개설·유지 하
는데 이러한 계정을 외화타점예치 계정이라 하며, 이 계정들을 통해서 각 통화별 자금들이 입
금되거나 출금된다. 그런데, 외국환업무는 실제 자금의 입금 및 출금이 고객과의 거래와 동시
에 이루어지지 않는 특징이 있다. 이러한 상황을 고려하여 고객과의 거래 시에는 경과계정으
로 회계처리를 하였다가 실제 자금의 입출이 발생하거나 발생할 것으로 예상되는 시점(예정
대체)에 외화타점예치 계좌를 조정하는 과정을 거치게 된다. 경과계정 과목은 외화타점예치
계좌를 조정하는 시점에 결제계정 과목으로 전환되는 구조를 가지고 있다.

① 매입외환(Bill Bought)

수출환어음이나 외화수표를 매입하는 경우, 고객에게는 바로 외화나 매입하는 외화에 해
당하는 원화를 지급하지만 은행이 매입한 외화는 (일반적인 국내 거래와는 달리) 관련 서

류를 상대은행에 보낸 후 상당기간이 지나야 해외 외화타점예치 계정으로 입금되기 때문에, 실제로 외타계정에 자금이 입금될 때까지 일시적으로 유지되는 경과계정이다.

② 매도외환(Drafts Sold)

송금수표나 여행자수표를 매도했을 경우를 떠올리면 된다. 수표를 매도하면서 고객으로부터 원화는 받았지만 해당 외화는 수표가 수취인에게 도착한 후에나 외타계정에서 빠져나갈 것이기 때문이다.

③ 미결제 외환(Bills Unsettled)

외국환은행의 외타계정에서는 자금이 출금되었으나 고객으로부터는 아직 결제 받지 못한 경우에 이용되는 경과계정이다. 예를 들면, 수입대금 결제를 상환방식(Reimbursement)으로 지정한 수입신용장의 경우에는 해외의 매입은행이 지정된 상환은행 앞으로 대금을 청구하여 가져가므로, 매입은행으로부터 해당금액을 청구하였다고 표시한 환어음이나 선적서류를 수령한 후 국내의 수입자가 수입대금을 결제하기까지 경과계정으로서 미결제외환 계정을 운영한다. Banker's Usance 수입신용장의 경우처럼 관련 환어음을 인수하고 할인하는 은행이 인출해가는 인수 수수료 및 할인료(A/D Charge ; Acceptance Commission & Discount Charge)라든가 수출환어음 매입대금에서 차감되는 Less Charge 등도 모두 이 계정에서 처리한다.

④ 미지급 외환(Inward Remittance Payable)

타발송금의 경우 송금은행은 지급지시서(P/O ; Payment Order) 송신과 동시에 송금대전을 지급은행의 외타계정에 입금시키지만, 송금수취인에게는 아직 지급되지 않은 경우 등에 처리하는 경과계정이다. 송금수표에 의한 송금의 경우에도 수표발행과 동시에 해당 자금을 지급은행의 외타계정에 입금시키는 경우에는 수표가 수취인에게 도착하여 지급은행에 제시되기까지 미지급 외환계정으로 계상된다.

외화타점예치 계정

국내 외국환은행들은 각 통화별로, 각 통화 해당국의 은행에, 외화타점예치 계정을 가지고 있다. 뿐만 아니라, 국내에 소재하는 타 외국환은행에도 국내 외화자금 이체를 위해 외화타점예치 계정을 보유하고 있다. KEB하나은행과 KB국민은행에는 국내 타 외국환은행들의 명의로 각 통화별 계좌가 개설되어 있어서 국내에서의 외화자금 이체 시 이용되고 있다(국내 외국환은행들은 한국은행에도 외화타점예치계정을 보유하고 있음).

* 금융선물 거래 등을 위해 선물회사에 예치하는 증거금은 외화기타예치금 계정으로 계상함

■■■■■■▶ 외환업무별 회계처리

재무상태표는 차변과 대변으로 구분되는데, 왼쪽이 借邊이고 오른쪽이 貸邊이다. 차변에는 자산을 기록하고 대변에는 부채를 기록한다. 나에게 자금을 빌려(借)간 사람(Debtor)은 왼쪽에 적고, 나에게 돈을 빌려준(貸) 사람(Creditor)은 오른쪽에 기장한다. 차변에 기입하는 것을 借記(Debit)한다하고, 대변에 기입하는 것을 貸記(Credit)한다고 표현한다. 외국환은행이 고객으로부터 예치 받는 예금(원화 및 외화 공통)은 추후에 고객에게 내 주어야 할 부채이므로 대변에 기록한다.

▼ 재무상태표

차변(Debtor)	대변(Creditor)
자산의 발생 및 증가	부채의 발생 및 증가
부채의 감소	자산의 감소

- 주요 자산계정 : 외국통화, 외화타점예치, 매입외환, 미결제외환, 외화대출
- 주요 부채계정 : 외화예수금, 매도외환, 미지급외환, 외화차입금
  * 계정처리 과정을 설명할 때 차변과 대변의 구분을 Slash(/)로 하며, Slash의 왼편은 차변이고, Slash의 오른편은 대변이다.

◆ 외국통화의 매매

① 외국통화 매입

고객으로부터 외국통화를 받고 원화를 지급하는 거래이므로, 자산인 외국통화가 차변에 계상되고, 원화는 고객의 계좌로 입금 처리한다.

외국통화 / 고객계정 입금(예 보통예금)

② 외국통화 매도

고객의 계좌에서 원화를 출금 처리하고 이에 상응하는 자산(외국통화)을 대기하여 감소시킨다.

고객계정 출금(예 보통예금) / 외국통화

③ 외국통화 본점 앞 현송

외국통화를 본점으로 보내는 것이므로 자산을 대기하여 감소시키는 대신 해당 금액을 본점 앞 채권으로 계상한다(외화본지점 계정은 차변항목이 될 수도 있고 대변항목이 될 수도 있음).

외화본지점 / 외국통화	

④ 외국통화를 본점으로부터 현수

본점에서 수령한 외국통화를 자산으로 계상하고 그에 상응하는 금액이 본점 앞 채무로 계상된다.

외국통화 / 외화본지점	

⊙ 외국통화 매매분에 대한 포지션 조정거래

* 포지션조정거래는 모든 외환거래에 공통 적용됨

① 매입초과 통화

고객으로부터 USD를 980원에 매입하고, 포지션 조정 시 적용하는 환율(= 대고객거래 당시의 매매기준율)이 1,000원인 경우 다음과 같이 계상된다.

외화본지점 1,000 / 원화본지점 980	
	외환매매익 20

여기서 보듯이, 포지션 조정 시 적용되는 환율은 대고객 거래 당시의 매매기준율이며, 매매기준율은 곧 영업점에 적용되는 원가환율 개념이다. 그러므로 원가환율과 대고객거래 적용환율인 현찰매입률과의 차이가 영업점의 이익으로 남게 된다.

거래내용을 살펴보면, 매입한 외화는 본점으로 현송하고, 매입하면서 지급한 원화는 본점으로부터 가져오는 것과 같은 구조로 처리된다.

166

② 매도초과 통화

고객에게 USD를 1,020원에 매도하고, 포지션 조정 시 적용하는 환율(= 대고객거래 당시의 매매기준율)이 1,000원인 경우 다음과 같이 계상된다.

> 원화본지점 1,020 / 외화본지점 1,000
> 외환매매익 20

여기서 보듯이, 포지션 조정 시 적용되는 환율은 대고객거래 당시의 매매기준율이며, 매매기준율은 곧 영업점에 적용되는 원가환율 개념이다. 그러므로, 원가환율과 대고객거래 적용환율인 현찰매도율과의 차이가 영업점의 이익으로 남게 된다.

거래내용을 살펴보면, 고객으로부터 받았던 1,020원은 원화본지점 계정을 통해 본부에 보내고(그러므로 본점에 대한 자산으로 계상), 고객에게 매도한 외화는 본점으로부터 가져오는 것과 같은 구조로 처리된다.

▶ 당발송금

◈ 전신송금(T/T ; Telegraphic Transfer)

전신송금은 외국환은행 영업점에서 계정처리와 동시에 지급은행에 송금지급지시서(P/O)가 발송되므로 경과계정을 사용하지 않는다. 고객계좌에서 출금하여 송금대금(원화)을 받고 해당 외화 금액이 은행의 외화계좌에서 출금되는 것으로 처리된다.

> 고객계정(원화계정 or 외화계정) / 외화타점예치

일부(KB, KEB) 국내 외국환은행의 경우는 자체적으로 결제시스템을 구축하고 있고, 동남아 근로자들의 본국 송금 등을, 동남아 은행들이 미국에 보유하고 있는 계정을 통해 보내는 게 아니라, 동남아 환거래은행들이 국내은행에 개설한 선방계정(필리핀, 태국 등에 소재하는 외국환은행들이 국내 외국환은행에 개설한 자신들 명의의 USD 계좌)에 바로 입금하기도 한다. 이러한 경우에는 국내은행이 동남아 은행들의 명의로 예금을 받는 것과 같으므로 다음과 같이 부채계정인 외화타점예수로 처리한다.

> 고객계정(원화계정 or 외화계정) / 외화타점예수

167

✅ 송금수표(D/D ; Demand Draft)

송금수표를 발행하여 송금하는 경우에는 고객으로부터 대금을 받는 시점과 외국환은행의 외화계정에서 대금이 빠져나가는 시간 사이에 우편 일수 등만큼 차이가 나게 되므로 경과계정인 매도외환(부채)계정을 사용하게 된다.

① 송금수표 발행

고객계정	/	매도외환

② 차기통지서(= 출금통지서) 접수

외화타점예치계정에서 출금되었다는 차기통지(Debit Advice)를 받으면, 자산인 외화타점예치를 감소시키고 경과계정인 매도외환을 반대기표 처리한다.

매도외환	/	외화타점예치

③ 송금수수료, 전신료, 우편료 징수

고객계정	/	외환수입수수료
		가수금(우편료)

◀▬▬▬▶ 여행자수표 판매

✅ 판매 시

고객계정	/	매도외환

✅ 영업마감 시

당일 영업마감 시 T/C 발행은행(Amex, Citi 등)별로 일괄하여 처리한다.

매도외환	/	외화타점예치

◾■■■■▶ 타발송금

외국에 있는 은행 또는 국내 외국환은행으로부터 외화가 송금되어 오는 경우에는 이를 수취인의 원화계정이나 외화계정으로 입금 처리한다. 외화계정으로 입금하게 되면 외국환은행에게는 외환매매익이 발생하지 않는 대체거래이므로 매매이익 기회 상실에 대한 보상 성격으로 대체료를 징수하기도 한다(고객이 원하면 원화로 환전하지 않고 외화계좌로도 입금 가능).

✪ 전신송금

상대은행이 지급지시 전문을 보내면서 당방계정에 입금하였을 것이므로 수취인 계정에 입금 처리 하면 되고, 수취인이 불명하여(계좌번호나 성명 등이 상이) 확인이 필요한 경우에는 경과계정인 미지급외환에 계상하고 추후 지급 시 경과계정을 정리한다.

① 지급지시 전문 수령과 동시에 지급

송금은행이 입금해 준 외화는 자산계정인 외화타점예치로 계상하고, 그에 상응하는 원화를 고객계좌로 입금 처리한다.

외화타점예치	/	고객계정(원화계정 or 외화계정)

② 지급지시 전문은 받았으나 수취인 불명

(전문 수신 시)외화타점예치	/	미지급외환
(수취인 앞 지급 시)미지급외환	/	고객계정

✪ 송금수표에 의한 타발송금

① 해외 송금은행으로부터 송금통지서 도착 시

송금수표를 발행하면서 외화를 입금시켰을 것이므로 해당금액을 자산계정인 외화타점예치로 계상하고, 고객 앞 지급할 때가지 부채계정인 미지급외환계정으로 처리한다.

외화타점예치	/	미지급외환

② 수취인으로부터 송금수표를 제시 받은 때

미지급외환 /	고객계정(원화계정 or 외화계정)

▶ 외화수표 매입 및 추심

◉ 외화수표 추심 전 매입

  * 수출환어음 매입시와 구조가 동일함

① 매입 시

경과계정인 매입외환이 자산으로 계상되고, 매입대금 중 수수료 등을 공제한 잔액은 고객계좌로 입금 처리한다.

매입외환 /	고객계정(원화계정 or 외화계정)
	외환수입이자(환가료)
	외환수입수수료

② 예정대체일

표준추심일수가 경과한 날에 추심대금이 외타계정에 들어왔을 것으로 예상하여 '예정대체' 기표처리 하여 경과계정인 매입외환 계정을 반대기표한다.

외화타점예치 /	매입외환

◉ 외화수표 추심 후 지급

예치환거래은행으로부터 추심한 대금이 입금되었다는 Credit Advice(= 입금통지서)를 받으면 자산계정인 외타계정에 계상하고, 관련된 수수료를 공제한 잔액을 고객 앞으로 지급한다.

외화타점예치 /	고객계정(원화계정 or 외화계정)
	수입수수료

국제금융시장, 파생금융상품 결합상품

국제금융시장이란, 국제적으로 금융거래가 이루어지는 추상적인 시장을 말한다. 예외적으로 시카고에 있는 CBOT(Chicago Board of Trade)나 CME(Chicago Mercantile Exchange) 와 같은 선물거래소(Exchange)처럼 특정 장소를 떠올릴 수 있는 경우가 있지만, 국제금융시장은 구체적인 장소가 있는 건 아니다.

국제금융시장은, 외국통화 간 거래를 하는 외환시장(FX Market), 단기자금의 대차가 일어나는 자금시장(Money Market), 중장기 자금의 Funding 시 이용되는 자본시장(Capital Market)으로 대별해 볼 수 있다. 파생금융상품 중 선물(Futures)이 거래되는 시장을 별도로 구분하여 先物시장이라 할 수 있으며, 선물환은 외환시장에 포함된다. 통화스왑이나 금리스왑 등은 주로 자본시장 거래와 결합하여 이용되고 있으며, 옵션은 외환시장부터 자금시장 및 자본시장 거래들과 어울려 넓게 이용되고 있다.

외국환은행은 고객과의 외환거래에서 외화자금을 공급하는 역할을 한다. 예컨대, 수출기업으로부터 수출환어음을 매입하면 해당 외화는 수출환어음 매입 즉시 고객에게 지급하지만, 실제 외국환은행의 외화계좌에 자금이 회수되는 시점은 그로부터 수일이 지난 후가 된다. 뿐만 아니라, 외국환은행 자체적으로도 외화대출 및 해외 채권투자 등을 하고 있기 때문에 이러한 자금수요를 충족시키기 위해서는 자금시장 및 자본시장에서 자금을 조달해야 한다. 고객으로부터 예치 받는 외화예금도 자금조달 수단의 하나이다.

◀▬▬▬▶ 외환시장(FX Market)

외환시장은 외국통화 간 매매가 이루어지는 시장이다. 외국환은행이 고객과의 외환거래를 하여 수동적으로 떠안게 되는 포지션은 환율변동위험에 노출되어 있기 때문에 이를 커버하기 위한 반대거래가 이루어지는 외국환은행 간 외환거래 시장으로서, 주로 Reuter나 Telerate 가 제공하는 딜링시스템을 이용하여 거래가 행해지고 있다.

외환시장은 24시간 형성되는 Global Market이며 흔히 일컫듯 동경시장, 런던시장, 뉴욕시장 등과 같이 장소적인 개념으로 구분되는 것은 아니다. 다만, Time Zone이 상이하여 동경,

런던, 뉴욕 순으로 해당 지역 외국환은행들이 대거 거래에 참여하다 보니 그런 식으로 부르고 있을 뿐이다. 그러므로 동경시장의 환율과 런던시장의 환율이 서로 달라서 마치 가격이 싼 곳에서 사다가 비싼 곳에서 되파는 거래를 할 수 있는 것처럼 오해하는 경우가 있는데 절대 그렇지 않다. 특정시점에는 오직 그 시점의 환율만 존재하는 것이다. 물론, 뉴욕시장이 활발한 시간대에 아시아에 소재하는 외국환은행 딜러들이 해당 외환시장에 참여할 수는 있다. 그러나 뉴욕의 영업시간대에는 아시아는 밤이어서 아시아 쪽에서 참여하는 딜러는 적을 수밖에 없으며 대부분이 뉴욕의 시간대와 같은 지역에 소재하는 은행들이 참여하고 있으므로, 그냥 편리하게 뉴욕 외환시장이라 부르는 것이다.

또한, 외환시장이 현물환시장과 선물환시장으로 구분되는 것도 아니다. 현물환 및 선물환 모두 구분 없이 동일한 거래방식으로 외환딜러 간에 거래되고 있다.

자금시장(Money Market)

만기가 1년 이내인 단기자금의 대차거래가 형성되는 시장이며, 은행 간 거래에서는 주로 1일(Over-night), 1주일, 1개월, 3개월과 같은 단기간 거래가 대부분이다. 각 외국환은행 간에는 상대은행에 대한 신용공여한도(Credit Line)를 설정해 놓고 그 범위 내에서 상호 간에 자금을 빌리거나 빌려주고 있다.

외환시장에서의 거래를 이용하여 자금시장을 통한 자금대차 기능을 만들어 낼 수 있고, 자금시장 거래를 통해 외환시장을 통한 환위험 회피 기능을 만들어 낼 수 있다. 본 교재 환리스크 관리 부문에 나오는 외환스왑(FX Swap)과 Self-made Forward에서 볼 수 있듯이, Buy & Sell FX Swap을 통해 스왑기간동안 USD를 조달하거나 Sell & Buy FX Swap을 통해 USD를 단기간 운용하는 효과를 거둘 수 있다. Self-made Forward는 자금시장 거래를 이용하여 선물환거래와 동일한 구조로 환리스크를 제거하는 방법이다.

역외시장(Off-shore Market)

비거주자의 자금조달 및 운용을 국내시장과 분리해 금융, 세제, 외환관리 등의 규제가 적은 자유거래를 인정하는 시장이다. 특정 국가의 금융시장에서 비거주자가 해당 국가의 통화로 증권발행 등을 통해 자금을 조달하거나 여유자금을 가지고 가서 해당국가 통화로 바꿔 예치한다면 해당 국가 통화당국에 의한 관리와 규제를 받게 된다. 예를 들어, 비거주자계정에 자금을 예치한다면 해당 예금을 예수한 은행은 지급준비를 해야 한다거나, 예금이자에 대해서 예금주가 이자소득세를 내야하는 것 등이 이에 해당된다. 역외시장은, 통화발행국의 영토나 규제 범위 밖에서 해당 통화 자금의 금융거래가 이루어지는 시장을 뜻하며 Euro 시장이라 칭하는 추상적 시장이 여기에 해당된다. LIBOR나 LIBID로 거래되는 은행 간 자금대차 시장에서는 지급준비에 관한 규제도 받지 않으며 세금도 부과되지 않는다.

자본시장(Capital Market)

외국환은행들이 장기적으로 투자하는 거래에 대해서는 자금조달 역시 장기적으로 해야 하는데, 이는 유동성 측면에서 뿐 아니라 금리 리스크를 관리하는 측면에서도 중요하다.

외국환은행들이 장기 외화자금을 조달하는 주요방법은 차관단대출(Syndicated Loan)을 통한 차입과 국제채권(Bond) 발행을 통한 조달방법이 있다. 차관단대출은 은행대출로서 간접금융 방식이고, 채권발행은 은행을 통하지 않는 직접금융 방식이다.

Syndicated Loan

신디케이트 대출은, 규모가 비교적 큰 특정 대출 실행 시 여러 금융기관이 대주단(貸主團)을 구성하여 실행하는 대출로서 통상 정부나 공공기관 등이 대규모의 중장기 자금을 조달할 때 이용되는 대출이다. 참여 금융기관은 총 대출금액 중 일부만 책임지므로 거액의 대출 실행에 따른 신용 리스크를 공동융자 방식으로 분산시킬 수 있는 이점이 있으며, 차주의 입장에서는 Lead Manager라 불리는 주간사 은행과의 협의를 통해 차입조건 등을 논의하면 주간사 은행이 참여은행(Participating Bank)의 모집 등 모든 절차를 진행하게 되므로 일일이 참여은행들과 협의를 할 필요가 없다는 장점이 있다.

자금을 조달하려는 차입자는 일류 국제은행과 협의하여 차입조건 등을 정하고 차입의향서(Letter of Intent)를 전달하면, 해당 은행은 주간사은행이 되어 자신과 함께 신디케이션에 참여할 몇 개의 금융기관을 선정하여 간사단을 구성한 뒤, 최종적으로 차입자로부터 차입 위임장(Mandate)을 받아 참가은행들을 공개적으로 모집하게 된다.

차주는 자신이 차입하는 대출금에 대한 이자 외에도 약정수수료(Commitment Fee), 간사 수수료(Management Fee), 참가 수수료(Participation Fee), 대리인 수수료(Agent Fee) 등을 지급한다. Syndicated Loan은 통상 담보 없이 신용을 기반으로 하며, 금리는 기준금리 + 신용프리미엄 형식의 변동금리가 일반적이다.

⊙ 유로채(Eurobond), 외국채(Foreign Bond)

국제금융시장에서 자금을 조달하는 방법은 은행을 비롯한 금융기관에서 Syndicated Loan으로 차입하거나 국제 채권시장에서 채권을 발행하는 방법 등이 있다. 자금 조달을 위해 국제시장에서 발행되는 채권을 국제채(International Bond)라 하는데 이는 발행지역이나 발행통화 또는 발행자의 거주성 여부를 기준으로 유로채(Eurobond)와 외국채(Foreign Bond)로 구별한다.

유로채는 차입자가 외국에서 제3국 통화표시로 발행된(예 국민은행이 유럽에서 달러표시 채권을 발행한 경우) 채권을 말한다. 외국채는 비거주자가 특정국의 자금시장에서 해당 특정국의 통화표시로 발행하는 채권을 지칭하며 발행되는 국가별로 독특한 이름으로 불리우고 있다. 미국시장에서 외국차입자가 달러표시로 발행한 채권은 양키본드(Yankee Bond), 일본시장에서 외국차입자가 엔화표시로 발행한 채권은 사무라이본드(Samurai Bond), 영국시장에서 외국차입자가 파운드화 표시로 발행한 채권은 불독본드(Bulldog Bond), 한국시장에서 발행된 외국차입자의 원화표시 채권은 아리랑본드(Arirang Bond)라 불리우고 있다.

⊙ ADR / GDR

ADR(American Depository Receipts)은 미국내의 주식시장(NYSE 등)에서 거래되는 수탁증서로서 해외기업의 주권을(0.5주, 1주, 5주 등) 표시하고 있다. ADR을 통해서 미국거주 투자자들은 해외주식을 해당국 통화로의 환전 없이 미국 내에서 USD로 편리하게 투자할 수 있게 된다.

ADR은 미국 국내은행에 의해 발행되며 ADR 보유자는 그 증서에 표시된 주권만큼 해외주식에 대한 청구권을 갖는다. 실제 해외주식은 미국은행과 거래하는 해외의 보관은행(Custodian Bank)에 예탁되고, ADR의 가격은 해외주식의 가격을 미달러로 환산한 가격 수준으로 형성된다.

GDR(Global Depository Receipts)은 ADR과 같은 형식의 수탁증서가 세계의 주요 주식시장에 상장되어 거래되는 것을 말한다. 예컨대, 한국의 특정기업이 미국 내에서 ADR을 상장시키고 이를 또한 유럽이나 기타 선진금융시장에서 거래되기를 희망하면 ADR과 같은 방법으로 해당국 시장에서 DR을 발행하여 상장시켜 GDR이 되는 것이다.

01 | 채권 관련 용어설명 등

금융연수원에서 발행된 기본서에는 많은 용어에 대한 설명이 있습니다만 이 중에서 중장기 자금조달 시 이용되는 채권에 관한 주요 사항만을 발췌하여 설명하였습니다. 그야말로 가볍게 알아두시면 좋을 것으로 판단됩니다.

◈ 현금의 미래가치와 현재가치

현금은 금액이 같더라도 어느 시점에 가용한가에 따라 그 가치가 다르다. 이자를 고려한 시간가치의 차이 때문에 그렇다. 현재의 일정금액을 현재 이율로 복리계산(Compounding)하여 미래의 일정시점에서 평가한 가치를 미래가치(FV ; Future Value)라 하고, 미래의 일정금액을 현재 이율로 할인(Discount)하여 현재시점에서 평가한 가치를 현재가치(PV ; Present Value)라 한다.

금리가 10%라 하면 1년 후에 받게 될 110원은 현시점에서 100원의 가치를 갖게 되며, 2년 후에 받게 될 110원의 현재가치는 90.91원이 된다.

$$PV = FV/(1 + r)$$
$$100 = 110/(1 + 0.1)$$
$$90.91 = 110/(1 + 0.1)^2$$

◈ 이자지급 횟수와 수익률

이율은 일반적으로 연율(APR ; Annual Percentage Rate)로 표시하지만 이자 지급횟수는 연간, 반기별, 분기별, 월별 등으로 다양하게 정해질 수 있다. 이자를 지급받는 횟수가 많으면 이를 재투자 할 기회가 많아지게 되므로 실제 수익률은 표면금리 보다 높아지게 된다.

원금 100원, 금리 10%, 이자 연 1회 지급시의 원리금은

$$100 \times (1 + 0.1) = 110$$

원금 100원, 금리 10%, 이자 연 2회 지급 시의 원리금은

$$1회 : 100 \times (1 + 0.1/2) = 105$$
$$2회 : 105 \times (1 + 0.1/2) = 110.25$$

이처럼 이자 지급횟수가 늘어날수록 실제수익은 증가하게 되며, 실제수익을 고려하여 산출한 수익률을 실효이자율(EAR ; Effective Annual Rate)이라 한다.

$$EAR = (1 + r/m)^m - 1$$
$$(r = 연이율, m = 연간 지급횟수)$$

⊙ 채권(債券, Bond)의 가격 결정

기업들이 자금을 조달할 때 대부분은 은행에서 대출을 받는다. 그러나, 신용도가 좋은 기업들은 자본시장에서 자신들의 신용을 바탕으로 직접 조달할 수도 있으며 이때 발행하는 증서가 채권이다.

채권에는 액면가액(Face Value)과 만기일(Maturity Date) 등이 인쇄되어 있고 이자지급 일자별로 이표채(Coupon)가 붙어 있다. 이자는 발행 시 정해진 표면금리(Coupon Rate)로 정해진 이자지급일에 지급한다.

채권의 가격은 채권발행일 이후에 받게 될 이자와 회수원금을 시장이자율로 할인한 현재가치와 같다. 예를 들어, 액면가액 100원, 만기 3년, 표면금리 10%, 시장이자율 10% 인 경우 채권의 가격은,

$$PV = 10/(1 + 0.1) + 10/(1 + 0.1)^2 + 110/(1 + 0.1)^3$$
$$= 100$$

시장이자율이 채권의 표면금리보다 높으면 할인계수가 커져서 채권의 가치(= 채권가격)는 낮아지고, 시장이자율이 표면금리보다 낮다면 이자를 많이 주는 해당 채권의 가치는 높아진다.

* 시장이자율 : 채권 발행기업에 대한 투자자들의 요구수익률로서 해당 기업의 신용위험 등이 모두 고려된 금리이며, 채권 발행 기업들의 신용위험이 따라 투자자들의 요구수익률도 다르게 나타남

⊘ 채권의 할인발행, 할증발행

앞의 예에서 보듯이 시장이자율과 채권의 표면금리가 동일하여 액면금액과 동일한 금액으로 발행되는 채권을 액면가 채권(Par Value Bond)이라 한다.

투자자들이 요구하는 수익률인 시장이자율이 10%일 때 이자를 8%만 지급(= 표면금리가 8% 라면)하는 채권이 있다면 액면금액과 동일하게 가격을 정해서는 살 사람이 없을 것이다. 따라서 시장수익률보다 이자를 적게 지급하는 채권인 경우에는 액면가격보다 조금 낮춰서(할인하여) 판매해야 하며, 이처럼 액면가액에 비해 낮은 가격으로 채권을 발행하는 경우를 채권의 할인발행이라 한다. 반대로, 투자자들의 요구수익률은 10%인데 표면금리를 12%로 지급한다면 채권의 가격을 액면가격보다 높여서 판매하게 된다.

결국, 표면금리를 고려하여 채권가격을 조정함으로써 투자자들의 요구수익률인 시장이자율에 맞추기 위해서 채권을 할인발행하거나 할증발행하는 셈이 되는 것이다.

⊘ 만기수익률 (YTM ; Yield to Maturity)

채권을 만기까지 보유했을 때 얻게 되는 예상 수익률로서 채권의 현재가격, 액면 가격, 이표채 금리, 만기(Maturity)를 고려하여 산출하며 이표채(Coupon)로 지급받은 이자는 해당 만기수익률로 재투자 됨을 가정한다.

만기수익률은 채권의 미래 현금흐름을 채권의 현재가격과 일치시키는 할인율(= 시장이자율)을 말한다. 채권의 가격결정 식에서 보았듯이 채권의 가격과 채권으로부터의 현금흐름을 알면 할인율인 시장이자율을 알 수 있는데, 이 시장이자율이 곧 채권의 수익률이며 이를 Yield to Maturity라 한다.

예를 들어, A회사가 발행하는 1년 만기 할인채가 있다. 만기에 5% 이자와 원금 100을 지급하는데 현재 거래되는 가격이 90이다. 이 경우 만기수익률은 아래의 식을 만족시키는 금리인 r 이며, 이는 미래의 현금흐름인 105를 현재가격인 90으로 일치시켜 주는 할인율이다.

$$90 = (100 + 5)/(1 + r)$$
$$r = 16.67\%$$

177

만기가 3년이며, 매년 5%로 이자를 지급하며, 만기에 100을 상환하는 채권의 현재가격이 90이라면 만기수익률은 아래의 식에서 구해지는 r이다.

$$90 = 5/(1 + r) + 5/(1 + r)^2 + 105/(1 + r)^3$$

채권의 현재가격이 만기에 상환 받을 액면가액보다 낮다면 채권의 만기수익률이 쿠폰금리보다 높다는 의미이며, 채권의 현재가격이 액면가액보다 높다면 만기수익률이 쿠폰금리보다 낮다는 의미이다.

❷ 금리변동과 채권가격의 변동

시장이자율의 변동은 미래현금흐름의 할인율에 변동을 가져오므로, 시장이자율(금리)이 상승하면 채권가격은 하락하고 금리가 하락하면 채권가격은 상승하게 된다. 아래의 공식에서 보듯이 1년 후에 원금 100과 이자 5를 주는 채권인 경우 금리인 r의 값이 커지면 채권가격이 현재가격보다 작아지는 원리이다.

$$90 = (100 + 5)/(1 + r)$$

고정금리채의 경우 Coupon의 금리는 고정되어 있는데 시장금리가 올라가면, 채권보유자는 시장금리는 올라갔는데도 불구하고 예전에 정해진 낮은 금리로 이자를 받기 때문에, 해당 채권을 처분하게 되어 채권가격이 하락하게 된다.

금리의 변동에 대한 채권가격의 변동 정도는 만기와 표면금리의 크기에 의해 다르게 나타나며, 만기가 길수록, 표면금리가 낮을수록 금리변화에 대한 가격변동폭이 크게 나타난다(만기와 표면금리를 고려하여 Duration이 산출되며 Duration이 길수록 금리민감도가 크다).

❷ 기대수익률

여러 투자안 중에서 하나를 선택해야 하는 경우 투자자들은 각각의 투자案으로부터 기대되는 수익률과 위험을 비교하여 자신의 투자유형에 맞는 안을 취하게 된다. 미래의 기대수익률(Expected Return)은 미래에 실현 가능하다고 생각하는 각 상황별 수익률을 각각의 수익률이 발생할 확률로 가중평균 하여 계산한다. A와 B 두 주식의 수익률에 관한 확률분포가 다음과 같을 때 기대수익률 [E(R)]을 구해 보자.

▼ 주식 A와 B의 수익률 확률분포

상 황	발생확률	주식 A의 수익률	주식 B의 수익률
1	20%	5%	50%
2	30%	10%	30%
3	30%	15%	10%
4	20%	20%	−10%

위의 표는 향후 전개될 4가지 상황에 대한 주식 A와 주식 B의 예상수익률을 보여주고 있으며 아래의 식을 이용하면 향후 각 주식에 대한 기대수익률을 계산할 수 있다.

$$E[R] = \sum_{i=1}^{N} p_i R_i$$

- $E[R]$ = 주식의 기대수익률
- N = 주식의 종목 수
- p_i = 발생확률
- R_i = 주식 i의 수익률

주식 A와 B의 기대수익률

Stock A
$E[R_A]$ = .20(5%) + .30(10%) + .30(15%) + .25(20%) = 12.5%

Stock B
$E[R_B]$ = .20(50%) + .30(30%) + .30(10%) + .25(−10%) = 20%

위 표에서 살펴본 것처럼 주식 B의 기대수익률이 A의 기대수익률보다 7.5%p 높다. 그러나 투자자는 투자안을 선택할 때 수익률만을 기준으로 선택할 수는 없다. 해당 주식을 선택할 때 부담하여야 할 위험에 관해서도 알아야 하기 때문이다.

◆ 채권의 주요 종류

① 할인채(無이표채, Zero Coupon)

일반적으로 채권은 표면금리에 의해 정기적으로 이자를 지급하는 利票(Coupon)가 있으나, 할인채는 이표가 없는 채권이다. 만기까지 이자지급을 안하는 대신 액면금액을 특정 할인율로 할인하여 발행함으로써 시장이자율에 해당하는 만기수익률이 나도록 채권가격이 결정된다.

액면금액 100원, 만기 1년인 할인채를 10% 할인율로 매입하였다면 채권의 가격은 90원이 된다. 할인율이 10% 이면 할인채의 실제수익률은 11.11%[= (10/90)×100]이다. 이러한 수익률은 발행기업 채권에 대한 투자자들의 요구수익률에 의해 결정되며 11.11% 이상의 이자를 주어야 해당 채권을 매입할 의사가 있음을 의미한다. 결국, 할인율은 채권의 만기까지 정기적인 이자지급이 없으면서도 채권의 수익률이 11.11%가 될 수 있도록 조정하기 위한 것이다.

② 변동금리 채권(FRN ; Floating Rate Note)

FRN은 특정 이율로 이자를 지급하는 고정금리 채권과는 달리 채권의 이자지급 금리를 6개월 LIBOR 등의 변동금리에 연동하여 정하는 채권이다. 고정금리로 채권을 발행(또는 투자)할 것인지 변동금리에 연동하는 FRN을 발행(또는 투자)할 것인지는 향후 금리예측에 따라 달라질 수도 있겠으나 금리위험 관리 측면에서 볼 때는 자금이 변동금리로 운용되고 있어서(또는 예정이어서) 자금의 조달 또한 변동금리로 Match 시키고자 할 때 유용한 채권이라 할 수 있겠다.

③ 전환사채(Convertible Bond)

보통의 채권처럼 이자를 지급하지만 일정 조건(전환가격, 전환시기 등)하에서 채권의 소지인에게 보유중인 채권을 발행회사의 주식으로 전환할 수 있는 선택권이 부여된 채권이다. 선택권(Option)을 부여하기 때문에 상대적으로 낮은 금리로 채권을 발행 할 수 있고, 주식으로 전환 시에는 부채가 자본으로 전환되어 자본충실도를 높일 수 있다.

투자자의 입장에서는 발행회사의 주가가 전환가격 이상으로 상승하는 경우 전환권을 행사하여 자본이득을 얻을 수 있기 때문에 시장이자율보다 낮은 금리조건을 기꺼이 수용하게 된다.

④ 신주인수권부 채권(Bond with Warrant)

채권을 발행하면서 일정 조건(매입가격, 매입시기 등)하에서 채권 발행회사의 주식을 매입할 수 있는 권한(Warrant, 일종의 옵션)을 부여한 채권이다. 전환사채의 경우처럼 채권 발행 기업은 시장이자율보다 낮은 금리로 채권을 발행할 수 있고 투자자는 주식으로부터 자본이득을 기대할 수 있기 때문에 낮은 금리를 수용하게 된다.

전환사채는 주식으로 전환 시 채권투자액이 주식대금으로 대체 되는데 비해, 신주인수권부 채권은 주식 인수 시 필요한 자금을 별도로 준비해야 한다. 주식매입권인 Warrant를 채권과 분리하여 양도 가능한 분리형과 그렇지 않은 비분리형이 있다.

⑤ Callable Bond, Puttable Bond

계약을 맺을 때 경쟁입찰에 의하지 않고 발주자의 뜻에 따라 맺는 계약을 수의계약이라고 한다. 채권 발행자가 자금의 여유가 있을 경우 채권의 만기일이 도래하기 이전에라도 채권 발행자의 뜻에 따라 채권을 상환할 수 있는 권리를 부여한 채권이 수의상환권부 채권 (Callable Bond)이고, 투자자가 만기일 이전이라도 상환을 청구할 수 있는 채권이 조기변제 요구권부 채권(Puttable Bond)이다.

권리를 갖게 될 때는 그에 상응하는 부담을 감수해야 하듯이 Callable Bond는 발행자가 금리를 좀 더 주어야 할 것이고 Puttable Bond는 투자자가 금리를 좀 덜 받아야 할 것이다.

> • Callable Bond의 가치 = 일반채권의 가치 − Call Option Premium
> • Puttable Bond의 가치 = 일반채권의 가치 + Put Option Premium

◉ 체계적 / 비체계적 리스크

주식투자를 할 때 주식 1종목만 보유하는 것보다 여러 종목으로 포트폴리오를 구성하여 보유하면 수익률의 변동성이 감소될 수 있다. 이는 포트폴리오에 구성된 각 주식들의 가격 변동방향이 달라서 서로의 변동성을 상쇄시켜 주는 효과가 있기 때문이다. 이처럼 포트폴리오를 구성함으로써 위험이 감소하는 효과를 분산효과(Diversification Effect)라 한다.

그러나 아무리 많은 수의 주식종목을 포트폴리오에 포함시켜도 위험을 완전히 제거할 수는 없는데 이처럼 분산투자를 해도 남아있는 위험을 체계적 위험(Systematic Risk)이라 하며 인플레이션, 이자율, 경제성장률 등과 같은 거시경제변수에 의해 발생하는 가격변동 위험이 여기에 해당되며 시장위험 이라고도 표현한다. 반면에, 분산투자에 의해 제거할 수 있는 기업 고유의 위험은 비체계적 위험(Non-systematic Risk)이며 해당 기업에 특정한 요인들로 인해 발생하는 위험이다.

위험자산의 기대수익률은 위험의 크기에 비례한다고 할 때 위험은 체계적 위험인 시장위험을 지칭한다. 비체계적 위험은 단순히 분산투자를 함으로써 간단히 제거될 수 있기 때문에 이러한 위험에 대해서는 보상할 필요가 없기 때문이다. 이를 체계적 위험 원칙(Systematic Risk Principle)이라고 한다.

베타(β), 자산의 시장위험에 대한 민감도

개별주식 또는 특정 포트폴리오가 갖는 시장전체의 변화(예 주가지수)에 대한 민감도를 베타라고 한다. 만약에 주가지수가 1% 상승할 때 특정 포트폴리오의 가치가 1.2% 상승했다면 이 포트폴리오의 베타는 1.2가 되는 것이다. 베타가 1.2인 A주식과 0.8인 B주식을 이용하여 포트폴리오를 구성하는 경우 베타를 고려하여 투자비중을 조정하면 시장과 동일한 위험을 갖는 포트폴리오를 만들어 낼 수 있다.

$$1.2 \times w + (1 - w) \times 0.8 = 1$$

- w : A주식 투자 비중
- (1 − w) : B주식 투자 비중

위 식을 풀면,

$$w = 0.5, \quad (1 - w) = 0.5$$

∴ A주식에 50%, B주식에 50% 투자

시장위험에 대한 상대적인 민감도를 나타내는 측정치가 베타이므로 특정 주식 포트폴리오의 민감도가 1.2일때 주가지수 선물을 활용하여 해당 포트폴리오의 가치하락 위험을 헤지할 경우 헤지비율로도 활용할 수 있다. 시장전체의 변화는 곧 주가지수의 변화와 같기 때문에 이들 간의 베타는 1이다. 따라서 주가지수선물에 비해 1.2배의 민감도로 가격이 움직이는 포트폴리오를 Hedge 하려면 주가지수 선물 거래금액을 포트폴리오 금액의 1.2배가 되도록 해줘야 한다.

듀레이션(Duration)

채권과 관련하여 많이 듣게 되는 용어이며 채권만기(Maturity)와는 다른 개념이다. 채권만기는 단순히 해당 채권의 상환일을 나타내고 있는 반면, Duration은 채권만기일 이내에 지급되는 이자의 규모와 지급시기를 고려하여 산출되는 것으로서 현재의 채권투자액이 상환되는데 소요되는 평균기간을 의미한다.

Duration은 금리의 변동에 따른 채권가격의 민감도를 측정하는 지표가 되며, 채권투자에서 지급되는 쿠폰(이표채)의 재투자 위험을 제거하기 위한 자금조달기간 Match 시에도 이용되는 지표이다.

▼ Duration의 산출식

$$V = \sum_{i=1}^{n} PV_i$$

$$\text{MacD} = \frac{\sum_{i=1}^{n} t_i PV_i}{V} = \sum_{i=1}^{n} t_i \frac{PV_i}{V}$$

- i = 현금흐름 회차
- PV_i = 각 회차별 현금흐름의 현재가치
- t_i = 각 현금흐름이 발생하는 시기(年으로 환산)
- V = 모든 현금흐름의 현재가치 합계

① Duration 산출

채권가격 100, 쿠폰금리 10%, 시장 이자율(수익률) 10%, 채권만기 3년 일때,

▼ Duration 계산 例

구 분	t	t_1	t_2	t_3
현금흐름 (A)	−100	10	10	110
현가 할인계수 (B) (시장금리 : 10%)		$(1+0.1)$ 1.1	$(1+0.1)^2$ 1.21	$(1+0.1)^3$ 1.331
현재가치 (C) = (A)/(B)		9.0909	8.264463	82.644628
회수기간 (D)		1	2	3
기간 가중 현재가치 (E) = (C) × (D)		9.0909	16.528926	247.93388
Duration = (E)/채권가격	2.7355	0.090909	0.165289	2.479339

현금흐름은 최초에 채권 매입가격 지출과, 매 기간별 쿠폰수입, 그리고 만기에 원금회수를 나타내고 있다. 각 기간별 현금흐름을 현재의 시장금리를 고려하여 각 현금흐름의 현가를 계산하고, 이를 다시 회수기간으로 곱한 후 채권가격으로 나눠서 Duration을 구한다. 이것을 아래의 그림을 통해 설명해 보면 받침점에 해당하는 기간이 Duration이다.

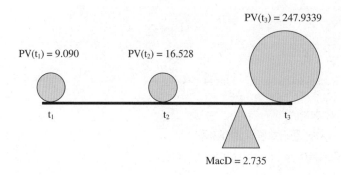

▼ Duration 도해

PV(t₃) = 247.9339

PV(t₁) = 9.090   PV(t₂) = 16.528

t₁   t₂   t₃

MacD = 2.735

할인채(Zero Coupon 채권)처럼 중간에 이자지급이 없는 경우는 만기와 듀레이션이 일치하지만 중간에 이자지급이 있다면 듀레이션은 항상 만기보다 짧게 된다. 이는 중간에 이자를 수취함으로써 전체 현금흐름 중 만기 전 수취되는 현금수입 비중이 커짐으로써 채권투자액이 상대적으로 단기간에 회수될 수 있음을 나타낸다. 채권의 표면금리가 높으면 그만큼 투자금 회수가 빨라지므로 듀레이션이 짧아지고, 시장금리(= 채권 수익률)가 높을수록 중간에 회수한 이자의 재투자수익이 증가하게 되어 상대적으로 투자금 회수가 짧아지게 된다.

여기서 설명한 방식의 Duration 산정방법은 Frederick R. Macaulay가 최초로 도입한 개념이라 해서 맥컬레이 듀레이션(Macaulay Duration)이라 칭하며, 줄여서 맥듀(Mac Dur.)라고 한다.

◔ Duration의 활용

① 금리변동에 따른 채권가격의 변동폭 측정

채권 투자기간이 길수록 금리변동에 따른 가격변동 폭이 크게 나타난다. 그런데 여기서 말하는 투자기간은 만기까지의 기간이 아니라 Duration을 지칭하며 이 듀레이션이 바로 채권의 가격변동위험 척도(Price Sensitivity Measure)로 이용되는 것이다. Duration을 이용하면 금리변동에 따른 대략적인(Best Estimate 또는 Approximation) 채권가격 변동폭을 구할 수 있다. 예컨대, 금리가 1% 떨어지면 Duration이 1년인 채권의 가격은 1% 상승하고 Duration이 2년인 채권의 가격은 2% 상승하는 형태를 보인다. 이때 이용하는 듀레이션은 수정 듀레이션(Modified Duration)으로서 앞에서 말한 Macaulay Duration을 현재의 수익률로 할인하여 구하며 마이너스(−) 부호를 갖는다.

$$\text{Modified Duration} = [\ \frac{\text{Macauley Duratiom}}{(1 + \dfrac{\text{YTM}}{\text{n}})}\ ]$$

- n = 연간 이자지급 횟수
- YTM = 채권의 만기수익률

앞에서 보았듯이 표면금리 10%, 액면금액 100원, 시장금리 10%, 연 1회 이자지급, 만기 3년인 채권의 맥컬레이 듀레이션은 2.7355년이고, 수정 듀레이션은 이를 시장금리로 할인한 2.4868년이 된다. 이러한 상황에서 시장금리가 1% 상승하면 채권가격은 2.4868% 하락하게 되는 것이다.

Duration이 길면 금리변동에 대한 채권가격 변동 폭이 커지므로 금리 리스크를 헤지하고자 하면 보유중인 채권의 듀레이션과 헤징상품의 듀레이션을 비교하여 민감도(Elasticity)에 따른 헤지비율을 적용해야 효과적인 헤지를 할 수 있다.

② 금리변동에 따른 투자채권의 가격변동 위험 면역(Immunization)

투자에 필요한 자금의 조달은 투자기간 및 투자조건(금리 형태) 등과 Match시켜야 금리변동 위험을 회피할 수 있다. 장기적인 투자를 하면서 단기로 자금을 조달하면 유동성리스크도 초래될 수 있지만 금리상승 위험도 있게 되는 것이다. Immunization은 자산부문의 듀레이션과 부채부문의 듀레이션을 일치시킴으로써 금리변동위험을 제거하는 행위이다.

시장금리가 상승하면 채권가격은 하락하지만 표면금리 이자수입의 재투자수익은 증대되고, 시장금리가 하락하면 채권가격은 상승하지만 이자수입의 재투자수익은 감소하게 된다. Immunization은 시장금리 변동에 따른 채권가격 변동위험과 이자수입 재투자위험의 상쇄효과를 이용하여 채권의 금리 리스크를 헤징하는 기법으로서, 금리변동에 대한 채권가격의 민감도인 Duration을 이용하여 금리변동에 따른 가격변동 위험을 제거시키는 조치이다.

* 본 교재 '환리스크 관리'부문을 참고하시고, 여기서는 후술하는 '예금 및 옵션 결합상품'의 이해를 돕기 위해 옵션의 정의 정도만 소개하고자 함

◀▬▬▬▶ 옵션(Option)

옵션이란 특정 기초자산(Underlying Asset)을 미리 정한 가격(행사가격 : Exercise Price, Strike Price)에 매입 하거나 매도할 수 있는 권리(선택권 : Option)이다. 선물환이나 선물거래로 미래에 적용할 환율을 확정하는 계약을 체결했다면 만기에 가서 자신에게 유리한 결과가 되든 불리한 결과가 되든 틀림없이 계약을 이행해야 하므로 선물환 거래를 하지 않았더라면 좋았을 것이라는 후회를 하는 경우가 발생할 수도 있다.

이와 다르게 옵션은, 불리한 경우에는 계약이행 의무를 부담하지 아니하고 유리할 경우에만 권리를 행사할 수 있는 상품이다(In finance, an option is a contract which gives the owner the right, but not the obligation, to buy or sell an underlying asset or instrument at a specified strike price on or before a specified date). 그러나 이처럼 좋기만 한 상품이 있을 수는 없듯, 옵션은 의무 없이 권리만을 향유하는 대신에 그것에 대한 대가로 옵션 프리미엄(Option Premium)이라는 가격을 치러야 한다.

특정 해외공사에 입찰을 하는 국내기업이 있다고 가정해 보자. 낙찰 되는 순간 착수금으로 일정 외화를 수령할 것이 예상되고, 입찰가격은 현 수준의 환율을 고려하여 제출하였다면, 착수금 및 잔금을 받는 시점의 환율하락을 고민하게 될 것이다. 그렇다고 확실하게 낙찰을 받게 되리라고 장담할 수도 없는 상황이라면 해당 외화에 대한 풋옵션(Put Option)을 매입하여 헤징(Hedging) 하는 것도 좋은 방법이라 할 수 있다.

옵션거래를 통하여 매매차익을 노리는 투기거래(Speculation)도 활발하다. 옵션에서는 가격변동 방향 뿐 아니라 기초자산 가격의 변동성(Volatility)을 이용한 투기거래도 가능하다. 옵션가격은 기초자산의 가격변동성이 클수록 비싸고, 기초자산의 가격이 안정적으로 움직여서 Volatility가 작아지면 하락한다.

권리(Option) 행사(Exercise)를 옵션 만기일에만 할 수 있는 옵션을 유럽형 옵션(European Option)이라 하고, 만기일 이전에도 언제든 행사할 수 있는 옵션을 미국형 옵션(American Option)이라 한다.

◆ Call Option

콜옵션은 미래에 특정 상품을 매입해야 하는 측이 해당 상품의 가격상승을 우려하여 이용할 수 있는 헤징상품으로서, 해당 상품(Underlying Asset)을 특정가격(행사가격, Exercise Price)에 살 수 있는 권리이다. 따라서, 시장가격이 특정 행사가격 보다 비싸다면 권리를 행사하여 미리 정한 특정가격에 매입할 수 있고, 시장가격이 행사가격 보다 싸다면 그저 권리를 포기해 버리고 시장에서 낮은 가격으로 매입하면 된다.

◆ Put Option

풋옵션은 미래에 특정 상품을 매도해야 하는 측이 해당 상품의 가격하락을 우려하여 이용할 수 있는 헤징상품으로서, 해당상품(Underlying Asset)을 특정가격(행사가격)에 팔 수 있는 권리이다. 따라서 시장에서의 가격이 특정가격 보다 싸다면 권리를 행사하여 미리 정한 특정 가격에 매도할 수 있고, 시장에서의 가격이 행사가격 보다 비싸다면 굳이 권리를 행사할 필요 없이 시장에서 높은 가격으로 매도하면 된다.

◆ Covered Call, Protected Put

특정 기초자산을 보유하면서 옵션을 매도하는 거래형태로서 기초자산의 가격이 일정범위 내에 움직일 경우 옵션을 매도하여 수령한 프리미엄만큼 추가수익을 얻을 수 있는 거래전략이다.

어떤 투자자가 A기업 주식을 보유하고 있다고 하자. 현재 주가는 50,000원이며, 아직도 상 승여력이 있다는 판단에 계속 보유키로 하지만 앞으로 3개월 이내에는 55,000원을 넘기기 어려울 것으로 판단한다면, 투자수익률을 올릴 수 있는 방안의 하나로 A주식의 Call Option (행사가격 55,000원, 옵션만기 3개월)을 매도하는 전략을 구사할 수 있다.

이러한 상황에서, 예상대로 주가가 50,000원에서 55,000원 사이에 머무르게 되면 주가 상승 분만큼 수익을 올리게 될 뿐 아니라 콜옵션 매도 시 수령했던 프리미엄만큼 추가수익을 올리 게 되는 것이다. 만약, 주가가 55,000원을 돌파하여 상승하면 콜옵션을 매입한 측이 옵션을 행사할 것이기 때문에 보유하고 있는 A주식을 인도하면 된다. 이처럼, 기초자산을 보유하면서 Call Option을 매도하는 거래는, 콜옵션 매도로 Short Position이 발생하지만, 이미 기초자산을 보유(Long Position)하고 있어 포지션이 Square상태에 있는 것이기 때문에 Covered Call이라 한다.

Covered Put은 Covered Call과 방향만 바뀌는 것이고 구조는 같다. USD Short 포지션을 보유한 투자자가 있고, 앞으로도 USD 환율이 하락할 것으로 예측하고 있으며, USD 환율이 하락은 하되 특정 예상환율 밑으로는 하락하지 않을 것이라고 판단 한다면, 특정 예상환율을 행사가격으로 하는 USD 풋옵션을 매도함으로써, 일정범위 내에서의 환율하락에 따른 수익에다가 옵션 매도 시 받은 프리미엄만큼 추가수익을 얻게 되는 거래형태이다. 현재 보유하는 Short Position이 있기 때문에 거래상대가 풋옵션을 행사하여 USD를 인수하게 되면 자연스럽게 Square Position이 된다. 풋옵션 매도로 Long Position이 발생하지만 이미 기초자산인 USD의 Short Position을 보유하고 있기 때문에 Covered Put이라 한다.

기초자산을 보유하면서 풋옵션을 매입하는 것을 Protective Put Buying이라고 한다. 보유 중인 기초자산이 이미 이익을 낸 상태라면 해당 이익을 가격하락으로부터 보호함과 동시에 추가적인 가격상승이 있으면 비례하여 수익을 올리기 위한 거래이다. Protective Put Buying은 콜옵션 매입포지션과 동일한 손익구조(pay-off)를 갖는다.

◀▬▬▬▬▶ ELS(Equity Linked Securities), ELD(Equity Linked Deposits)

앞에서 살펴본 옵션은 채권이나 은행예금과 결합하여 다양한 수익구조를 만들어 낼 수 있다. 채권과 주가지수 옵션을 결합한 상품을 ELS, 예금과 주가지수 옵션을 결합한 상품을 ELD라 부른다. 옵션과 정기예금(또는 채권)의 결합은 투자자들이 주식시장을 Bullish(강세)하게 보는지 Bearish(약세)하게 보는지에 따라 선택하는 옵션이 달라지게 된다. 만약, 주식시장을 Bullish하게 보는 투자자들이 많다면 정기예금 등에 콜옵션 매입(Long Call)이나 풋옵션 매도(Short Put)의 조합이 흥미를 끌게 될 것이며, 반대로 주식시장을 Bearish하게 보는 투자자들이 많다면 정기예금 등에 풋옵션 매입(Long Put)이나 콜옵션 매도(Short Call)를 조합하는 상품이 관심을 끌게 될 것이다.

✅ ELS(Equity Linked Securities) 상품의 예

주가지수가 상승 가능성을 높게 보지만 주식에 투자해서 잘못되면 원금손실을 볼 수 있으므로 투자원금은 보장받으면서 주가지수가 상승하는 것에 비례하여 수익을 얻고자 하는 투자자가 있다면, 이런 투자자에게는 다음과 같이 상품을 조합하여 권해줄 수가 있다(가정 : 투자기간 1년, 투자금액 100만원, 국채수익률 5%).

① 1년 후 투자원금인 1,000,000원이 될 수 있는 국채(할인채) 매입

$$1,000,000/1.05 = 952,380$$

즉, 투자개시 시 952,380원으로 국채를 매입 해두면 1년 후에는 100만원을 회수할 수 있으므로 원금은 보장된다.

② 국채를 매입하고 남은 47,620원으로 주가지수 콜옵션을 매입(Long Call)
주가지수가 투자시점보다 상승하여 행사가격 이상으로 오르면 그때부터는 주가지수 상승폭과 비례하여 수익이 발생하며 해당수익을 투자자에게 지급할 수 있다.

✅ ELD(Equity Linked Deposits) 상품의 예

ELS에서 설명한 내용 중 국채를 정기예금으로 바꾸면 주가지수에 연동된 정기예금이 된다.

① 통화옵션부 정기예금
ELS와 ELD는 정기예금(또는 채권)에 주가지수 옵션(콜옵션 또는 풋옵션)을 결합한 상품이다. 만약, 투자자들이 주가지수에 대한 View를 갖듯 외환시장에서의 환율(예 USD/Won 환율)에 관해 투자의견이 있다면, 주가지수옵션 대신에 통화옵션을 결합하여 상품을 만들어 낼 수도 있다.

정기예금(또는 채권)과 옵션의 결합

- ELS : 채권 + 주가지수 옵션
- ELD : 정기예금 + 주가지수 옵션
- 통화옵션부 정기예금 : 정기예금 + 통화옵션
- 통화옵션부 채권 : 채권 + 통화옵션

옵션은 기초자산의 가격이 상승할 때도 수익을 올릴 수 있고(콜옵션 매입, 풋옵션 매도), 기초자산의 가격이 하락할 때도 수익을 올릴 수 있으며(풋옵션 매입, 콜옵션 매도), 기초자산의 가격이 안정적이어서 특정범위를 벗어나지 않는 경우에도 수익을 올릴 수 있다(Volatility를 이용한 거래 : 콜옵션과 풋옵션을 동시에 결합한 Straddle, Strangle 등).

선물환거래와 옵션의 결합

◈ Enhanced Forward

선물환거래는 현물환율에다 관련되는 양 통화의 금리를 고려하여 공식적으로 산출된다. Enhanced Forward는 일반 선물환거래에다가 옵션 매도를 결합하여 선물환율을 더 유리하게 만들어 주는 상품이다. 예컨대, 수출기업이 1개월 만기 선물환으로 USD 매도 계약을 신청하면 외국환은행과 1,100원으로 계약을 체결할 수 있다고 하자. 앞에서 언급하였듯이 1,100원이라는 선물환율은 선물환계약 당시의 현물환율에다가 USD 금리와 Won 금리를 고려한 공식에 의해 산출이 되는 것인데, 수출업체가 예측컨대 향후 1개월 안에는 환율이 오르더라도 1,150원까지는 가지 않을 거라는 판단이 되면, 행사가격이 1,150원인 콜옵션을 매도하고 이때 수령할 프리미엄만큼 선물환율을 상향(Enhanced)시켜 조정하는 방식이다.

같은 논리로, Put Option을 매도하는 방법이 있다. 만약, 환율이 하락한다 하더라도 향후 1개월 안에는 1,050원 밑으로는 내려가지 않을 거라는 판단을 한다면, 행사가격 1,050원인 풋옵션을 매도할 수 있다. 환율이 1,050원 밑으로 내려가지 않는 한 풋옵션이 행사될 이유가 없으므로 풋옵션 프리미엄 수령액만큼 선물환율을 상향 조정할 수 있게 된다.

이러한 거래가 이렇게 좋기만 할까? 당연히 대가를 치를 각오를 해야 한다. 콜옵션을 매도하여 선물환율을 상향조정 받았다면, 1개월 후의 환율이 행사가격인 1,150원을 상향 돌파하는 경우 환율상승에 비례하여 손실이 발생하게 된다. 풋옵션을 매도하여 선물환율을 상향조정 받았다면, 1개월 후의 환율이 풋옵션 행사가격인 1,050원을 하향 돌파하는 순간부터 환율 하락과 비례하여 손실이 발생하게 된다.

03 | 해외펀드

◀▌▬▬▬▶ Mutual Fund, 수익증권

Mutual Fund는 주식 발행을 통해 투자자(= 주주)를 모집하여 형성된 투자자금을 전문운용회사가 운영하도록 맡기고 여기서 발생한 수익을 투자자에게 배당금의 형태로 배분하는 투자회사이며 회사형 투자신탁이라고도 한다. 투자자가 직접 매매하는 것이 아니라 전문 펀드매니저가 운용해 주는 간접투자라는 점에서 투신사 수익증권과 비슷하나 투자자가 곧 주주가 된다는 점에서 차이가 있다. 따라서 가입한 투자자도 주식을 나눠 받아 그 주식의 가치가 올라가면 수익이 높아지게 된다.

출처 : 시사상식사전, 박문각

수익증권은 투자신탁회사가 고객들이 맡긴(신탁) 돈으로 채권, 기업어음(CP), 양도성예금 증서(CD), 주식 등에 투자한 뒤 실적에 따라 수익을 고객들에게 돌려주는 상품이며, 운용대상에 따라 공사채형과 주식형으로 나뉜다. 수익증권은 예금자 보호대상에서 제외되며, 실물채권이 수탁기관에 보관되므로 투자자산 자체가 사라질 염려는 없으나 운용대상 채권이 부실화하면 원금을 건지지 못할 수 있다.

투신사 수익증권이나 은행신탁은 회사와 투자자가 계약을 맺고 돈을 맡기는 형태이므로 계약형 펀드라 하며, 뮤추얼펀드는 각각의 펀드가 하나의 독립된 회사(증권투자회사)로 만들어지고 투자자는 여기에 출자하는 방식이어서 회사형 펀드라 한다.

◀▌▬▬▬▶ 해외펀드, 해외투자펀드, 외수펀드(외국인 전용 수익증권)

해외펀드는, 외국의 투자기관에 의해 해외에서 설립되어 전세계 투자자들을 대상으로 자금을 모아 투자하는 펀드이다. 해외투자펀드는, 국내운용사가 국내투자자로부터 자금을 모아 해외에 투자하는 펀드이다. 외수(外受)펀드는, 투자신탁회사에서 외국인들의 국내 투자(주식 및 채권) 전용펀드로 외국인을 상대로 팔고 있는 수익증권이다.

◀█████▶ 해외펀드와 선물환거래

해외 주식에 투자하는 펀드에 가입하는 이유는 해당 해외 주식의 성장가능성을 높게 평가하고, 국내에서의 주식펀드 수익률보다 높은 수익률을 올릴 수 있으리라는 기대 때문일 것이다. 그런데 미국주식 시장에서의 투자수익률이 높았다 할지라도 투자금을 회수할 때의 환율이 투자 당시의 환율보다 하락해 버리면 환율이 하락한 만큼 수익률이 낮아지며, 환율 하락률이 미국주식투자 펀드의 투자수익률보다 높으면 원금손실이 발생하게 된다. 미국 주식에 투자하기 위해서는 펀드가입자들이 투자한 원화를 USD로 환전해야 하고, 해당 펀드 만기일에는 미국 주식을 매각하여 받은 USD를 원화로 환전하여 회수해야 하기 때문이다.

이러한 환율변동위험(환리스크)을 제거하고 순전히 주식투자 수익만을 목적으로 한다면, 해외 주식펀드 투자자들은 펀드 가입 시 선물환거래를 통해서 투자금 회수 시 적용할 환율을 미리 확정해 두어야 한다. 해외펀드 관련 선물환거래는 대체로 1년 단위로 계약하게 되는데, 해외 주식펀드 투자기간이 2년이라면, 펀드 가입 1년 후에 선물환계약을 연장하는 절차를 거쳐야 한다. 여기서 중요한 것은, 선물환계약 연장거래 시의 선물환 계약환율과 연장시점의 실제 환율이 차이가 나는 경우 그 차액을 정산해야 한다는 것이다. 몇 년 전에 외국환은행들이 해외주식펀드들 많이 판매했는데 해외주식시장의 침체로 해외주식펀드들의 수익률이 큰 폭의 마이너스를 시현했다. 고객들이 투자손실로 인해 극도로 민감해 있던 중에, 환리스크 헤지를 위해 매입해 두었던 선물환계약의 연장 과정에서 많은 정산금을 요구받게 되는 일이 발생했다.

해외주식펀드 투자당시의 현물환율 : 1,000원
투자당시의 1년 선물환율 : 1,010원
투자시점으로부터 1년 후의 실제 환율 : 1,100원

▼ 선물환 결제일의 연장

구 분	Y₁	Y₂
해외주식 펀드 투자금 회수		+ USD
선물환거래로 USD 매도 (선물환거래는 1년 단위로)	− USD + Won 1,010	
선물환계약 1년 연장 (Buy & Sell FX Swap)	+ USD − Won 1,100	− USD + Won 1,110

펀드 투자시점에서 보면, 2년 후 만기일(Y_2)에 투자금이 회수되어 미달러화를 수령하게 된다 (+USD). 그런데 회수하는 미달러화의 환율이 하락하면 수익률에 큰 영향을 미칠 뿐 아니라 원금도 손실을 볼 위험이 있으므로 우선 1년 만기 선물환계약을 통해 미달러를 매도(−USD) 하는 계약을 체결하며 이때의 계약 환율이 1,010원이다(선물환율은 관련 통화의 금리차가 반영되어 결정되는데, 여기서는 편의상 1년 스왑포인트가 10원이라고 가정, 본 교재 '환리스크 관리'부문 참조).

펀드에 투자한 지 1년이 경과한 시점에서 보니 펀드수익률이 큰 폭의 마이너스를 시현하고 있었다. 그런 와중에 고객들은, 투자 시 환리스크 헤징을 위해 체결해 두었던 선물환계약을 연장해야 한다는 연락을 받게 되고, 선물환계약 연장을 위해서는 달러당 90원씩 은행에 정산해야 했었다. 이유는, 최초 선물환계약을 1년 연장하면서 당초 선물환율과 연장 당시의 실제 환율이 90원(1,100−1,010) 차이가 났기 때문이다. 선물환계약을 연장할 때는 외환스왑(FX Swap)을 이용하며, 1년 스왑포인트가 10원이므로 연장당시의 환율인 1,100원에다가 10원을 더한 환율로 Y_2 시점에 적용할 환율이 재조정 된다.

만약, 투자시점에 2년 만기 선물환계약을 했더라면 환율이 1,020원이 되었을 것이다(왜냐하면, 투자당시의 현물환율인 1,000원에, 1년당 스왑포인트가 10원이므로 2년분 스왑포인트 20원을 가산). 그런데 선물환계약을 연장하면서 Y_2에 적용할 환율이 1,110원으로 재조정 어 투자당시에 2년 만기 선물환으로 했을 경우보다 90원에 해당하는 이익을 보는 결과가 된다. 따라서 선물환계약 연장 시 정산금으로 부담하여야 했던 90원은 환차손을 본 것이 아니라 그저 잠정적인 평가손에 해당되는 것이다.

투자회수금을 환전할 경우 적용할 환율을 선물환계약을 통해 미리 확정해 두면 환율변동에 의한 손실위험이 제거되므로 환차손은 발생하지 않게 된다. 다만, 선물환거래를 1년 단위로 하다 보니 선물환계약 연장시점에서의 정산으로 인해 평가손익이 발생할 뿐이다. 그럼에도 불구하고 펀드수익률이 마이너스 상태에서 선물환계약을 연장에 따른 정산금을 내 놓아야 하는 고객들의 충격이 대단했으며, 은행 직원들의 고충 또한 말로 표현하기 어려울 정도였다. 더욱 안타까운 일은, 이렇게 어려운 상품을 판매하면서도 고객에게 충분한 설명을 하지 않았고, 막상 일이 닥쳤을 때도 이러한 상품구조를 제대로 설명할 준비가 안 되어 있었다는 것이었다.

외국환거래실무 핵심정리

CHAPTER 01 | 은행 간 및 본지점 간 외환실무

☑ 국내 외국환은행들이 외국 금융기관에 개설하는 외화타점예치 계좌는 국내 외국환은행의 당방계정이라 하며, 외국은행들이 국내 외국환은행에 개설한 자유원계정(Free Won Account)은 국내 외국환은행의 입장에서 볼 때 선방계정이라 한다.

☑ 국내 외국환은행들은 USD 타점예치계정을 미국의 주요은행들에 개설하여 운용하고 있다. 특정통화에 대해서 1개의 외타계정만 운용한다면 자금관리 측면에서 간편하고 Idle Money도 최소화 할 수 있는 등 장점이 있지만, 국내에서 미국의 주요은행들 앞으로 취결되는 업무량이 많고 각 은행 앞 거래분포도 거의 비슷하므로 업무편의상 여러 개의 은행에 계정을 유지하고 있다. 당발송금의 경우, 수취인의 계좌가 외타계정이 개설되어 있지 않은 환거래은행에 있다면, 송금은행은 지급은행 앞으로 지급지시를 하는 것에 부가하여 별도의 결제은행(= 외타계정이 개설된 은행)에 출금지시(Debit Order, 차기지시)를 주어야 한다.

☑ 채권과 같은 장기 금융상품에 투자할 때는 해당자금의 조달도 장기로 차입하여야 한다. 장기 금융상품에 투자하면서 자금의 조달을 단기로 하면 조달자금의 기한연장(Roll-over) 거래 시 자금시장의 어려움(Credit Crunch) 등으로 인해 유동성문제에 봉착할 위험이 있다. 뿐만 아니라, 투자상품의 금리는 투자 시 결정되는데 반해 조달자금의 금리는 매 연장 시마다 조정되므로 금리상승 위험에도 노출되게 된다.

☑ SWIFT는 국제적으로 이용되는 금융기관 간 통신수단이다. SWIFT는 접속 시 Log-in Key나 Select Key에 의해 통제되고 전문의 내용도 Authentication Key에 의해 자동 확인되는 등 보안이 완벽하다 할 수 있다. 영업점에서 많이 보게 되는 SWIFT 전문에는 송금관련 MT103 전문과 신용장 관련 전문인 MT700, 701을 들 수 있다.

☑ 외국환은행이 수출환어음을 매입하면 同 매입대금은 관련서류가 상대은행에 도착한 이후에 예치환거래은행의 외화타점예치계정(Nostro a/c, Our a/c)에 입금되는 것이 일반적이다. 예치환거래은행으로부터 입금통지를 받고 난 후에 매입외환계정을 貸記하고 외화타점 예치계정(Nostro a/c)을 借記하는 것이 원칙이나, 건별로 입금일자가 상이하여 업무취급상 번잡스러울 뿐 아니라 서로 다른 우송기간 등으로 인하여 정확한 입금일자의 파악도 어려우므로 예정 대체라는 거래를 통해 수출환어음 매입 시의 경과계정인 매입외환 계정을 일괄 정리하여 외화타점예치계정에 계상한다.

☑ 외국환은행이 대고객 거래 결과 수동적으로 떠안게 되는 매도초과 또는 매입초과 포지션은 거래 이후의 환율변동에 위험에 노출되게 된다. 외국환은행의 각 영업점은 매 영업일 마감 시에 각 영업점에 발생된 포지션을 본점으로 집중시키게 되는데 이를 포지션조정거래라 한다. 포지션 조정거래는 대고객 거래 시점의 매매기준율에 의해 실행되며, 대고객 거래에 적용한 환율과 포지션조정거래에 적용되는 환율의 차이가 영업점의 외환매매익으로 남게 된다.

CHAPTER 02 | 대고객 외환실무

☑ 위변조지폐를 발견하면 되도록 고객으로부터 해당 위변조지폐를 회수하고 위변조 외국통화 보관증을 교부한다. 위변조지폐 실물은 관할 경찰서에 인도하고 인수증을 수령하며, 본점 주무부서 및 한국은행 앞으로 보고한다.

☑ 외국인거주자 및 비거주자로부터 외국통화를 매입할 때는 영수증(계산서)을 교부한다. 외국인거주자 및 비거주자가 추후 재환전 시, 환전 가능금액이 외국환은행 앞으로 매각한 금액 범위 내(비거주자의 경우는 최근입국일 이후 매각금액 범위 내)로 제한되기 때문에 외국환은행이 교부한 영수증이 그 입증서류가 된다. 외국환매입증명서 발급을 원하는 경우에는 영수증(계산서)을 회수하여 추후 재환전 시 중복하여 사용되지 않도록 해야 하며, 이러한 증빙서의 발행은 각 매입에 대해 1회에 한해 가능하다.

☑ 고객이 본인의 외화예금계정에서 인출하면서 해당 금액을 외국통화로 달라고 하면, 외국환은행의 입장에서는 외환매매이익이 발생하지 않게 되어 외국통화를 준비하여 보유함에 따른 비용(외국통화 수입비용, 현수송 비용, 금융비용 등)을 보상받을 수 없게 된다. 이러한 점을 고려하여, 원화를 대가로 한 매매를 수반하지 않는 외화현금 거래의 경우는 외화현금수수료를 받는다.

☑ 외화송금 등의 단발성 거래의 경우 자금세탁 및 테러자금 조성 등을 예방하기 위해, 예금계좌에서 출금하지 않고 현금으로만 가져왔다든가 불법자금거래를 하는 것으로 의심이 되는 경우 등에는 금융정보분석원 앞으로 각각 고액현금거래 보고 및 의심거래 보고를 해야 한다. 거래금액이 1천만원 상당액 이상인데도 모두 현금으로 거래하면 고액현금거래보고 대상이고, 불법자금 거래로 의심할만한 주관적 근거가 있으면 금액을 불문하고 의심거래보고 대상이다.

☑ 외화송금의 송금인이 송금을 취소하거나, 송금대전의 수취인 앞 지급이 불가능하여 고객으로부터 퇴결요청을 받은 경우에는 결제은행(중계은행)과 지급은행 앞으로 퇴결요청 전문을 발송하여 송금대전을 돌려받는다. 이런 경우 상대은행이 퇴결에 따른 수수료(Refund Charge)를 공제하고 돌려주는 게 일반적이며, 송금의뢰인에게 퇴결대금을 원화로 돌려줄 때는 지급당시의 대고객 전신환매입률을 적용한다.

☑ 해외로부터 송금을 받고자 할 때 송금인에게 알려 줄 사항은, 수취은행 영문명칭, 수취은행 SWIFT Code, 수취인 계좌번호(요구불 계좌), 수취인 영문성명 및 연락처이다. 해외로부터 들어오는 송금관련 전문은 SWIFT Code와 계좌번호에 의해 해당은행 영업점까지 도달하게 된다.

☑ SWIFT 전문 수신여부를 확인하지 않아 수취인 앞 타발송금 도착통보가 지연되면 환율이 불리한 방향으로 급변되는 경우 곤란한 상황이 발생할 수 있으므로 매일 영업마감 시 미처리 전문이 있는지 확인해야 한다. 타발송금 대전을 입금할 때는 타발송금지시서에 기재된 수취인의 계좌번호와 수취인 성명이 수취계좌의 그것과 일치하는지 반드시 확인해야 하며, 수취인 계좌번호가 맞더라도 성명이 다르다든지 계좌번호 일부만 다르더라도 반드시 송금은행에 조건변경을 요청하여 확인전문을 받아야 한다.

☑ 대외계정에 예치되어 있는 자금은 외국에 개설된 계정에 입금된 것으로 간주되므로 대외로 처분(해외송금, 대외계정으로 이체 등)되는 것에 관해서는 아무런 제한을 두지 않는다. 다만, 대외계정에서 인출하여 원화로 환전하고자 하는 경우에는 마치 외국에서 송금을 받아 매각하는 것과 같으므로 외국환관계법령에 따른 확인절차를 거쳐야 한다.

☑ 고객에게 여행자수표를 교부한 후 Holder's Sign란에 고객이 즉시 직접 서명토록 해야 하며, 여행사나 연수기관 등에게 단체여행경비 지급의 일부로 여행자수표를 판매하는 경우에는 해외에서 실제로 수표를 사용하는 자가 Holder's Sign란에 서명을 하도록 안내하여야 한다. Counter-sign란에는 소지자가 여행자수표를 사용하는 시점에 수표수취인의 면전에서 직접 확인서명 해야 하므로 여행자수표를 매입한 시점에 미리 서명하지 않도록 안내해야 한다. 구매신청서(구매자용)는 여행자수표의 분실 시 재발행의 근거서류가 되므로 여행자수표 실물과 별도로 분리하여 소지하도록 안내해야 한다.

☑ 추심 전 매입한 외화수표가 부도처리 되어 부도대금 원금을 원화로 회수하는 경우 회수당시의 전신환매도율을 적용하며, 환가료를 받은 다음날부터 부도대금 회수일 전일까지의 기간에 대해서 부도이자를 징수해야 한다. 부도이자는 외화수표 매입금액에 회수당시 연체이율을 적용하여 외화 이자금액을 산출하고, 여기에 회수당시의 전신환매도율을 적용하여 수령할 원화를 산출한다. 상대은행이 부도수수료를 차감한 경우에는 해당 차감수수료에 회수당시의 전신환매도율을 적용한 금액을 고객으로부터 징수한다.

CHAPTER 03 │ 외국환 회계

☑ 외국환업무는 외화타점예치계정에서의 실제 자금의 입금 및 출금이 고객과의 거래와 동시에 이루어지지 않는 특징이 있으므로, 이러한 상황을 고려하여 고객과의 거래 시에는 일시적인 경과계정(Tunnel Account)으로 회계처리를 하였다가 실제 자금의 입출이 발생하거나 발생할 것으로 예상되는 시점(예정대체)에 외화타점예치 계좌를 조정하는 과정을 거치게 된다. 주요 경과계정으로는 매입외환, 매도외환, 미결제외환, 미지급외환이 있으며 이들 계정을 이용하는 외국환업무는 정리하면 다음과 같다.

> • 매입외환 : 수출환어음 매입, 외화수표 매입
> • 매도외환 : 송금수표 방식 송금, 여행자수표 판매
> • 미결제외환 : 수입대금 결제(Reim.방식 수입신용장)
> • 미지급외환 : 타발송금(지급이 지연되는 경우 및 송금수표)

☑ 외국통화 매입과 관련한 회계처리와 포지션조정 회계처리 내용을 숙지해야 한다. 다른 거래에 관한 회계처리는 이것을 바탕으로 응용할 수 있기 때문이다. 고객으로 부터 USD를 980원에 매입하고, 포지션 조정 시 적용하는 환율(= 대고객거래 당시의 매매기준율)이 1,000원인 경우 다음과 같이 회계처리 한다.

> 외화본지점 1,000   /   원화본지점 980
>   외환매매익   20

☑ 포지션 조정 시 적용되는 환율은 대고객 거래 당시의 매매기준율이며, 매매기준율은 곧 영업점에 적용되는 원가환율 개념이다. 그러므로 원가환율과 대고객거래 적용환율인 현찰매입률과의 차이가 영업점의 이익으로 남게 된다. 분개내용을 살펴보면, 고객에게 지급했던 980원은 본점에서 갖다가 지급한 것처럼 처리하고(그러므로 본점에 대한 부채로 계상), 고객으로부터 매입한 외화는 본점으로 집중시키면서 대가로 1,000원을 청구하는 구조이다.

☑ 외화수표 추심 전 매입 및 수출환어음 매입 시 회계처리는 예정대체 기표를 이해하는데 도움이 되므로 숙지해야 한다.

> **매입 시 회계처리**
>   매입외환   /   고객계정(원화계정 or 외화계정)
>   외환수입이자(환가료)
>   외환수입수수료
>
> **예정대체일 회계처리**
>   외화타점예치   /   매입외환

CHAPTER 04 | 국제금융시장, 파생금융상품 결합상품

☑ 국제금융시장은, 외국통화 간 거래를 하는 외환시장(FX Market), 단기자금의 대차가 일어나는 자금시장(Money Market), 중장기 자금의 Funding 시 이용되는 자본시장(Capital Market)으로 이루어진다. 파생금융상품 중 선물(Futures)이 거래되는 시장을 별도로 구분하여 先物시장이라 칭하기도 한다. 선물환은 외환시장에 포함되고, 통화스왑이나 금리스왑 등은 주로 자본시장 거래와 결합되어 이용되며, 옵션은 외환시장부터 자금시장 및 자본시장 거래들과 어울려 넓게 이용된다.

☑ 자본시장에서의 자금조달 방법으로 대표적인 것은 은행대출 성격의 간접금융 수단인 Syndicated Loan, 직접금융 수단인 채권이나 ADR/GDR을 들 수 있다. 국제 채권(International Bond)은 유로債(Euro Bond)와 외국債(Foreign Bond)로 나눌 수 있는데, 유로채는 차입자가 외국에서 제3국 통화표시로 발행된(예 국민은행이 유럽에서 달러표시 채권을 발행한 경우) 채권을 말하며, 외국채는 비거주자가 특정국의 자금시장에서 해당 특정국의 통화표시로 발행하는 채권을 지칭한다.

☑ 옵션과 채권 또는 은행예금이 결합하면 다양한 수익구조를 만들어 낼 수 있는데, 은행예금과 주가지수 옵션을 결합한 상품을 ELD, 채권과 주가지수 옵션을 결합한 상품을 ELS라 부른다. 투자원금은 보장받으면서 주가지수가 상승하는 것에 비례하여 수익을 얻고자 하는 투자자의 경우에는 할인채(Zero Coupon 채권)나 정기예금에 주가지수옵션을 결합한 상품이 적합하며, 투자원금을 보장받으며 환율상승과 비례하여 수익을 올리고 싶은 투자자라면 정기예금 및 할인채에 통화옵션을 결합한 상품을 이용할 수 있다.

☑ 선물환거래와 통화옵션을 결합하여 일반적으로 결정되는 선물환율보다 유리한 환율로 거래하고자 하는 경우가 있는데, 이를 Enhanced Forward라 한다. 이는 선물환계약과 옵션매도를 통해 만들어지며 옵션 매도 시 수령하는 옵션프리미엄을 고려하여 유리한 환율을 만들어 내게 된다. 환율이 특정 행사가격 이내에서 움직이면 의도했던 대로 득을 볼 수 있겠으나, 환율이 특정 행사가격을 벗어나게 되면 그에 비례하여 손실을 감수해야 하는 조건의 계약이다.

☑ 해외주식투자와 관련된 펀드는 투자자금의 회수 시 환율이 어떻게 결정되는가에 따라 환차손을 볼 우려가 있으므로 선물환거래 등을 통해 환리스크를 헤징(Hedging)하게 된다. 해외펀드와 관련한 선물환계약은 통상 1년 단위로 체결하기 때문에 펀드 가입기간에는 매년 선물환거래를 갱신(Roll-over)하게 되며, 당초 선물환 계약환율과 선물환 연장 당시의 환율이 차이가 나는 경우(당연히 차이가 나게 됨) 그 차액을 반드시 정산해야 한다(Historical Rate Roll-over 금지).

☑ 외가격(OTM) 옵션을 이용하여 합성포지션을 만들면(Long Call + Short Put), 마치 선물환 매입과 같은 형태의 상품을 도출해 낼 수 있다. 다만, 특정범위(콜옵션 행사가격과 풋옵션 행사가격의 사이)에서는 선물환의 효력이 상실되는 구조인데, 이러한 상품을 범위선물환(Range Forward)이라 한다.

PART
외국환거래실무 핵심문제

PART 01

PART 02

PART 03

부록

01 외국환은행이 외환업무를 영위하기 갖춰야 할 주요 요소인 것은?

① 환거래계약(Corres. 계약)
② 외화 Credit Line의 확보
③ SWIFT 통신망 구축
④ 외화타점예치계정 개설

02 국내 외국환은행들이 USD 예치계정을 개설할 가능성이 가장 낮은 곳은?

① 국내에 소재하는 他외국환은행
② 한국은행
③ 영국에 소재하는 환거래은행
④ 미국에 소재하는 환거래은행

[단답형]

03 수출환어음 매입이나 외화수표 매입 시 외국환은행이 고객으로부터 징수하는 이자보상 성격의 수수료를 (   )라 한다.

[단답형]

04 외국환은행이 해외 환거래은행에 개설·운용하고 있는 외화타점예치계정의 잔액을 관리함에 있어 가장 큰 어려움 중의 하나는 수출환어음 매입대금이 언제 입금될지 정확히 알 수 없다는 점이다. 이는 FX Dealing이나 Money Market의 거래가 결제일이 있는 것과는 다르게, 선적서류 우편일수나 상대은행의 형편이 달라서 최종적으로 대금이 입금되는 날짜를 정확히 예측할 수 없기 때문이다. 따라서 외타계정의 적절한 잔액관리 방법으로, 수출환매입대금이 회수되는 데 필요하다고 판단되는 '표준일수'가 경과하면 해당대금이 외타계정에 입금되는 것으로 간주하여 처리하는 기표절차를 (   )라 한다.

201

05 일반적으로 장기금리는 단기금리보다 높게 형성된다. 따라서, 외국환은행은 단기 신용공여한도인 Credit Line은 충분히 확보하여 은행의 중장기 투자 시 적극 활용함으로써 낮은 단기금리로 차입하여 높은 장기금리로 운용하는 방식으로 수익을 극대화 하는 것이 바람직하다.

( )

06 외국환은행 간 외화송금에 송금은행 및 지급은행 간에 주고받는 SWIFT 전문의 Message Type은 ( )이다.

07 다음 중 환대사(Reconcilement)와 가장 관련이 없는 것은?

① Shadow Account
② 받아야 할 자금을 제대로 받았는지 확인
③ Reimbursement
④ Pending List

08 다음은 외국환은행에 해외환거래은행에 개설한 외타계정의 처리에 관한 것이다. 처리결과가 다르게 나타날 거래는?

① We debit
② 예치환거래은행 貸記
③ They Credit
④ 당행 借記

09 환율변동 위험에 노출되어 있는 외화자산 및 부채를 환노출(Exposure)이라 하며, 환율상승 시 손실이 발생되는 Exposure를 Short Position이라 하고, 환율하락 시 손실이 발생되는 Exposure를 Long Position이라 한다. 이러한 포지션은 원화를 대가로 한 외환거래에서만 발생하며 원화가 개입되지 않는 이종통화 간 거래에서는 발생하지 않는다.

( )

10 다음 대고객환율 중, 외화를 매입해야 하는 고객의 입장에서 볼 때 3번째로 불리한 환율은?

① 전신환매도율
② 현찰매도율
③ 여행자수표 매도율
④ 매매기준율

11 미화 5천불 이하 환전의 경우와 같은 소액거래 시 생략되는 절차가 아닌 것은?

① 실명증표확인
② 외환정보망 자동통보
③ 연간거래누계액에 포함
④ 위변조 여부 확인

`단답형`
12 송금인의 요청에 의해 당방송금을 퇴결하여 원화로 돌려줄 때는, 당초 송금했던 외화금액에서 상대은행이 징수한 수수료 등을 공제한 금액에 (   )을 적용하여 환산한 금액을 지급한다.

`진위형`
13 매각실적이 없는 외국인거주자에게 미화 1만불 이내의 해외여행경비를 지급하거나, 매각실적이 없는 비거주자에게 미화 1만불 이내에서 재환전 해주는 경우에는 여권에 환전금액, 환전일자, 환전은행 등을 표시해야 하며(단, 1백만원 이하는 생략), 이렇게 환전한 자금은 대외계정에 예치할 수 없고 직접 환전하거나 해외송금 처리하여야 한다.

(   )

14 다음 중 여행자수표 판매 시 고객에게 안내해야 할 사항 중 잘못된 것은?

① 여행자수표의 Holder's Sign란에 수표를 사용할 사람의 서명을 하도록 한다.
② Counter Sign은 수표사용자가 수표수취인의 면전에서 하도록 안내한다.
③ Purchase Report는 여행자수표 분실에 따른 재발급 시 근거서류가 되므로 여행자수표와 함께 잘 보관하도록 한다.
④ Holder's Sign란과 Counter Sign란에 동시에 서명하지 않도록 한다.

단답형

15 외화수표의 추심 전 매입 시 적용하는 환율은 전신환매입률이며, 외화수표가 부도 처리되어 부도대금을 회수할 때는 적용하는 환율은 (   )이다. 외화수표 매입 시 별도의 외화수표매입률을 적용하는 경우가 있는데, 이는 전신환매입률에 환가료를 고려한 환율이며 전신환매입률보다 환가료 부분만큼 낮게 결정된다.

진위형

16 외화수표 매입 시 'Pay to the order of ~' 문구 다음에 오는 이름이 매입의뢰인의 이름인지 확인하고 수표 뒷면에 수취인의 배서를 반드시 받아야 하며, 배서를 받지 않은 경우에는 배서불비(Endorsement Missing) 사유로 부도 처리된다.

(   )

17 외국환은행의 경과계정에 관한 설명으로 잘못된 것은?

① 매입외환, 미지급외환, 매도외환, 미결제외환 계정이 있다.
② 고객과의 거래시점과 외화타점예치계좌에서의 실제 입출금 처리시점 기간사이에 경과적으로 존재하는 계정이다.
③ 경과계정은 자금의 실제 입출금 발생 시(또는 예정일)에 결제계정으로 전환된다.
④ 결제은행이 차기한 Less Charge는 고객으로부터 징수하기까지 미지급외환 계정으로 처리한다.

18 다음 중 잘못된 회계처리는?

① 외국통화 매도 : 고객계정 / 외국통화
② 당발송금 : 고객계정 / 외화타점예치
③ 외화수표 매입 : 매입외환 / 고객계정
④ 여행자수표 매도 : 고객계정 / 외국통화

19 다음 중 외국환은행의 중장기 자금조달 수단이 아닌 것은?

① Syndicated Loan
② Foreign Bond
③ Euro Bond
④ SDR

진위형

20 채권의 가격은 금리의 움직임과 반대방향으로 변동한다. 금리가 오르면 채권가격은 하락하고, 금리가 내리면 채권가격은 상승한다. 채권의 만기가 길수록 금리변화에 대한 가격변화가 심하게 나타내는데, 금리민감도를 나타내는 지표 중의 하나가 Duration이다. 금리변화에 따른 채권가격 변동위험을 헤징하고자 할 때는 보유채권의 Duration과 헤징상품의 Duration을 일치시킴으로서 완벽한 헤징인 채권의 가격변동 위험으로부터 면역(Immunization)을 기할 수 있다.

( )

단답형

21 의심거래보고(STR) 대상 거래는 자금세탁행위나 불법자금 거래로 의심할만한 합당한 근거가 있는 경우 거래금액에 불구하고 보고해야 한다. 고액현금거래(CTR) 보고는 동일자 동일인 명의로 (   )만원 이상 현금거래 시 (   )으로 자동보고 된다.
고객주의(확인) 의무(CDD)는 미화 (   ) 이상(원화는 1,500만원)을 계좌에 의하지 않는 일회성 금융거래(무통장입금, 외화송금, 환전, 자기앞수표 발행, 보호예수) 등은 자금세탁행위 또는 불법자금조달행위에 이용될 수 있는 바, 거래자는 물론 명의제공자의 신원사항과 거래목적 등을 확인하여 금융정보분석원에 통보해야 한다.

진위형

22 고정금리 채권의 가격은 시장금리의 움직임과 반대방향으로 변동한다. 시중금리가 오르면 채권가격은 하락하고, 금리가 내리면 채권가격은 상승한다.

( )

PART 02 외국환거래실무 정답 및 해설

01 답 모두 정답

> 해설
모두 갖추어야 조건들이다.

02 답 ③

> 해설
국내 은행들은 KB나 KEB에 국내에서의 외화자금 이체를 위해 USD계정을 보유할 수 있으며, 한국은행에도 국내의 모든 외국환은행들이 USD계좌를 보유하고 있다.

03 답 환가료(Exchange Commission)

04 답 예정대체

05 답 ×

> 해설
이렇게 하면 유동성위험에 처할 가능성이 있고, 단기금리 급등에 따른 금리 리스크도 부담해야 하므로 바람직하지 않을 뿐 아니라 피해야 하는 방법이다.

06 답 MT103

07 답 ③

> 해설
환대사는 받아야 할 자금을 제대로 받았는지 등을 확인하기 위해, 외국환은행이 자체적으로 계상한 Shadow Account와 외타계정의 Statement를 토대로 작성된 Actual 간의 불일치 내역을 파악하여 Pending List를 작성(전산으로 자동 생성함)하고, 해당 불일치 내역들을 정리해 나가는 과정이다.

08 답 모두 정답

> 해설
모두 같은 결과로서 당행의 외타계정이 잔액이 증가한다.

09 답 ×

> 해설
이종통화 간(예 USD/Yen 거래)에 의해서도 포지션이 발생한다. 외환딜러들이 국제시장에서 거래하는 외환거

래는 원화가 개입되지 않는 거래이지만 모두 포지션이 발생하는 거래이다. USD/Yen 거래에서 USD를 매입했다면, USD는 Long, Yen은 Short 포지션을 갖게 된다.

10 답 ①

> **해설** ────────────────────────────
>
> 불리한 순서로 정리하면, 현찰매도율 / 여행자수표 매도율 / 전신환매도율 / 매매기준율이다.

11 답 ④

12 답 전신환매입률

13 답 ○

14 답 ③

> **해설** ────────────────────────────
>
> Purchase Report는 여행자수표 재발급 시 근거서류가 되므로 여행자수표 분실 시 같이 분실하지 않도록 별도로 보관토록 안내해야 한다.

15 답 전신환매도율

16 답 ○

17 답 ④

> **해설** ────────────────────────────
>
> 미결제외환 계정으로 처리

18 답 ④

> **해설** ────────────────────────────
>
> 여행자수표 매도 시에는 매도외환으로 처리하고, 영업마감 시에 '매도외환 / 외화타점예치'로 처리한다.

19 답 ④

> **해설** ────────────────────────────
>
> SDR은 IMF에서 운용하는 특별인출권으로 외국환은행의 자금조달과는 무관하다.

20 답 ○

21 답 1,000, 금융정보분석원, 1만불

22 답 ○

PART

03

환리스크 관리

학습안내

환리스크 관리의 기본개념은 단순하여서 그 원리와 용어들만 잘 이해한다면 관련 기사를 이해하거나, 학습서를 공부하거나, 실무적 활용에 있어서나 자신감을 가질 수 있을 것입니다. 따라서, 문제은행 형식의 수험서를 통해 엉성하게 공부하기 보다는 핵심 기본지식을 공고히 함으로써 형식만 살짝 바꾼 문제에 휘둘린다거나, 공부한 내용을 실무에 적용해 보지도 못할 방식의 학습을 위해 시간과 노력을 낭비하지 않도록 해야 합니다.

우선, 환율 및 외환시장에 대한 기초를 다지시고, 이것을 바탕으로 환리스크 헤징에 관한 개념을 잘 잡으시기 바랍니다. 환리스크 헤징에 이용되는 파생금융상품으로 선물환거래(환변동 보험 포함), 통화선물, 금리스왑, 금리옵션 등을 소개하였지만 실제 외국환은행의 영업점에 근무하는 직원들이나 중소기업의 실무자들이 알아야 가장 중요한 상품은 선물환거래(환변동 보험 포함)입니다.

선물환거래는, 수출입기업의 환리스크 헤징수단으로도 이용되고 해외주식투자 펀드의 환리스크 헤징 시에도 이용되므로, 외환담당 직원은 물론이고 펀드를 판매하는 담당직원들도 친숙해져야 하는 상품입니다. 선물환율의 가격결정 구조라든가 선물환거래의 활용에 대해 숙지하셔서 외환전문역 시험에 대비하는 것은 물론, 추후 실무현장에서도 자신감을 가질 수 있으시길 바랍니다.

옵션은 수출입기업들이 환리스크 관리상품으로는 활용하기에는 다소 거리가 있어 보입니다만, ELS나 ELD와 같은 형태로 금융상품에 자주 활용되고 있으므로 각 옵션의 Pay-off 등과 같은 기본적인 사항들은 잘 이해해 두시기 바랍니다.

외환거래와 관련하여 늘 신중하게 생각해야 할 주제 중 하나가 환리스크라 불리는 환율 변동 위험 관리이다. 수출입기업의 입장에서 볼 때 환리스크 관리는 지속가능한 경영을 위해 필요한 영업이익의 안정적 확보 측면에서 매우 중요하다.

수출기업이 수입자에게 거래제의를 하는 경우에는 수출상품 조달에 소요된 원가와 희망이익을 확보하면서도 계약을 성사 시킬 수 있도록 최대한 경쟁력 있는 가격을 제시해야 한다. 이 때 제시하는 가격(외화표시)은 특정 환율을 기준하여 산출하게 되는데, 추후 수출이 완료되어 수령하는 외화를 원화로 바꿀 때 적용될 환율이 당초에 기준 삼았던 환율과 다른 경우 부득이 환차손(익)이 발생하게 된다. 수입기업인 경우, 수입계약을 할 때 참고하였던 환율보다 수입대금 결제 시에 적용되는 환율이 더 높게 되면 외국상품의 원화 환산가격이 높아져 국내시장에서 수입품의 가격경쟁력이 약화되는 결과가 초래된다. 수입원가가 높아졌다고 국내시장에서의 판매가격을 높게 책정한다면 가격경쟁력을 잃게 될 것이므로 부득이 희망했던 영업이익을 희생하거나 수입원가에도 못 미치는 판매가격을 감수해야 하는 일이 발생하는 것이다.

이처럼, 환차손이 발생하여 기대하였던 영업이익이 줄어들거나 원가도 회수할 수 없는 상황이 발생하면 안정적인 기업운영이 어렵게 되므로, 수출입기업(더 나아가, 외화자산과 부채를 안게 되는 모든 기업)들은 환율변동 위험을 적정 관리해야 하며, 이 때 이용할 수 있는 상품들이 소위 파생금융 상품이라 불리는 선물환(Forward), 통화선물(Currency Futures), 통화스왑(Currency Swap), 통화옵션(Currency Option)이다. 이러한 상품들을 이용하여 환율변동 위험을 제거 또는 감소시키는 행위를 헤징(Hedging)이라 하는 까닭에 파생금융상품을 헤징상품(Hedging Instruments)이라고도 부른다.

환리스크 관리를 하려는 실무자들은 먼저 환율 및 외환시장에 관한 기본적인 지식을 갖춰야 하며 여기에는 다양한 용어들에 대한 이해도 포함된다.
[환율 표시방법, 환율의 상승 및 하락, 환율변동 요인, Two-way Quote, 교차환율, 환율변동이 경제에 미치는 영향, 외환거래 방법, 국내외 외환시장 등을 학습]

그 다음에는, 기업이 안게 되는 환위험 노출(Exposure) 규모를 파악하고, 해당 노출규모와 그동안의 변동성을 고려하여 헤징을 해야 할 것인지 그냥 둘 것인지를 결정해야 하며, 헤징을 해야 한다면 일부금액만 할 것인지 전액을 할 것인지, 헤징수단으로서는 어떤 상품을 이용할 것인지를 검토하게 된다.

[Exposure, Position, VaR, 헤징상품 종류 등을 학습]

자신에게 가장 적절한 헤징상품을 선택하기 위해서는 각 헤징상품에 관해 잘 알아야 하며, 각 상품의 특성과 활용방법을 숙지하여야 적정비용으로 효과적인 헤징을 할 수 있다.

[각 헤징상품에 대한 가격산출 원리, 거래구조, 헤징원리, 상품비교 등을 학습]

아직까지도 수출입기업들은 환리스크 관리가 어렵다고 여기고 있고, 이들 기업들에게 환리스크 관리수단을 적극 소개하고 제공해야 할 외국환은행의 직원들도 아직 준비가 덜 되어있는 상태여서, 환리스크 관리에 가장 기본적인 선물환거래조차 그 활용도가 낮은 실정이라 판단된다. 환리스크 관리를 안 하고 그냥 방치하면 어떤 일이 벌어질 수 있을까? 뜻하지 않게 환차익을 볼 수도 있겠으나 환차손 발생가능성도 고려해야 한다. 앞에서도 언급했듯이 환리스크 관리의 목적은 '안정적인 영업이익 확보'에 있다. 영업을 하는 입장에서는 매출에 따른 적정 영업이익 확보에 주안을 두어야 하며 '환차익을 볼 수도 있겠지' 하는 요행심리를 가지고 자신이 감당할 수 없는 수준의 환율변동위험에 노출시키는 것은 환투기(Speculation)를 하는 것과 다름없는 위험한 일이다.

환율(Exchange Rate)

CHAPTER 01

◀■■■■■▶ 환율 표시법

외국환은행들이 고객과의 외환거래를 위해서 외국통화에 대한 자국통화의 환율을 고시할 때는 외국통화 1단위에 해당하는 자국통화의 금액과 같은 형태를 취하고 있다. 이렇게 표시하는 것을 자국통화 표시법이자 직접 표시법이라 칭하는데 일반 고객들이 거래은행에 가서 볼 수 있는 환율고시는 모두 이러한 방법을 취하고 있다.

외환 딜러들이 참여하는 국제 외환시장에서는 환율을 기준통화(FC ; Fixed Currency) 1단위당 표시통화(VC ; Variable Currency) 얼마와 같은 형태로 표시한다. 따라서, USD/Yen, USD/SFR과 같이 표시하는데 이때 양 통화 사이의 기호(/)는 나누기 표시가 아니고 Equal(=)로 해석해 주어야 한다. 예컨대, USD/JPY112는 USD1 = JPY112로 해석하는 것이다.

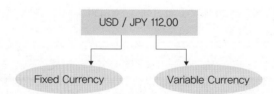

Fixed Currency를 Base Currency로 칭하기도 하며 Variable Currency는 Quote Currency 라고도 부른다(the Value of Fixed Currency in terms of Variable Currency).

국제 외환시장에서는 대부분 USD를 기준통화로 하여 환율을 표시하지만 예외가 있다. Euro, GBP(영국 파운드), AUD(호주 달러) 등은 기준통화(FC)를 각각 Euro, GBP, AUD로 하고 USD를 표시통화(VC)로 하여 GBP/USD, ASD/USD와 같이 표시한다. 영국과 깊은 관계가 있는 국가의 통화들이 여기에 해당 되는 것으로 이해하면 좋을 듯 하다. GBP/USD, ASD/USD 환율에서 보는 것처럼 특정통화의 가치를 USD 관점에서(in terms of USD) 표시하는 것을 American Terms라 하고, 반대로 USD를 기준통화로 놓고 다른 통화의 관점에서 가치를 표시하는 방법을 European Terms라 한다.

USD/CAD 1.0014일 때, CAD/USD 환율은 1을 1.0014로 나누어 역수를 취한 Reciprocal Rate이며 0.9986(= 1/1.0014)이 된다.

환율의 상승/하락

환율표시를 FC/VC 형태로 표시했을 경우, VC의 숫자가 커지면 환율 상승이고 VC의 숫자가 작아지면 환율 하락이다. 예컨대 USD/Won 환율이 1,105원이다가 1,105원 미만으로 숫자가 작아지면 환율이 하락하였다 하며, 이는 원화가치가 상승(Appreciation)한 것이다. 반대로 USD/Won 환율이 1,105원을 초과하여 숫자가 커지면 환율이 상승하였다 하며, 이는 원화가치가 하락(Depreciation)한 것이다.

평가절상(Revaluation)이나 평가절하(Devaluation)는 고정환율제도 하에서 정책적 목적으로 자국의 환율을 조정하는 경우 사용하는 용어이고, Appreciation이나 Depreciation은 변동환율제도 하에서 시장의 수급에 의해 환율이 변동하는 경우에 사용된다.

▼ 환율의 상승/하락

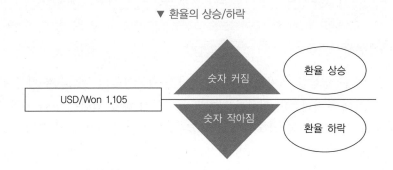

USD/Yen 112 상태에서 112를 초과하여 USD/Yen 환율이 상승하면 엔화의 가치는 하락한 것이고, 국제외환시장에서 엔화가 강세를 보이고 있다함은 달러/엔 환율이 하락하고 있다는 것을 의미한다.

PART 01 PART 02 PART 03 부록

▶ USD/Won 환율변동에 영향을 미치는 주요 요인

✅ 수출입

수출대금을 수령하면 이를 원화로 바꾸기 위해 외화(미달러, 일본엔화 등)의 매도가 발생하므로 환율이 하락하고, 수입대금 결제를 위해 외화를 매입하면 외화의 가격인 환율이 상승한다. 수출이 수입을 초과하여 외화의 공급이 많아지면 환율 하락요인으로 작용하는데 이는 원화가치가 상승하는 것을 뜻하며, 이로 인해 수출상품의 가격경쟁력이 약화되어 수출이 감소하고 수입상품의 가격 경쟁력은 높아져 수입이 증가함으로써 무역수지가 조정되는 과정을 거치게 된다. 조선업계의 선박 수주 등과 관련한 대규모 외화 수령은 USD/Won 환율의 하락을 초래하는 대표적인 요인이고, 원유수입이나 무기수입에 따른 외화결제자금 수요는 환율의 상승요인으로 작용한다.

수출이 수입을 초과하게 되면 기업들의 외화매도가 외화매입을 상회하게 되며, 외국환은행들은 대고객거래에서 발생되는 매입초과 포지션을 은행 간 시장(Inter-bank FX Market)에서 매도하게 되므로 지속적인 무역수지 흑자는 환율하락 요인으로 작용하게 된다.

✅ 외국인 주식투자

USD/Won 환율에 큰 영향을 끼치는 요인 중 하나가 외국인들의 주식투자 자금 유출입이다. 외국인이 국내주식에 투자하려면 외화를 가지고 들어와서 해당 외화를 팔아 원화로 환전하게 되는데 이는 환율 하락요인으로 작용한다. 반대로, 외국인들이 보유 중인 국내주식을 팔고 매각대금을 자신들의 본국으로 가져가려면 원화를 팔고 외화를 매입하게 되므로 환율이 상승하게 된다. 국내 주식시장이 크게 하락함과 동시에 USD/Won 환율이 크게 상승하거나, 주식시장이 크게 상승하며 환율이 하락하는 패턴을 흔히 보게 되는데 이는 외국인 주식투자 자금 유출입에 의해 비롯되는 움직임일 경우가 많다.

외국인이 국내 주식투자에서 수익을 올렸더라도 투자자금을 회수하여 본국으로 송금할 때의 USD/Won 환율이 투자당시의 환율보다 상승해 버리면 환율 상승폭만큼 수익률이 낮아지게 되고, 반대로 투자당시의 환율보다 낮아지게 되면 주식에서도 수익을 올리고 환율에서도 이득을 보게 되어 투자수익률이 크게 높아지게 된다. 국내기업들의 국제경쟁력이 높아져서 수출이 잘되고 환율이 하락세를 지속하며 주식시장도 상승세를 유지하게 되면 주식과 환율 양쪽에서 수익을 노리는 외국인의 국내 주식투자 자금이 증가하게 된다.

외국인들이 외화를 들여와 국내주식에 투자하는 이유 중의 하나는 국내 기업들의 영업실적이나 성장가능성에 비해 주가가 낮다고 판단하기 때문이며 향후 주가 상승에 따른 수익을 얻기 위함이다. 그러나 투자자금을 회수해 갈 때 환율이 투자 당시의 환율보다 상승해 버리면 주식투자에서 수익을 올렸더라도 종합적으로는 손실을 볼 수도 있다. 따라서 환율변동에 의한 손실을 피하기 위해서는 주식투자를 위해 원화로 환전하는 시점에서 추후 투자자금을 회수해 갈 시점에 적용될 환율을 선물환거래 등을 이용하여 미리 확정시키는 환 헤지(Hedge)거래가 필요하다.

우리나라는 외환위기 직후인 1999년에 모든 외국환거래를 자유롭게 인정하되 필요하다고 인정되는 부분만 예외적으로 규제하는 외국환거래법을 시행하고 있다. 그러다보니 외국 투기자금(Hot Money)들의 유출입 규모와 속도가 빨라지면서 우리나라 주가는 물론 환율의 변동도 이들에 의해 지대한 영향을 받는 상황이 되었다.

✅ 이자율

특정통화의 물가상승률이 안정적임에도 불구하고 이자율이 상대적으로 높다면, 국제적인 투자자들은 높은 수익률을 기대하며 이자율이 높은 통화로 표시된 금융자산(채권 등)에 투자하고자 할 것이다. 따라서 이러한 투자가 지속되면 해당 통화에 대한 수요가 많아져서 환율에 영향을 미치게 된다. 만약, 이자율도 높고 환율도 지속적으로 강세를 띠는 통화가 있다면 해당 통화 표시 금융자산에 투자한 국제적 투자자들은 금리차익 뿐 아니라 추후 투자자금을 회수하여 본국 통화로 환전해 갈 때 환차익까지 취할 수 있게 된다.

Carry Trade라는 것이 있는데 이것은 투자자가 이자율이 낮은 통화를 매각하여 높은 이자수익을 얻을 수 있는 통화에 투자하는 전략을 말한다. 이처럼, 이자율이 낮은 통화를 매각하고 이자율이 높은 통화표시 금융상품에 투자하는 과정에서 매각되는 통화는 가격이 떨어지고 투자되는 통화의 가격은 상승하는 등 관련된 통화들의 환율이 영향을 받게 되는 것이다(후술하는 Yen Carry Trade 참조).

✅ 중앙은행의 외환시장 개입

어느 나라나 정도의 차이가 있을 뿐 중앙은행들은 자국의 외환시장 개입을 통해 환율을 관리하고 있다. 특히나, 수익을 노리고 전 세계를 넘나드는 헤지펀드 등에 의해 외환시장에 큰 교란이 있을 때는 안정적인 경제운용을 위한 중앙은행의 외환시장 개입(Intervention)이 자주 관측되곤 한다. 국내기업의 수출경쟁력이나 수입물가 관리 등을 위한 개입(이러한 경우를 Fine Tuning 또는 Smoothing Operation이라 부르기도 함)도 여기에 해당된다.

중앙은행의 시장개입은 개입규모의 크고 작음을 떠나 개입 그 자체로 시장에 던지는 Message가 무척 강해서 환율의 변동방향을 바꿔놓곤 하지만, 시장의 힘에 맞선 중앙은행의 환율 개입이 엄청난 대가만 치른 채 실패하는 경우도 적지 않다.

✅ 정책적 요인

미국 중앙은행의 양적 완화(Quantitative Easing) 정책이라든가 아베노믹스라 불리는 일본의 공격적인 엔화 약세정책 등은 경제적인 요인(GDP, 금리, 실업률 등)들 보다 더 강력하게 환율에 영향을 주기도 한다. 외환시장 참가자들(특히 헤지펀드 및 포지션 트레이더)에 의해 이러한 정책들이 간파되면 시장의 일방적 추세를 이용한 대규모 거래가 한 쪽으로 쏠리는 현상(Band Wagon Effect)이 발생하면서 환율변동을 가속시키기도 한다.

✅ 양적완화(Quantitative Easing) 정책

양적완화 정책은 일반적인 통화정책으로는 경제를 부양시키기 어렵다고 판단될 때 중앙은행이 사용하는 비전통적인 통화정책이다. 양적완화는 중앙은행이 상업은행들이 보유하는 장기채권을 사들임으로써 상업은행들이 대출을 늘릴 수 있도록 통화를 공급하고 해당 채권들의 수익률(금리)을 낮추는 효과를 보게 된다. 일반적으로 중앙은행이 통화를 공급하여 채권을 매입하는 이유는 은행 간 단기금리를 특정 목표수준으로 유지하기 위한 것이지만, 양적완화의 경우에는, 은행 간 단기금리가 이미 '0'에 가까워 더 이상 단기금리 조정효과를 볼 수 없는 상황에서 단기채권 보다는 장기채권을 매입하여 장기금리 하락유도를 통한 경기부양정책이라 할 수 있다.

미국 Federal Reserve의 경우 2008년 금융위기 이전에는 7~8천억불에 달하는 Treasury notes를 보유하였으나 금융위기 이후 채권을 사들이기 시작하여 보유잔액이 2조달러 수준까지 이르렀으며, 2012년 9월부터 시작된 제 3차 양적완화(QE3) 발표에서는 매월 400억불씩 매입하기로 결정하였고, 2012년 12월에는 그 매입규모를 매월 400억불에서 850억불로 상향 조정 했었다. 그 후 미국의 실업률이 하락하는 등 경제지표가 호전되자 채권매입 규모를 650억불로 하향 조정하고 추후 매입규모를 점차 줄여나가겠다는 Tapering 정책을 Fed 의장이 발표한 바 있다.

양적완화에 의해 풀려나간 자금들은 더 나은 수익을 좇아 개발도상국 자본시장으로 스며들었고, 개도국 시장들은 밀려오는 투자자금으로 주식시장 활황과 미국달러 저금리 혜택을 보았으나, Tapering 정책에 따라 개도국 시장에 들어왔던 자금들이 빠져나갈 경우 개도국 주식시장에 끼치는 영향(주가하락)은 물론이고 외환시장에 초래될 수도 있는 혼란(환율 급상승) 등이 우려되는 등 세계 경제가 상당히 불안정한 모습을 보였다.

🔵 아베노믹스(Abenomics)

아베노믹스는 일본 수상의 이름인 Shinzo Abe와 Economics를 합성한 용어이며 과거 미국의 대통령 Reagan의 경제활성화 정책인 Reaganomics와 같은 표현이라 볼 수 있다. 아베노믹스는 일본의 '경기부양을 위한 무제한 통화공급'이라고 이해할 수 있으며 일본 중앙은행에 의한 공격적인 양적완화와 공공부분 지출의 대폭 확대 그리고 엔화의 평가절하와 같은 정책을 골자로 하고 있다. 이 결과 일본의 주가지수는 50% 이상 상승하였고 일본 엔화는 달러랑 80엔 수준에서 100엔 수준으로 대폭 절하되었을 뿐 아니라 국내소비도 활성화되어 가시적인 경기회복 효과를 얻었다.

◼️◼️ Market Psychology : 환율변동에 영향을 끼치는 심리적 요인

환율변동에 영향을 미치는 경제적 요인들이 다양하지만 시장참여자들의 태도나 심리 또한 중요한 요소로 작용하며 대표적인 요인들은 다음과 같다.

🔵 Flight to Quality

국제정세가 불안정해지면 국제 투자자들은 그들의 투자자산을 안전하게 피신시키고자 안정적인 통화로 표시된 안전 자산(Safe Haven)으로 옮기는 자본이동(Capital Flight)이 발생하게 되며, 이 과정에서 환율의 급격한 변동이 발생하게 된다. 정치적이나 경제적으로 세계적인 불확실성이 증대되면 미국 달러나 스위스 프랑 또는 금 등이 대표적인 Safe Haven역할을 하곤 한다.

🔵 Long-term trends

외환시장은 종종 Price Chart 등을 통해 시각적으로도 느낄 수 있을 만큼 장기적 추세를 유지하곤 한다. 이러한 추세를 모니터링하고 분석함으로써 지엽적인 가격변화보다는 경제력이나 정치적 안정성을 바탕으로 한 장기적 추세에 비중을 두어 거래하는 경향을 말한다.

⊙ "Buy the rumor, sell the fact"

주식시장에도 루머에 사고, 뉴스에 팔아라는 말이 있듯이 외환시장에서의 거래에서도 경험하게 되는 현상이다. 이러한 현상은, 예상되는 사건에 대해 시장참여자들이 과도하게 반응한 결과 막상 사실이 발표 되었을 때는 과도하게 Build-up된 포지션을 Re-winding 하는 과정에서 종종 예상과 다른 방향으로 거래가 진행되는 경우를 경험한 결과 형성된 거래행태라 할 수 있다.

⊙ Technical Considerations

주식시장 등 다른 시장에서도 그러하듯이 딜러들에 의한 기술적 분석(Technical Analysis)이 환율변동에 큰 영향을 미친다. Fundamental과는 무관하게 Chart 상에서 강력한 저항선이나 지지선 등이 파악되면 그러한 기술적 패턴들이 완성되는 걸 보려고나 하는 듯이 Formation이 이루어질 방향으로 거래를 하는 경향을 말한다. Head & Shoulder와 같은 패턴이 나왔을 경우 급격하게 방향을 바꾸는 가격흐름을 볼 수 있으며, 많은 딜러들은 추세분석을 위한 기술적 분석에 큰 관심을 가지고 있다.

⊙ Economic numbers

수시로 발표되는 주요국의 경제지표들은(특히, 미국) 환율에 큰 영향을 미치지만, 특정 경제 지표가 항상 똑같은 의미로 해석되는 것은 아니다. 동일한 수치의 지표라도 시점에 따라서 소화되는 결과가 다를 수 있다는 것이다. 만약, 실업률이 줄었다고 발표되었다면 단기적으로는 경제적으로 청신호가 되어 통화강세로 이어지겠지만, 이것이 경제과열을 우려한 금리인상으로 연결되어 경제성장에 부정적인 요소가 될 것 같다고 해석되면 전혀 다른 환율변동을 가져올 수 있다는 것이다. 어떤 점을 더 비중 있게 봐야(What to watch)할 것인가는 상황에 따라 달라지게 된다.

◀■■■■▶ 환율변동이 수출입 등에 미치는 영향

수출의존도가 높은 우리나라 경제는 환율의 변동에 따라 큰 영향을 받는다. 환율이 오르면 수입물가가 높아져 물가상승 압력을 받게 되고, 환율이 내리면 수출기업의 가격경쟁력이 낮아져 수출에 타격을 받는 것을 우려하게 된다.

환율이 오르는 경우 수출기업에 미치는 영향을 살펴보자. 수출하는 물건의 국내 생산원가가 1,000원이라면, 환율이 1,000원일 때는 외국에서 해당 물건의 판매가격으로 최소한 1달러를 받아야 한다(생산원가 이외의 비용이 없다고 가정). 그런데 환율이 1,100원으로 오르면 외국에서 0.91달러(91센트)만 받아도 이를 원화로 환가하면 국내 생산원가인 1,000원을 회수할 수 있게 된다. 외국시장에서 1달러 하던 가격을 91센트로 내리면 물건 값이 싸지는 것이므로 해당 물건은 가격경쟁력을 갖게 되고, 해당 상품에 대한 외국 소비자들의 수요가 증가하며, 그 물건을 생산하는 기업의 수출은 증가하게 된다.

환율이 오르는 경우 수입은 어떻게 될까? 환율이 1,000원일 때는 외국에서 1달러에 수입한 물건을 1,000원만 받고 팔아도 수입원가를 충당할 수 있지만, 환율이 1,100원으로 오르면 종전에 1,000원만 받아도 되던 수입품의 가격이 1,100원을 받아야 손해를 면하게 되는 상황이 된다. 수입품의 가격이 오르게 되니 자연스럽게 수입품에 대한 수요가 감소하게 되고, 결과적으로 수입이 억제된다.

환율이 가파르게 하락하게 되면(예 1,000원에서 900원으로) 수출기업들의 해외시장 가격경쟁력이 악화되어 수출이 감소하게 되므로, 수출기업들은 '환율이 너무 떨어져 사업을 못할 지경'이라고 하소연을 하게 된다. 우리나라는 수출의존도가 높은 경제구조를 가지고 있으므로, 환율이 비정상적으로 가파르게 하락하는 경우 통화당국이 외환시장에 개입하는 상황이 발생하기도 한다. 환율은 수출입에 큰 영향을 끼치게 되며, 각국은 불리한 환율변동에 의해 자국의 이익이 침해되지 않도록 적절한 시장개입(Intervention, Smoothing Operation, Fine Tuning)을 하곤 한다.

수출입기업 외에도 환율변동에 영향을 받는 시장참여자들은 많다. 해외여행을 준비하는 사람이나 해외에 자녀들을 유학 보낸 '기러기 아빠', 그리고 외화대출을 받아서 원화로 투자한 기업들은 환율이 오르면 부담해야 할 원화가 증가하기 때문에 비명을 지르게 된다. 반면에, 해외에서 한국으로 여행을 오는 외국인의 경우에는 환율이 상승하여 외화의 가치가 높아지게 되면 여행비용이 줄어들게 되므로 한국으로 향하는 관광객이 증가 추세를 보이게 된다. 엔화가 강세일 때는 일본에서 한국을 찾는 관광객이 증가하지만 반대로 원화가 강세일 경우에는 한국에서 일본을 찾는 관광객이 증가하는 현상이 일어나는 것은 환율변동에 따라 여행에 소요되는 경비가 증가하거나 감소하기 때문이다.

✔ 국제수지표(Balance of Payment)

국제수지표는 일정기간 동안 한 나라의 거주자와 비거주자 사이에 이루어진 모든 경제적 대외거래를 체계적으로 분류하여 기록한 표이다. 국제수지는 크게 경상수지와 자본수지로 분류되며 여기에 '오차 및 누락'을 가감하여 최종적으로는 한 나라의 외환보유액 변화로 나타난다.

국제수지는 상품수지, 서비스 수지, 소득 수지, 경상이전 수지, 자본 수지 등으로 나눠진다. 상품수지는 상품의 수출입 차이를 나타내며, 서비스 수지는 외국과의 서비스거래 결과를 보여주는데 관광이나 특허권 사용료 등을 포함한다. 소득수지는 거주자가 외국에 거주하며 벌어들인 소득(급료, 이자, 배당금 등)과 비거주자가 국내에서 벌어들인 소득과의 차이를 보여주며, 경상이전 수지는 거주자와 비거주자 사이에 아무런 대가없이 주고받는 송금 등의 결과를 보여준다. 자본수지는 직접투자 및 증권투자 그리고 금전대차 등의 결과를 나타낸다.

국제수지표 항목에 포함되는 모든 거래는 외환의 수요와 공급에 영향을 미쳐서 환율의 변동요인으로 작용한다. 그 중에서도 수출입 결과 나타나는 상품수지와 자본수지 부분의 외국인 주식투자 등은 환율변동의 주요 원인으로 꼽히고 있다.

은행의 대고객 환율 구조

은행과 외화현찰을 사고 팔 때 적용하는 환율을 현찰매매율이라 하고, 현찰이 개입하지 않는 외화 환전 시 적용하는 환율을 전신환매매율이라 한다. 외국에 송금을 보낸다거나 송금을 받을 때는 외화현찰을 직접 보내고 받는 게 아니고 은행의 계정을 통해 숫자가 왔다 갔다 하는 것이기 때문에(T/T ; Telegraphic Transfer) 전신환매매율을 적용하며, 은행의 입장에서는 전신환거래에 따른 원가가 현찰거래에 따른 원가보다 훨씬 부담이 작다.

이러한 원가부담을 고려하여 전신환매매율에 적용하는 마진은 현찰매매율에 적용하는 마진보다 작다. USD/Won의 전신환매매율 마진은 은행 간 거래 환율에 의해 정해지는 매매기준율의 1% 수준이고 현찰매매율 마진은 매매기준율의 2% 수준이다. 은행이 고객에게 환전 해주기 위해 보관하거나 또는 고객으로부터 매입한 외화현금은 이자도 붙지 않고 은행 금고에 쌓아 두어야 하는 대표적인 무수익성 자산이다. 또한, 고객에게 판매할 외화현금은 외국으로부터 수입해야 하고, 매입한 외화현금이 적정 재고를 넘어서면 외국으로 수출도 해야 하므로, 이런저런 비용이 초래되는 현찰매매는 전신환매매에 비해 고객에게 불리한 환율로 정해지는 것이다.

▼ 대고객 환율 구조

현찰매입률	전신환매입률	매매기준율	전신환매도율	현찰매도율
980	990	1,000	1,010	1,020

- 매매기준율 : 기준시점의 은행 간 거래 환율(= 원가환율)
- 전신환매매율 : 매매기준율 ±매매기준율의 약 1%
- 현찰매매율 : 매매기준율 ±매매기준율의 약 2%
  * USD, JPY, EUR 등 주요 통화의 현찰매매율 마진율은 2% 수준이지만, 기타통화에 대해 취하는 마진율은 태국 바트화는 6%, 베트남 동은 12%, 필리핀 페소는 10% 등으로 상대적으로 높음

외국환은행이 고시하는 환율표는 각 은행이 시장의 상황을 고려하여 자율적으로 수시 재고시하므로 특정시점에서 각행이 적용하는 대고객환율은 서로 약간의 차이가 날 수밖에 없다. 따라서 외국환은행 간 환율 경쟁력 여부는 특정시점의 고시환율을 비교해서는 판단하기 어렵고, '나에게 적용할 환율을 결정할 때 환전 당시의 매매기준율에 얼마만큼의 마진(스프레드)을 붙이는지'를 가지고 비교해야 한다. 일반적으로, 아무런 의사표시 없이 소소한 금액을 환전한다면 은행은 고시된 환율로(즉, 은행이 취할 수 있는 마진을 최대로 확보하여) 환전해 준다. 그러나 금액이 특정 수준(이에 대한 판단은 순전히 각 영업점에서 자율로 결정함) 이상이거나 고객의 특별한 할인요청이 있는 경우에는 매매기준율에 가감하는 마진을 조정해 주곤 한다. 은행들은 환전고객들이 여러 은행들의 마진 할인 폭을 사전에 알아보고 가장 할인을 많이 해주는 은행을 선택한다는 것을 헤아려서 서로 경쟁적인 환율을 제시해야 하기 때문이다. 따라서 외국환은행 간 대고객 환율을 비교할 때는 특정시점에 고시된 환율을 가지고 비교하기보다는 나에게 얼마만큼의 할인율을 적용해줄 것인지를 가지고 판단해야 한다.

외국에 나가서 사용한 신용카드 결제 시 적용하는 환율은 전신환매도율이다. 앞에서 살펴보았듯이 외화현금으로 환전 시 적용하는 현찰매매율 마진은 신용카드 사용금액 결제에 적용하는 전신환매도율의 마진에 비해 불리하다. 그러므로 환율이 하향 추세를 보이는 경우에는 가능하면 신용카드를 사용하는 것이 환전마진을 적게 부담하면서 추후(통상, 카드 사용 1개월 후) 카드 대금 결제 시 하락한 환율을 적용받는 좋은 방법이 될 수 있다. 그러나 신용카드 사용액 결제 시점에서의 환율이 어떻게 변하느냐에 따라 현찰매도율로 환전을 해갔던 것이 오히려 더 잘했구나 하는 판단을 내리게 될 수도 있다. 극단적인 예이기는 하지만, 환율이 불과 며칠 동안 수백원씩 상승하는 일이 발생했던 1997년 외환위기 당시에 해외여행을 나가서 신용카드를 사용하고 온 관광객들은 출국 시 현찰로 환전하였을 경우보다 훨씬 더 높은 환율로 여행경비를 결제해야 했던 경험을 하기도 했다.

외국환은행들이 매매기준율에 일정 마진을 가감하여 대고객 환율을 정하는 이유는 인건비와 같은 취급비용, 무수익성 자산 보유에 따른 기회비용, 화폐 실물의 수출입비용과 더불어 환율변동 위험을 떠안는 것에 대한 보상이다. 고객과의 외환거래에 의해 수동적으로 떠안게 되는 외화는 거래 이후의 환율변동위험에 고스란히 노출되게 된다. 일반적으로 외국환은행 간 거래는 1백만불 단위로 거래되므로 해당 금액에 미달하는 거래금액은 거래가능 규모가 될 때까지 은행이 그 위험을 안고 가야하기 때문이다.

대고객 환율표나 환율 전광판에 고시하는 환율과는 별도로 우대환율이라는 것이 있다. 은행들은 고객과의 거래관계나 타행과의 경쟁 등을 고려하여, 일반적으로 고시할 때 적용하는 스프레드(마진)를 적게 적용함으로써 고시환율보다 우대하여 주는 환율이다. 시장 연동환율이라는 것도 있다. 이는 거래금액이 외환 중개회사를 통한 은행 간 거래규모(대체로 100만불 수준)에 이르는 경우 거래 당시의 시장환율에 약간의 마진만 붙여 환율을 제시하는 것으로서 외국환은행간 고객유치 경쟁이 반영되는 환율이라 할 수 있다.

◀■■■■■▶ 시장평균환율(MAR ; Market Average Rate)

각 외국환은행이 고시하는 대고객환율은 외환시장의 가격변동에 따라 수시로 변경고시 되며 고시 횟수는 각행의 자율에 따른다. 대고객환율은 은행의 원가환율인 매매기준율에 각 통화별 마진(= Spread)을 고려하여 결정되는데 매 영업일의 첫 번째 고시환율에 적용되는 USD/Won 매매기준율과 CYN/Won 매매기준율은 전 영업일의 시장평균환율(MAR ; Market Average Rate)을 사용한다.

시장평균환율은 국내 외국환은행(외국은행 국내지점 및 종금사 등 포함)간 거래 환율을 거래금액으로 가중하여 산출하는 해당 영업일의 평균환율로서 NDF(Non-deliverable Forward : 결제일에 인수도가 일어나지 않고 거래 손익만을 결제하는 선물환거래) Fixing Rate나 스왑거래 등에서 기준(참조)환율로도 이용된다. 외국환은행 간 USD/Won 거래와 CNY/Won 거래는 한국 자금 중개나 서울 외국환 중개와 같은 중개회사(Broker)를 통해서 이루어지는데

222

이들 중개회사에서 거래된 금액과 환율을 고려하여 시장평균환율이 산정된다.

* 2024년 7월부터 외환시장 개장시간이 연장(09:00~15:30 → 09:00~익일02:00) 되었으나 익일 초회 매매기준율로 사용할 시장평균환율은 정규장 시간 기준(09:00~15:30)으로 산출함

특정일에 중개회사를 통해 거래된 USD/Won 거래가 다음과 같다면 평균환율은,
9,478,000,000 / 9,000,000 = 1,053.10원이다.

거 래	금 액	환 율	원화 환산액
1	$ 3,000,000	1,050	3,150,000,000
2	$ 5,000,000	1,055	5,275,000,000
3	$ 1,000,000	1,053	1,053,000,000
소 계	$ 9,000,000		9,478,000,000

각 영업일에 최초로 고시되는 USD/Won의 매매기준율은 시장평균환율을 구해 정하면 되지만 국내은행간 외환시장에서 거래되지 않는 기타통화(USD 및 CNY 이외의 외국통화)의 매매기준율은 재정환율(裁定환율 : 교차환율 산출 공식에 의해 도출해 내는 균형환율)을 구해 이용한다. 예를들어, Yen/Won 환율은 USD/Won 시장평균환율과, 해당 영업일의 최초 대고객매매율을 고시할 시점에 국제 외환시장에서 채집된 USD/Yen 환율을 고려한 교차환율(즉, Yen/Won)을 매매기준율로 정하며, 여기에 마진을 고려하여 대고객환율을 결정 고시하게 된다.

◀▬▬▬▬▶ 교차환율(Cross Rate)

교차환율의 원래 의미는 특정국에서 해당 국가의 통화를 포함하지 않은 외국통화 간 환율을 의미하거나, 환율이 어느 나라에서 고시되든 USD를 제외한 통화 간의 환율을 일컫는다. 어느 경우에 해당되건 교차환율이 갖는 의미는 각 통화 간의 환율이 서로 균형을 이루어야 한다는 것이다.

여기에 A, B, C 3개 통화가 있다고 하자. A와 B의 환율이 정해지고 A와 C의 환율이 정해지면 B와 C의 환율은 앞의 두 환율에 의해 자동적으로 정해지게 되는데 이것이 교차환율이다. 예를 들어, USD/Won 환율이 1,150이고 USD/Yen 환율이 112이면 Yen/Won 환율은 10.2678가 되어야 하며 그렇지 않은 경우 통화의 상대적 가격이 싼 곳에서 사서 비싼 곳에 파는 차익거래(= 재정거래, Arbitrage)가 발생할 수 있다. 그런 의미에서 교차환율을 재정(裁定)환율이라고도 한다.

223

국내 외국환은행들이 고시하는 30여개 외국통화의 대고객환율은 어떤 절차를 거쳐 결정될까? USD/Won과 CNY/Won의 환율은 국내 외국환은행들이 외환중개회사(Broker)를 통해 매매를 하므로 여기서 형성되는 환율을 기준삼고 마진을 고려하여 대고객환율을 정하면 되지만, USD 와 CNY를 제외한 외국통화들은 원화를 대가로 한 직접거래 시장이 형성되어 있지 않기 때문에 교차환율(Cross Rate)을 구하여 사용하게 된다. 즉, 국내시장에서 형성된 USD/Won 환율과 국제 외환시장에서 형성되는 USD/SFR, USD/Yen 환율을 이용하여 Yen/Won, SFR/Won 환율을 산출해 내는 것이다.

국내외 외환시장에서의 환율이 다음과 같이 형성될 때 Yen/Won의 환율을 구해보면,

USD/Won	1,150(국내 외환시장)
USD/Yen	112(국제 외환시장)
Yen(100)/Won = ?	

우선 1,150원으로 1달러를 매입한 후, 매입한 1달러를 매도하고 112엔을 매입하는 환율을 구하면 되는데, 이는 결국 1,150원으로 112엔을 매입하는 결과와 같으므로 Yen/Won 환율은 1,150/112 = 10.2678이 되고, 대고객 환율은 100Yen당 원화의 가격으로 고시하므로 1,026.78이 된다.

Fixed vs. Variable 형태의 환율표시 상황에서 USD/Won이나 USD/Yen 경우처럼 Fixed Currency가 동일하다면 Fixed Currency를 제외한 다른 두 통화의 교차환율은 제시된 환율을 서로 나누어서 구한다. 나눌 때, 교차환율의 FC가 될 통화의 환율이 분모가 되고 VC가 될 통화는 분자가 된다(Yen/Won 환율을 구할 때 FC는 Yen이며 Won은 VC가 된다. 왜냐하면, 환율은 항상 FC/VC 형태로 표시하기 때문이다). USD/Won 1,150이라 할 때 FC인 USD 1 단위가 분모로 들어가 있다고 생각하면 쉽다.

이번에는 기준통화가 서로 다른 환율로부터 교차환율을 구해보자.

USD/Won	1,150
EUR/USD	1.1465
EUR/Won = ?	

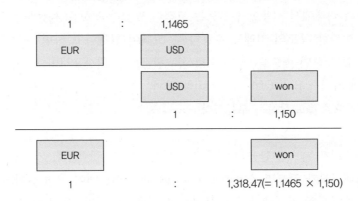

▼ Fixed Currency가 다른 경우의 교차환율 산출

교차환율은 이론적으로 산출되는 균형환율이며, 이 균형에서 벗어나면 차익을 노리는 재정거래가 발생하게 될 것이기 때문에 균형을 벗어나는 환율이 존재할 가능성은 거의 없다. 또한, Two-way로 가격이 제시되는 시장에서는 Bid-Offer Spread가 거래비용으로 작용하게 되므로 이러한 비용을 고려하고도 차익실현이 가능해야 재정거래가 발생할 수 있을 것인 바, 실제 차익거래 기회가 존재하기는 어렵다.

Two-way Quote

외환시장에서 외화의 가격인 환율은 사자(Buy, Bid)와 팔자(Sell, Offer) 두 가격이 동시에 제시된다. 여기서 사거나 파는 것은 기준통화인 Fixed Currency를 사고 파는 것이며 그 댓가로 주고받을 Variable Currency(표시통화)를 숫자로 표현한 것이다. 예를 들면, 'USD/Won 1,150.50-60'과 같이 가격을 제시하는 것이다. 앞부분인 1,150.50이 Bid Rate이고 뒷부분인 1,150.60이 Offer Rate이며(Ask Price 라고도 함), 가격을 제시하는 측은 거래 상대방이 사든 팔든 무조건 거래를 수용하되 기준통화(여기서는 USD)를 살 때는 Bid Rate를 적용하고 팔 때는 Offer Rate를 적용하겠다는 의사표시이다.

은행 간 시장에서는 딜러들이 가격제시를 요구할 때 자기가 거래할 방향(Buy or Sell)은 밝히지 않지만 거래하고자 하는 금액은 미리 알린다. 예컨대, 'USD/Yen 1 Mio. please(= USD 1 Million against Yen)'와 같이 한다. 그러면 가격을 제시하는 측은 자신이 취해야 할 이익이나 반대거래 비용 등을 고려한 Spread를 반영하여 Bid-Offer Rate를 제시하며, 상대방은 해당 가격이 온당한지를 판단하여 거래를 실행하거나 거절하면 된다.

225

국내은행들은 대고객 환율표에 매입률과 매도율을 고시하는데 이 또한 Two-way Quote에 해당된다. 대고객 거래에서 적용할 환율표는 고객이 팔겠다고 하든 사겠다고 하든 고시한 통화에 대해서는 어떠한 규모의 거래도 수용하되, 고객이 팔겠다고 하면 매입률(Bid Rate)로 사고 고객이 사겠다 하면 매도율(Offer Rate)로 팔겠다는 의사표시이다. 이때, Bid Rate와 Offer Rate간의 차이를 Bid-Offer Spread라 하며, 이는 가격을 제시하는 측의 수익원천으로서 다양한 원가요소를 보상하는 부분이다.

Bid-Offer Spread가 넓으면 환율의 경쟁력이 낮은 것이고 좁을수록 가격경쟁력이 있는 것인데 대체로 거래규모가 작으면 스프레드가 넓어지고 거래금액이 크면 좁아진다. 거래가 많은 통화는 스프레드가 좁고 거래가 뜸한 통화는 스프레드가 넓다. 은행에서 환전 시 소액거래 고객들은 환율표에 제시된 그대로 거래를 하는 게 일반적이지만 거래금액이 큰 고객들은 은행에게 Spread를 좁혀서 가격을 제시하도록 요청하여 고시환율보다 더 좋은 환율로 거래하며(우대환율), 거래금액이 은행 간 거래 규모에 해당하는 경우에는 직접 딜링룸을 불러서 은행 간 거래 환율에 최소한의 Spread만을 가감하여 거래하기도 한다(시장 연동환율).

환거래 시 환율을 제시하는 측(Quoting Party)이 시장 조성자(Market Maker)이며, 상대방을 부르는 측(Calling Party)은 환율을 제시해 줄 것을 요청하고 제시된 환율에 의해 거래를 하든 아니면 거래를 거절하든 결정해야 하는 Market Taker이다.

USD/Won 1,150.50 - 60
(a)   (b)

(a) : 매입률(Bid Rate), Market Maker인 Quoting Party가 기준통화인 USD를 매입할 때 적용하는 환율, Market Taker인 Calling Party가 기준통화인 USD를 매각할 때 적용받는 환율

(b) : 매도율(Offer Rate), Maket Maker인 Quoting Party가 기준통화인 USD를 매도할 때 적용하는 환율, Market Taker인 Calling Party가 기준통화인 USD를 매입할 때 적용받는 환율

외환딜러의 딜링 例(A : Calling Party, B : Quoting Party)

A : Hello, USD/Yen 1 Mio. please.
살 것인 지 팔 것인 지는 밝히지 않은 채 가격제시를 요구하지만, 거래금액이 일반적인 시장규모
에 미치지 못할 때는 미리 거래방향을 알리는 것이 예의

B : 70–73
거래 당사자들은 모니터를 통해 시장을 보고 있으므로 환율 전체를 제시하기보다는 뒷부분 두 자
리만 간단하게 제시한다(이 때 생략되는 부분을 'Big Figure'라 칭함. 본 예에서는 '112').

A : Mine
Mine은 Calling Party가 Fixed Currency를 사겠다는 뜻이며 여기서는 USD 1백만불을 매입하는
것이다. 팔고자 할 때는 'Yours', 가격이 맘에 들지 않아 거래를 거절하고자 할 때는 'No interest'
등으로 의사를 표시함

B : Done, at 112.73 I sold USD 1 Mio.
　My Yen to xxx Bank, Tokyo. A/C · 123456

A : My USD to xxxBank, NewYork A/C · 356421. Bi now.

거래가 성사되었으므로 거래가격 및 금액을 재확인하고 거래대금을 주고받을 계좌정보를 교환한
후 거래를 마친다.

Arbitrage라는 것은 특정 물건에 대해 서로 다른 시장에서 형성되는 가격의 차이가 있을 때 이러한 기회를 이용하여 이익을 취하는 것을 말하며, 이러한 Arbitrage를 실행하는 사람을 Arbitrageur라 한다. 만약, 서울에서 쌀 한가마가 10만원인데 부산에서는 5만원이라 해보자. 상황이 이러하다면, 많은 사람들이 부산에서 쌀을 사서 서울에 내다 팔아 이익을 취하는 거래를 하게 되는데 이를 Arbitrage(재정거래)라고 한다. 이러한 거래는 운송비나 인건비 그리고 사고에 대비한 보험료 등을 고려하고도 이익이 남을 때까지 계속될 것이다.

국제시장에서의 예를 들어보자. 만약 미국에서는 스마트 폰이 90달러에 거래되고 영국에서는 50파운드에 거래되는데, GBP/USD 환율이 2.0000이라면 어떤 Arbitrage가 행해질 수 있을까? 환율을 고려하면 영국에서는 스마트폰이 100달러(= 50파운드 × 2.0)에 거래되는 셈이니까 미국에서 스마트 폰을 90달러에 사서 영국에 갖다 팔아 스마트폰 1대당 10불을 이익으로 취할 수 있게 된다. 물론, 이러한 예는 환율이 변동할 수 있는 위험이라든가 부대비용(운송비 등) 요소들을 고려치 않았지만, 핵심은 앞에서 살펴 본 쌀의 경우처럼 부대비용을 고려하고도 이익을 취할 수 있는 수준까지 재정거래가 진행될 수 있다는 것이다.

그렇다면, 실제 외환시장에서 이러한 무위험 차익거래가 가능할까? 대답은 거의 불가능이다. 우리가 알고 있는 바와 같이 외환시장의 가격은 Two-way로 제시되고 Bid-rate와 Offer-rate의 차이인 Spread가 거래비용으로 작용하기 때문에 Arbitrage 기회가 거의 존재하지 않으며, 혹시 있다 하더라도 차익거래가 순식간에 실행되어 더 이상 이익을 취할 수 없는 상태로 복귀하게 될 것이기 때문이다.

추가하여 언급할 사항은, 외환시장은 24시간 연속되는 단일시장이라는 것이다. 다양한 교재들에서 산견되는 것으로서 마치 외환시장이 뉴욕시장, 런던시장, 동경시장 등과 같이 구분되어 각 시장 간에 가격차가 있는 경우 이를 이용해 무위험 차익거래인 재정거래(Arbitrage)를 할 수 있는 것처럼 기술하고 있는데 이는 전혀 사실과 다르다. 특정시점에는 오직 하나만의 시장이 형성되고 있는 것이며 서로 다른 Time Zone에 속하는 까닭에 특정시각에 특정지역을 중심으로 외환거래가 이루어지고 있는 점을 고려하여 도시 이름을 붙여 외환시장을 구분하고 있을 뿐이다. 참고로, 3일간의 신년휴가를 마치고 새해가 시작 되었다고 해보자. 외환시장은 가장 동쪽에 있는 호주 쪽에서 본격적으로 시작하여, 곧 이어 동경을 비롯한 아시아지역, 그 다음에는 유럽지역을 거쳐 미국시장이 이어받는 형국으로 연속되는 것이다.

Q | **환율 관련 신문기사 해설**

100엔당 원화 환율, 5년 3개월 만에 場中 1,000원 무너져
수출기업에 큰 타격 우려, 日 여행 비용은 줄어

일본 엔화 대비 원화 환율 하락세가 심상치 않다. 30일 서울 외환시장에서 원·엔 환율은 오전 9시 개장 직후 100엔당 전날보다 7원 떨어진 999.62원을 기록했다. 원·엔 환율이 1,000원 밑으로 내려간 것은 2008년 9월 9일 이후 5년 3개월 만이다.

[환율의 상승/하락]

원·엔 환율이 떨어지면 세계 상품 시장에서 일본 제품과 비교한 한국 제품의 가격 경쟁력이 떨어지고, 일본과의 무역 관계에서도 우리나라 수출기업들이 큰 타격을 입게 된다. 그 영향은 이미 가시화하고 있다. 한국은행에 따르면 지난 3분기 국내 기업들의 매출이 1년 전보다 0.1% 감소했다. 한국은행은 "엔화 약세에 따른 원·엔 환율 하락으로 기업의 수익성과 성장성 지표가 나빠지고 있다"고 밝혔다. 반면 원·엔 환율이 떨어지면 일본을 여행하는 한국인 관광객 입장에서는 이득이다. 원화의 구매력이 커진 만큼 일본 여행비를 절감할 수 있기 때문이다. 실제로 엔저 현상이 심화한 올 한 해 일본을 방문하는 한국인 관광객이 크게 늘어났다. 일본정부 관광국에 따르면, 올 들어 10월까지 일본을 여행한 한국인은 209만명으로 지난해 같은 기간 166만명에 비해 26% 증가했다. 또 원·엔 환율이 하락하면 좀 더 싼 값에 일본 물품을 들여올 수 있게 되는 국내 수입업체들도 이득을 본다.

[환율의 변동이 수출입 등에 미치는 영향]

원·엔 환율은 지난해 중반까지 100엔 당 1,400원에서 1,500원 사이를 오르내렸다. 그런데 일본 아베 정권이 수출경쟁력 향상을 위해 적극적인 엔화 약세 정책을 구사하면서 지난해 6월부터 원·엔 환율이 지속적으로 내리막을 탔고 결국 30일 장중 한때 100엔당 1,000원 선이 무너졌다. 외환 당국 관계자는 이날 "원·엔 환율이 급락하는 상황에 대해 우려하고 있다. 미시적인 대응책을 모색하고 있다"면서 구두 개입에 나섰다.

[중앙은행의 외환시장 개입 및 정책적 요인]

하지만 외환 당국으로선 마땅한 대응책을 찾기 어렵다. 원·엔 환율은 원화와 엔화의 교환거래를 통해 시장에서 결정되는 것이 아니라 엔·달러 환율과 원·달러 환율에 의거해 자동으로 결정되기 때문이다. 원·엔 환율을 올리려면 엔·달러 환율 상승 폭 이상으로 원·달러 환율을 높이는 방법이 있지만 시장 개입이 쉽지 않다.

[USD/WON 환율은 시장평균환율, Yen은 교차환율로 자동 산정]

외환시장에선 원·엔 환율 900원대 붕괴가 불가피하다는 전망까지 나오고 있다. 신한은행 관계자는 "일본 정부의 엔화 약세 의지가 무척 강하다"며 "반면에 지속적인 경상수지 흑자 등 요인으로 원화 가치는 하락보다는 상승 쪽에 방향성이 맞춰져 있어서 원·엔 환율 하락 추세가 계속될 것"이라고 말했다.

[정책적 요인, 시장의 환율추세]

출처 : 조선일보

02 외환시장(Foreign Exchange Market)

▶ 외환시장

외환시장은 국내 외환시장과 국제 외환시장으로 구분할 수 있다. 국내 외환시장은 국내에 소재하는 외국환은행 간(Inter-bank)에 거래가 이루어지는 시장으로 외국환중개회사를 통한 USD/Won 거래와 CNY/Won 거래가 행해지는 시장을 지칭한다 할 수 있다. 국제 외환시장은 원화(Won)가 개입되지 않는 통화 간 거래가 이루어지는 세계적인 시장을 지칭하며 통상 각국의 딜러들이 거래시스템을 통하여 교신하며 거래하는 시장이다.

국제 외환시장의 핵심 참가자는 은행들이며, 주요 지역(뉴욕, 동경, 런던 등)의 시간대에 맞춰 매입자와 매도자 간에 범세계적으로 24시간 거래가 이뤄진다. 토요일과 일요일은 시장이 열리지 않으며(중동국가들처럼 예외는 있지만), 각국의 공휴일에는 해당국 소재 은행들이 거래에 참여하지 않게 되어 해당국 시간대에는 시장이 다소 조용해진다. 외환시장에 참여하는 딜러들은 주로 Reuter에서 제공하는 딜링시스템 등을 이용하여 거래를 하며, 결국 딜러들 간 거래를 통해 각국 통화의 교환비율인 환율이 정해지게 된다.

외환딜러 간 거래는 대체로 1백만불 단위로 이루어지며 외화의 실제 수요·공급뿐 아니라 다양한 형태의 투기거래(Speculation)가 이루어지기 때문에 총 거래량은 엄청나다. 투기거래는 외환시장의 유동성(Liquidity)을 풍부하게 해주는 중요한 요소이며 투기적 거래가 존재함으로써 실수요자들이 필요한 때에 거래를 할 수 있게 되고 가격 또한 경쟁적(Bid-Offer Spread가 작은)이게 되는 것이다.

자금시장(Money Market), 자본시장(Capital Market)

자금시장은 단기간의 자금을 빌리거나 빌려주는 거래가 이루어지는 시장이며, 외환시장과 마찬가지로 특정 장소를 떠올릴 수 없는 추상적인 시장이다. 외국환은행 간에 단기적인 자금 불일치(Mismatch)를 조정하는 시장이며 짧게는 1일물(Over-night)부터 1주일, 1개월, 3개월 등 만기가 1년 이내인 자금거래가 이루어지는 시장을 일컫는다.

자본시장은 Bond(채권), Syndicated Loan과 같은 중장기 자금을 조달하거나 투자하는 시장으로서 거래되는 금액도 규모가 크다는 특징을 갖고 있다. 통화스왑이나 금리스왑 같은 거래는 자본시장 거래에 동반하여 활용되는 경우가 많다.

실수요 거래 및 투기거래

수출 등을 통해 실제로 획득한 외화를 환전하거나 수입결제의 경우처럼 실제로 외화가 필요하여 외환거래를 하는 것을 실수요 거래라 한다. 따라서 결제일에는 거래에 따른 통화 인수도가 발생하게 된다. 실수요 거래에 반대되는 개념의 거래로서 실제 수요가 없는데도 환율변동으로부터 이익을 취하고자 하는 거래를 투기거래(Speculation)라 한다. 국내 기업들이 선물환거래를 하고자 하면 외국환은행들이 해당 거래를 하는 근거가 되는 실수요 증빙서류를 요청하게 된다. 이는, 실제 수요가 없는데도 단지 가격변동으로부터 이익을 취하려는 투기거래를 제한하기 위한 것이다.

외환 투기거래가 각국의 경제와 관련 통화 환율에 미치는 영향에 관한 논쟁은 늘 있어왔으나, 투기거래가 시장에 유동성을 제공하여 환율변동위험을 회피하려는 사람들(Hedger)이 효과적으로 위험을 제거할 수 있는 기회를 제공하는 등 중요한 역할을 하고 있는 것으로 여겨지고 있다.

이러한 투기거래는 경제적인 요인은 물론 정치적인 요소나 시장심리에 영향을 받으며 주로 대규모 헤지펀드나 Position Trader들이 이러한 시장을 주도하고 있다. 전통적 금융자산인 Bond나 주식에 대한 투자가 시장에 자본을 제공함으로써 경제성장에 도움을 주는 것과는 다르게 투기거래는 가끔 안정적 경제정책 수행을 방해하는 단순한 Gambling이라 할 수 있다. 전체 외환시장에서 외환거래의 70~90%가 투기거래로 추정되는데 이들이 거래하는 목적은 순전히 거래통화의 가격움직임으로부터 이익을 취하겠다는 것이다.

외환거래의 결제일(Value Date)

외국환은행과 고객과의 거래는 거래 당일에 인수도가 일어나고(대부분은 영업점에서 즉시 인수도) 외환중개회사를 통해 이뤄지는 국내 외국환은행 간 USD/Won 거래도 대부분 거래당일 인수도가 이루어진다. 원화는 한국은행에 개설된 각행의 계좌를 통해 결제하고 USD는 미국소재 Deposit Bank(예치환거래 은행)에 개설된 계좌를 통해 결제가 이루어지는데 미국의 Time Zone이 한국보다 늦어서 Value Today 결제(Same Day Settlement)가 가능하다.

국제 외환시장에서의 Spot(현물환)거래는 거래일로부터 2영업일 후가 결제일(Value Date)이며 해당 결제일에 거래된 통화의 인수도가 이루어진다. 이는 각행의 계좌에서 자금을 이동하기 위해 이체지시서 등을 처리할 시간적인 여유를 고려한 것으로 여겨진다. 선물환(Forward)거래는 결제일이 거래일로부터 3영업일 이후에 도래하는 거래를 총칭하며, 거래당사자가 합의하는 일자를 결제일로 지정하여 거래하게 된다.

국내 외환시장의 구조

국내 외환시장은 對고객시장과 은행 간(Inter-bank) 시장으로 구분된다. 대고객 시장은 외국환은행들과 고객들 사이에 이루어지는 외환거래를 지칭하며, 은행 간 시장은 외환중개회사를 통한 외국환은행들 간의 거래를 지칭한다. 각 외국환은행들은 고객과의 거래결과 떠안게 되는 외화의 환율변동위험을 커버하기 위해 서울외환중개 및 한국자금중개와 같은 외국환중개회사를 통해 포지션을 조정한다. 즉, 고객과의 거래에서 외환 매입액이 매도액을 초과하면 동 초과분을 팔고, 외환 매도액이 매입액을 초과하면 동 부족액을 매입하여 추후 환율변동으로 인해 초래될 수 있는 위험을 제거하는 것이다(이렇게 하는 이유는 외국환은행들이 대고객 거래에서 취득할 마진을 지키기 위한 것이며 이는 곧 안정적인 영업이익 확보를 기하기 위함이다).

▼ 우리나라 외환시장 구조

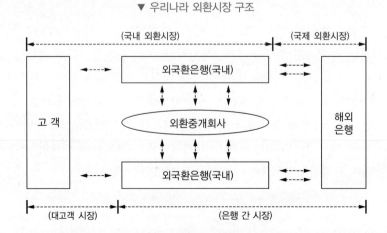

USD/Won과 CNY/Won포지션은 외국환중개회사를 통한 국내은행 간 거래로 간단히 커버할 수 있지만, USD와 CNY를 제외한 기타통화 포지션은 해외 외환시장과 국내 외환시장을 모두 거쳐야 한다. 예를 들어, 기타통화가 매입초과이면 이를 국제 외환시장에서 USD 댓가로 팔고 이때 수령한 USD는 국내은행 간 거래(외국환중개회사 중개)에서 원화를 대가로 매도, 매도 초과이면 국제 외환시장에서 USD를 주고 기타통화를 사오며 이 때 주어야 할 USD는 국내은행 간 거래에서 원화를 주고 매입하는 구조를 띤다.

외국환은행의 포지션 커버거래

외국환은행은 대고객거래에서 발생하는 각 통화별 포지션을 딜링룸에서 종합하고 Over-bought 상태이면 은행 간 거래를 통해 매각하고, Over-sold 상태이면 매입하여 전체적으로 Square Position을 유지하려고 한다. 그렇게 해야 은행도 환율변동 위험으로부터 벗어날 수 있으며 대고객거래에서 의도했던 마진을 확정할 수 있기 때문이다.

USD, CNY의 경우에는 국내 외환중개회사를 통해 국내 외국환은행 간 거래가 이루어지므로 Over-bought 또는 Over-sold 부분을 반대매매로 커버할 수 있겠지만 USD, CNY 이외의 외국통화는 직접 반대매매를 할 시장이 존재하지 않는다. 따라서, USD, CNY 이외의 외국통화는 포지션을 USD 해당 금액으로 환산한 뒤, 해당 USD를 외환중개회사를 통해 원화를 대가로 매매하고, 각각의 외국통화는 국제 외환시장에서 USD를 대가로 매매하는 방법으로 포지션 커버거래를 실행한다.

예컨대, YEN/Won에서 110백만엔 Over-sold 상태라면 이를 직접 반대매매로 커버할 국내 외환시장이 존재치 아니하므로 일단 이를 USD로 환산하여 해당 USD를 국내 외환중개회사를 통해 매입하고 이렇게 매입한 USD를 국제 외환시장에서 110백만엔을 댓가로 팔아 Yen Short 포지션을 커버하는 것이다.

233

- 대고객 전신환매도율 : Yen(100)/Won 1,035
- Yen(100)/Won 매매기준율 : 1,025
- 은행 간 USD/Won 환율 : 1,127.50
- 외환시장에서의 USD/Yen 환율 : 110.00

거래내역	Yen	Won	USD
대고객 110백만엔 매도 @1,035	−110,000,000	1,138,500,000	
USD환산액 매입주문 @1,150.00		−1,127,500,000	1,000,000
USD/Yen 매도 @112.00	110,000,000		−1,000,000
거래결과	포지션 Square	이익 11,000,000	포지션 Square

* 매매이익 11,000,000원 = 110백만엔 × (1,035 − 1,025) / 100
  포지션커버거래는 결국 엔화의 매매기준율과 전신환매도율과의 차이를 확정시키는 결과를 가져옴

대고객 전신환매매율은 일반적으로 시장환율(= 매매기준율)에 ±% 마진을 붙여 산정되므로 시장환율이 1,000원이면 전신환 매입률과 매도율은 각각 990원과 1,010원 수준으로 고시된다. 따라서 대고객거래 결과 포지션이 Square상태라면 그날의 외환거래는 990원에 매입한 외화 전량을 모두 1,010원에 매도하였다는 뜻이며 은행의 입장에서는 가장 수익률이 높은 장사를 한 셈이 된다(이를 환 Marry라 함).

만약에 Over-bought 상태라면, 당일 영업 중에 매입한 외화가 매도한 외화보다 많다는 뜻으로 이 매입초과분은 외화를 매입할 상대 고객을 찾지 못한 결과 남게 된 잔량이다. 각 외국환은행들은 이러한 Mismatch 부분을 서울 외국환 중개나 한국 자금중개와 같은 Broker를 통해 매매하게 된다(중개회사 역할은 마치 주식거래 시의 증권회사나 주택매매 시의 중개업자가 수행하는 역할과 같음).

그런데 문제가 하나 있다. 포지션을 스퀘어 시키는 커버거래는 중개회사를 통해야 하는데 외국환은행은 특정 영업일의 포지션을 영업을 마감한 후에나 알 수 있고, 그 때가 되면 중개회사 또한 영업이 종료된 상태일 것이므로 포지션 커버거래를 할 수가 없다. 그러므로 외국환은행들은 내부적으로 축적된 통계자료를 바탕으로 해당 영업일에 발생될 것으로 예상되는 포지션을 산정하여 일중에 미리 반대거래를 한다든지, 영업시간 중에 특정규모 이상의 거래가 있

으면(例) 1백만불 이상) 각 영업점이 즉시 딜링룸에 통보하게 하여 반대거래를 하는 등의 전략을 수립하여 대처하고 있다. 그럼에도 불구하고 외국환은행들은 대고객거래로부터 발생하는 포지션을 관리함에 있어 적지 않은 가격변동 위험을 감수하게 되는 바, 대고객거래 환율에 적용되는 마진(스프레드)은 결국 이러한 위험에 대한 보상 성격을 띤다.

외국환은행의 일 중 포지션 커버거래 절차를 살펴보자. 고객이 영업점을 방문하여 USD 1백만을 매입하겠다 하면, 영업점 직원은 즉시 딜링룸을 불러(대부분 은행들은 특정규모 이상의 거래를 즉시 보고하여 시장매매율에 연동하는 환율을 받도록 함으로써 환율변동 위험을 최소화 하고 있음) 포지션 발생 사실을 통보하고 매도거래에 적용할 매매기준율을 요청한다. 영업점의 보고를 받은 딜러는 시장환율(이 환율을 원가로 하여 영업점의 포지션이 딜링룸으로 이전 됨)을 영업점에 알리고 영업점은 동 환율에 소정의 마진을 고려하여 고객에게 적용할 환율을 제시한다.

딜러는, 영업점에서 제시한 환율을 고객이 수용하여 거래의사를 확정함과 동시에 중개회사에 올라와 있는 USD 매물을 매입하는 반대거래를 실행하여 포지션을 커버한다. 그러다 보니, 신문 등에 실리는 사진에서 보듯이 딜러들이 영업점 직원과 통화하느라 또는 딜러 간에 소통하느라 전화 수화기를 든 채 소리를 치는 것이다. 환율변동이 심한 순간에는 고객들의 거래요청도 많을 것이어서 그 긴박함과 소란스러움이 대단할 것임을 짐작할 수 있다.

USD/Won의 포지션 커버거래는 상대적으로 간단하지만, Yen/Won 거래와 같은 USD/Won 이외의 포지션이 발생하면 좀 복잡해진다. 영업점에서 Yen 110백만 매도가 발생할 거라는 전화를 받은 딜러는 같은 딜링룸에 있는 USD/Yen 딜러(이들을 이종통화 딜러라 칭함)와 USD/Won 딜러(이들을 원달러 딜러라 칭함)를 동시에 대기시킨다. 이종통화 딜러로부터 국제 외환시장의 USD/Yen 환율을 받고(이종통화 딜러는 딜링시스템을 통해 거래상대방을 불러서 가격을 제시받고 해당 환율을 알려 줌) 원달러 딜러로 부터 국내 외환시장의 USD/Won 환율을 받아서 Yen/Won 재정환율을 산출하고 이를 영업점에 매매기준율로 제시한다.

영업점에서 고객이 제시된 환율을 수용한다는 답변을 받는 순간 대고객 딜러가 'Deal Done!'을 외치면 이종통화 딜러와 원달러 딜러는 각각 USD/Yen 거래와 USD/Won 거래를 실행하여 커버거래를 한다. 이러한 절차는 마치 하나의 거래를 하듯 짧은 시간에 이루어지게 되며 환율변동이 심할 때는 딜링룸이 더욱 소란스럽고 긴박해진다.

■■■■■■▶ Broker(외환중개회사)

Broker는 외환중개회사를 일컬으며, 국내의 각 외국환은행은(외국은행 국내지점 및 종합금융회사 포함) 중개회사 앞으로 특정 가격에 특정 금액을 매매 해달라는 주문을 내어 거래함으로써 고객과의 거래결과 발생한 포지션을 조정하는데, 이는 주택거래를 위해 부동산중개사 사무실에 주문을 내는 형태와 같다. 국내 외국환은행 및 종합금융회사는 대고객 거래에서 발생한 각 통화별 포지션을 USD금액으로 환산하여 동 금액을 중개회사를 통해 커버하는 방식을 취한다. 외국환중개회사의 수입원은 외국환은행들의 매매를 중개하고 받는 수수료이다.

중개회사를 통해 거래하는 외환시장은 일종의 도매시장 같은 곳이다. 여기에서는 거래단위도 크고 참가할 수 있는 거래자도 외국환은행으로 제한되어 있다. 국내 외환시장은, 외국환은행들이 외환중개회사를 통해 형성되는 도매상점에서 물건을 사다가 자신들의 소매상점인 영업점에서 고객들에게 이윤을 붙여 파는 구조라 볼 수 있다. 고객들은 소매상점 격인 은행들의 지점에 가서 거래를 할 수밖에 없지만 거래규모가 큰 경우에는 도매가격으로 달라고 흥정을 하듯이 환율도 흥정을 할 수 있다. 거래규모가 외국환은행 간 거래단위(예 1백만불)에 해당하는 경우에는 딜링룸을 직접 연결해서 외국환은행의 포지션 커버거래에서 보듯 도매시장에서 형성된 조달원가에 약간의 마진만 고려하여 거래를 하기도 한다.

Q | **외환시장 관련 신문기사 해설**

기사 | 수출업체의 네고물량(달러 매도) 등 달러 공급 요인이 강해 장중 1,070원 밑으로 하향 돌파했으나 외환당국의 개입 경계감 등으로 하락 폭을 줄여 마감했다. 11일 서울외환시장에서 거래된 달러-원 환율은 1071.4원으로 전일 대비 2.2원 하락했다. 기준환율(MAR)은 5.1원 하락한 1,070.5원에 마감했다. 장중 고점은 1,072.3원, 저점은 1,068.9원으로 변동폭은 3.4원이었다. 서울외국환중개와 한국자금중개에서 거래된 현물환은 75억 2,400만달러로 집계됐다.

해설 | USD/Won 환율이 하락했다 함은 원화로 표시한 달러의 가격이 내려갔다는 말이다. 예컨대, 1,070원 하던 것이 1,060원으로 하락하듯 원화표시 숫자가 작아진 것을 의미한다. 이렇게 되면 이전에는 1,070원을 주어야 1달러를 살 수 있었는데 이제는 1,060원만 주어도 1달러를 살 수 있으니 원화가치가 상승한 것이다.

시장평균환율(MAR ; Market Average Rate)은 외환중개회사인 '서울 외국환중개'와 '한국 자금중개'를 통해 거래된 외국환은행 간 거래 환율을 거래량으로 가중하여 산출한 환율로서 다음 영업일에 맨 처음 고시하는 대고객 USD/Won 환율의 매매기준율로 사용된다.

기사 | 수출업체의 네고물량(달러 매도) 등 달러 공급 요인이 강해 장중 1,070원 밑으로 하향 돌파했으나 외환당국의 개입 경계감 등으로 하락 폭을 줄여 마감했다.

해 설 수출업체는 수출대금을 수령하여 이를 원화로 바꾸게 된다. 그래야 국내 근로자들에게 임금도 주고 원재료 구입대금도 결제할 수 있기 때문이다. 따라서 수출이 증가하면 달러공급 요인으로 작용하며, 달러를 팔고 원화를 사는 과정에서 달러의 가치가 하락하는 결과를 가져온다(환율 하락).

환율이 과도하게 하락하면 수출기업 상품의 해외 가격경쟁력에 부정적인 영향을 끼친다. 예컨대, 생산비용이 1,000원이고 달러-원 환율이 1,0000이면 생산비용을 커버하기 위해서는 해외에서 1달러를 받고 판매하면 되지만, 환율이 900으로 환율이 하락하는 경우 생산비 커버를 위해 해외판매 시 받아야 하는 가격이 최소한 1.11달러가 되어야 합니다. 가격이 올라가면 수출상품에 대한 수요가 감소하게 될 것이고 수출기업은 타격을 받게 된다.

중앙은행은 이러한 점을 고려하여 과도한 환율하락 시 외환시장에 개입(Intervention, Smoothing Operation, Fine Tuning)하여 환율을 떠받치기도 한다. 중앙은행은 그야말로 큰 손이므로, 중앙은행의 개입은 시장에 즉각적인 영향을 준다. 네고(Negotiation)라는 것은 수출기업이 상품을 선적한 뒤 선적서류 등을 외국환은행에 넘겨주고 수입자가 수입대금을 결제하기도 전에 수출대금을 받는 절차를 말한다.

기 사 이날 외환시장은 역외 선물환(NDF) 환율을 반영해 전일 종가(1,073.6원)보다 2.6원 하락한 1,071.0원에 개장했다. 이후 해외뉴스보다 국내 달러 공급 물량에 집중하는 모습을 보였다. 현대중공업 수주 소식 및 외화예금 사상 최대치 경신 등이 환율을 1,070원 밑으로 끌어내렸다. 외국인이 1,600억원 정도 주식을 순매수한 것도 환율 하락에 영향을 미쳤다. 다만 외환당국의 하락 경계감이 큰 데다 결제수요(달러 매수) 및 숏커버(손절 매수) 등이 나오면서 점차 상승 곡선을 그렸다.

해 설 역외 선물환 거래(NDF ; Non-Deliverable Forward)는 주로 해외거래자들이 실행하는 USD/Won 선물환거래로서 선물환 만기일에 관련통화의 인수도(Delivery)가 발생하지 않고 환율변동에 따른 차액만 결제되는 형태의 거래인데 그 거래량이 크고 국내외환시장이 끝난 후 해외의 영업시간에 거래되므로 자연스럽게 익일 국내 외환시장의 USD/Won 환율에 큰 영향을 미친다. 국내기업의 선박건조 등과 관련하여 수주를 하면 추후 물건대금을 받는 경우 원화를 대가로 외화를 팔아야 하기 때문에(미래에 수령할 것으로 예상되는 금액을 선물환거래로 매도함) 환율 하락요인이 된다.

외화예금 사상 최대치 경신이 환율 하락요인으로 작용했다는 것은 좀 잘못되지 않았을까? 만약, 원화를 가지고 달러를 매입하여 이를 외화예금으로 예치해서 그렇다면 환율이 올라갔어야 한다. 또는, 수출업체들이 물품대금으로 외화를 수령하여 이를 원화로 바꾸지 않고 외화예금으로 예치했다면 외환시장에서 외화의 공급이 축소되는 요인이므로 환율 하락요인이라 말할 수 없다.

외국인이 국내주식에 투자하려면, 자기 나라에서 달러를 가져와서, 이를 국내외환시장에서 팔아 원화를 조달한 후, 이 원화를 가지고 주식을 사게 된다. 이 과정에서 달러의 환율이 하락한다. 따라서 외국인들의 국내주식거래가 활발한 경우 환율은 내려가고 동시에 주가는 올라가거나, 주가가 내려가고 동시에 환율이 올라가는 현상이 자주 발생하게 된다(외국인이 투자한 돈을 회수해 가려면 국내주식을 팔고, 그 돈으로 달러를 사서, 매입한 달러를 자기 나라로 송금해야 하므로 주가하락과 환율상승 현상이 발생).

수입업체들이 물건을 수입하고 대금을 치르기 위해서는 외화가 필요하다. 따라서 원화를 가지고 달러를 매입하는 과정에서 환율이 상승한다.

숏(Short) 커버링이란, 외환딜러들이 환율하락을 예상하여 매도(Short)했던 외화를 되사는 것을 말한다. 적절한 이익을 보고 커버(Profit taking)하는 경우 또는 손실을 보고 적정수준에서 커버(Loss Cut)하는 경우가 다 여기에 해당된다.

◉ 장내시장, 장외시장

특정 거래소(Exchange)에서 거래되는 표준화된(Standardized) 상품을 場內상품이라 하고, 이러한 형태의 상품이 거래되는 시장을 장내시장이라 한다. 금융선물(Financial Futures), 주가지수선물(Index Futures), 선물옵션(Options on Financial Futuress) 등이 장내상품이며, KRX(Korea Exchange), CME(Chicago Mercantile Exchange), CBOT(Chicago Board of Trade), LME(London Metal Exchange) 등이 장내시장인 거래소에 해당된다.

외국환은행 등을 통해서 고객이 원하는 상품을 맞춤식(Customized)으로 제공하는 시장을 장외시장이라 하고, 거래소가 정해진 곳에 모여서 다수의 거래자들이 거래하는 것과는 달리 고객과 판매자가 카운터를 사이에 두고 고객이 원하는 상품을 카운터 너머로 건네주는 형태로 형성되는 시장이라는 뜻에서 OTC(Over the Counter, 店頭시장) Market이라고도 칭한다.

CHAPTER 03 환리스크 및 헤징

◀■■■■■▶ 환리스크

환리스크는 불리한 환율변동으로 인하여 손실이 초래될 수 있는 위험을 말하며, 특정 시점에서 보면 향후 환율변동으로부터 이익을 볼 확률과 손실을 볼 확률은 각각 50%로 같다. 환리스크는 환율변동에 노출된 금액(Exposure)이 클수록, 관련 통화의 변동성(Volatility)이 클수록, 노출 기간이 길수록 그 위험도가 높아진다.

수출기업은 환율이 하락할 위험을, 수입기업은 환율이 상승할 위험을 관리해야 하며, 외화대출을 사용 중인 기업이나 해외에 유학생을 둔 부모님들은 환율이 상승하면 원화부담이 늘어나게 되는 위험구조를 갖게 된다. 환리스크 관리란 환위험을 제거하거나 감소시키려는 시도이며, 이 때 이용되는 상품으로는 파생금융상품이라 불리는 선물환, 통화선물, 통화스왑, 통화옵션 등이 있다.

◀■■■■■▶ 외환 포지션(Position : Foreign Exchange Exposure)

환율변동 위험에 노출되어 있는 외화 Exposure를 포지션이라 하며 이는 외화 매입액과 매도액의 차액 또는 외화자산과 외화부채의 차액을 지칭한다. Exposure가 '0'인 상태를 Square Position, 매입초과인 상태는 Long(또는 Over-bought) Position, 매도초과인 상태는 Short(또는 Over-sold) 포지션이라 한다. Long 또는 Short은 현물환 포지션과 선물환 포지션을 모두 합친 종합 포지션(Overall Position)으로 판정하며, Long은 환율이 상승하면 이익을 보는 포지션이고 Short은 환율이 하락하면 이익을 보는 포지션이다.

수출기업의 경우에는 수출계약과 동시에 Long Position이 발생하는 것이고, 수입기업은 수입계약과 동시에 Short Position이 발생하는 것이다. 엔화대출을 받아 원화로 환전하여 사용하는 차입자는 원화로 환전하는 순간 Short Position을 갖게 되며, 해외주식에 투자하는 사람은 외국투자를 위해 환전하는 순간 Long Position을 안게 된다. 포지션은 수수했거나 수수할 외화가 향후 환율의 변동으로부터 영향을 받는 부분을 의미하며, 수출입계약의 경우 수출입과 관련하여 수수할 외화를 원화로 환전할 예정이라면 계정처리 여부에 관계없이 포지션에 계상하고 환율변동 위험에 대비하여 관리해야 한다.

외화대출로 USD를 차입하여 해외주식에 투자하는 경우를 가정해 보자. 미국주식에 투자하였다면 USD 표시 외화자산 및 부채가 동일하므로 포지션이 Square 상태이며 향후 환율변동 위험에 노출되어 있지 않다. 그러나 일본 주식에 투자하기 위해 Yen으로 환전 하였다면 USD는 Short, Yen은 Long상태가 된다. 외화대출을 상환하기 위해서는 Yen화로 투자한 일본 주식을 매각하여 USD를 매입하여야 하므로 차입금 상환시의 USD/Yen 환율이 주식매입 시 환율보다 상승하면 환차손을 보게 된다.

포지션은 각 통화별로 관리해야 하며 현재 및 미래의 현금흐름을 다 고려하여 산출한다. 수출기업이 수출계약을 했고 향후 외화를 수령하여 원화로 환전할 예정이면 Long 상태로서 향후 환율하락 위험에 노출되어 있다. 그러나 수출대금 수령 후 동일통화 동일금액의 수입결제가 예정되어 있다면 Square상태이며 환율변동 위험에 노출되어 있지 않다.

거래 노출, 환산 노출, 경제적 노출

환 노출은 일반적으로 회계적 노출과 경제적 노출로 구분하며, 회계적 노출은 거래 노출과 환산 노출로 구분된다. 거래 노출은 수출입 및 외화자금의 대차거래 등과 관련하여 거래 발생시점과 결제시점 간에 발생하는 환율변동에 의해 환차손(익)이 발생할 수 있는 노출(Exposure)을 말한다.

환산 노출(Translation Exposure)은 회계상의 노출이며 이는 외화로 표시된 자산과 부채를 자국통화로 환산할 때 발생하는 가치변동에 따른 외화평가손(익)을 말한다. 일반적으로 화폐성 항목은 결산일의 시장환율로 평가하며 재고자산, 고정자산, 장기투자, 자본금 등과 같은 비화폐성 항목은 역사적 환율(최초 거래실행 당시의 환율)을 적용하여 평가한다.

경제적 노출은 영업 환리스크라고도 하는데, 환율이 불리한 쪽으로 지속됨으로써 미래에 기업의 제품경쟁력이 영향을 받게 되고 그로 인해 매출액 등이 변동하여 궁극적으로 기업의 장래 수익 및 기업가치에 변동이 초래될 위험을 말한다. 미국의 기업들이 모든 거래를 자국통화인 달러로 결제한다 하더라도 경쟁국들의 환율에 따라 자신들의 제품경쟁력이 달라질 수 있으므로 이들 또한 경제적 노출을 갖게 된다. 경제적 노출은 기업의 장기적 경영관점에서 볼 때 당장의 손익에 영향을 미치는 거래노출보다 훨씬 중요한 의미를 가질 수 있다. 경제적 노출에 대응하기 위해서는 시장 다변화, 결제통화의 다양화, 원자재 조달국가 다각화 등은 물론, 생산성 향상이나 기술 차별화 등과 같은 경쟁력 강화가 요구된다.

■━━━━━▶ 수출입 기업의 환리스크

수출기업은 자신이 제공할 상품의 원가에 적정마진을 더하여 수출 시 받아야 할 원화가격을 산출하고 그 원화가격을 계약 통화(예 USD)로 환산하여 수입자에게 가격을 제시할 것이다. 상대 수입상은 제시받은 가격(USD 표시)에 해당 제품을 수입했을 때 자국의 시장에서 잘 팔릴 수 있는 경쟁력 있는 가격인지를 고려하여 가격을 협상하고 계약을 확정하게 된다. 따라서 수출을 하고자 하는 기업은 수입상이 받아들일 수 있는 경쟁력 있는 가격으로 제시해야 하며 그러자니 자신의 원가나 적정 마진폭 설정은 물론이고 외화가격 산출 시 적용되는 환율 또한 중요한 문제가 된다.

여기서 원화표시 제품가격을 외화로 환산할 때 사용하는 환율은 현시점 수준의 환율일 것이므로, 만약에 수출대금 수령 時 원화 환전 환율이 수출계약 당시의 환율보다 하락하게 되면 자신이 확보해야 할 적정마진이 침해당할 수 있음은 물론이고 심한 경우에는 제품의 원가도 못 챙기는 불행한 일이 벌어질 수도 있다. 물론, 다행스럽게도 환율이 상승해서 환차익을 얻을 수도 있겠으나 이러한 요행을 바라며 위와 같은 위험을 무릅쓰는 것은 안정적인 기업운영에 문제를 초래할 수 있다.

수입기업의 환리스크도 수출기업과 방향만 다를 뿐 같은 내용이다. 수입계약 당시의 환율을 고려할 때 상대방이 제시한 가격(외화가격)으로 수입하면 국내시장에서 경쟁력이 있을 거라고 판단했지만 수입결제 시의 환율이 수입계약 당시의 환율보다 상승하게 되면 자신이 확보해야 할 적정마진을 침해받게 된다. 수입결제 시 환율이 올랐다고 국내 판매가격을 올리면 소비자들이 외면할 것이고, 기존의 시장가격에 제품을 판매하자면 수입원가도 못 건지는 일이 발생할 수 있는 것이다.

안정적인 현금흐름은 기업이 존재하기 위한 필수적 요소이므로 수출입 기업들은 적정마진이 침해받지 않도록 조치를 취해야 한다. 이러한 조치행위가 바로 헤징(Hedging)이며, 이때 이용되는 상품이 헤징상품이라 일컬어지는 파생금융상품이다.

- 10/1 수출계약, USD 30만불, 11/15 선적 & Nego 예정
- 수출계약 원가산정 시 고려한 환율 : 달러 당 1,100원
- 기대 영업이익률 : 5%(달러 당 1,100원으로 환전할 경우 예상되는 이익률)
- 11/15 Nego 환율 : 달러 당 1,050원

손익계산서 계상 내용

구 분	수출계약 시 예상	실현 금액	비 고
매출액	330,000,000	315,000,000	환율하락으로 매출액 감소
매출원가	313,500,000	313,500,000	변동 없음
영업이익	16,500,000	1,500,000	환율하락으로 영업이익 축소

위 수출기업은 수출계약 당시 고려했던 환율보다 Nego 당시의 환율이 50원 하락함으로써 매출액이 1,500만원 감소되어 계상된다. 수출상품의 매출원가는 그대로인데 매출액이 적게 계상되는 탓에 영업이익도 같은 폭으로 줄어들게 되는 것이다. 이처럼, 환율의 불리한 변동으로 영업이익(마진)이 침해당하게 되면 기업의 안정적인 운영이 어렵게 된다. 환 Exposure를 방치하면 환율의 변동방향에 따라 희비가 엇갈릴 수 있다. 운이 좋아서 환율이 올라가면 의외의 소득을 얻을 수도 있겠지만 불행하게도 그 반대의 경우라면 어려운 상황에 처하게 되는 것이다. 해당 기업이 국내거래만 하며 5% 영업이익을 목표로 한다면 수출거래에서도 5% 영업이익을 안정적으로 확보한다는 자세로 환리스크를 관리해야 한다.

수입기업의 환리스크 계상 구조

- 10/1 수입계약, USD 30만불, 11/15 선적서류 및 상품 인수예정
- 인수 3개월 후 수입결제 예정
- 수입계약 원가산정 시 고려한 환율 : 달러 당 1,100원
- 기대 영업이익률 : 약 5%(달러 당 1,100원으로 결제할 경우 예상되는 이익률)
- 11/15 환율 : 달러 당 1,110원
- 2/15 환율 : 달러 당 1,130원

		손익계산서 계상 내용		
구 분	수입계약 시 예상	실현 금액	비고	
매출액	348,300,000	348,300,000	국내 판매가격 변동 없음	
매입원가	330,000,000	333,000,000	(계약 시 환율–인수 시 환율) 차이	
영업이익	18,300,000	15,300,000		
	–	–		
	–	–		
외환차손	–	(6,000,000)	(결제환율–인수 시 환율) 차이	
경상이익	18,300,000	9,300,000	(계약 시 환율–결제환율) 차이	

앞의 수입기업은 선적서류를 인수하여 외상매입금으로 계상 시의 환율이 수입계약 당시의 환율보다 상승하여 매입원가가 높아짐으로써 영업이익의 감소를 가져왔고, 수입금액 결제 시의 환율과 상품인수 당시의 환율 차이로 비롯된 손실은 영업외 비용인 외환차손으로 계상되어 경상이익이 수입계약 당시 예상액과 비교하여 900만원 감소하는 결과를 초래하였다.

여기서 착안해야 할 사항은, 수출기업이나 수입기업 모두 수출입 계약 당시에는 아무런 계정처리를 안하기 때문에 매출액 감소나 매입원가 증가와 관련된 손익이 외환차손(익)처럼 구분되어 나타나지 않는다는 것이다. 환리스크 관리는 계정처리 시점부터 하는 게 아니라 원가환율이 계상되는 수출입 계약시점부터 실행해야 한다.

헤징(Hedging)

일상생활을 영위함에 있어 우리는 다양한 형태의 위험에 노출되고 있다. 위험이 발생하였을 경우 초래되는 손실들을 보충하기 위해 보험을 들기도 하는데 이렇듯 발생할 수도 있는 위험을 최소화 하거나 회피하고자 하는 일련의 행동들이 모두 Hedge이다. 예상 인플레이션율이 높아 화폐가치가 하락할 위험에 대비하여 실물자산 보유를 늘린다면 인플레이션에 대비한 헤지가 되는 것이다.

수출입 기업의 헤징은 자신들이 갖게 되는 외화포지션(Position)을 Square로(즉, 환노출 (Exposure)을 '0'으로) 유지하는 것이다. 수출을 해서 1개월 후에 외화를 수령할(Long Position) 예정이라면 선물환거래로 매도(Short Position)하는 반대 포지션을 취하여 전체적인 포지션을 Square로 가져가면 된다. 수출입 기업이 보유하는 포지션을 Square로 가져가기 위해서는 선물환을 이용할 수도 있고 통화선물을 이용할 수도 있으며 통화스왑이나 통화옵션도 활용할 수 있다.

현재 주식을 보유하고 있고 해당 주가가 하락 하리라 판단되는 경우 취할 수 있는 헤지방법을 생각해 보자. 제일 간단한 방법은 주식을 팔아버리는 것이다.

> 주식보유(Long) + 주식매도(Short) = Square

그런데, 특정 주식의 대규모 매도주문을 내면 시장가격에 충격을 줄 수도 있다고 판단되는 경우 주가지수 선물을 매도하여 주식을 직접 팔아버리는 것과 비슷한 효과를 얻을 수 있다.

> 주식보유(Long) + 주가지수선물 매도(Short) = Square

현재 주식은 보유하고 있지 않지만 3개월 후에 스톡옵션을 통해 주식을 취득할 예정이고 향후 주가가 지금보다 하락할 것으로 판단된다면 미리 주식선물로 매도하여 주가 하락위험을 피할 수 있다.

> 주식 취득 예정(Long) + 주식선물 매도(Short) = Square

현재 주식을 보유하고 있고 향후 가격상승을 기대하고 있지만 혹시 있을지도 모르는 가격폭락 위험을 제거하고자 한다면 주식은 그대로 유지한 채 해당 주식의 풋옵션을 매입할 수도 있다. 주가가 오른다면 그대로 즐기고 주가가 하락해도 특정가격에 매도할 수 있는 권리가 부여된 풋옵션이 있기 때문에 손실을 특정 수준으로 제한할 수 있다.

> 주식보유(Long) + 풋옵션 매입(Short 권리) = Square

이러한 방식으로 포지션을 Square 시킴으로서 위험을 감소시키거나 회피하는 것이 헤지 (Hedge)이다. 자신이 제거하고자 하는 위험과 동일한 성질의 위험을 가진 상품을 가지고 헤지를 한다면 완벽한 위험제거를 할 수 있고(예 A회사 주식을 보유하면서 A회사 주식선물을 매도하여 하는 헤징), 비슷한 위험을 가진 상품을 가지고 헤지를 하면(예 A회사 주식을 보유하면서 동일한 산업군에 속하는 B회사 주식선물을 매도하여 하는 헤징) 완벽하지는 않지만 그래도 웬만한 수준의 위험관리가 되는 것이다. 전자처럼 완벽하게 헤지를 하는 경우에는 양 상품의 거래비중을 1:1로 하면 되지만, 후자처럼 비슷한 성질의 위험을 가진 상품을 이용하여 헤징(이를 교차헤징, Cross Hedging이라 함)하는 경우에는 양 상품의 가격 민감도를 고려하여 헤지비율을 조정하게 된다.

헤지를 하면, 장래 발생할 수도 있는 위험을 감소시키는 대가로 헤지를 하지 않았더라면 누릴 수도 있을 이익은 포기해야 한다. 하나를 얻으면 하나를 포기해야 하는 Risk/Reward Trade-off가 철저히 적용되는 것이다.

환율 예측 및 위험 회피(Hedging)

환율이 어떤 방향으로 얼마만큼 변할지를 모르기 때문에 전전긍긍 하는 사람들이 많다. 수출업자나 해외투자자는 환율이 떨어지는 위험에, 수입업자나 외화대출 차입자는 환율이 상승하는 위험에 처하게 된다. 환율이 하락하는 국면이랄지 상승하는 국면이랄지 하는 시장 전반적 분위기(Market Sentiment)가 없는 건 아니지만 환율을 예측하여 이득을 취한다는 건 쉽지 않은 일이고 자칫 예측에 기대어 자신의 Exposure를 방치했다가 큰 대가를 치르는 경우가 발생하기도 한다.
갑자기 예상치 못한 사건이 발생하기도 하고, 이미 환율의 추세가 바뀌었는데도 '다시 유리한 쪽으로 가겠지'하며 기다리다 손실이 더 깊어지는 경우도 비일비재하다. 특히나, 대출금리가 낮고 환율도 하락세라 판단하여 엔화대출을 차입한 경우라든지, '환율이 설마 거기까지 가겠나'라고 안이하게 생각하며 투기포지션을 껴안게 된 KIKO 등은 우리가 어렵지 않게 볼 수 있었던 불상사 중 하나인 것이다.

환율변동에 영향을 받는(을) Exposure가 있고, 환율이 자신의 희망과 반대로 변동할 경우 무시하지 못할 손실이 발생된다면 이러한 가능성에 대비하여 조치를 취해야 하는데 이러한 조치를 헤지(Hedge, Hedging)라 한다. 헤지는 기업이 무역이나 외화자금거래 등의 결과로 보유하게 되는 외화포지션과 반대되는 포지션을 취함으로써 전체적인 Exposure가 없거나(= Square Position) 작아지게 하는 것이다.

수출기업을 예로 들자면, 수입자와 수출입계약 체결 시 자신의 영업이익을 보장해 줄 환율수준을 고려하여 가격을 제시할 것인데 만약에 수출대금 수령 당시의 원화 환전 환율이 자신이 계상했던 환율보다 낮아지게 되면 안정적인 영업이익 확보가 어렵게 되어 기업의 지속적 성장에 지장을 받게 될 것이다. 그래서 선물환거래와 같은 헤징상품을 활용하여 미래에 수령할 수출대금 환전 환율을 현 수준으로 묶어두는 조치를 취하는 게 필요하다. 특히, 금액이 큰 경우에는 환율 하락 시 감수해야 할 환차손이 그만큼 커지므로 결코 쉽게 넘길 일이 아니다.

물론, 실무현장에서의 상황은 그리 간단치가 않다. 최고경영자로부터 실무자에 이르기까지 자신들이 갖는 Exposure에 관해 정확히 파악하고 자신에게 유리한 헤징상품을 활용하여 위험을 관리할 수 있어야 함은 안정적인 기업운영에 필수적인 요소이다. Exposure를 그대로 방치함은 마치 투기거래를 하는 것과 다를 바 없는 것이므로 설령 헤지를 안한다 하더라도 그에 대한 위험의 크기를 정확히 인지하고 있어야 하며 그러한 상황에 대해 경영자와 실무자들 사이에 합의가 있어야 한다.

환율을 예측에 이용되는 기술적 분석(Technical Analysis)이라는 것이 있다. 기본적 분석 (Fundamental Analysis)은 환율에 영향을 미치는 각종 거시경제지표를 분석하여 이를 기초로 환율을 예측하지만, 기술적 분석은 환율의 움직임을 이용하여 다양한 차트 분석기법을 개발하고 각각의 차트가 제시하는 유용한 가격변동 Signal을 바탕으로 미래의 환율을 예측하는 방법이다. 기술적 분석은 환율에 영향을 주는 모든 요인들이 이미 차트에 반영되어 움직이고 있다고 보고 여타의 경제지표나 시장상황에 대한 고려 없이 차트분석에 의한 가격의 변동 추세 및 패턴 등을 중요시 한다는 특성이 있다. 기술적 분석을 중시하는 사람들은 외환시장을 요동치게 만드는 역사적 또는 정치적 사건들조차도 기술적 분석에서 형성되는 추세 및 패턴을 완성시키기 위해 필연적으로 발생할 수밖에 없는 것이라고도 한다.

기본적 분석이 학자들의 장기적인 환율예측을 위해 선호되는 방법이라면, 기술적 분석은 외환딜러들의 단기적인 시장흐름 예측 시 선호되는 환율변동 예측 수단이다.

▰▰▰▰▶ VaR(Value at Risk)

VaR(Value at Risk)는 특정 금융자산 포트폴리오의 손실위험을 측정하기 위해 널리 이용되는 위험 측정수단으로서 특정 포트폴리오가 일정기간 동안 보여준 변동률을 고려할 때 향후 발생할 수 있는 최대손실 가능금액(Worst Expected Loss)과 확률을 나타낸다.

포트폴리오의 가치는 시장가격의 변화에 따라 변동하게 되며 가격이 불리한 방향으로 급격하게 변하면 감당키 어려운 손실을 보게 되어 어려운 상황을 맞을 수도 있다. 따라서 위험관리

자는 자신이 보유한 포트폴리오 가치가 그동안의 가격 변동을 고려할 때, 향후 특정 기간 동안 특정 확률의 상황이 발생하면 얼마만큼의 손실이 초래될 수 있을지 파악하고 그런 위험이 발생했을 때 그것을 충분히 소화해 낼 수 있도록 위험 허용한도를 정하여 관리하여야 한다.

그러자면, 현재의 포트폴리오가 특정 확률 수준에서 시현할 수도 있는 최대 손실 가능금액을 나타내주는 위험지표가 있어야 할 것인데 그게 바로 VaR이다. 따라서 VaR 값이 나오면 그 금액이 감내할 수 있는 것인지 살펴보고 감내할 수 있다면 자신들의 전략을 바탕으로 그대로 노출시킬 수도 있겠지만 감내할 수 없는 수준이라면 필요한 만큼 헤징을 해야 어려운 상황을 피할 수 있을 것이다. 수출입기업이 환 Exposure를 보유하게 될 때도 이와 동일한 고민을 해야 한다.

일반적인 영업활동을 하면서 외상으로 물건을 주어야 할 때는 혹시라도 물건 값을 못 받게 되더라도 버텨낼 수 있는지를 따져 보게 된다. 그러자면 거래상대방과의 거래내용도 살펴봐야 하고 영업 전체적으로 외상매출금 미회수율도 따져서 외상한도를 책정해야 하는 것처럼, 환 익스포져를 가지는 기업들은 환율변동 위험을 VaR라는 측정지표를 활용하여 관리한다.

1 day 5% VaR of $1 million이라 함은 특정 포트폴리오가 하루 동안에 1백만불 이상 손해 볼 가능성이 5%라는 뜻이다. 이는 현재 가지고 있는 포트폴리오의 과거 특정기간 변동성을 고려할 때 향후 특정기간동안 가격변동으로 인해 손실을 본다 해도 대부분(95%)은 손실금이 1백만불 이내이고 5% 정도는 1백만불을 초과하여 손실을 볼 수도 있다는 의미이다. 위험관리자는 바로 이 5%의 확률로 발생할 수도 있는 위험을 살펴보며 관리해야 한다.

특정기간 동안 포트폴리오의 수익률 변동이 평균수익률을 중심으로 정규분포 형태를 보인다고 하면, 평균으로부터 1표준편차 이내에는 68%, 2표준편차 이내에는 95%, 3표준편차 이내에는 99.7% 포함되는 분포를 보인다. 위험관리자는 가격이 폭락하여 입게 될 손실이 얼마인가를 알아야 하므로 확률분포의 좌측 꼬리부분(예 좌측 5%)에 해당하는 예상 손실금액이 궁금할 것이다.

아래 그림에서 보면 평균(0)으로부터 ±표준편차 사이에 약 95%(= b + c + d + e)가 분포함을 알 수 있다. 그렇다면 −2 표준편차 이하 왼쪽 Tail(a) 부분은 모두 합해서 2.5%가 분포하게 되고, +2 표준편차 이상의 오른쪽 Tail(f)에도 마찬가지로 2.5%가 분포하게 된다(아래 그림은 3σ 까지만 표시되어 있지만 6σ 이상 무한정 갈 수도 있겠다). 따라서, 왼쪽 Tail이 5%가 되는 지점은 90%가 분포되는 구간의 왼쪽 경계점이며 표준편차를 나타내는 z값이 −1.64σ가 되는 지점이다.

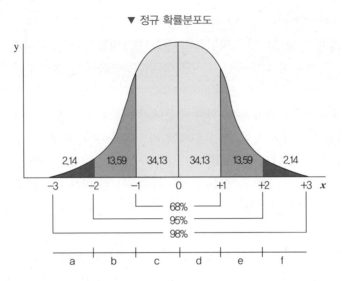

▼ 정규 확률분포도

VaR는 Exposure의 크기, 변동성, 노출기간에 의해 영향을 받는다. 따라서 노출이 커지거나 변동성이 커지면 VaR 값은 커지게 되며, 최악의 상황을 정의하는 유의수준을 낮추면(예 5%를 1%로) VaR 값은 증가한다.

단기적 환율예측에 기초한 내부적 포지션 운용전략

환율이 오를 것 같아 수입결제를 앞당겨서 하거나 환율 하락이 예상되어 Nego를 서둘러 실행한다면 리딩(Leading), 환율이 내릴 것 같아 수입결제를 가능한 한 늦춰서 실행하거나 환율 상승을 예상하여 Nego를 늦춘다면 래깅(Lagging), 외국환 지급 예정분과 수취 예정분의 날자를 일치시켜 환전이 최소화 되도록 하는 것을 매칭(Matching), 거래상대방과의 거래내용을 고려하여 차액만 수수하는 것을 네팅(Netting), 자산 및 부채의 표시통화를 다양화 하거나 상호 교차헤지(Cross Hedge) 되도록 유지해 나가는 것을 포트폴리오 전략이라 부른다. 수출자는 강세가 예상되는 통화로 Pricing하고 수입자는 약세가 예상되는 통화를 결제통화로 정하는 것도 하나의 전략이다.

Leading과 Lagging은 환율변동을 주관적으로 예측하여 이익을 얻겠다는 것인데 만약 예측과 다르게 나타나면 어찌 될까? 상당히 위험한 일이다. 설령, 환율이 명백하게 하락하고 있는 분위기라 하더라도 예상치 못한 거액 결제 수요가 나타나 급격하게 방향을 바꿀 수 있는 것이고 수출경쟁력 저하를 우려한 중앙은행의 시장개입이 있을 수도 있다.

Leading, Lagging 등은 수출입기업의 포지션 운용전략이라고 할 수는 있어도 적절한 환위험 관리기법이라고 하기에는 무리가 있다. 환위험 관리의 적절한 방법은 헤징상품을 활용하여

리스크를 감소시키는 것이며, 헤징상품과 그 거래구조에 관해 잘 알아야 하는 이유가 여기에 있다.

▶ Carry Trade, Yen Carry Trade

Carry Trade란 금리가 낮은 통화를 매각하여 이를 가지고 높은 금리를 얻을 수 있는 통화에 투자하는 거래형태를 말하며, Yen Carry Trade는 금리가 거의 0% 수준인 엔화를 팔아서 이를 가지고 호주달러처럼 금리가 높은 통화표시 금융자산에 투자하는 거래패턴을 지칭하는 것으로 헤지펀드나 심지어는 일본의 주부(와타나베 부인이라 통칭)들이 금리가 낮은 Yen화를 차입하여 이를 매각한 뒤 더 높은 금리수익을 얻을 수 있는 통화에 투자함으로써 금리차이에서 비롯되는 수익을 올리고자 이용되었다.

Yen Carry Trade가 지속되면, 엔화는 매도가 증가하여 지속적으로 약세를 보이게 되고 호주달러와 같은 고금리 통화는 지속적인 강세를 보이게 되는데 이러한 거래형태를 통해 이자율이 환율에 영향을 미치게 됨을 알 수 있다. 일본의 '와타나베 부인'들까지도 이자 차익을 얻기 위한 Carry Trade에 뛰어들다 보니 엔화는 지속적인 약세를 보였었고, 이러한 엔화약세는 이자차익에 부가하여 환차익도 볼 수 있다는 기대를 바탕으로 Yen Carry Trade를 증폭시키는 원인이 되기도 하였다.

만약, 투자한 통화의 이자수익도 얻고 추후 투자했던 통화를 매각하여 일본으로 투자금을 회수해 올 때의 엔화 약세가 동반 된다면 이자수익은 물론 환차익까지도 올릴 수 있겠지만, 해외 상품에서의 높은 투자수익에도 불구하고 엔화가 투자 당시 보다 강세를 보이게 되면 이자수익을 훨씬 상회하는 환손실을 시현할 수도 있는 위험을 가지고 있다.

금리가 낮은 엔화를 차입하여 금리가 높은 외국통화 표시 채권에 투자하면서, 추후에 투자자금을 일본국내로 가져올 때의 엔화 강세를 우려하여 선물환으로 커버한다면 양 통화의 금리차이만큼 선물환율이 조정될 것이므로(왜냐하면 선물환율이 양 통화의 금리차를 반영하여 결정되므로) 해외 채권투자로 얻을 수 있었던 추가수익이 그대로 상쇄(Off-set)되게 된다.

해외 주식에 투자하면서 선물환거래를 이용하여 환리스크를 제거한다면 국내 주식에 비해 상승여력이 큰 해외 주식에 투자한다는 의미가 있겠는데, 우리나라에서 은행들이 판매하는 해외 주식펀드들은 대체로 이러한 구조를 띤다.

Yen Carry Trade처럼 저금리 통화를 차입하여 해외의 고금리 통화표시 채권에 투자하는 것은 투자수익률을 제고하는 방안이 될 수는 있겠으나 선물환 등으로 투자금 회수시점의 환율을 고정시키지 않은 채 노출시켜 두면 환율변동에 의해 큰 위험이 초래될 수 있다는 사실을 반드시 알고 있어야 한다. Yen Carry Trade를 했던 헤지펀드나 와타나베 부인들은 엔화가 점차 강세로 돌아서자 추후 차입금 상환 시 예상되는 환손실을 우려하여 자신들이 보유하고 있던 해외자산들을 대거 처분(Position Unwinding)하여 Yen 차입금을 상환하는 바람에 Yen 강세가 더욱 심화되는 상황이 벌어지기도 했었다. 약간의 금리차익을 노리다가 적지 않은 환손실을 겪었을 것이다.

수년전 엔화 환율이 지속적으로 약세를 보이자 국내의 많은 기업들이 낮은 금리의 엔화대출을 차입하였다가 환율이 폭등하는 바람에 큰 손실을 본 사례가 있다. 대출을 이용하는 동안 낮은 금리를 즐길 수 있었지만 중간에 엔화 환율이 폭등하는 바람에 대출상환에 필요한 원화 금액이 급격히 증가하는 불상사가 발생한 것이다. 만약, 만기에 상환할 엔화를 선물환 매입거래를 통해 헤지 하였다면 환차손은 방지할 수 있었겠지만 엔화 대출의 실질 차입금리는 원화 대출금리와 같아지게 되어(왜냐하면 선물환율이 양 통화의 금리차를 반영하여 결정되므로) 굳이 엔화대출을 이용할 필요가 없었을 것이다. 상환 시에 적용될 환율변동 위험을 떠안은 채 엔화대출을 이용하는 기업들은 환 투기를 하는 것과 크게 다르지 않다.

◀■■■■■▶ 헤징상품(Hedging Instruments)

파생금융상품(Financial Derivatives)이라고 불리는 헤징상품은 통화, 채권, 상품 등의 기초자산(Underlying Assets)을 바탕으로 파생된 상품으로서 선도거래(Forward), 선물(Futures), 스왑(Swap), 옵션(Option) 등이 있다.

이들의 기본적인 활용은 가격(환율, 금리) 위험을 회피하기 위한 것이지만, 가격변동 예측을 바탕으로 매매차익을 노리는 투기거래가 거래량 측면에서 더 큰 비중을 차지한다고 알려져 있다. 대부분의 거래가 일정액의 증거금(또는 보증금)을 예치하거나 프리미엄 지급만으로 실행 가능하기 때문에 투자금액 대비 실현손익이 현물거래 경우보다 훨씬 크게 나타나는 손익 증폭 효과(Leverage Effect)를 가지고 있다.

▼ 헤징상품

구 분	환리스크 헤징상품	금리 리스크 헤징상품
선도거래 (Forward)	선물환거래 / 환변동 보험 (Forward Transaction)	선도금리 거래 FRA(Forward Rate Agreement)
선물거래 (Futures)	통화선물 (Currency Futures)	금리선물 (Interest Rate Futures)
스 왑 (Swap)	통화스왑 CRS(Currency Swap)	금리스왑 IRS(Interest Rate Swap)
옵 션 (Option)	통화옵션 (Currency Options)	금리옵션 (Interest Rate Options)

위의 표에서 보듯이 파생금융상품은 환율변동 리스크 관리상품과 금리변동 리스크 관리상품으로 대별되며, 각각 선도거래, 선물거래, 스왑, 옵션 상품이 있다. 거래형태는 서로 다르지만 가격이 결정되는 구조나 헤징구조는 거의 같다.

내가 가진 Exposure를 가장 효과적이고 경쟁력 있는 가격으로 헤징하기 위해서는 각 상품의 Specification과 해당 거래시장의 거래절차 등을 잘 알아야 한다. 특히 각 상품의 가격결정구조를 잘 이해해야 하는데 재고유지비용(Cost of Carry)이라든가 미래 현금흐름의 현가(Present Value) 등에 대한 기초지식이 있다면 헤징상품의 이용에 큰 문제가 없으리라 생각된다.

파생금융상품, 외환딜링 등을 이야기 하다보면 마치 그것이 일반인들이 접근하기 어렵고 대단한 것인 양 과장되는 경우가 많다. 물론, Exotic(복잡하고 생소한) 상품을 만들어 내고 재정거래를 하는 것과 같이 소위 금융공학(Financial Engineering)적 접근을 하는 경우에는 해박한 수학적 지식도 갖추어야 할 것이고 어학이나 컴퓨터 활용능력도 뛰어나야 할 것이나, 그러한 소수의 사람들을 제외하고는 파생금융상품에 관한 '기본'을 잘 이해하고 파생상품과 관련된 용어(Terminology, Jargon)를 숙지한다면 대부분의 시장참가자들도 잘 이해할 수 있다고 생각한다.

현재 국내기업들의 환리스크 관리실태를 살펴보면 가장 기초적인 선물환거래(Forward Transaction)나 환변동 보험도 제대로 활용하지 않고 그냥 환율변동에 노출시키는 경우가 많다. 환율의 급격한 상승 또는 하락 시 '환차손이 크게 발생하여 기업운영에 애로가 있다'는 기업들이 많다는 기사들은 그러한 사실을 잘 방증하고 있으며 실무 현장에서 살펴보면 선물환거래 등으로 환리스크를 헤징하는 중소기업들이 그리 많이 눈에 띄지 않는다.

이처럼 헤징상품을 활용한 위험관리가 잘 안되는 이유는 여러 가지가 있겠으나,

- 우선 선물환거래 등 헤징상품에 관해 정확히 모르고
- 그러한 상품을 적극 안내해야 하는 은행의 노력도 부족하고
- 간간히 보도되는 파생금융상품 거래 실패 사례 등으로 선물환거래도 무척 위험한 상품이라고 생각하며
- 환율이 유리하게 변동하면 이익을 볼 수도 있다는 요행심리 등이 복합적으로 작용하는 것 같다.

환율변동 리스크를 헤지할 수 있는 다양한 상품이 있지만 가장 기초적인 선물환거래나 환변동 보험도 활발하게 이용되지 않는 현실에서 선물, 스왑, 옵션을 이야기 하는 건 다소 무리가 있을 수 있겠으나, 향후 실무현장에서 불가피하게 부딪히게 될 분야이기 때문에 적어도 관련 용어라든가 가격 결정구조 등은 잘 알아 둘 필요가 있다고 생각한다. 뿐만 아니라, 은행들을 비롯한 금융회사들이 판매하는 예금 및 상품에도 다양한 옵션을 가미한 상품들이 출시되고 있고 해외 주식 및 채권투자 상품에도 환리스크 관리상 파생금융상품이 활용되고 있으므로 이에 대한 이해가 필요하다.

CHAPTER 04 환리스크 관리에 활용되는 파생금융상품

01 | 선물환(Forward)

미래 특정시점의 환전 시 적용할 환율을 미리 정하는 거래가 Forward(선물환)거래이며, 수출입 기업 등이 미래에 수수가 예상되는 외화를 현 수준의 환율로 환전할 수 있도록 환율을 확정함으로써 환율이 불리하게 변동될 경우 초래될 수 있는 손실을 회피하고자 할 때 이용한다. 선물환거래는 양 당사자가 특정시점에 발생할 특정금액의 거래를 특정환율로 실행할 것을 약속하는 계약이기 때문에 특정시점의 현물환율이 어떻게 변하든 계약 시 미리 정한 특정환율(= 선물환율)로 특정금액을 교환해야 한다.

수출기업이 3개월 후에 수령할 수출대금의 환전 시 달러 당 1,100원에 은행 앞 매도하기로 약정하는 선물환거래를 했다면 실제 만기에 가서 현물환율이 어떻게 되든 자신이 수령한 외화를 달러당 1,100원에 매도하여야 한다. 따라서 선물환거래로 미리 환율을 예약한 수출기업은 3개월 후의 환율이 1,100원을 하회한다면 '야, 선물환거래를 잘했구나'라고 평가할 수 있을 것이고, 만약 환율이 1,100원을 상회한다면 '선물환거래를 안했더라면 달러를 더 비싸게 팔 수 있었을텐데'하며 후회 할 수도 있을 것이다.

선물환거래로 환율을 미리 정해 놓으면, 환율이 불리하게 변동함으로써 초래될 수 있는 환차손을 피할 수 있지만, 환율이 유리하게 변동함으로써 누릴 수 있었을 환차익도 포기해야 한다. 현업에 종사하는 많은 실무자들은 환리스크 관리를 위해 선물환 등을 활용한 헤징의 필요성을 느끼고 있지만, 사후적으로 평가했을 때, 선물환거래를 통하여 위험을 회피했을 때는 당연하게 여기고, 선물환거래를 안했더라면 더 좋았을 상황이 되면 실무자를 질책하는 경영자들의 부정적 평가가 두려워서 헤징에 소극적인 경우가 적지 않다고 판단된다.

피셔효과(Fisher Effect)

경제학자 Irving Fisher에 의해 제시된 경제이론으로서, 실질금리는 명목금리에서 기대 인플레이션율을 차감한 것과 같고, 실질금리가 변함이 없다면 명목금리는 인플레이션율의 변동폭과 동일하게 조정되어야 한다는 것을 설명하고 있다. 간단히 말하면, 인플레이션의 증가는 명목금리의 증가로 나타난다는 것이다.

> 명목금리 = 실질금리 + 기대 인플레이션율

예를 들어, 실질금리가 3%로 변함이 없는 상황에서 인플레이션이 2%에서 3%로 상승하면 명목금리는 5%에서 6%로 상승할 것임을 암시한다.

◉ 국제 피셔효과(International Fisher Effect)

양국 간 환율의 기대 변동폭은 양국 간의 명목금리 차이와 비례한다는 경제이론이다. 예를 들어, A국가의 명목금리가 10%이고 B국가의 명목금리가 5%이면 A국가의 통화는 B국가의 통화에 대해 약 5% 평가절하 되어야 한다는 것이다.

$$E = \frac{i_1 - i_2}{1 + i_2} \approx i_1 - i_2$$

- E : 환율의 변화(%)
- i_1 : A 국가의 금리
- i_2 : B 국가의 금리

각국의 실질금리가 동일하다고 가정할 때 명목금리가 높다는 것은 그만큼 기대 인플레이션율이 높다는 것을 의미하므로 금리가 높은 만큼 향후 통화의 가치가 낮아질 것으로 예측한다.

■■■■■■▶ 선물환율과 금리 평가(Interest Rate Parity Theorem)

* 가볍게 살펴보기만 하십시오.

미래에 적용할 환율을 미리 정하는 거래인 선물환거래의 환율은 시장참가자들이 자신들의 전문지식을 활용하여 예견하는 것이 아니라 거래되는 양 통화의 금리를 고려하여 이론적으로 결정된다. 금리(平價)이론은, 국제적 자본이동에 관한 규제가 없고 거래비용이 필요치 않은 경우, 선물환율이 양 통화의 금리격차를 고려하여 결정됨을 이론적으로 설명해주고 있다. 선물환율이 이론적 균형가격에서 벗어나게 되면 현물환거래와 자금시장을 활용한 차익거래 기회가 발생하며 이를 통해 즉시 이론적 균형가격으로 되돌아가게 된다.

시장에서 거래되는 USD/Won 현물환율과 양 통화의 금리에 따른 선물환율 결정원리는 다음과 같다.

$$S(1+i \times t/360) = (1+i^* \times t/360) \times F_t$$

- S : 현물환율
- F_t : t시점이 만기인 USD/Won 선물환율
- i : 자국통화(VC)의 금리(원화금리)
- i^* : 기준통화(FC)의 금리(USD금리)
- t : 기간(일)

이 식이 의미하는 것은 현물환율에 해당하는 원화를 국내 금리(i)로 t 기간만큼 운용해서 얻는 금액은, 미달러화 1단위를 미국금리(i^*)로 t 기간 동안 운용한 뒤 회수할 미달러화를 t 시점이 만기인 선물환율에 의해 원화로 환전한 금액과 같아야 한다는 것입니다. 다른 방법으로 설명하면, t 시점의 USD/Won 선물환율은, 현물환율에 해당하는 원화를 국내 금리(i)로 t 기간만큼 운용해서 얻는 금액과, 미달러화 1단위를 미국금리(i^*)로 t 기간 동안 운용한 미달러화 금액의 원화 환전액을 같게 만들어 주는 환율이다.

선물환율과 현물환율의 차이 (F-S)를 우리는 스왑 포인트라 부르는데 F-S가 양수이면 선물환 프리미엄이고 음수이면 선물환 디스카운트라 하며 이는 양 통화의 금리 차이에서 비롯된다.

선물환율 산출공식 $S(1 + i \times t / 360) = 1 \times (1 + i^* \times t/360) \times F_t$를 선물환율 F_t에 대해 정리하면,

$$F_t = [S (1 + i \times t/360)] / (1 + i^* \times t/360)$$

255

위 식의 양변에서 S를 빼주면,

$$[S(1 + i \times t/360)] / (1 + i^* \times t/360)] - S = F_t - S$$
$$[S(1 + i \times t/360)] / (1 + i^* \times t/360)]$$
$$- [S(1 + i^* \times t/360)] / (1 + i^* \times t/360) = F_t - S$$

$$S(i - i^*) \times t/360 / (1 + i^* \times t/360) = F_t - S$$

우변의 '$F_t - S$'는 스왑 포인트이며 이는 현물환율에 양 통화의 금리차를 곱하고 이를 FC(미달러) 금리로 할인한 것과 같다는 것을 설명하고 있다. FC의 금리가 낮아 $(1+i^*)$가 '1'과 거의 같다고 치면 간편 비교를 위한 경우 현물환율에 양 통화의 금리 차이만 고려하여 스왑 포인트를 산출하기도 한다.

Scenario) 스왑포인트 산출

– USD/Won 환율이 1,050
– USD 90일 만기 금리가 1.5%
– Won 90일 만기 금리가 3.5% 일 경우 스왑 포인트를 구해보면,

$$[S (i - i^*) \times t] / (1 + i^* \times t) = F - S$$
$$[1,050(0.035 - 0.015) \times 90/360] / [1 + (0.015 \times 90/360)] = \underline{5.23}$$

스왑포인트는 5원 23전이고, FC인 USD의 금리가 낮으므로 선물환 프리미엄이며 선물환율은 1,055.23이 된다.

이를 선물환율 계산공식으로 산출 해보면,

$$F_t = [S (1 + i \times t/360)] / (1 + i^* \times t/360)$$
$$= 1,050(1 + 0.035 \times 90/360)) / (1 + 0.015 \times 90/360) = \underline{1,055.23}$$

따라서 스왑포인트는 1,055.23 − 1,050 = $\underline{5.23}$ 이 된다.

결론적으로, 관련되는 양 통화의 현물환율과 금리가 주어지면 선물환율은 양 통화의 금리차를 고려하여 결정되어야 함을 보여준다. 위의 예에서는 현물환율과 선물환율이 5.23원 차이

가 나야 균형상태가 되며 균형 상태를 벗어나게 되면 외환시장과 자금시장(Money Market)을 통한 재정거래(Covered Interest Rate Arbitrage) 기회가 발생하게 된다.

Self-made Forward

국내의 수입기업이 90일 후로 예상되는 미달러 수입결제를 위한 환리스크를 헤지하려 한다면 거래은행과 선물환거래로 달러를 매입하는 계약을 하면 된다. 그런데, 위에서 보았듯이 선물환율은 현물환율과 양 통화의 금리가 원가요소로 작용하고 있으므로, 은행에서 제시하는 선물환율과 자신의 원가요소를 고려하여 만들어 낸(Self-made) 선물환율을 비교하여 유리한 방법으로 헤징을 할 수 있으면 좋을 것이다.

만약에 수입기업이 원화를 충분히 보유하고 있고 이를 선물환율 산출 시 적용하는 원화금리 보다 낮은 금리(예 보통예금 등)로 운용하고 있다면 굳이 은행과 선물환거래를 할 필요 없이 원화를 인출하여 현물환거래로 USD를 매입(Spot 거래)하고, 매입한 USD를 외화 정기예금에 예치(Invest)하였다가, 만기에 인출하여 수입결제를 하면 된다.

물론, 정기예금 금리는 은행 간 자금거래 금리보다 약간 낮고 이자소득세도 공제되지만 원화의 자금코스트가 거의 '0'에 가깝다면 은행이 제시하는 선물환율보다 훨씬 경쟁력 있는 헤징이 가능할 수 있으므로, 기업들은 자신의 원가요소와 선물환율 결정 프로세스를 잘 이해하여 가장 효율적인 방법으로 헤징을 실행할 수 있어야 하겠다. 균형을 이루는 스왑 포인트는 시장참가자별로 다르게 나타날 수 있는데 이는 각자가 계상하는 기회비용이 다르기 때문이다.

문제는 수출기업이 Self-made Forward를 시도하는 경우이다. 수입결제와는 달리 현물환거래에서 달러를 팔아야(Spot 거래) 하고 매도할 달러는 빌려야(Borrow) 하는데 여러 가지 제약으로 쉽게 빌릴 수 없는 경우가 대부분이다. 그러다보니, 수출기업은 이미 외화예금으로 달러를 보유하고 있지 않는 한 은행과의 선물환거래를 이용하는 것이 편리할 것이다.

이론적으로 산출된 선물환율과 실제 제시된 선물환율 간에 불일치가 발생하면 그 기회를 활용한 차익거래 기회가 발생할 것이지만 거래수수료나 거래제약 사항 등을 모두 고려하면 차익거래를 시도할 수 없는 경우가 대부분이다. 결국 시장에서 형성되는 선물환율은 이러한 제약요소들 까지도 가격化한 균형가격이라 볼 수 있다.

◀■■■■■■▶ 선물환 프리미엄 / 디스카운트(Forward Premium / Discount)

USD/Won 환율이 1,050원이고 미달러 금리가 1.5%이며 원화 금리가 3.5%일 때 90일 이후의 이론적 균형 선물환율은 현물환율보다 5.23원 높은 1,055.23원이 된다. 각국의 실질금리가 동일하다고 보면 양국 간의 금리차는 기대 인플레이션율의 차이일 것이고, 인플레이션율이 낮은 통화의 미래가치가 인플레이션율이 높은 통화의 미래가치보다 높게 형성되어야 함은 상식적으로 이해할 수 있다.

금리가 낮은 통화의 미래가치는 금리가 높은 통화와 비교할 때 프리미엄을 누리며, 금리가 높은 통화의 미래가치는 금리가 낮은 통화와 비교할 때 가치가 하락하는 디스카운트 현상을 보인다. 선물환율은 현물환율에 양 통화의 금리차이만 고려하여 산정되며, 기준통화(위의 예에서는 USD)의 선물환율이 현물환율보다 높아지면 선물환 프리미엄이라 하고 낮아지면 선물환 디스카운트라 한다.

선물환율 고시가격을 통한 프리미엄 / 디스카운트 구분

• 선물환 프리미엄 : Bid측 스왑 포인트 < Offer측 스왑 포인트

USD/Won	Spot	1,080.10 − 20
Swap Point	1M	1.50 − 1.70
	3M	4.10 − 4.80

따라서 3개월 선물환율의 Bid Rate는 1,084.20(= 1,080.10 + 4.10), Offer Rate는 1,085.00 (= 1,080.20 + 4.80) 이다.

• 선물환 디스카운트 : Bid측 스왑 포인트 > Offer측 스왑 포인트

USD/Yen	Spot	110.20 − 30
Swap Point	1M	7 − 5
	3M	27 − 22

따라서 1개월 선물환율의 Bid Rate는 110.13(= 110.20 − 7), Offer Rate는 110.25(= 110.30 − 5) 이다.

◀■■■■■■▶ 환변동 보험

한국무역보험공사(www.ksure.or.kr)에서 판매하는 환변동 보험은 수출입 기업들이 향후(청약시점부터 일반 수출거래는 1년 6개월까지, 중장기 수출계약 건은 3년 6개월까지 헷지 가

능)에 수령 또는 지급이 예상되는 외화의 환전 시 적용할 환율을 약정하고(이를 보장환율이라 함) 향후 환율이 어떻게 변동하더라도 보장환율로 환전할 수 있도록 함으로써 환율변동 위험을 헤징 하는 상품이다. 거래절차도 간단하고 환율의 경쟁력이나 수수료 등을 살펴볼 때 국내의 중소기업들이 이용할 수 있는 환리스크 헤징상품 중 가장 편리하고 비용도 적게 드는 상품이라고 판단된다.

수출기업을 예로 들어 환변동 보험의 기본 개념을 살펴보자.
수출기업은 수출계약 당시의 환율보다 수출대금 수령 시의 환율이 하락하여 환전 시 받는 원화금액이 줄어들지도 모른다는 위험을 안고 있다. 이럴 경우 한국무역보험공사를 통해 수출대금 환전 시 적용할 환율을 보장받는 보험을 가입하면 환전 시의 환율이 보장환율보다 낮을 경우 환율의 불리한 변동으로부터 발생하는 수출기업의 손실을 그대로 보상(결제신청일로부터 3영업일 내 보험금 지급) 받을 수 있다. 반대로, 환전 시의 환율이 보장환율보다 높을 경우에는 거기서 발생하는 이익금을 무역보험공사가 환수(통지일로부터 15영업일 이내 환수금 납부)해 간다.

거래구조를 보면 은행을 통해 거래할 수 있는 선물환거래와 똑같은 헤징원리를 가지고 있으나 거래증거금, 거래비용, 계약의 이행 및 변경, 거래방법 등에서 차이를 보이고 있다.

▼ 선물환거래와 환변동 보험 비교

구 분	선물환거래	환변동 보험	환변동 보험의 특징
거래 상대방	외국환 은행	무역보험공사	–
거래비용	없 음	보험료(C등급 기준) (0.01%~0.045%)	무시할만한 수준, 보험료 지원 제도
스왑 포인트	각 은행별 적용	5개 은행에서 제시한 스왑 포인트 평균	공동구매 효과
거래증거금	신용등급에 따라 요구	없 음	증거금 부담 없음
거래한도	실수요 범위 내	인수한도 범위 내	인수한도를 초과할 수 없음
실수요 증빙	매 계약마다 확인	한도 설정으로 갈음	거래에 따른 번거로움 감소
거래방법	인터넷 뱅킹	사이버영업점	
계약의 이행	실물 인수도	차액정산	
결제일 변경	제한 없음	조기결제만 가능	
거래가능 통화	다양함	USD, Yen, Euro, CNY	거래통화 제한

259

선물환거래 약정을 위해서는 거래 이행보증금을 적립하여야 하지만 환변동 보험은 보험료 이외의 담보적립 부담이 없다. 이행보증금은 거래기업의 신용등급에 따라 면제되는 수도 있고 기존 부동산 담보의 근저당권 설정 여력이나 정기예금을 담보로 이용할 수 있으나, 부동산 담보가 없거나 정기예금으로 예치할 자금이 없는 기업에게는 이행보증금 적립여부는 큰 의미를 갖는다고 볼 수 있다. 환변동 보험은 소액거래일 때도 적용환율이 불리해지는 차별 없이 이용할 수 있다. 선물환거래도 거래금액에 제한을 두지는 않지만 소액 거래일 경우에는 취급비용 등을 고려하여 고객에게 불리한 환율을 적용할 가능성이 크다.

거래한도 측면에서는, 은행의 선물환거래는 실수요 범위 내에서 얼마든지 가능한 반면, 환변동 보험은 전년도 수출실적의 70% 이내에서 신용등급과 실제 헤지수요를 감안하여 결정하는 방식으로 인수 한도를 책정하여 제한을 두고 있다. 따라서 환변동 보험의 경우는 가용한도가 없을 경우 이용할 수 없다는 단점이 있다.

계약의 이행은, 선물환거래의 경우 결제일에 실물을 인수도 해야 하지만 환변동 보험은 보장환율과 결제환율을 비교하여 차액만을 정산한다. 수출입기업의 환거래는 최종적으로 외국환은행과 하는 것이므로 환변동 보험에서 인수도를 할 이유는 없다.

환변동 보험은 USD, YEN, EURO, CNY를 대상으로 하며, 선물환거래와 동일한 형태의 일반형 보험 외에도 옵션을 가미하여 구축한 범위 선물환(Range Forward)과 Collar형태의 범위 제한 선물환 보험이 있다. 환변동 보험은 1년 단위로 인수한도를 약정한 후 필요 시 사이버영업점(http://cyber.ksure.or.kr)을 통해 한도 내에서 편리하게 이용할 수 있다.

환변동 보험은 결제일을 앞당기는 조기결제는 가능하지만 뒤로 늦추는 연장은 할 수 없다는 단점이 있다. 최초 보험 가입 시 이러한 사실을 고려하여 만기일을 충분히 뒤로 늦춰 잡는 것이 편리하리라 생각된다.

환변동 보험은 선물환계약을 공동구매하는 성격을 띠고 있다. 많은 중소기업들이 개별적으로 은행을 상대하는 것이 아니라 한국무역보험공사의 신용도와 이름을 빌려 경쟁력 있는 가격조건을 만들어 낼 수 있기 때문이다. 여기에 중소 수출입기업 지원정책 성격도 더해져서 더욱 유리한 환경이 조성되고 있다고 판단된다.

외환스왑(FX Swap)

외환스왑이란 거래상대방과 특정기간 동안(주로, 단기간) 통화를 서로 교환하여 사용하는 거래이다. 외환스왑은 현물환거래와 선물환거래를 동시에 실행하는 형태를 띠는데, 현물환 거래에서는 마치 나에게 여유 있는 통화를 담보로 맡기고 내가 필요한 통화를 빌려 쓴 뒤, 특정기간이 지난 선물환거래 결제일에는 빌려 쓴 통화를 반납하고 담보로 맡겼던 통화를 찾아오는 것과 같은 형태이다.

그 과정에서 빌려 쓴 통화에 대한 이자와 빌려준 통화에 대한 이자는 선물환율에 반영하여 주고받는 구조를 갖는다. 따라서 현물환율과 선물환율 사이에는 양 통화의 금리차이를 고려한 선물환 프리미엄이나 디스카운트가 존재하게 되는데 이들을 스왑 포인트라고 부르는 이유는 바로 FX Swap에서 서로 통화를 교환할 때 주고받는 포인트라는 데서 비롯된 것이다.

FX Swap은 현물환과 선물환거래를 동일한 상대방과 동시에 실행하며 현물환과 선물환거래에서의 매입/매도 방향을 서로 반대로 하는 거래이다. 예를 들어, 현물환에서 매입하였으면 선물환에서 매도하고 현물환에서 매도하였으면 선물환거래에서 매입하는 구조이며, 전자의 경우는 Buy & Sell Swap이라 하고 후자는 Sell & Buy Swap이라고 한다. Buy 또는 Sell은 항상 Fixed Currency를 기준으로 하며 USD/Won FX Swap이라면 Buy 또는 Sell은 USD를 기준으로 표현한 것이다.

FX Swap은 일종의 자금거래이므로 동일한 거래상대방과 현물환거래와 선물환거래를 동시에 하면서 양 통화의 금리차이를 반영한 스왑 포인트를 반영하게 된다. 만약 현물환거래를 하는 상대방과 선물환거래를 하는 상대방이 다르다면 현물환 거래와 선물환거래 실행의 시차로 인해 각각의 적용 환율이 양 통화의 금리차를 고려한 스왑 포인트로부터 벗어날 수도 있기 때문이다.

◀■■■■■▶ 외환스왑(FX Swap)의 활용

❂ 선물환 결제일의 조정

수출기업이나 수입기업이 선물환거래 시 예상했던 것과는 달리 수출대금 수령 또는 수입결제가 선물환거래 만기일보다 더 빠르거나 늦어질 수 있다. 선물환 프리미엄 또는 디스카운트는 양 통화의 금리차이와 기간(만기)에 의해 좌우되므로 선물환계약 만기가 앞으로 당겨지면 프리미엄(또는 디스카운트)을 줄이고 늦춰지면 늘리는 조정을 하여 만기일을 변경하는데 이 때 외환스왑(FX Swap)거래를 이용한다.

수입업체가 선물환계약 만기를 1주일 늦추는 외환스왑거래를 살펴보자. 다음의 표를 보면 90일 후 수입결제(−USD)를 예상하여 선물환거래로 USD 매입계약을 했으나 수입결제일이 예상보다 1주일 늦춰지면서 당초의 예상 현금흐름은 취소되고 97일 후 결제로 바뀌었다. 따라서 최초의 선물환계약을 취소하고(이 거래가 최초 선물환거래의 만기일 당일에 보면 현물환거래 임) 1주일 뒤에 발생하는 결제를 커버할 수 있도록 선물환거래를 실행하는 Sell & Buy FX Swap 거래를 한다.

* 당초 선물환 만기일을 Near Date, 새롭게 결정된 선물환 만기일을 Far Date라고 칭한다.

▼ 선물환 결제일의 연장

구 분	D_{90}	D_{97}
수입결제 예상일	−USD	
선물환거래로 USD 매입	+USD − Won 1,055.23	
수입결제일이 1주일 늦춰짐	− (−USD)	−USD
선물환계약 연장 (Sell & Buy FX Swap)	−USD +Won 1,055.23	+USD −Won 1,055.64

이 때 당초의 선물환계약을 상쇄시킬 현물환거래와 연기된 결제일에 맞춘 선물환거래를 동시에 실행하며 환율은 1주일간의 금리 차이만큼 조정된다. 이렇듯 스왑 포인트로 조정된 현물환거래와 선물환거래를 동시에 실행하는 거래를 외환스왑(FX Swap)이라 하며 선물환거래 만기일 조정에 이용된다.

선물환거래 한쪽만 실행하는 거래에 적용되는 프리미엄(또는 디스카운트)이나 외환스왑 시 실행하는 선물환거래에 적용되는 스왑 포인트는 동일하며, 수입기업이 결제예상일에 맞춰 실행했던 개별적 선물환거래를 외환스왑의 현/선물환 동시거래 시의 선물환거래(Swap Forward)와 구별하여 일방향 선물환(Outright Forward)이라 칭한다.

FX Swap을 이용하여 결제일을 변경할 때 꼭 알아야 할 점이 있다. 최초의 선물환율과 결제일 변경일의 현물환율이 차이가 날 때는 그 차액을 정산해야 한다는 것이다. 위의 예에서는 당초의 선물환율과 변경일의 현물환율이 동일하다고 가정한 것이지만 변경일의 현물환율이 당초의 선물환율보다 크게 높거나 낮을 수도 있으므로 결제일 변경 시 예상치 못한 현금의 유출입이 발생할 수도 있다. 90일 후의 현물환율이 크게 하락하여 1,023.55원이 되었다면 당초 선물환율인 1,055.23원과의 차액인 31.68원을 결제한 후 결제일을 변경해야 한다. 만약에 거래금액이 1백만불 이면 31,680,000원을 준비해야 한다.

은행에서 판매하는 해외주식 펀드에 가입하는 경우 만기일에 투자금을 회수하여 원화로 환전할 때 적용할 환율을 선물환거래로 미리 확정하곤 한다. 이러한 경우 고객은 매년 은행과 정산대금을 주고받아야 하며 어떤 때는 큰 금액을 은행에 지급해야 하는 경우도 발생한다. 이는 선물환거래가 통상 1년 단위로 Roll-over를 하는 구조인데, 이 과정에서 당초 확정한 선물환율과 결제일 변경 당일의 현물환율이 크게 차이가 난 결과이다.

결제일이 바뀌어 만기일을 조정하는 과정에서 발생하는 정산금액은 일종의 평가손익과 같아서 실질적인 손익은 아니다. 결제일 변경일에 지급한 정산금 31,680,000원만큼 실제 결제일에 적용할 환율이 1,055.64원이 아닌 1,023.96원이 되어 결제할 금액이 그만큼 줄어들기 때문이다.

▼ 결제일 연장거래일에 적용되는 환율과 현금흐름 변화

구 분	D_{90}	D_{97}
선물환거래로 USD 매입	+USD −Won 1,055.23	
선물환계약 연장 @1,055.23 (A)	−USD +Won 1,055.23	+USD −Won 1,055.64
선물환계약 연장 @1,023.55 (B)	−USD +Won 1,023.55	+USD −Won 1,023.96
차액 (B) − (A)	−31.68원	31.68원

◈ 재정거래 실행

시장참가자들은 각자가 처한 상황에 따라 계상하는 스왑 포인트가 다를 수 있다. 예컨대, 은행들이 계상하는 USD/Won의 1일간 스왑 포인트가 10전이지만 증권사들이 계상하는 스왑 포인트는 20전이 될 수도 있는데 이는 은행과 증권사가 계상하는 달러 및 원화의 조달(운용) 금리가 다르기 때문이다.

외환스왑거래를 쉽게 풀이하면 특정통화를 담보로 한 상대 통화의 대차거래와 같다. 그러면서 빌린 통화에 대해서는 이자를 지불하고 맡긴 통화에 대해서는 이자를 받는 것과 다름이 없는 것이다. 자금대차 거래는 신용위험이 따르므로 신용도가 낮은 측은 자금을 차입할 때 신용도가 높은 차입자보다 금리를 더 부담해야 함이 일반적이다. 이러한 상황을 이용하여 조달금리가 낮은 은행들이, 상대적으로 높은 스왑 포인트를 고려하여 제시된 증권사들의 선물환율을 이용하여 Buy & Sell Swap을 실행함으로써 마치 원화를 대출해 주는 것과 같은 거래를 실행할 수 있다. 이러한 거래를 통해서 은행은 자신의 원화 조달금리와 증권사의 원화 조달금리 차이를 수익으로 취하게 되는데 이 과정에서 은행은 증권사의 신용리스크를 부담하는 셈이 된다.

재정거래는 무위험 차익실현 거래이다. 은행 간 거래에서 이론적인 선물환율과 실제 제시된 선물환율 간에 불일치가 발생하면 어떻게 될까? 그 기회를 활용한 차익실현 거래구조를 살펴보면 다음과 같다.

USD/Won Spot	1,050.00 − 10
USD/Won 1 Week Swap Point	60 − 80
USD 1 Week LIBOR	1.5000 − 1.5125
Won 1 Week 은행 간 금리	3.5 − 3.75

시장에서 환율과 금리가 위와 같이 거래될 때 양 통화의 금리를 고려한 적정 스왑 포인트와 선물환율을 구한 뒤, 시장에서 제시되는 스왑 포인트와 비교하여 서로 차이가 나면 해당 불균형을 이용한 무위험 차익거래, 즉 재정거래가 가능하다.

우선, 스왑 포인트를 구하는 공식에 각각 해당되는 값을 대입하면 되는데, USD의 금리가 낮아 선물환 프리미엄 상태가 될 것이므로 Bid Swap Point보다 Offer Swap Point의 값이 크게 나올 수 있도록 금리를 조합한다. 따라서 USD 금리 Offer Rate 1.5125와 Won 금리의 Bid Rate 3.5를 조합하여 Bid Swap Point를 계산하고, USD 금리 Bid Rate 1.5000과 Won

금리 Offer Rate 3.75를 조합하여 Offer Swap Point를 계산한다.

> 스왑 포인트 산출식 : $S(i-i) \times t/1 + (i^* \times t) = F - S$
>
> • Bid Swap Point
> • $1,050(0.035 - 0.015125) \times 7/360 / 1 + (0.015125 \times 7/360) = \underline{0.4056}$
>
> • Offer Swap Point
> • $1,050.10(0.0375 - 0.015) \times 7/360 / 1 + (0.015 \times 7/360) = \underline{0.4592}$

위에서 산출된 스왑 포인트는 41-46이고 현물환율은 1,050.00-10이므로 스왑 포인트를 가산한 선물환율은 1050.41-56가 되어야 균형이다. 그런데, 시장에서 고시되는 선물환율은 스왑 포인트 60-80을 가산한 1,050.60-90이므로 가격의 불균형이 발생하였고 이를 활용한 차익거래가 가능해진다.

차익거래는 외환시장에서의 Buy & Sell Swap과 자금시장에서 원화차입 및 달러운용을 통하여 이루어진다. 아래와 같이 FX Swap을 통해 1백만불 차익거래를 시도한 결과 USD에서는 $291.67이 남았고 Won에서는 265,697원 부족하게 되었으나 스왑 개시일에 $291.67을 선물환율인 1050.60에 매도했다면 306,428원을 받을 수 있을 것이므로 결과적으로 40,731원에 해당하는 차익을 거둘 수 있게 되는 것이다.

▼ FX Swap을 이용한 재정거래

구 분	USD	Won	비 고
현물환 매입(@1050.10)	+1,000,000	-1,050,100,000	Buy & Sell Swap
선물환 매도(@1050.60)	-1,000,000	+1,050,600,000	
Won 차입(@3.75%)		+1,050,100,000	Swap 당일의 자금거래
USD 운용(@1.5%)	-1,000,000		
Won 상환(이자포함)		-1,050,865,697	1주일 후의 자금거래
USD 회수(이자포함)	+1,000,291.67		
차 액	291.67	-265,697	$291.67×1,050.60 = 306,428

신용위험을 고려한 재정거래의 구조는 위와 같다. 시장참여자들의 조달금리와 운용금리가 다를 수 있으므로 각자의 스왑 포인트가 다르며, 이러한 재정거래는 결국 거래상대방에 대한 리

스크를 감수하고 하는 자금거래나 마찬가지로 각자의 신용등급에 따른 위험 프리미엄을 거래하는 거나 같은 구조이다. FX Swap은 외환거래 형태를 띤 자금거래로서 다음에 설명하는 것처럼 단기자금조달 방법으로도 활용된다.

◐ 외화 수급시점 불일치 조정 및 유동성 조달

오늘 현재 달러화로 수출대금을 수령하였고 1주일 후 달러화로 수입결제를 해야 하는 무역업체가 있다고 하자. 당장 원화자금이 필요하면 달러를 매각 하지만 그렇게 하면 1주일 후 수입결제를 할 때 달러 환율 상승 위험을 고려해야 한다.

이런 경우, 현물환거래로 팔고 선물환거래로 사는 Sell & Buy FX Swap을 이용하면 당장의 원화 유동성 문제도 해결하고 1주일 후의 수입결제 환 헤지도 가능하게 된다(이런 방법으로 유동성을 조달한다 해서 Swap Financing 이라고도 함). 환리스크 관리기법 중 대내적 관리기법인 Matching은 외화의 수입과 지출시기를 일치시켜 환 노출을 제거하는 방법인데 이처럼 Timing의 불일치가 발생하는 경우에도 FX Swap을 이용하여 불일치를 조정할 수 있다.

USD/Won Sell & Buy FX Swap은 달러화를 담보로 원화를 빌려서 달러 금리보다 높은 원화금리로 1주일간 운용하는 셈이 되므로 달러화 운용금리와 원화 운용금리와의 차액을 고려한 스왑 포인트(0.42원)를 적용하여 선물환율(1,055.64)이 결정된다.

▼ FX Swap을 이용한 결제일 조정

구 분	D_0	D_7
수출대금 수령	+USD	
수입결제 예정		−USD
Sell & Buy FX Swap (7일간의 Swap Point 적용)	−USD +Won 1,055.23	+USD −Won 1,055.64

위의 예와는 반대로, 수입결제는 지금 당장 해야 하는데 1주일 후 수출대금을 수령할 예정인 경우도 있을 것이다. 오늘의 환율로 수입결제를 했는데 막상 수출대금을 받아 환전을 할 때 환율이 하락하여 손해를 볼 수도 있으니, USD/Won Buy & Sell 거래를 실행하여 1주일 후에 들어올 외화를 앞으로 당겨 결제를 함으로써 그런 위험을 제거할 수 있다.

FX Swap은 현물환거래와 선물환거래를 동일한 거래상대방과 동시에 행하는 거래이며, Sell & Buy Swap은 마치 오늘 수령한 수출대금은 현물환으로 환전하여 별도 처리하고 1주일 후의 수입결제는 선물환거래를 이용해 별도로 헤징하는 것과 똑같은 원리이다. FX Swap은 한 번의 거래로 해결하는 것이고, 후자는 2건의 거래로 하는 게 다르다. 후자의 경우처럼 서로 별개의 거래로 처리하다 보면 현물환거래를 하고나서 선물환거래를 할 때 환율이 급격히 변해 버려서 낭패를 보게 되는 일이 발생할 수도 있으므로 FX Swap 거래를 이용해 처리하게 된다.

설명한대로, Buy & Sell FX Swap은 USD 유동성 확보에 활용되고 Sell & Buy FX Swap은 원화 유동성 확보에 이용될 수 있다. Buy & Sell FX Swap을 하게 되면 원화를 담보로 USD를 조달하는 셈이 되고, Sell & Buy FX Swap을 하게 되면 USD를 담보로 원화를 조달하는 셈이 되므로 스왑 포인트는 금융기관의 자금사정을 나타내는 대용지표(Proxy)로 해석될 수 있다. 한 때 제2금융권 기관들이 국내은행으로부터 부여받은 원화 차입한도가 고갈되자 그나마 여유가 있는 USD를 활용하여 현물환 매도와 동시에 선물환을 매입하는 FX Swap을 함으로써 환위험 부담없이 일시적인 원화자금 부족을 해결하는 전략을 구사한 적이 있었다. 외환시장에서 형성되는 스왑 포인트를 보면 자금시장의 사정을 추정해 볼 수 있다.

NDF(차액결제 선물환, Non-Deliverable Forward)

USD/Won의 선물환거래는 국내시장에서 뿐만 아니라 역외에서도 활발히 이루어지고 있다. 일반 선물환거래는 만기에 해당 통화를 미리 정한 환율로 상호 교환(Delivery)해야 하지만, 역외시장 참여자들은 Won貨가 국제통화도 아니고 단기 자금시장을 이용함에도 제한이 있으므로, 선물환 만기에 거래 대상 통화를 정해진 환율에 의해 교환하는 대신에 거래금액(실제 인수도를 안하기 때문에 이를 Notional Amount라 함)에 만기일의 현물환율(Fixing Rate)과 당초 약정환율(Contract Rate)간의 차이를 고려하여 USD로 결제하는 선물환거래이다. 즉, 비거주자가 해당 통화를 보유하거나 환전할 필요 없이, 게다가 결제위험(Settlement Risk)도 없이 자유롭게 선물환거래를 할 수 있는 상품이다. NDF거래는 자본통제로 인해 역외에서 인수도를 할 수 없는 Emerging Market거래를 위해 1990년대부터 활성화 되었으며 대부분의 NDF 거래는 USD로 현금결제 된다. Fixing Rate는 만기일 전전영업일에, 외국환 중개회사를 통한 결정된 시장평균환율을 사용한다.

NDF 만기일에 결제할 금액 = Notional Amount × (Fixing Rate - Contract Rate)

역외시장의 USD/Won NDF거래에는 세계적인 은행 및 투자회사들이 다수 참여하고 있고 헤지펀드 등의 투기 자금이나 국내 증권투자와 관련된 헤지 거래자 등도 참여하고 있으며 국내기관들도 자유롭게 참여가 가능하다. 2018년도 중 USD/Won NDF의 거래금액은 일평균 100억불을 상회함으로써 중개회사를 통한 은행 간 현물환거래량을 추월한 것으로 파악되며 아시아권 통화 중에서는 가장 큰 규모로 거래되고 있다.

외환시장은 전 세계적으로 쉼 없이 돌아가고 있다. USD/Won 거래도 마찬가지다. 국내에서 은행 간 외환시장이 마감된 이후 시간에도 NDF거래는 계속되고, 각 영업일의 국내 외환시장은 간밤의 NDF 환율을 바탕삼아 거래환율이 형성된다. 국내 외환시장의 전일 마감 환율과 당일 개시 환율 사이를 역외에서 형성된 NDF 환율이 연결해주고 있는 것이다.

02 | 금융선물(Financial Futures)

거래하는 현재 시점에서 대금을 결제하고 상품을 주고받는 거래가 현물(Spot)거래이고, 거래 계약은 현재 체결하되 결제 및 인수도는 미래의 특정일에 실행하는 거래가 선물(Futures, 先物)거래이다.

미래 특정일에 채권이나 통화 등 금융상품을 주고받기로 거래를 하면 금융선물(Financial Futures)거래이고, 옥수수나 콩과 같은 농산물이나 구리와 원유 같은 원자재를 거래한다면 상품선물(Commodity Futures)거래이다.

왜 이러한 거래가 필요하게 되었을까? 거래 대상물(= 기초자산 : Underlying Asset)의 예상 치 못한 가격변동으로부터 비롯되는 위험을 헤지하기 위함이다. 즉, 미래 특정시점에 적용할 가격을 현재수준의 가격으로 확정시킴으로써 향후 가격변동위험으로부터 자유로워지는 것이 다. 마치 김장철에 배추가격이 급등할 것이 걱정되는 김치장사가 배추를 재배하는 농부와 가 을에 수확할 배추의 가격을 미리 정하는 거래를 하는 것과 같다.

USD로 수입결제를 해야 하는 수입업자는 달러 환율이 상승하면 부담이 늘어나므로 이를 미 리 확정하기 위해 선물거래를 이용하는데 이때 거래되는 종목이 통화선물(Currency Futures)이며, 금리상승을 우려하는 차입자가 미래에 적용할 금리를 확정하기 위해 이용하 는 종목은 금리선물(Interest Rate Futures)이다. 통화선물에는 주요 통화별로 선물거래가 있고, 금리선물에는 유로달러 선물이나 Treasury Bill과 같은 단기금리 거래상품과, 우리나 라의 국채선물이나 미국의 Treasury Bond 등과 같은 중장기금리 거래상품이 있다. 주가지 수를 거래하는 대표적인 상품으로는 KOSPI 200, S&P 500, Nikkei 225 등이 있다.

▶ 재고유지비용(Cost of Carry)

그렇다면 상품의 미래 가격인 선물가격은 어떻게 정하여 거래를 하는 것일까? 시장이나 상품에 정통한 전문가들이 향후 가격변동을 예측하여 제시하는 걸까? 아니다. 선물환(Forward)거래가 관련되는 양 통화의 금리를 고려하듯 선물(Futures)거래도 같은 개념의 재고유지비용을 고려하여 미래 가격을 결정한다.

겨울에 연탄을 대량으로 필요로 하는 사람이 연탄가격의 폭등을 걱정하여 현재수준의 가격으로 미리 사 놓고자 한다면, 현재 시점에서 돈을 주고 연탄을 사서, 이를 창고에 보관하였다가, 겨울에 사용하면 된다. 그런데 이렇게 하자면 미리 돈을 주고 사야하므로 실제 사용할 때까지의 기간만큼 금융비용이 들게 되고, 창고에 보관하려면 그에 따른 창고료 및 인건비가 소요되며, 혹시 발생할 수도 있는 불상사에 대비한 보험료 등과 같은 추가비용이 필요하다.

이러한 모든 절차를 간단하게 처리하는 방법은 연탄장사에게 가서 연탄은 겨울에 받기로 하되 가격은 지금 정하는 선물거래를 하는 것이다. 이러한 요청을 받은 연탄장사는 미래의 연탄가격을 제시할 때에 위에서 설명한 절차에 따른 금융비용, 창고료, 인건비, 보험료 등을 고려하여 가격을 결정하게 될 것이다. 이와 같이 미래 특정일에 인도할 목적으로 계약시점에서 매입한 현물을 만기일(인도일)까지 보유하는 데 소요되는 각종 비용을 재고유지비용이라 하며, 이러한 원리로 인해 현물가격과 선물가격과의 차이는 재고유지비용 만큼 차이가 나게 된다. 재고유지비용에서 비롯되는 현물가격과 선물가격의 차이를 선물시장에서는 베이시스(Basis)라고 칭한다.

그런데, 이러한 재고유지비용은 항상 양(+)의 숫자로 나타나는 건 아니다. 미래 특정시점에 인도할 상품(특히, 금융상품) 그 자체에서 오히려 보다 더 많은 수익이 나는 경우도 있다. 연탄이나 배추로부터는 보관기간 동안 얻어지는 게 없지만 보관해야 할 물건이 금리가 높은 채권인 경우에는 재고유지비용이 음(−)의 숫자로 나타날 수 있다. 선물환거래에서도 선물환 가격과 현물환 가격의 차이인 스왑 포인트가 '프리미엄' 또는 '디스카운트'로 나타나는데 여기서 말하는 스왑 포인트가 곧 재고유지비용에 해당되며, 관련되는 양 통화의 금리수준에 따라서 재고유지비용이 양(+)으로 나타나면 Premium이고 음(−)으로 나타나면 Discount가 된다.

미래의 가격은 현재의 가격에다 재고유지비용을 고려하여 산출되므로 이러한 구조를 벗어난 가격이 제시되면 그러한 불균형 기회를 이용한 '차익실현거래(재정거래 : Arbitrage)'가 일어나게 된다.

선물(Futures)거래의 특징

선물거래는 계약단위(Contract Size) 및 인수도일(Delivery Date) 등이 표준화된 상품을 거래소(Exchange)를 통해서 공개 호가 방식(Open Outcry)이나 전자거래 시스템으로 거래한다. 모든 거래계약에 대한 이행보증은 거래소가 운영하는 청산기관(Clearing House)이 책임지며, 청산기관은 선물가격이 거래자 자신들에게 불리하게 변동할 경우 발생할 수도 있는 계약 불이행 위험을 담보하고자 모든 거래 계약에 대해 증거금(Margin) 적립을 요구하게 된다.

표준화(Standardized)된 계약

선물환거래(Forward)는 내가 가진 위험을 은행과의 거래를 통해 정확한 금액과 인수도 기일을 정하여 맞춤식으로(Customized) 커버할 수 있게 해주는 반면, 선물거래(Futures)는 표준화된 상품을 이용하여, 자신의 Exposure형 상대로 만들어서, 위험을 커버하는 구조를 가지고 있다. 마치 레고(LEGO) 장난감이 규격화 된 블럭(Block)을 사용하여 원하는 형상을 만들어 내는 것과 비슷한 구조이다. 선물거래를 통해 거래되는 상품은 아래의 표에서 보는 것처럼 여러 가지 면에서 표준화 되어 있다.

▼ 한국거래소(KRX)에서 거래되는 USD선물 명세

거래단위(Contract Size)	US $10,000
결제월(Delivery Month)	분기월 중 12개와 그 밖의 월 중 8개
상장 결제월	총 20개(1년 이내 매월, 1년 초과는 매분기월)
가격의 표시	US $1 당 원화
최소 가격변동폭	0.10원
최소 가격변동금액 (Tick Value)	1,000원(US $10,000×0.10원)
거래시간	09:00~15:45(최종거래일 09:00~11:30)
최종거래일	결제월의 세 번째 월요일 (공휴일인 경우 순차적으로 앞당김)
최종결제일 (Settlement Date)	최종거래일로부터 기산하여 3일째 거래일
결제방법	인수도 결제
가격제한 폭	기준가격 대비 상하 ±4.5%
단일가격 경쟁거래	개장 시(08:00~09:00), 거래종료 시(15:35~15:45), 최종거래일 거래종료 시(11:20~11:30)

출처 : www.krx.co.kr

✅ 계약단위(Contract Size)

단기금리 선물거래인 유로달러 선물과 T-Bill 선물은 1계약의 금액이 100만달러이고, 장기금리 선물거래인 T-Bond(미국 Treasury Bond)의 계약단위는 10만달러, 우리나라 선물거래소인 KRX에서 거래되는 국채선물(KTB)의 계약단위는 1억원 등과 같이 계약규모가 각 상품별로 표준화되어 있다.

KRX에서 거래되는 통화선물의 경우 USD는 10,000불, JPY는 1백만엔, EUR는 10,000유로가 각각 1계약의 거래단위이다. 따라서, 345천불의 환리스크를 헤지 하려면 USD선물을 34계약 또는 35계약 거래해야 하며 이는 선물환거래(Forward Transaction)에서 정확하게 345천불을 거래할 수 있는 것과 비교되는 대목이다.

KOSPI 200 주가지수 선물은 거래지수에 거래단위 승수인 500,000원을 곱한 금액이 Contract Size가 된다. 예를 들어, 지수가 200.00이면 계약단위는 $200.00 \times 500,000 = 100,000,000$원이다.

✅ 결제일(Delivery Date)

선물거래의 결제일 역시 결제월의 세번째 월요일과 같이 표준화되어 있다. 거래상품이 3月物/6월물/9월물/12월물과 같이 4개의 결제월(Delivery Month)이 있다면 각각 해당 월의 세번째 월요일이 결제일로 표준화되어 있는 것이다.

KRX에서 거래되는 USD선물은 향후 12개월에 해당하는 결제월물과 그 이후의 8개 분기물을 합하여 20개 결제월물이 거래되고 있다(예 지금이 1월초라면 1월부터 12월까지 12개 결제월물과 그 이후 매분기 결제월물 8개).

선물환거래는 이용자가 원하는 날짜에 정확히 일치시켜 계약을 할 수 있지만 선물거래는 이용자가 원하는 날짜에 가장 적합한 결제월물을 선택하여 헤징을 하여야 한다. 선물환거래처럼 날짜를 정확히 일치시키지 않아도 선물거래를 통해 선물환과 다름없는 헤징효과를 얻을 수 있다.

🌑 거래소(Exchange)

원유가격이 요동치면 신문에 가끔 실리는 사진이 있다. 거래인들이 다급한 모습으로 고함을 치며(Open Outcry) 거래하는 모습인데 이러한 풍경이 일어나는 곳이 바로 Exchange라 불리는 거래소이다. 미국의 CME(Chicago Mercantile Exchange), CBOT(Chicago Board of Trade), 영국의 LME(London Metal Exchange), 우리나라의 KRX(Korea Exchange) 등이 모두 거래소(Exchange)이다.

CME나 CBOT에 가보면 상품별로 육각형 또는 팔각형모양의 계단식 Pit에 거래원들이 모여 거래하는 모습을 볼 수 있다. 가격에 큰 영향을 미칠만한 엄청난 뉴스가 나오면 고객으로부터 받은 주문을 체결하기 위해 거의 아수라장이 된다. 참고로, 이러한 거래소 내에서 거래가 되는 상품을 場內거래상품이라고 한다.

🌑 청산회사(Clearing House), 거래증거금(Margin)

청산회사는 선물거래자의 계약상대방이 되며 거래소에서 체결된 모든 선물거래의 계약이행을 보증한다. 거래증거금(Margin)은 계약의 이행을 담보하기 위하여 선물거래자들이 적립해야 하는 보증금이며 거래계약 수에 비례하여 적립한다.

선물거래 개시 전에 적립하는 증거금을 거래개시 증거금(Initial Margin)이라 한다. 증거금 잔액은 거래일 이후 선물가격의 변동에 따라 잔액이 증가하거나 감소하는데, 그 이유는 청산회사가 매일의 선물가격 변동에 따라 증거금 계좌 잔액을 늘려 놓기도 하고 줄여 놓기도 하는 일일 정산(Mark to Market)조정을 하기 때문이다. Mark to Market 과정에서 증거금 계좌의 잔액이 특정수준 밑으로 내려가지 않도록 잔액을 유지해야 하는데 이때 요구되는 특정 증거금 수준을 유지증거금(Maintenance Margin)이라 한다. 증거금 계좌의 잔액이 유지증거금을 하회하게 되면 증거금 잔액을 Initial Margin 수준으로 보충하라는 청산회사의 요청이 있게 되며 이를 마진 콜(Margin Call)이라 한다.

선물거래는 보증금에 해당하는 마진만 적립하면 거래를 할 수 있으므로 거래금액 전액을 지불해야 하는 현물거래에 비해 손익 증폭효과(Leverage Effect)가 크게 나타난다. 마치 주식거래를 할 때 신용대출을 이용하는 것과 같은 구조이다.

✅ 선물가격 표시방법

외환시장에서는 환율을 USD/WON 형식으로 표기하므로 KRX에서 거래하는 USD 선물의 가격표시는 외환시장에서 표기방식과 같다. 최소 호가단위 변동에 따른 가격 변동폭을 Tick Value라 한다.

✅ 미청산 계약(Open Interest)

주식거래 시 거래량(Volume)을 살펴보며 시장의 힘을 가늠하듯 선물거래에서는 거래량과 더불어 미청산 계약(Open Interest, Open Contracts)을 통해서도 시장의 힘을 가늠할 수 있다. 선물거래는 만기에 실제로 인수도가 일어나지 않고 대부분 만기일 이전에 반대거래로 청산되기 때문에 청산되지 않고 남아있는 계약의 수가 또한 큰 의미를 갖는다. 미청산 계약이 많을수록 Activity와 Liquidity가 높다는 것을 의미하며, 실제로 특정 결제월물의 결제일에 근접하면 그 다음 결제월물의 거래에 더 큰 비중이 실리면서 해당 월물의 미청산 잔고는 줄어들고 그 다음 결제월물의 미청산 잔고가 증가하게 된다.

▼ 거래량 및 미청산 계약 계산

구 분	A	B	C	D	거래량	미청산 잔고
Day 1	100		−100		100	200
Day 2		50	−50		50	300
Day 3	−50			50	50	300
Day 4			100	−100	100	200
O.I.	50	50	−50	−50		200

위 표는 거래자 A, B, C, D 4명의 포지션 변화를 4일간에 걸쳐 보여주고 있다. 미청산 계약이란 포지션을 Open하였다가 아직 청산(Exit)하지 않은 계약을 말하는 것이며 향후 가격추세를 가늠할 수 있는 지표가 된다는 점에서 시장참여자들이 많은 관심을 갖고 지켜보는 요소이다. 미청산 계약이 증가한다는 것은 새로운 자금이 시장으로 흘러들어 온다는 것을 의미하며 현재의 가격 추세(상승, 하락, 또는 횡보)가 지속될 가능성을 암시한다. 미청산계약이 감소한다는 것은 시장 참가자들이 포지션을 정리하고 있음을 보여주며 현재의 가격 추세가 조만간 끝날 것임을 암시한다. 가격이 상승 또는 하락하는 가운데 미청산 계약이 줄어들거나 더 이상 늘지 않으면 추세 반전을 예상할 수 있다.

통화선물을 이용한 환리스크 헤징 구조

어떤 수출기업이 3월 10일에 수출대금으로 345천불 수령이 예상되고 환율하락에 따른 위험을 헤지하고자 하는 경우, 선물환거래로 345천불을 3월 10일을 결제일로 정해 정확하게 헤지할 수도 있겠지만, 달러선물 3월물을 34계약 또는 35계약 매도하는 거래를 통해 헤지 할 수도 있다. 34계약을 매도할 것인가 35계약을 매도할 것인가는 운용자가 나름대로의 환율예측을 바탕으로 결정하면 된다. 환율이 어떻게 변할지 알 수 없어서 통화선물을 이용한 헤징을하지만 환율하락 가능성을 더 크게 점친다면 35계약을 매도하고 5천불은 Short Position으로 보유하는 방식이다.

▼ 통화선물을 이용한 헤징구조

구 분	현물환율	선물가격(3월물)
수출계약 당시 환율	1,100	1,101
선물계약 매도가격		1,101
수출대금 수령 시 환율	1,050	1,050.20
수출대금 환차손	50	
선물계약 청산차익		49.20

실제로 수출대금을 수령하였을 때의 환율은 수출계약 당시 보다 50원 하락하여 환차손이 발생하였으나 선물계약을 매도하여 헤징한 덕분에 49.20원 차익이 발생하여 환차손을 보상함으로써 수출계약 당시의 환율인 1,100원 수준으로 적용환율을 묶어두는 효과를 거두게 된다.

통화선물을 이용한 헤징은 맞춤상품인 선물환거래와는 달리 표준화된 상품을 가지고 직접 조립하는 형식을 취하기 때문에 완벽한 헤징이 안될 수 있다는 면이 있지만, 마치 레고 장난감으로 형상을 만들었다가 쉽게 해체하고 또 다른 모습을 만드는 것처럼, 선물환거래에 비해 적은 거래비용으로 탄력적인 운용이 가능하다는 장점이 있다. 특이한 모양의 물건을 맞춤식으로 만들려면 노력도 많이 필요하고 또한 그것이 필요 없어 처분할 때는 그 특이한 물건을 필요로 하는 상대방을 찾아야 한다는 어려움이 있겠으나, 레고 장난감처럼 규격화 된 물건이면 필요할 때는 원하는 형상과 비슷하게 조립하여 사용하다가 언제든지 블록으로 해체하여 처분하거나 다른 형상을 만들 수 있는 이치와 비슷하다 하겠다.

◀■■■■■▶ 통화선물(Futures)과 선물환(Forward)거래 비교

기업들이 USD/Won의 환율변동 위험 헤지를 위해 가장 쉽게 이용할 수 있는 거래가 선물환 거래일 것이다. 거래은행과의 개별적인 선물환거래를 통해 필요한 금액만큼을 예상되는 기일에 맞춰 정확히 커버할 수 있고, 거래소에서 거래되는 통화선물을 이용해서도 선물환거래와 동일한 헤지효과를 거둘 수 있으므로 거래비용이나 거래 편의성 등을 잘 검토하여 자신에게 유리한 방안을 선택할 수 있어야 한다.

선물환거래는 은행과 고객의 합의에 의한 계약이며 적용환율은 고객의 신용도나 거래금액 등에 의해 고객별로 차등 적용된다. 그러나 선물회사를 통한 통화선물 가격은 거래고객의 신용도나 거래금액에 관계없이 동일하게 적용된다. 선물환거래는 이행보증금을 적립하여야 하고, 선물거래를 위해서는 선물회사에 기본예탁금 및 거래증거금을 적립하여야 한다.

▼ USD/Won 선물환거래와 통화선물거래 비교

구 분	선물환(Forward)거래	통화선물(Futures)거래
거래/중개 기관	외국환 은행	선물회사
거래금액	고객이 희망하는 금액을 정확히 설정 가능	USD 선물 1계약 거래금액은 US $10,000이므로 커버할 금액에 맞춰 계약수로 조정
거래가격(환율)	은행 간 거래 현물환율에 내부적으로 조정된 스왑 포인트를 고려하여 원가 선물환율을 구한 뒤 여기에 거래마진을 더해 대고객 선물환율을 제시	은행 간 거래 현물환율에 스왑 포인트를 고려한 원가 선물환율 해당 가격으로 선물가격이 형성됨
만기일	고객이 희망하는 만기일로 정확히 설정	해당 거래 월물의 결제일 (최종거래일로부터 3일째 거래일)
거래 유동성	은행과의 거래를 통해 거의 제한 없이 거래 가능	遠월물의 경우 유동성 부족
거래수수료	원가 선물환율에 적용하는 Spread	계약(Contract) 체결에 따른 수수료
보증금(증거금)	신용도에 따라 거래금액의 특정비율만큼 이행 보증금 적립	계약 건당 증거금 적립
기본 예탁금	없 음	있음(특정 금액)
거래계약서 작성	거래 건별로 작성	계좌 개설 후에는 별도 계약서 없이 거래
실수요 증빙	실수요 입증자료 필수	불필요, 일반 개인도 거래 가능

통화선물 포지션의 Roll-over

외화의 수급이 예상했던 것과 달라지고 그 변경된 수급일이 당초 Hedge를 위해 거래한 선물의 만기일 이후가 되면, 만기가 도래된 선물계약은 청산하고 새롭게 정해진 수급일을 커버할 수 있는 결제월(Delivery Month) 상품으로 바꾸는 거래를 해야 한다.

이는 마치 선물환계약을 했는데 만기일이 뒤로 늦춰져서 FX Swap을 활용한 만기일 조정을 하는 것과 같다. 뒤로 끌고 간다 해서 Roll-over라 하는데 선물환거래나 선물거래에서 공통으로 사용되는 용어이며, 선물환거래에서 Sell & Buy 또는 Buy & Sell 하듯이 선물거래는 당월물을 청산(매도청산이 될 수도 있고 매입 청산이 될 수도 있음)하고 다시 익월물 포지션을 Open하는 형식을 취하게 된다.

국내의 거래소에서 거래되는 달러선물은 20개의 결제월물이 상장되어 있으나 최근월물 거래가 활발할 뿐 기타 결제월물은 거래량이 적고 가격형성이 안 되어 있으므로 최근월물 결제일 이후에 기일이 도래하는 Exposure는 우선 최근월물을 이용하여 헤지 하였다가 최근월물의 결제일이 도래하면 이를 청산하고 그 다음 결제월물로 옮겨가는 방법을 취할 수밖에 없는 실정이다. 미국의 거래소처럼 근월물부터 원월물까지 거래가 활발한 경우라도 거래량이 많은 근월물의 가격이 더 경쟁적이라 판단되면 원월물을 거래할 때 감수하여야 할 불리한 가격을 회피하고자 근월물로 거래한 뒤 Roll-over 해 나가는 방식을 취할 수 있겠다.

Stack Hedging, Strip Hedging

수출기업으로서 매분기마다 100만불씩 수출대금이 들어 올 것으로 예상되고 향후 달러 약세가 지속될 것으로 판단된다면 수출대금의 원화 환산수령액이 줄어들어 영업이익이 감소하는 것을 우려하게 될 것이다. 이러한 경우에 수출기업은 수출계약 건별로 헤징을 할 수도 있겠지만, 그리하면 환율이 하락함에 따라 그 이후의 거래환율이 점차적으로 낮아지게 되는 결과가 초래될 것이므로, 달러선물을 활용하여 1년 동안 예상되는 수출총액에 대해 다음과 같이 환리스크 헤징을 실행할 수 있다.

◆ 매분기별로 달러선물 100계약씩을 매도

이러한 형태의 헤징방법은 각 분기별 결제 월물을 100계약씩 쭉 늘어놓은 모습에 빗대어 Strip Hedge라 한다. 그러나 최근 결제월물을 제외하고는 거래량이 부족(Illiquid)하거나 가격이 경쟁적이지 못한(Bid와 Offer 간 가격차가 큰 경우) 상황 하에서는 실행하기 어려운 방법일 수 있다.

◆ 최근 결제월물로 400계약을 매도하고, 매분기 100계약씩 줄여가며 Roll-over

Strip Hedge가 遠월물의 유동성이나 가격 경쟁력을 고려할 때 효율성이 떨어지는 상황이라면, 거래량이 풍부하고 가격 경쟁력도 있는 최근 결제월물로 400계약을 매도했다가 매분기에 도래하는 100계약분의 수출대금 해당액을 제외하고 나머지는 다음 분기 결제월물로 Roll-over하는 식으로 선물계약 잔고를 조정해 나가는 방법이며, 선물계약을 최근 결제월물에 한꺼번에 쌓아놓은 모습이어서 Stack Hedge라고 칭한다.

수출입기업으로서 연중 지속적으로 수출입이 일어나고 그 금액도 기간별로(예 분기별로) 대략적인 예측이 가능하다면 Stack Hedging을 이용한 환위험 관리를 고려해 볼 수 있다. 특히, 시장에서의 환율변동 추세나 시장참가자들의 예상이 특정 기조를 보일 때는 적극 활용할 필요가 있고, 추세가 바뀌었다고 판단되면 반대거래를 통해 손쉽게 청산할 수도 있다는 점에서도 유용한 방법이다. 거래를 대량으로 실행함에 따른 거래수수료 부담은 선물회사와의 협상을 통해 경감시킬 수도 있다. 각 분기별 예상 수출액에 대해 통화선물을 활용한 Stack/Strip 헤징 형태를 살펴보면 다음과 같다.

통화선물을 이용해 헤징한 경우 실질 결제환율 산출

[예제]
우리나라의 A기업은 6월초에 1백만불을 수입결제 할 예정이며 환리스크 헤징을 위해 달러선물(1계약 = 1만불) 6월물 100계약을 1,075원에 매입하였다. 수입결제일의 현물환율이 1,090원이고 통화선물 6월물의 가격이 1,091.50원이라면 A기업이 수입결제 시 부담하게 되는 실질 결제환율은 얼마인가?

• 수입결제에 적용할 환율 : 1,090원
• 통화선물 거래에서 발생된 이익 : 16.50원(= 1,091.50 - 1,075)
• 실제 부담할 결제환율 : 1,073.50원(= 1,090 - 16.50)
• 결제할 금액 : $1,000,000 × 1,073.50 = 1,073,500,000원

A기업은 결제당시의 환율인 1,090원에 수입결제를 하지만 1,075원에 매입했던 통화선물 계약을 처분하여 발생하는 이익 16.50원을 고려할 경우 실제 결제환율은 1,073.50원이 된다.

03 | 스왑(Swap)

▶▶▶▶ 통화스왑(CRS ; Currency Swap)

미국에 소재하는 A기업은 유럽에 현지법인을 설립하고자 하고, 유럽에 있는 B기업은 미국에 투자를 하고자 한다 하자. 두 기업이 각자의 통화(즉, USD 및 Euro)를 들고 가서 현지통화로 환전한 다음 해당국 통화로 투자를 실행하면 추후 투자금을 회수 해올 때의 환율이 불리하게 변동하게 되면 각자의 투자수익이 침해를 받게 되는 위험이 있다. 이러한 경우 두 기업은 통화스왑을 통해 투자에 필요한 외화를 조달하였다가 스왑만기일에는 투자금을 회수하여 조달해왔던 외화를 되돌려 주는 방식으로 환율변동에 따른 위험을 제거할 수 있다.

통화의 교환(Swap)은 스왑계약 개시 및 종료 시에 이루어지며 계약 개시 時 주고받는 금액과 계약 종료 시 주고받는 금액은 같다(FX Swap도 통화스왑처럼 통화를 교환하지만 거래개시일과 만기일에 주고받는 금액이 서로 다르다. 통화스왑은 계약기간동안 이자를 주고받지만 FX Swap은 이자를 교환하는 대신 만기일에 적용할 선물환율로 조정을 하기 때문이다. 통화스왑은 계약기간이 길지만 FX Swap은 단기간의 스왑거래이다).

계약을 개시하면서 주고받을 금액은 개시되는 시점의 환율을 고려하여 산정된다. 예를 들어, 미국기업인 A와 유럽기업인 B가 5년간 US \$50million에 대해 통화스왑 계약을 체결하였고 계약당시의 환율이 EUR/USD 1.25였다면 A는 B에게 5천만불을 주고 B는 A에게 4천만 유로를 건넨다. 이렇게 함으로서 A와 B 각자는 자신들이 필요한 외화자금을 조달하게 되는데, 이는 마치 자신의 돈을 담보로 맡기고 필요한 돈을 빌려오는 구조와 같다.

▼ 스왑 개시일의 원금교환

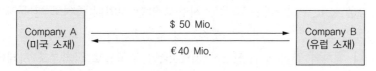

원금 교환 후에 양측은 미리 정한 기간마다(예 매년) 서로 이자를 교환한다. A는 유로를 빌린 셈이기 때문에 EUR 금리로 계산된 이자를 EUR로 지급하고, B는 달러를 빌린 셈이기 때문에 USD 금리로 계산된 이자를 USD로 지급한다. 예를 들어, 스왑계약 시 합의된 달러 및 유로의 금리가 각각 1.5%와 2.5%라고 하면 A는 매년 €40,000,000×2.50% = €1,000,000를 B에게 지급해야 하며, B는 A에게 \$50,000,000×1.5% = \$750,000를 지급해야 한다.

그러나 금리스왑에서도 그렇듯이 통화스왑에서도 서로 주고받을 금액을 그 당시의 환율로 환산하여 차액정산 하는 게 일반적이다. 이자 교환당시의 환율이 EUR/USD 1.20이었다면 A가 지급해야 할 유로의 달러 환산액은 $1,200,000이므로 A는 자신이 지급해야 할 금액에서 받을 금액을 차감한 $450,000($1,200,000 − $750,000)을 B에게 지급한다.

▼ 스왑기간 중의 이자교환, 차액 결제

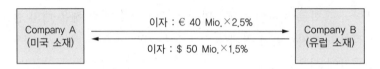

끝으로, 스왑계약 기간이 종료되면 거래당사자는 스왑계약을 개시할 때 교환했던 금액을 다시 교환한다. 이때 교환되는 금액은 최초 교환당시의 금액과 같으며 계약기간 종료 당시의 환율과는 무관하다.

▼ 스왑 종료일의 원금교환

◉ 통화스왑의 활용

통화스왑은 특정통화를 맡기고 그것을 담보로 하여 필요한 통화를 조달하는(빌리는) 것이라 이해하면 제일 쉬울 것 같다. 예를 들어, 우리나라가 일본과 맺은 통화스왑 협정은 유사시 원화를 맡기고 일본엔화를 빌리기로 한 협정이다. 독도문제를 빌미삼은 일본은 스왑한도를 줄이겠다고 으름장을 놓고 우리나라는 '그동안 사용도 안한 것인데 줄여도 별 문제가 없지 않겠느냐'하면서 한동안 소란했었다. 이러한 통화스왑 협정은 우리가 외환위기를 겪으면서 국제통화(예 미달러나 엔화와 같은 소위 Hard Currency) 부족으로 국가부도 사태에 이른 적이 있었음을 고려하여 필요 시 외화를 조달할 수 있도록 취한 조치이다. 다행히 지금의 우리나라는 외환보유고도 충분하고 경제상황도 훨씬 좋아졌지만 그래도 혹시도 있을지 모르는 사태에 대비하고자 중국이나 기타 동남아국가와도 서로 스왑협정을 유지하고 있다.

이처럼 통화스왑은 장기자금 조달에 활용되며, 환리스크 관리, 조달금리 절감, 금리차익 획득, 투기적 거래 등으로 이용된다. 장기자금 조달을 목적으로 한 거래는, 외화자금이 필요한 국내은행과 원화자금이 필요한 외국은행 국내지점이 통화스왑 거래를 통해 자금을 조달하는 것처럼 외화 장기차입에 대한 대체수단으로서 이용된다. 환리스크 관리 목적으로 하는 통화스왑은, 자산이나 부채의 표시통화를 통화스왑을 이용하여 일치시켜 줌으로써 자금의 조달 및 운용 통화가 서로 달라서 발생할 수 있는 환율변동 위험을 회피하고자 할 때 이용된다.

통화스왑 거래는, 해외채권을 발행하여 외화를 조달한 뒤 이를 원화로 운용하고자 하는 수요가 많은 공기업이라든지 보유 중인 원화자금을 외화로 바꿔서 외화채권으로 운용하고자 하는 보험회사 등이 주로 이용하고 있으며, 국내 중개회사를 통한 은행 간 스왑거래도 활발히 일어나고 있다.

◆ 상대적 우위(Comparative Advantage)를 활용한 자금조달

어떤 미국기업이 유럽에 영업망을 확충하고자 유로(EUR)를 조달할 계획이고, 어떤 유럽기업은 미국에 영업망을 확충하고자 미 달러(USD)를 조달할 계획이 있다면 미국기업과 유럽기업은 각자 자신들이 영업망을 확충하고자 하는 나라의 자금시장에서 해당국의 통화로 자금을 조달할 수도 있겠으나, 미국과 유럽의 두 기업은 자신들을 가장 잘 평가 해주고 좋은 대접을 해주는 각자의 자금시장에서 자국통화로 자금을 조달한 후 통화스왑 거래를 통해 투자에 필요한 통화로 전환하는 방법을 취함으로써 필요한 자금을 더 유리한 금리로 조달할 수도 있다.

통화스왑 거래에서는 최초에 교환하는 금액과 만기일에 교환하는 금액이 동일하며, 스왑기간 동안 스왑을 통해 조달한 통화에 대해 이자를 지급함으로써 투자국 자금시장에서 자금을 직접 조달한 경우와 같은 현금흐름이 발생하게 된다.
통화스왑을 이용하는 경우, 미국기업과 유럽기업은 각자의 차입시장에서 경쟁적 우위를 활용하여 실질 차입금리를 낮추는 효과를 거두게 될 뿐 아니라 추후 투자금을 회수하여 자국통화로 환전할 때 발생하는 환리스크도 회피할 수 있다.

구 분	USD 차입시장	EUR 차입시장
미국기업	LIBOR + 0.125%	4.0%
유럽기업	LIBOR + 0.625%	3.8%
금리차이	0.5%	0.2%

▼ 환 Exposure 커버 및 금리 절감

구 분	미국기업	유럽기업	은 행
영업확장 소요자금	−EUR	−USD	
각자 자국에서 자국통화로 조달	+USD	+EUR	
미국기업 통화스왑(원금교환)	−USD +EUR		+USD −EUR
유럽기업 통화스왑(원금교환)		−EUR +USD	+EUR −USD
환리스크 Exposure	0	0	0
미국기업 조달금리	−L + 0.125%		
유럽기업 조달금리		−3.8%	
통화스왑(미국기업 → 은행)	−3.575%		+3.575%
통화스왑(유럽기업 → 은행)		−LIBOR	+LIBOR
통화스왑(은행 → 미국기업)	+LIBOR		−LIBOR
통화스왑(은행 → 유럽기업)		+3.375%	−3.375%
실질 조달금리	3.7%	L + 0.425%	
미국 및 유럽기업의 시장금리	4.0%	L + 0.625%	
금리절감 & 수익	0.3%	0.2%	0.2%

▼ 스왑구조

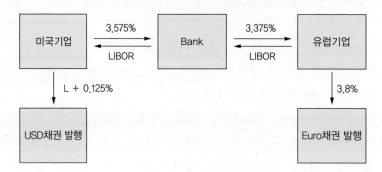

◆ Total Return Swap(TRS ; 총수익 스왑거래)

스왑거래 당사자 중 한쪽은 정해진 조건대로(고정금리든 변동금리든) 수수료를 지급하고 다른 한쪽은 특정자산에서 발생하는 모든 수익(Capital Gain도 포함한 Total Return)을 이전하기로 약정하는 스왑거래이다. 여기서 말하는 특정자산을 Reference Asset이라 하며 대체적으로 주가지수(Equity Index)가 대상이 되지만 대출(Loans)이나 채권(Bonds)도 될 수 있으며, 이러한 Reference Asset을 보유한 측이 미리 정해진 수수료를 수령하는 측이 된다.

왜 이런 거래가 발생하는 것일까? 특정자산을 보유하고 있는 측은 향후 자산가치가 하락할 위험에서 벗어나 안정적인 수수료 수익을 취하고자 하고, 수수료를 지급하는 측은 특정자산 투자에 필요한 자금부담 없이 일정 수수료 지급만으로도 특정자산 투자로부터 발생하는 수익을 모두 취할 수 있다는 서로의 Needs가 일치하기 때문이다.

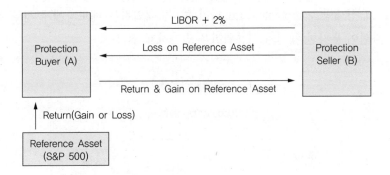

TRS는 Total Return을 수령하는 측의 입장에서 볼 때 특정자산을 소유함에 따른 자금의 부담 없이 해당 자산으로부터 발생하는 모든 수익을 취할 수 있기 때문에 Hedge Fund 등이 선호하는 투자방식이다. Total Return을 수령하는 측은 Reference Asset에서 발생하는 이익뿐 아니라 손실도 감수해야 하므로 만약 주가지수가 하락하여 실제 보유자가 손실을 보게 되면 그 손실을 보전해 주어야 한다.

예를 들어, A가 LIBOR + 2%를 받는 대신 B는 S&P 500의 Total Return을 수령키로 하는 원금 1백만불의 1년 만기 TRS 계약을 하였고, 1년 후 LIBOR와 S&P 500의 상승률이 각각 3.5%와 15%였다면, A는 B에게 15%를 주고 B로부터 5.5%를 받게 된다. 결국, 스왑만기일에 서로 주고받을 금액을 Netting하여 B가 US $95,000[=US $1million ×(15% − 5.5%)]을 받고 종료된다.

Reference Asset에 투자했으면서도 Total Return을 주고 정해진 수수료를 받는 측을 Protection Buyer라 하며, 일정한 수수료를 지급하는 대가로 Reference Asset에서 발생하는 손익을 모두 떠안는 측을 Protection Seller라고 한다.

◎ Credit Default Swap(CDS ; 신용 파산 스왑)

특정 기업(또는, 국가)의 채권(또는, 대출) 부도위험을 당사자 간 스왑을 통해 거래하는 것이다. 특정 채권에 투자한 투자자는 스왑거래 상대방에게 채권의 만기까지 정기적으로 수수료를 지급하되 만약 해당 채권 발행기업에 Credit Event가 발생하면 수수료를 받았던 거래상대방이 해당 채권을 인수함과 동시에 특정 채권에 투자한 원금을 보상(Insurance against Non-payment)하는 스왑거래이다.

여기서 해당 기업이 파산 시 투자원금을 보상하기로 하고 수수료를 받는 쪽을 Protection Seller라 하고 그 상대방을 Protection Buyer라 하며, 매입자는 매도자에게 서로 정한 수수료를 지불하고 자신이 투자한 채권의 신용위험을 전가하게 된다.

▼ 신용 파산 스왑

출처 : wikipedia.org

한때, 국내은행들이 수수료 수익을 취하려는 욕심으로 외국계 금융기관들이 투자한 채권의 신용위험을 떠맡은 CDS 거래를 했었다가 큰 곤욕을 치른 적이 있다. 외국계 금융기관은 이미 자신들이 투자한 기업의 Default 가능성을 높게 보고 신용위험을 고스란히 국내은행들에게 넘긴 셈인데, 국내은행들은 자금부담 없이 지급보증 거래로 수수료 수익을 얻을 수 있다는 점에 매력을 느껴 투자했다가 큰 손실을 보게 된 경우이다.

04 | 옵션(Option)

옵션이란 특정 기초자산(Underlying Asset)을 미리 정한 가격(행사가격, Exercise Price, Strike Price)에 매입 하거나 매도할 수 있는 권리(선택권, Option)이다.

선물환이나 선물로 미래에 적용할 환율을 확정하는 계약을 체결했다면 만기에 가서 자신에게 유리한 결과가 되든 불리한 결과가 되든 계약을 이행해야 하므로 '선물환거래를 하지 않았더라면 좋았을 것'이라는 후회를 할 수도 있다. 옵션은 불리한 경우에는 계약이행 의무를 부담하지 아니하고 유리할 경우에만 권리를 행사할 수 있는 상품이다.

In finance, an option is a contract which gives the owner the right, but not the obligation, to buy or sell an underlying asset or instrument at a specified strike price on or before a specified date.

그러나 옵션은 의무 없이 권리만을 향유하는 대신 그에 대한 대가로 옵션 프리미엄(Premium)이라는 가격을 치러야 한다. 환율변동 위험을 헤징하려 한다면 선물환거래(Forward), 통화선물(Currency Futures), 통화스왑(Currency Swap), 통화옵션(Currency Option)을 활용할 수 있으며 이들은 상호 대체상품이다. Hedger는 각자가 가지고 있는 Exposure의 형태나 헤징 전략 또는 헤징상품이 거래되는 시장의 거래구조 및 가격 경쟁력 등 다양한 요소를 고려하여 최적상품을 선택하게 되는 것이다. 이러한 파생금융상품에 관해 공부하는 가장 기본 되는 이유는 자신의(또는, 누군가의) 위험 노출(Exposure) 상황을 가장 효율적으로 관리할 수 있는 상품을 가장 경쟁적인 가격으로 커버할 수 있는 능력을 갖추기 위한 것이라 볼 수 있다. 어쨌든, 옵션도 환 및 금리위험을 관리하기 위한 헤징상품 중의 하나이다.

특정 해외공사에 입찰을 하는 국내기업이 있다고 가정해 보자. 낙찰 되는 순간 착수금 등으로 일정 외화를 수령할 것이 예상되고 입찰가격은 현 수준의 환율을 고려하여 제출하였다면 낙찰 받는 시점의 환율하락을 고민하게 될 것이다. 그렇다고 확실하게 낙찰을 받게 되리라고 장담할 수도 없는 상황이라면 해당 외화에 대한 풋옵션을 매입하여 헤징하는 것도 좋은 방법이라 할 수 있다.

옵션거래를 통하여 매매차익을 노리는 투기거래(Speculation)도 활발하다. 옵션에서는 가격 변동 방향 뿐 아니라 기초자산 가격의 변동성을 이용한 투기거래가 가능하다. 가격이 가만히 있어도 변동성(Volatility)이나 시간가치(Time Value)에 따라 옵션가격이 움직이기 때문이다.

❤ Call Option, Put Option

콜옵션은 Underlying Asset을 특정가격(행사가격)에 살 수 있는 권리이다. 따라서 시장에서의 가격이 행사가격 보다 비싸다면 권리를 행사하여 미리 정한 특정가격에 매입할 수 있고, 시장에서의 가격이 행사가격 보다 싸다면 그저 권리를 포기해 버리고 시장에서 낮은 가격으로 매입하면 된다.

풋옵션은 Underlying Asset을 특정가격(행사가격)에 팔 수 있는 권리이다. 따라서 시장에서의 가격이 특정가격 보다 싸다면 권리를 행사하여 미리 정한 특정가격에 매도할 수 있고, 시장에서의 가격이 행사가격보다 비싸다면 굳이 권리를 행사할 필요 없이 시장에서 높은 가격으로 매도하면 된다.

권한 행사(Exercise)를 옵션 만기일에만 할 수 있는 옵션을 유럽형 옵션(European Option)이라 하고, 만기일 이전에도 언제든 행사할 수 있는 옵션은 미국형 옵션(American Option)이라 한다.

◼◼◼◼◼ 옵션의 Pay-off 구조

❤ Call 옵션 매입

아래의 그림은 가격에 따른 콜옵션의 손익구조를 보여주고 있다. 주식 1주 당 $50에 매입할 수 있는 콜옵션을 계약 당 $2씩 주고 100계약을 매입했다면 주가가 옵션 행사가격인 $50 이하일 경우에는 권리를 행사할 가치가 없게 되어 옵션 프리미엄인 $200만큼 손실이다. 시장가격이 $50보다 낮다면 옵션행사를 포기하고 시장가격으로 매입할 것이기 때문이다.

그러다가 주가가 $52에 다다르면 시가인 $50보다 계약 당 $2씩 싸게 주식을 매입할 수 있으므로 $200 이익이 발생하여 옵션 매입 시 지급하였던 프리미엄인 $200과 같아지게 되고, 주가가 $52를 초과하게 되면 $1 상승 시마다 $100 이익이 발생하게 되는 구조이다. 따라서 주가가 $54가 되면 $200 이익이 실현된다.

▼ Call Option Long Position의 손익구조

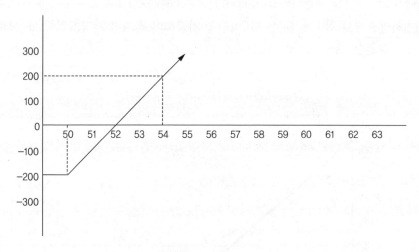

Call 옵션 매도

행사가격 25인 옵션을 매도하였으므로 최초 거래 시 프리미엄 수익이 있었지만 시장가격이 25를 상회하면 옵션매입자가 25에 매입하는 권리를 행사할 것이고 가격상승에 따라 그에 비례하는 손실을 감수해야 한다.

▼ Call Option Short Position의 손익구조

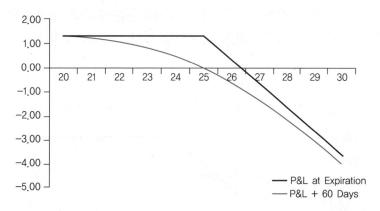

위 그림에서 굵은 직선은 옵션 만기일의 손익구조이며 가느다란 곡선은 60일 동안 만기가 도래하는 과정의 손익구조이다. 만기가 남아있을 때는 시간가치만큼(시간가치는 행사가격 지점에서 가장 크게 나타남) 두 선이 떨어져 있으나, 만기가 되면 시간가치가 '0'이 되어 가느다란 곡선이 굵은 직선과 일치하게 된다.

✅ Put 옵션 매입

옵션을 매입하였으므로 최초에 옵션 프리미엄을 지급해야 하지만 시장가격이 25 이하일 때는 시장가격에 불구하고 25에 매각할 권리를 가지므로 시장가격이 하락 할수록 이익이 증가하게 된다.

▼ Put Option Long Position의 손익구조

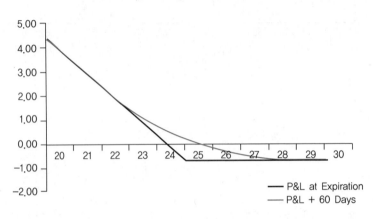

✅ Put 옵션 매도

풋옵션 매입 때와는 다르게 매도 시 프리미엄 수입이 발생하지만 행사가격 이하로 시장가격이 하락할 경우 풋옵션 매입자가 행사가격으로 매도하는 권리를 행사하게 될 것이므로 하락폭과 비례하여 손실이 발생한다. 기초자산을 보유하지 않은 채 풋옵션을 매도하는 경우를 Uncovered Put 또는 Naked Put이라 하며, 풋옵션을 매도하는 행위를 Writing a Put이라 한다.

▼ Put Option Short Position의 손익구조

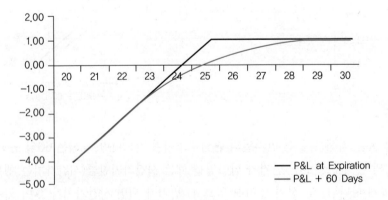

✅ 옵션 가격(프리미엄)의 구성

옵션 프리미엄은 옵션 거래금액의 백분율로 표시하며, 프리미엄이 1.5%이고 거래금액이 1백만 불이면 프리미엄은 US $15,000이 된다. 기초자산의 현물 가격이 100, 이 기초자산을 97에 매입할 수 있는 권리를 가진 콜옵션의 가격이 5%로 제시되고 있다면 콜옵션 프리미엄은 5(= 100 × 5%)가 되며 이는 내재가치(Intrinsic Value) 3과 시간가치(Time Value) 2로 구성된다.

옵션 프리미엄 = 내재가치 + 시간가치

내재가치란 지금 당장 옵션을 행사할 경우 옵션이 갖는 가치를 말하며 100의 가치를 가진 자산을 97에 매입할 수 있다면 내재가치는 3(= 100 − 97)이다. 시간가치(Time Value)는 옵션 가격에서 내재가치를 차감한 것으로서 옵션 만기일에(또는 옵션 만기일 이내에) 기초자산의 현재가격이 행사가격 이상으로 상승할 가능성을 향유하는 대가로 지불해야 하는 비용이다. 시간가치는 Extrinsic Value라 부르기도 하며 시간이 경과함에 따라 가치가 줄어드는 Time Decay가 발생한다.

▼ 시간가치 하락(Time Decay)을 보여주는 그래프(Risk Graph)

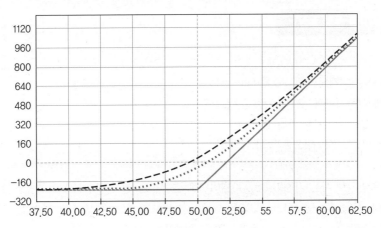

출처 : www.optiontradingtips.com

위의 그림은 ABC회사 주식에 대한 콜옵션 Long Position의 만기 손익구조를 보여주고 있다. 행사가격은 $50이고 계약 수는 100계약이며 옵션프리미엄은 계약 당 $2.30(합계 $230)이다.

여기에서 보는 3개의 선은 각각 다른 날짜의 손익구조를 보여주고 있다. 점선이 오늘 현재의 손익구조이고, 반점선(Semi-dotted Line)은 지금부터 30일 후의 손익구조이며, 굵은 실선은 지금부터 60일 후인 만기일의 손익구조이다. 그림을 통해 알 수 있듯이 옵션의 시간가치는 시간이 흐름에 따라 작아지고 만기에는 '0'이 된다.

◉ At the Money / In the Money / Out of the Money

옵션의 행사가격과 기초자산의 현물가격을 비교하여 내재가치가 있으면 In the Money상태라 칭하고, 내재가치가 없으면 Out of the Money상태라 칭한다. 현물가격과 선물가격이 동일한 상태는 At the Money상태라 한다.

- 행사가격 < 현물가격이면 콜옵션은 In the Money(내가격 옵션)
  풋옵션은 Out of the Money(외가격 옵션)

- 행사사격 > 현물가격이면 콜옵션은 Out of the Money
  풋옵션은 In the Money 옵션이다.

옵션거래에 따른 손익 계산

[예제]
- 콜옵션 매입(행사가격 : 30,000원) @3,000원
- 풋옵션 매도(행사가격 : 25,000원) @2,000원
- 옵션 만기일의 기초자산 가격 32,000원
  * 콜옵션과 풋옵션의 만기일은 동일하며 거래비용 및 자금 원가는 무시

옵션 만기일의 기초자산 가격이 32,000원이므로 콜옵션은 행사가치가 있으나 풋옵션은 행사할 가치가 없다. 콜옵션을 행사하면 2,000원 이익이 발생하고, 최초 옵션 거래 시 옵션가격 현금 순지급액이 1,000원이었으므로 본 거래와 관련한 총이익은 1,000원이다.

구 분	옵션 행사	최초 프리미엄	만기 시 행사가치	손 익
콜옵션 매입	O	−3,000	2,000	−1,000
풋옵션 매도	X	2,000	0	2,000
총 손익				1,000

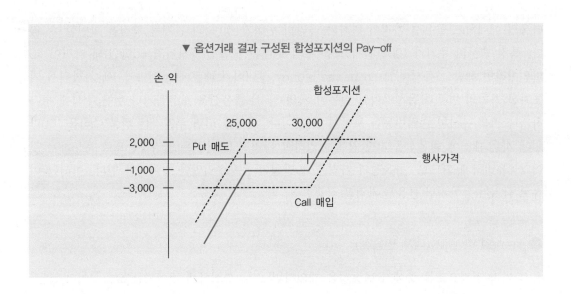

▼ 옵션거래 결과 구성된 합성포지션의 Pay-off

옵션가격 결정요소

옵션가격은 현물가격, 행사가격(Excercise Price, Strike Price), 기초자산의 가격변동성(Volatility), 기간(옵션 만기), 금리에 의해 결정된다. 옵션의 내재가치는 물론 옵션만기일까지의 기간과 기초자산의 가격변동성은 옵션 가격결정의 핵심요소이다. 기초자산의 가격변동성이 크다면 그만큼 수익을 실현할 수 있는 기회가 많아질 것이므로 옵션가격은 높게 책정되어야 한다.

▼ 변수와 옵션가격과의 관계

가격변수	변수와 옵션가격의 관계	
	Call Option	Put Option
기초자산 가격	+	−
권리 행사가격	−	+
이자율	+	−
잔존기간	+	
변동성(Vol.)	+	

가격변수들 중에서 이자율이 옵션가격에 미치는 영향은 쉽게 이해되지 않을 수 있지만, Put-Call Parity 공식을 살펴보면 어렵지 않게 이해할 수 있다. 풋-콜 패러티 공식은 C−P = S−Ex/Rf이며 우변의 Rf가 무위험 이자율(Risk Free Interest Rate)을 나타낸다. 이자율이 높을수록 우변의 값이 커지므로 좌변의 값도 상승해야 하며 이는 콜옵션 가격의 상승과 풋옵션 가격의 하락을 불러온다.

다음의 예에서도 콜옵션 가격의 변화와 금리의 변화가 정(+)의 관계를 가짐을 확인할 수 있다. 특정 회사의 주가가 100만원이고 동 주식에 대한 콜옵션(행사가격 60만원)의 가격이 40만원이라면 해당 콜옵션이 Deep In the Money 상태이기 때문에(= 델타가 1에 가까워서 기초자산 가치의 변동과 옵션가치의 변동이 거의 일치) 콜옵션을 보유하거나 현물 주식에 투자하거나 거의 유사한 손익변동을 보이게 될 것이다. 이렇게 되면 투자자는 현물 주식을 100만원에 사는 대신에 콜옵션을 40만원에 매입하고 나머지 60만원은 금리상품으로 운용하는 것이 더 유리하게 되므로 콜옵션의 가격은 60만원의 운용수익만큼 높아져야 한다. 이러한 이유로 금리가 높아지면 콜옵션 가격은 상승한다.

✅ Implied Volatility(내재 변동성)

옵션 가격 결정요소들 중에서 변동성을 제외하면 모두 확실하게 주어지는 요소들이다. 과거의 가격변동성을 Historical Volatility라 칭하며 이는 통계적 방법으로 산출할 수 있지만 옵션가격 산출시 이용되는 Volatility와 일치하는 건 아니다. 옵션가격이 제시되면 옵션가격 결정 공식에다 이미 주어진 조건인 현물가격, 행사가격, 무위험 금리, 기간을 대입하여 해당 옵션가격 산출 시 적용된 변동성을 계산해 낼 수 있는데 이를 내재 변동성(Implied Volatility)이라 한다.

✅ Put-Call Parity

풋-콜 패러티는 1969년에 Hans Stoll이 그의 논문 'The Relation Between Put and Call Prices'에서 처음으로 다뤄진 옵션 가격결정 관계식으로서 동일한 만기일과 행사가격을 가진 European Put과 European Call Option(옵션만기일 이전에 언제라도 옵션 행사가 가능한 American Option에는 적용되지 않음) 사이에 존재해야 하는 균형관계를 설명한다.

기본적인 Put-Call Parity 공식은 다음과 같다.

put option + stock = call option + bond

위 공식은 옵션의 만기일에 동일한 가치를 갖는 두 개의 포트폴리오가 존재한다면, 해당 포트폴리오들의 현재가치 또한 같아야 하며 그렇지 않다면 두 포트폴리오의 가치를 비교하여 상대적으로 낮게 평가된 쪽을 매입하고 높게 평가된 쪽은 매도하는 차익거래가 발생하며 이러한 거래는 더 이상의 차익실현 기회가 없을 때까지 계속되게 된다.

여기에 투자자 A와 투자자 B가 1년 동안 투자를 한다고 하자. A는 채권(무위험 할인채로서 만기일에 콜옵션 행사가격에 해당하는 금액을 수령할 수 있는 채권이며, 콜옵션 행사 시 주식 매입 대금에 충당됨)에 투자하지만 1년 후에 가서 주식이 상승해 있으면 이를 특정 가격에 취득할 수 있도록 주식 콜옵션을 매입하여 포트폴리오를 구성하고, B는 주식에 투자하지만 1년 후 주가가 하락했을 경우 특정가격에 처분할 수 있도록 주식 풋옵션을 매입하여 포트폴리오를 구성한다면, A와 B가 선택하는 투자안의 만기 가치가 아래의 표에서 보는바와 같이 동일하므로 A와 B의 포트폴리오 현재가치도 같아야 한다.

▼ 옵션만기일의 주가에 따른 A와 B 포트폴리오의 가치 비교

만기일 가격 시나리오	$S_t > EX$	$S_t < EX$
콜옵션의 가치	$S_t - EX$	0
할인채 액면금액	EX	EX
A 포트폴리오의 가치	S_t	EX
풋옵션의 가치	0	$EX - S_t$
보유주식의 가치	S_t	S_t
B 포트폴리오의 가치	S_t	EX

※ S_t : t 시점의 주식가격, EX : Exercise Price(옵션의 행사가격)

* 채권은 옵션만기일에 옵션 행사가격에 해당하는 금액을 받을 수 있는 무위험 할인채이므로 만기일에는 옵션 행사가격(EX)과 동일한 가치를 갖게 됨

따라서 콜옵션 가격 + 만기에 옵션의 행사가격과 같아지는 무위험 할인채 현재가격 = 현물 주식가격 + 풋옵션 가격이며, 이를 식으로 나타내면,

$$C + Ex/Rf = S + P$$

- C : 콜옵션 프리미엄
- P : 풋옵션 프리미엄
- S : 현물주식 가격
- Ex : 옵션 행사가격
- Rf : 무위험 수익률

이를 변형하여 콜옵션 가격 – 풋옵션 가격 = 현물 주식가격 – 무위험 할인채 현재가격과 같이 나타낼 수 있다.

$$C - P = S - Ex/Rf$$

이는 다음과 같은 방법으로도 설명할 수 있다. 동일한 행사사격과 만기일을 갖는 주식 콜옵션과 주식 풋옵션을 각각 매입하고 매도하면 마치 옵션 만기일에 주식 현물을 보유하는 것과 동일한 합성포지션(Synthetic Position)이 만들어진다. 따라서 합성포지션을 만들어 내는데 소요되는 비용과 만기일에 옵션 행사가격과 동일한 가치를 갖는 주식 현물을 보유할 수 있도록 준비하는 비용이 같지 않으면 안 될 것이다. 결국, 콜옵션 프리미엄과 풋옵션 프리미엄의 차이는 지금 시점에서 옵션 만기일에 옵션 행사가격(= 주식 현물가격)과 동일한 금액을 지급 받을 수 있는 할인채의 수익과 같아야 한다는 논리이다.

◆ Range Forward(범위 선물환)

At the Money Option의 델타(Delta, 옵션가격의 변화율 ÷ 기초자산 가격의 변화율)는 0.5로서 가장 큰 델타 값을 가지며, 내가격 옵션과 외가격 옵션의 델타는 이보다 작다. Range Forward는 옵션을 활용하여 합성 선물환 포지션 형태를 만드는 것인데 서로 다른 행사가격을 가진 풋옵션과 콜옵션을 각각 매도 또는 매입함으로써 두 옵션의 행사가격 범위 내에서는 손익이 발생하지 않는 구조를 갖게 된다.

예컨대 25 – 델타 외가격 콜옵션을 매입하고 25 – 델타 외가격 풋옵션을 매도하면 마치 선물환거래로 Long 포지션을 취한 것과 비슷한 효과가 있으되 현물환율이 풋옵션 행사가격과 콜옵션 행사가격 범위 내에 머물 때에는 옵션 손익이 발생하지 않기 때문에 범위 선물환(Range forward)이라 한다. 낮은 델타를 가진 옵션을 이용하면 범위가 넓어지고, 높은 델타를 가진 옵션을 이용하면 범위가 좁아진다. 델타가 0.5인 50 – 델타를 가진 콜옵션과 풋옵션을 결합하면 범위가 없어지며 일반 선물환과 동일하게 된다.

▼ Range Forward를 활용한 헤지

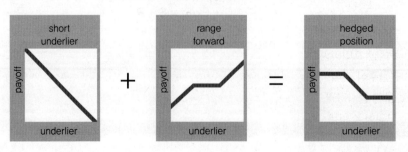

출처 : riskglossary.com

294

앞의 그림 중 가운데 그림이 Range Forward Long이다. 외가격 콜옵션을 매입하고 외가격 풋옵션을 매도하면 옵션의 손익구조(Pay-off)가 이런 모습을 띠게 된다. 그림을 보면 특정구간(범위)에서는 시장가격과 관계없이 손익이 0이지만 콜옵션과 풋옵션의 행사가격을 벗어나면 가격변동과 비례하여 손익이 발생하는 구조이다. 다음에 설명 되겠지만, 내재변동성을 거래하는 Risk Reversal 옵션거래에서 시장을 Bullish하게 보는 거래자가 합성 롱포지션(Synthetic Long Position)을 구성하는 것과 내용이 똑같다.

앞의 그림은 Underlying Asset에서 Short Position을 Range Forward를 매입(Long)하여 헤지 함으로써 가장 오른쪽 그림처럼 특정 범위 내의 작은 가격변동에는 포지션을 노출시키지만 범위를 벗어나는 큰 가격변동 위험을 제거한 결과를 보여주고 있다. 선물환거래를 통해 헤지를 하면 가격변동 위험을 완벽하게 제거할 수 있는데 반하여, Range Forward는 앞에서 보듯 특정 범위에서는 환율의 움직임에 노출시킨다 하여 범위 선물환이라 부른다. 참고로, Position을 Range Forward를 이용하여 헤지하면 위쪽과 아래쪽의 위험을 제거하는 Collar Option의 형태를 갖게 된다.

◉ 변동성 거래(Volatility Trading)

콜옵션과 풋옵션을 동시에 매입하여 변동성이 증대되기를 기대하거나, 콜옵션과 풋옵션을 동시에 매도하여 변동성이 현재 수준 이하에 머물러 주기를 기대하는 등 변동성에 기초하여 행하는 옵션거래를 말하며 대표적으로 Straddle, Strangle, Butterfly 등이 있다. 이들의 명칭은 해당 합성옵션의 Pay-off Diagram 형태를 참조하여 붙여진 듯하다.

◉ Straddle

동일한 행사가격 및 동일 만기의 등가격(ATM) 콜옵션 및 등가격 풋옵션 매매를 통하여 만들어지는 합성 옵션으로서 향후 옵션의 내재변동성이 증대될 것으로 예상되면 Long Straddle(= Long Call + Long Put) 포지션을 취하고, 내재변동성이 낮아질 것으로 예상되면 Short Straddle(= Short Call + Short Put) 포지션을 취한다.

다음 그림은 Long Straddle 포지션의 손익구조를 보여주고 있다. 내재변동성이 크게 (Significantly) 증대하여 가격이 Straddle 범위 바깥쪽으로 벗어나면(가격이 오르든 내리든 방향은 관계없음) 비례하여 이익을 취할 수 있는 반면에 내재변동성이 현재 수준 또는 그 이하로 유지된 채 시간이 흘러가면 포지션 구축 시 지불한 옵션 프리미엄만큼 손실을 보게 되는 구조로서 상당히 Risky한 거래전략이다.

▼ Long Straddle

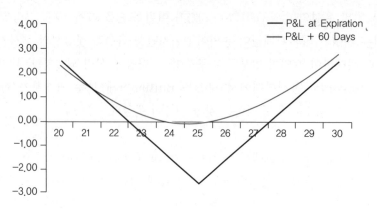

✅ Strangle

Long Strangle은 동일한 만기, 서로 다른 행사가격의 외가격 콜옵션 매입과 외가격의 풋옵션 매입을 통해 합성옵션을 구축함으로써 Straddle이 그랬던 것처럼 옵션의 내재변동성이 크게 증가하여 시장가격이 양 행사가격 범위를 벗어나면(가격이 오르든 내리든 방향은 관계없음) 비례하여 이익을 취하고자 하는 전략이며, 콜옵션 및 풋옵션 모두 외가격 옵션을 이용하기 때문에 Straddle 전략보다는 적은 비용으로 포지션을 취할 수 있다.

Straddle과 마찬가지로 가격이 상당히 크게 움직여야 이익을 취할 수 있으며, 가격이 두 옵션의 행사사격 범위 내에서만 움직이면 포지션 구축 시 지불했던 프리미엄만큼 손해를 본다.

▼ Long Strangle

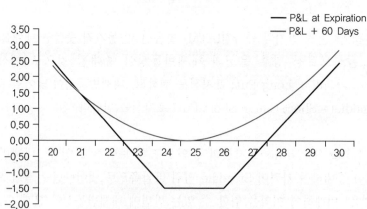

Strangle 손익분석

[예제]

- 콜옵션(행사가격 $26, 만기 1년) 프리미엄 $0.8
- 풋옵션(행사가격 $24, 만기 1년) 프리미엄 $0.7
- 무위험 이자율 10%

옵션 매입 초기에 지출하는 프리미엄은 $1.50이며 무위험 이자율을 고려한 1년 후 가치는 $1.65(= $1.5 × 1.1)이므로 위에서 구축한 Strangle 포지션이 이익을 보려면 만기일에 시장가격이 $22.35(= 24 − 1.65) 미만이거나 $27.65(= 26 + 1.65)를 상회하여야 한다.

✅ Butterfly

Long Butterfly 는 향후 내재변동성이 현재보다 낮아질 때 수익을 낼 수 있는 옵션 전략이며 만기일이 같은 옵션들을 다음과 같이 조합하여 만들어진다.

- Long 1 call with a strike price of X_1
- Short 2 calls with a strike price of X_2
- Long 1 call with a strike price of X_3

X = the spot price(i.e. current market price of underlying Asset)

Put – call parity 원리에 따라 콜옵션 대신 풋옵션을 이용해서도 만들 수 있으며 다음과 같이 조합한다.

- Long 1 put with a strike price of X_1
- Short 2 puts with a strike price of X_2
- Long 1 put with a strike price of X_3

X = the spot price(i.e. current market price of underlying Asset)

Butterfly 옵션도 결국은 변동성 거래에 이용하는 옵션이다. 스트래들 및 스트랭글 옵션은 내재변동성이 커져서 가격이 특정 범위를 크게 벗어나야 수익이 발생하는 구조였다면, Butterfly는 반대로 내재변동성이 안정적이거나 작아져서 가격이 현 수준에 머물러야 수익을 내는 거래전략이다. Straddle, Strangle, Butterfly는 향후 예상되는 변동성을 기반으로 현재 거래되는 옵션의 내재 변동성을 거래하는 전략이다.

▼ 콜옵션을 이용한 Long Butterfly

출처 : Wekipedia.org

옵션을 이용한 변동성 거래 전략

• 변동성 확대를 예상한 옵션 투자전략
  Straddle 매입, Strangle 매입, Butterfly 매도

• 변동성 축소를 예상한 옵션 투자전략
  Straddle 매도, Strangle 매도, Butterfly 매입

☑ 옵션의 델타, 감마, 베가, 세타

Delta = %로 표시되는 옵션가격의 변화 / 기초자산의 가격변화율

통화옵션 델타는 환율변화에 대한 옵션가격 변화의 민감도를 말하며, 기초자산을 매입하고 있으면 +100%인 델타를 가지게 되고, 기초자산을 매도하고 있으면 −100%인 델타를 보유하는 것과 같다. 등가격 옵션의 델타는 0.5이며, 동일한 만기와 행사가격을 가진 콜옵션과 풋옵션 델타의 절대값 합계는 1이다(콜옵션의 델타가 0.75이면 풋옵션의 델타는 −0.25). 옵션 1

계약을 매매하고 현물로 옵션 포지션을 헤지 하려면 델타 비율만큼 현물을 매매해야 하며 이러할 때 델타는 적정 헤지비율이 된다.

감마(Gamma)는 기초자산 가격변화에 따른 델타의 변화율이다(즉, 기초자산 가격변화에 따른 델타의 Volatility임). 델타는 '0'에서 '1'까지 값을 가지며 ATM의 델타는 0.5이다. 감마는 ATM에서 가장 큰 값을 가지며, 델타가 '0'이나 '1'인 옵션은 기초자산의 가격변화에 대한 Delta의 변화가 거의 없으므로 감마값이 작다. 감마는 기초자산 가격변동에 따른 옵션가격의 상승 시(콜옵션이나 풋옵션 구분 없이) 옵션의 가격상승을 가속시키고 하락 시에는 감속시키는 역할을 하므로 옵션 매입자에게 유리하게 작용한다.

로우(Rho)는 금리변동에 대한 옵션가격의 변동률이며, 콜옵션가격은 Put-Call Parity에서 보았듯이 이자율의 변화와 정(+)의 관계를 가지고 풋옵션가격은 역(-)의 관계를 가진다. 대부분의 경우 Rho는 그리 크지 않다.

쎄타(Theta)는 시간경과에 따른 옵션가치의 변화이다. 현물을 이용한 주식거래에서는 현물의 가격이 올라야만 수익을 올릴 수 있고, 선물을 이용하여 거래하면 선물을 매입하거나 매도하는 거래를 통해 가격이 오를 때나 내릴 때나 수익을 올릴 수 있으며, 옵션을 이용하면 가격의 변화가 전혀 없어도 수익을 올릴 수 있다. 옵션의 가격은 기초자산의 가격변동이 없더라도 시간의 경과에 따른 시간가치가 하락하는 Time Decay가 발생하기 때문이다. 옵션의 시간가치는 等가격(ATM)일 때 가장 큰 값을 가지며, 시간이 경과하여 옵션만기까지의 기간이 줄어들수록 시간가치를 가속(Accelerate)하여 감소시키므로 옵션 매도자에게 유리하게 작용한다.

베가(Vega)는 Implied Volatility 변화에 따른 옵션가치의 변화이다. 변동성(Volatility)은 시간가치의 주요 요인이 되며, 내가격 옵션이나 외가격 옵션은 등가격 옵션보다 시간가치가 축소되고 변동성의 변화에 대한 옵션가치 변화의 민감도도 낮아지기 때문에 Vega 값은 등가격에서 가장 크게 나타난다.

❖ Barrier Option

평범한 옵션(Vanilla Option)과는 달리 가격이 특정 수준에 다다르면 옵션의 효력이 발생(knock-in)하거나 소멸(Knock-out)되는 옵션이다. 매매시점부터 권리를 부여받는 일반 옵션과는 달리 특정 조건에 의해 권리가 제한되는 점이 있어 옵션의 가격(Option Premium)이 일반 옵션보다 낮다(= 싸다)는 특징이 있다.

Knock-out Option으로서 특정 가격으로 상승하는 경우 소멸되면 Up & Out, 특정가격으로 하락하여 소멸되면 Down & Out이라 칭하며, Knock-in Option의 경우에는 각각 Up & In과 Up & Out이라 칭한다.

시장참가자들의 수요에 따라 옵션을 활용한 다양한 상품이 나올 수 있는데, 은행에서 판매하는 ELS(Equity Linked Securities)는 채권과 Barrier Option을 결합한 좋은 예라고 할 수 있으며, 예전 사회적 물의를 빚은 KIKO(Knock-in, Knock-out) 또한 Barrier Option을 이용한 상품이다.

이밖에 다양한 옵션들이 있는데 개념만 정리해 본다.

선택옵션(Chooser Option)은 매입자가 자신이 매입한 옵션이 콜옵션인지 풋옵션인지를 선택할 수 있는 옵션이다.

무지개옵션(Rainbow Option)은 둘 이상의 기초자산 중에서 매입자에게 유리한 기초자산을 선정하여 권리를 행사하는 옵션이다.

아시안옵션(Asian Option)은 옵션의 현금흐름이 일정기간 동안의 기초자산 가격 평균에 의존하는 옵션을 말한다. 기초자산의 평균가격이 만기일의 기초자산 가격을 대신 하거나 만기일의 행사가격을 대신할 수도 있다. 전자를 평균가격 옵션(Average Price Option), 후자를 평균행사가격 옵션(Average Strike Price Option)이라고 한다. 수입기업이 특정기간동안 정기적으로 수입을 하는 경우 환리스크 헤지를 위해 각 건별로 콜옵션을 매입하는 방법도 있겠으나 특정기간 동안의 평균환율에 대한 콜옵션을 매입하는 것과 같은 거래방법이다.

선택옵션, 무지개옵션 등은 일반 옵션에다가 추가적인 권한을 부여한 상품이므로 당연히 옵션 프리미엄이 높으며, 하나를 얻으면 하나를 포기해야 하는 철저한 Trade-off 관계는 여기서도 예외가 없다.

Bermudan Option은 옵션만기일 이내에서 미리 정한 특정일에만 권리를 행사할 수 있는 옵션이다.

Binary Option은 기초자산이 미리 규정된 조건을 충족하면 해당금액을 다 지급하지만 그렇지 못할 경우에는 가치를 상실하는 옵션으로서 all-or-nothing옵션이라고도 한다.

환리스크 관리 핵심정리

CHAPTER 01 | 환율(Exchange Rate)

☑ 외국환은행들이 국내에서 고시하는 대고객환율은 외국통화 1단위당 Won화 가격을 표시하는 자국통화 표시법으로 환율을 표시하며, 국제 외환시장에서는 일반적으로 USD를 기준통화로 하고 기타 통화로 환율을 표시하는 European Terms 표시방법이 관행이다. 그러나 Euro, 영국파운드(GBP), 호주달러(ASD), 뉴질랜드달러(NZD)는 예외적으로 당해 통화를 기준통화로 하고 여타 통화를 표시통화로 하는 American Terms 형태로 표시한다.

☑ USD/Won의 환율이 1,150원에서 1,160원으로 변하듯 환율을 표시하는 숫자가 커지면 환율이 상승했다 하고, 숫자가 작아지면 환율이 하락했다 한다. USD/Won 환율이 상승하면 원화의 가치가 하락한 것이고, 환율이 하락하면 원화의 가치가 상승했음을 뜻한다.

☑ 국내기업들의 수출이 수입을 초과하여 지속적인 무역흑자를 기록하게 되면 이는 환율 하락 요인으로 작용하며, 외국인들의 국내주식 투자 증가는 도입된 외국자본을 원화로 환전하는 과정에서 환율하락 요인으로 작용한다. 이자율이 낮은 통화를 매각하여 높은 이자수익을 얻을 수 있는 통화에 투자하는 거래 형태를 Carry Trade라 하며, 이 과정에서 이자율이 높은 통화의 환율이 상승하고 이자율이 낮은 통화는 가치가 하락하는 상황이 발생한다.

☑ 전 세계적으로 Financial Difficulties가 발생하면 투자자금들이 USD나 금과 같은 안전자산(Safe Haven)을 선호하여 불안정한 통화로부터 이탈하는 Capital Flight 현상이 발생하는데 이를 Flight to Quality라 하며 환율변동에 영향을 미치는 중요한 심리적 요인으로 꼽힌다.

- ☑ 해외여행을 위해 외화를 매입해야 하는 고객은 외국환은행이 고시하는 현찰매도율로 환전해야 하고, 해외에 유학중인 자녀에게 송금해야 하는 학부모는 전신환매도율로 계산한 원화를 지불해야 한다. 외국에서 송금을 받아 원화로 환전할 때는 전신환매입률이 적용되고, 해외에서 사용한 신용카드 대금을 결제할 때는 전신환매도율이 적용된다. 고객의 입장에서는 현찰매매율이 가장 불리한 환율이며 이는 은행이 무수익성 자산인 현금을 보유함에 따라 초래되는 원가 등을 고려하여 정해진 환율이기 때문이다.

- ☑ Two-way Quote에서 매입률과 매도율간의 차이를 Bid-Offer 스프레드라 하며 이는 가격을 제시하는 Quoting Party의 거래수익(Margin)이 된다. 거래금액이 작거나 거래빈도가 낮은 통화의 Bid-Offer Spread는 일반적인 경우보다 넓게 제시되며, 스프레드가 좁을수록 경쟁력 있는 환율이 된다.
  Two-way Quote는 환율을 제시하는 딜러의 입장에서 기준통화를 살 때는 Bid Rate에, 기준통화를 팔 때는 Offer Rate에 거래하겠다는 의사표시이며, Market Taker인 Calling Party 입장에서는 기준통화를 사려면 Offer Rate를, 기준통화를 팔려면 Bid Rate를 적용받게 된다.

- ☑ 외국환은행의 대고객환율 고시의 구조가 이러하다.
  외국환은행이 해당 영업일에 맨 처음 고시할 때 사용하는 USD/Won 및 CNY/Won 매매기준율은 전 영업일에 외국환 중개회사를 통해 거래된 은행 간 거래 환율을 거래량으로 가중하여 산출한 시장평균환율이다. USD와 CNY를 제외한 기타통화의 매매기준율은 USD 시장평균환율과 국제 외환시장에서의 USD/기타통화 환율을 기준으로 산출된 재정환율(Cross Rate)을 사용한다.

- ☑ 각국 통화당국의 환율정책은 해당 통화 환율의 장기적 추세(Trend)에 큰 영향을 미친다. 양적완화(Quantitative Easing)와 그 이후의 Tapering, 아베노믹스(Abenomics) 등과 같은 통화정책이 그 좋은 예이다.

CHAPTER 02 | 외환시장

☑ 국내 외환시장은 외국환은행의 영업점에서 고객과의 외환거래가 이루어지는 대고객 외환시장과 외국환은행 간에 이루어지는 은행 간(Inter-bank) 외환시장으로 구분해 볼 수 있다. 그러나 일반적으로 외환시장이라 하면 외국환 중개회사를 통해 이루어 지는 은행 간 외환시장을 지칭하며, 은행 간 거래를 통해 사자(Buy)와 팔자(Sell)가 각축을 벌이면서 USD/Won 환율이 등락을 거듭하게 된다.

☑ 외국환은행이 대고객 거래에서 떠안게 되는 USD와 CNY 포지션에 대한 반대거래(= 포지션 커버거래)는 외국환 중개회사를 통한 은행 간 거래로 간단히 해결할 수 있지 만, USD, CNY 이외의 기타통화 포지션의 커버거래는(예 Yen/Won 포지션) 국내 은 행 간 시장에서의 USD/Won 거래와 국제 외환시장에서의 USD/Yen 거래를 실행해 야 종결된다. 은행이 대고객거래에서 발생한 포지션을 반대매매를 통해 Square Position을 만드는 까닭은 대고객 거래 이후의 환율변동위험을 제거하여 고객거래에 서 발생한 이익을 확정시키기 위함이다.

☑ 외환시장 참여자는 실물거래 결과 발생하는 포지션의 환리스크를 제거하려는 실수 요자(Hedger), 실물에 따른 수요와는 관계없이 단지 환율의 변동으로부터 이익을 취하려는 투기거래자(Speculator)로 대별할 수 있다. 투기거래자들이 이익 창출을 목표로 활발한 거래를 해주어야 시장의 유동성이 풍부해져서 Hedger들의 포지션 커버가 용이하게 된다. 유동성이 풍부해야 거래가격 또한 경쟁력이 있게 된다는 점 에서 외환거래량의 90%에 달하는 투기거래는 외환시장의 중요한 요소로 작용하고 있다.

☑ 자금시장(Money Market)은 수출입 등과 관련하여 발생하는 단기간의 자금 대차 거 래가 이루어지는 시장으로 은행들은 서로 간에 신용한도(Credit Line)를 설정하고 간단하게 자금을 빌리기도 하고 빌려주기도 한다. 자본시장(Capital Market)은 투자 자금과 같은 비교적 큰 규모의 자금이 중장기 기간을 단위로 거래되는 시장으로 국 제채(Foreign Bond)나 유로채권(Euro Bond)과 같은 채권이나 Syndicated Loan 등 과 같은 자금대차가 이뤄진다.

☑ 국제 외환시장에서 행해지는 Spot(현물환)거래의 결제일(Value Date)은 거래일로 부터 2영업일 후가 되며 이는 자금 인수도를 위해 사무적으로 필요한 시간 및 서로 다른 Time Zone을 고려한 것이다. 결제일이 거래일로부터 2영업일을 초과한 이후에 도래하는 외환거래는 선물환(Forward) 거래라 한다.

CHAPTER 03 | 환리스크 및 헤징

☑ 환리스크는 Exposure의 크기, 관련 환율의 변동성(Volatility), 포지션이 노출되는 기간과 비례한다.

☑ 환노출(Exposure)과 환포지션(Position)은 환율변동의 영향을 받는 부분이라는 점에서 서로 Inter-changable한 용어이지만, Exposure는 환율변동에 노출된 외환의 규모를 지칭하므로 환노출이 크다거나 작다는 식의 표현이 어울리고, Position은 Long이냐 Short이냐에 초점이 맞춰지는 듯한 표현이다.

☑ 수출입기업의 환리스크는 수출입계약 당시에 고려된 환율과 수출대금 또는 수입결제자금을 환전할 때의 환율이 달라서 희망했던 영업이익이 침해받거나 손실을 보게 되는 위험을 말하며 이는 거래 환위험(거래노출)의 대표적인 형태라 할 수 있다. 수출입기업의 환리스크 관리는 수출입 계약 시점부터 관리되어야 한다.

☑ 환리스크 헤징(Hedging)의 기본원리는 외환포지션을 Square로 가져가는 것이며, 특정 외환포지션을 헤징하기 위해서는 선물환(환변동 보험 포함), 통화선물, 통화스왑, 통화옵션 같은 파생금융상품 중에서 자신에게 가장 적절한 상품을 선택하게 된다.

☑ Leading, Lagging 등은 환율의 변동 추세(Trend)가 한쪽 방향으로 강렬한 경우에 포지션 유지전략으로 활용할 수 있으나 환율이라는 것은 언제 어느 방향으로 변할지 알 수 없기 때문에 적절한 환리스크 관리기법이라 하기에는 부적절하다 할 수 있다. 그러나 금융기관이 제공하는 파생금융상품 등의 외부 수단을 이용하기에는 규모가 작다거나 내부적으로 수용 가능한 위험수준이라고 판단되는 경우에는 부득이하게 고려해야 할 포지션 운용전략이다.

☑ 과거의 환율변동률을 고려할 때 현재 보유하고 있는 환노출(Exposure)이 특정 확률 하에서 발생할 수도 있는 최대손실 가능액을 측정하고, 이러한 손실가능성을 고려하여 헤징을 할 것인지 아니면 위험을 무릅쓰고 그대로 Open시킬 것인지, 헤징을 하면 얼마만큼 할 것인지 등을 결정하게 된다. 이 때 이용되는 특정 확률 하에서의 최대손실 가능액을 VaR(Value at Risk)라 한다. 1 day 5% VaR of $1 million이라 함은 특정 Exposure가 하루 동안에 1백만불 이상 손해 볼 가능성이 5%라는 뜻이며 이러한 손실가능성을 고려하여 헤징전략을 구사하게 된다.

☑ Carry Trade는 이자율이 낮은 통화를 차입하여 이자율이 높은 통화로 표시된 자산에 투자하는 거래패턴을 말하며, 투자 당시의 환율보다 투자금을 회수할 당시의 환율이 유리해지면(= 투자한 통화가 강세가 되면) 이자수익과 환차익 양 부문에서 수익을 올릴 수 있는 거래형태이지만, 투자금 회수 시 투자통화가 약세가 되면 이자수익을 상쇄하는 것을 넘어 투자원금도 회수할 수 없는 상황이 발생할 위험이 있다.

☑ 파생금융상품(Financial Derivatives)은 환리스크 및 금리리스크 헤징에 활용되는 상품이지만 총 거래량 중에서 투기거래가 차지하는 비중이 훨씬 크다. 현물거래는 거래와 동시에 해당 금액을 주고받게 되지만 파생금융상품거래는 미래에 결제될 거래를 증거금 형태의 일부금액만으로 실행할 수 있어(= Leverage Effect) 가격변동 위험이 큰 상품이다.

☑ 선물환율은 전문가들의 의견이나 외환시장의 환율 추세에 관한 Consensus와는 관계없이 현물환율과 관련 통화의 금리를 고려하여 결정된다. 선물환거래 계약을 한 경우에는 선물환 만기일 당시의 환율과는 무관하게 당초 약정한 환율에 의해 통화를 교환해야 하므로 사후적으로 봤을 때 '선물환거래를 안했더라면 좋았을' 것이라는 후회를 할 수도 있다. 선물환거래를 이용하면 불리한 환율변동으로부터 초래될 위험을 제거할 수 있는 대신에 선물환거래를 하지 않았더라면 취할 수 있었을 환차익을 포기해야 한다.

☑ 선물환율 산출 시 금리가 높은 통화는 금리가 낮은 통화에 대해 선물환 디스카운트 상태가 되고, 금리가 낮은 통화는 금리가 높은 통화에 대해 선물환 프리미엄 상태가 된다.

☑ 은행 간 시장에서 딜러들이 선물환을 거래할 때는 스왑포인트를 가격으로 제시하는데, Bid 측 스왑포인트보다 Offer측 스왑포인트가 크면 선물환 프리미엄이므로 현물환율에 스왑포인트를 더하여 선물환율을 산출하고, Offer측 스왑포인트보다 Bid측 스왑포인트가 크면 선물환 디스카운트이므로 현물환율에서 스왑포인트를 차감하여 선물환율을 산출한다.

☑ 환변동 보험은 한국무역보험공사에서 판매하는 환리스크 헤징상품으로서 외국환은행에서 판매하는 선물환거래와 가격구조가 동일하다. 다만, 보험료를 부담하는 대신에 계약이행보증금을 예치할 필요가 없는 등 거래절차상 차이가 있을 뿐이다.

☑ 외환스왑(FX Swap)은 동일한 거래상대방과 현물환거래와 선물환거래를 1 Set로 동시에 거래하는 구조를 가지며 현물환을 매입함과 동시에 선물환을 매도하는 것을 Buy & Sell Swap이라 하고, 현물환 매도와 동시에 선물환을 매입하는 거래를 Sell & Buy Swap이라 한다. 외환스왑거래는 서로 다른 외화수수 시점을 Matching 시킴으로써 환리스크를 관리하거나, 여유 있는 통화 자금을 담보로 특정통화 자금을 조달하고자 하는 경우, 환율변동위험을 피한 채 시장금리의 불균형을 이용한 차익거래를 시도하는 경우, 선물환거래의 만기일조정(조기결제, 만기연장) 등에 이용된다.

☑ 통화선물의 헤징구조 및 가격산출 구조는 선물환거래와 같다고 할 수 있다. 선물환거래는 외국환은행이 제공하는 환리스크 헤징상품으로서 거래금액이나 만기일을 고객의 Needs에 맞춰주는 장외거래 상품이고, 선물(Futures)은 거래 단위 계약금액, 만기일 등을 표준화(Standardized)하여 거래소(Exchange)에서 거래되는 장내상품이며 거래증거금, 마진콜, 청산회사 등과 같은 거래이행 보증제도가 뒷받침되고 있다.

☑ KRX(한국거래소)에서 거래되는 USD 통화선물은 최근월물을 비롯하여 20개의 한월물(限月物)이 상장되어 있으나 최근월물을 제외하고는 거래량이 대단히 적어 유동성과 가격경쟁력 측면을 고려할 때 활용도가 낮다. 따라서 기한이 1개월을 초과하여 예상되는 Exposure는 최근월물을 이용하여 기한까지 매월 Roll-over시키는 전략이 활용되며, 매월 정기적으로 발생하는 Exposure에 대한 헤징은 최근월물로 집중시켜 거래한 뒤 시간의 경과에 따라 포지션을 조정해나가는 Stack Hedging을 이용할 수 있다.

☑ 선물환거래와 통화선물은 상호대체상품이다. 가격산출구조는 거의 같으며 거래방법 등에서 차이가 있을 뿐이다. 옷으로 따진다면 선물환거래는 맞춤복(Customized)이라 할 수 있고 통화선물은 기성복(readymade ≒ standardized)이라 할 수 있다.

☑ 통화스왑은 거래자 상호 간에 각자가 필요한 통화(Currency)를 서로 교환(Swap)해 사용하고 만기에는 상대로부터 받았던 통화를 원상태로 교환하는 거래이다. 통화를 서로 교환하는 구조로 보면 외환스왑과 유사하지만, 통화스왑은 스왑기간 동안 빌려쓰는 통화에 대해 정기적으로 이자를 지급하고 외환스왑은 이자교환이 발생하지 않는다는 차이가 있으며, 외환스왑은 이자요소를 선물환 쪽 환율에 반영하는 구조를 가진다.

☑ 통화스왑은 환 및 금리리스크를 관리할 수 있는 헤징상품이며, 자본시장에서의 상대적인 우위(Comparative Advantage)를 활용하여 조달금리를 절감하는 수단으로도 활용된다. 외환스왑은 외환시장에서의 일시적인 자금불일치나 선물거래의 만기일 조정 등에 활용되는 비교적 작은 금액의 단기간 거래임에 비해 통화스왑은 자본시장에서의 대규모 중장기 투융자와 함께 활용되는 거래라 할 수 있다.

☑ 옵션(Option)이란 특정 기초자산(Underlying Asset)을 특정 행사가격(Exercise Price)으로 매매할 수 있는 권리를 말하며, 살 수 있는 권리는 Call Option이라 하고 팔 수 있는 권리는 Put Option이라 한다. 옵션은 옵션의 만기일에만 행사할 수 있는 European Option형식과, 옵션의 만기일에 이르기까지 전 기간에 걸쳐 행사할 수 있는 American Option형식으로 구분할 수 있다. 환율이 상승할 위험을 커버하기 위해서는 Call Option을 매입함으로써 선물환 매입과 같은 헤징효과를, 환율이 하락할 위험을 커버하기 위해서는 Put Option을 매입함으로써 선물환 매도와 같은 헤징효과를 얻을 수 있다.

☑ 옵션의 가격(Option Premium)은 현물가격, 옵션 행사가격, 변동성(Volatility), 이자율, 만기까지의 기간 등에 영향을 받는다. 현물가격과 옵션 행사가격과의 차이를 내재가치(Intrinsic Value)라 하고 옵션 프리미엄에서 내재가치를 뺀 가치는 시간가치(Time Value)라 한다. 주식 현물거래는 해당 자산을 매입하고 가격이 올라야 수익을 올릴 수 있고, 선물(Futures)거래는 매입 또는 매도포지션을 자유롭게 취할 수 있어 가격이 오르거나 내리거나 수익을 창출할 기회가 있으며, 옵션거래는 가격이 오르거나 내리는 상황에서는 물론 가격이 움직이지 않아도 수익을 창출할 수 있다. 이유는 옵션의 가치는 만기까지의 기간이 짧아질수록 하락하고(Time Decay), 변동성이 떨어질수록 하락하기 때문이다.

☑ 옵션의 변동성(Volatility)을 거래하는 대표적인 전략으로는 Straddle, Strangle, Butterfly를 들 수 있다. 변동성이 커질 것으로 예상하는 경우에는 Straddle과 Strangle은 매입, Butterfly는 매도, 변동성이 현 수준에서 크게 벗어나지 않고 안정적일 것으로 예상되면 Straddle과 Strangle은 매도, Butterfly는 매입하는 거래를 한다. 옵션가격 산출 시 적용된 Volatility는 옵션가격 결정모델을 활용하여 추정해 낼 수 있으며 이렇게 구해진 변동성을 Implied Volatility(내재 변동성)라 한다.

☑ 은행의 채권과 주가지수옵션을 결합한 상품들이 많이 판매되고 있다. 원금을 보장하되 주가지수가 현재보다 오르는 만큼 이자를 주는 상품이라면, 만기에 예치금액만큼을 받을 수 있는 할인채를 매입함으로써 원금을 확보함과 동시에 주가지수 Call Option을 매입하여 주가지수 상승에 따라 추가수익을 얻을 수 있는 구조로 설계할 수 있다.

03 환리스크 관리 핵심문제

01 다음과 같이 환율이 표시될 때 환율의 상승이 USD 약세를 의미하는 것은?

① USD/Yen
② USD/Won
③ EUR/USD
④ GBP/ASD

02 한국기업에 대한 외국인들의 주식투자 증가가 국내 주식시장 및 외환시장에 미칠 수 있는 영향으로 가장 거리가 먼 것은?

① USD/Won 환율 하락
② 한국 주식시장 주가지수 상승
③ 선물환 헤지수요 증가
④ 국내 이자율 상승

03 다음 중 환율이 상승하는 경우 원화부담이 증가하는 기업은?

① 수출기업
② 외화를 차입하여 원화로 투자한 기업
③ 해외로부터 증여성 송금을 받은 기업
④ 수출입 알선기업

04 Bid-Offer Spread에 관한 설명으로 잘못된 것은?

① Spread가 좁을수록 경쟁력 있는 환율이다.
② Spread는 가격을 제시하는 딜러의 수익 원천이다.
③ 스프레드는 거래금액이 클 경우 넓어지고, 거래금액이 작으면 좁아진다.
④ 거래가 잘 일어나지 않는 통화의 Bid-Offer Spread는 일반적으로 넓다.

단답형

05 딜러가 USD/Won 1,000 - 1,010으로 환율을 제시했을 때 원화를 매도하려는 Market Taker에게 적용될 환율은?

(   )

단답형

06 환율변동에 영향을 끼치는 심리적 요인으로서, 국제 정세가 불안해지거나 경제적 혼란이 야기되면 투자자들은 안정적인 통화로 표시된 안전자산(Safe Haven)으로 옮기는 자본이동(Capital Flight)이 발생하는데 이를 (   )라 한다.

07 USD/Won 환율이 상승했다 함은 어떤 의미인가?

① 원화 약세
② 원화로 표시한 환율의 숫자가 작아짐
③ 외환시장에서 USD 매도 우세
④ 국내기업의 수출경쟁력 약화요인

08 중앙은행이 안정적인 경제운용 목적상 외환시장의 수급상황을 조절하는 것을 표현하는 용어가 아닌 것은?

① Intervention
② Fine Tuning
③ Open Market Operation
④ Smoothing Operation

09 Two-way Quote에 관한 설명으로 맞는 것은?

① Spread가 넓을수록 경쟁력 있는 환율이다.
② 거래금액이 크면 Spread가 좁아진다.
③ Offer Rate는 Market Taker가 USD를 매도할 때 적용받는 환율이다.
④ Bid-Offer Spread는 Market Maker에게 비용요소로 작용한다.

양자택일형
10 USD/Won 환율이 1,000원에서 1,005원으로 변하면 환율이 (올랐다, 내렸다)하며 이는 원화가치가 (상승, 하락)한 것이다.

양자택일형
11 USD/Won 환율이 오르면 (수출기업, 수입기업)에게 유리하며, 해외로부터 선박건조 주문을 받으면 환율(상승, 하락) 요인으로 작용한다.

12 국내 외환시장에서의 환율의 고시는 외국통화의 가치를 원화로 표시하는 형식을 취하며, 국제 외환시장은 일반적으로 USD의 가치를 기타 외국통화로 표시하는 형식을 취한다. 국제 외환시장에서의 환율고시 형식을 달리하는 통화는?

① 스위스 프랑(SFR)
② 유로(EUR)
③ 일본 엔화(JPY)
④ 인도 루피(IDR)

13 외국환은행이 매 영업일 개시 시 고시하는 대고객환율을 산출할 때 고려되는 요소가 아닌 것은?

① 시장평균환율
② 국제 외환시장의 환율
③ 당일의 외환 수요/공급
④ 교차환율

14 외국환은행에서 고객과의 외환거래 시 적용하는 환율로서 잘못 연결된 것은?

① 해외에서 송금 받은 경우 : 전신환매입률
② 해외 유학생 생활비 송금 : 전신환매도율
③ 외화대출 차입기업의 원화 환전 : 전신환매입률
④ 해외에서 사용한 신용카드 사용액 결제 : 현찰매도율

계산형

15 국내 외국환은행은 Yen의 대고객 환율 산출시 마진을 1% 적용한다. 특정 영업일의 최초 환율고시 당시의 주어진 자료가 다음과 같을 때 Yen(100)의 매입률과 매도율을 계산하시오.

> • 전 영업일의 USD/Won 시장평균환율 1,150
> • 특정 영업일의 최초 환율고시 당시 USD/Yen 환율 111.90 – 112.10
> • Yen(100) 매매기준율 : ?
> • Yen(100)/Won 매입률 및 매도율 : ?

16 국제 외환시장에 관한 설명 중 틀린 것은?

① 실수요와 관련된 거래보다 투기거래 거래량이 훨씬 크다.
② 주요 시장으로 도쿄, 런던, 뉴욕 시장이 있고 각 시장 간 환율이 다를 경우 환율 차이를 이용한 재정거래가 발생한다.
③ 투기거래는 외환시장에 유동성을 제공한다는 측면에서 꼭 필요한 요소이다.
④ 딜러들 간에는 정보제공회사들이 제공하는 딜링시스템을 이용하여 거래한다.

17 결제일(Value Date)에 관한 설명 중 맞는 것은?

① 국제 외환시장에서의 외환거래는 거래일로부터 2일 후에 결제된다.
② 국내 은행 간 USD/Won 거래의 결제는, 원화는 거래당일에 이뤄지고 USD는 시차를 고려하여 그 다음날 이뤄진다.
③ Forward 거래는 결제일이 거래일로부터 3영업일 이후에 도래하는 거래를 말한다.
④ Value Today 거래는 국제외환시장에서 일반적으로 통용되는 거래형식이다.

18 환리스크의 크기를 결정하는 주요 요소가 아닌 것은?

① 환율의 변동성
② 환노출 금액
③ 유동성
④ 환노출 기간

19 환위험에 관한 설명 중 잘못된 것은?

① 미국기업의 경우에는 수출입거래나 자금거래 등을 USD로 할 수 있어 환율변동에 관련된 모든 위험으로부터 자유롭다.
② 거래 환리스크란 수출입이나 외화자금의 대차거래와 관련하여, 거래 발생시점과 결제시점 간에 발생하는 환율변동으로 인해 환차손이 발생할 위험을 말한다.
③ 환산 노출은 해외법인 등의 재무제표를 국내에서 공시하는 과정에서 발생할 수 있는 환차손에 대한 노출을 말한다.
④ 환노출이 클수록 환위험이 크다.

20 외환 포지션에 관한 설명 중 잘못된 것은?

① Short, Long, Square로 구분할 수 있다.
② 외국환은행의 영업점은 영업마감 시 당일 중 발생했던 포지션을 본부로 집중한다.
③ 외국환은행의 영업점에서 거액의 포지션이 발생하는 경우에는 발생 즉시 반대거래를 해야 환리스크를 제거할 수 있다.
④ 외국환은행의 포지션 커버거래는 각 영업점에서 외국환중개회사를 통해 실행한다.

21 수출입기업의 환리스크에 관한 설명 중 맞는 것은?

① 환리스크 관리의 목적은 영업이익을 안정적으로 확보함으로써 지속가능한 기업경영을 도모하는 데 있다.
② 수출기업은 원화가 강세를 보일 때 해외에서 가격경쟁력을 가질 수 있다.
③ 수입업체는 환율이 올라가면 수입상품을 비싸게 판매할 수 있어 영업이익 증대에 도움이 된다.
④ 수입기업의 환리스크는 해외로부터 선적서류를 수령하는 순간부터 관리해야 한다.

22 환리스크 관리란 환율변동 패턴분석을 통해 외환이익을 증대시키기 위한 활동이다.

(   )

23 환리스크 관리를 시작해야 하는 시점으로 틀린 것은?

① 수출기업 : 수출상품 선적 시
② 수입기업 : 수입계약 시
③ 외화대출 차입기업 : 차입 시
④ 해외 투자기업 : 투자 확정 시

24 다음 중 환리스크 헤징상품이 아닌 것은?

① 선물환거래
② 환변동 보험
③ Forward Rate Agreement
④ Currency Futures

25 USD 보유 기업으로서 향후 환율 하락을 우려하여 취하는 조치로서 부적절한 것은?

① USD 매도
② USD 통화선물 매도
③ USD 선물환 매도계약 체결
④ USD 풋옵션 매도

26 수출입기업이 기업 외부에서 제공하는 헤징수단에 의존하지 않고 자체적으로 환위험을 관리하는 포지션 운용전략이라 볼 수 없는 것은?

① 수출기업은 가능하면 강세를 보이는 통화로 수출계약 체결
② 환율이 하락하는 추세인 경우에는 수입결제를 최대한 나중에 수행
③ 수출대전 수령일과 수입대금 결제일을 일치시킴
④ 환변동 보험 가입

27 다음 헤징상품 중 상품내용을 표준화하여 거래소(Exchange)에서만 거래되는 것은?

① 선물환거래
② 통화선물
③ 통화옵션
④ 통화스왑

28 VaR에 대한 설명 중 잘못된 것은?

① 특정 대상기간 중 매일 매일의 환율변동률을 기본자료로 사용한다.
② 관찰 대상기간의 환율변동률을 참고로 현재 보유중인 포지션으로부터 발생할 수도 있는 '최대 손실 가능액'을 산출하는 것이다.
③ VaR 값이 클수록 환위험이 큰 것이므로 위험제거(감소)를 위한 헤징이 요구된다.
④ '1 day 5% VaR of US $1 Million'이라 함은 현재 보유중인 포지션 규모와 과거 환율변동률을 고려할 때 1백만불 이내의 환차손을 볼 확률이 5%라는 의미이다.

29 선물환율은 어떻게 정해지는가?

① 전문가들의 환율예측에 의해
② 시장참여자들의 기대에 근거하여
③ 현물환율과 양 통화의 금리를 고려하여
④ 중앙은행의 정책을 반영하여

30 선물환거래는 미래의 거래에 적용될 환율을 현시점에서 미리 확정하는 거래이며, 선물환율은 양 통화의 금리를 고려하여 공식적으로 결정된다. 금리가 낮은 통화는 금리가 높은 통화에 대해 미래가치가 (높아지는, 낮아지는) 선물환 (　　) 상태가 되고, 금리가 높은 통화는 금리가 낮은 통화에 대해 미래가치가 (높아지는, 낮아지는) 선물환 (　　) 상태가 된다.

31 선물환 스왑 포인트가 4.10-4.80 으로 제시되어 Offer 쪽 포인트가 Bid쪽 포인트보다 클 때는 (선물환 프리미엄, 선물환 디스카운트) 상태로서 현물환율에 해당 스왑 포인트를 각각 (더해, 빼)서 선물환율을 산출한다.

32 USD/Won 환율이 약세를 보이는 가운데 우리나라 무역수지는 지속적인 흑자를 보이고 있어 시장참가자들은 당분간 원화강세가 계속 될 것으로 예측하고 있다. 현재 미 달러금리는 2%이고 원화금리는 1.5%이다. 수출기업은 향후 환율하락을 우려하여 외국환은행을 통해 USD/Won 선물환거래를 하고자 한다. 외국환은행에 의해 제시될 선물환율은 (시장참가자들의 예측에 근거하여 현물환율보다 낮게 제시된다, 양 통화의 금리를 고려하여 현물환율보다 낮게 제시된다)

33 USD/Won 선물환율 산출 시 고려되는 요소가 아닌 것은?

① 현물환율
② NDF 거래환율
③ 미국 달러 금리
④ 한국 원화 금리

34 환변동 보험에 관한 설명 중 잘못된 것은?

① 외국환은행에서 거래할 수 있는 선물환거래를 이용한 상품이다.
② 환변동 보험 가입 시 계약이행보증금을 예치해야 한다.
③ 환변동 보험의 보장환율이 선물환거래의 계약환율에 해당한다.
④ 환변동 보험의 만기일은 연장할 수 없으므로 만기일을 여유있게 잡는 것이 좋다.

35 외환스왑(FX Swap)의 주요 용도가 아닌 것은?

① 선물환거래의 만기연장 또는 조기결제
② 특정 통화의 단기자금 조달
③ 외화 수수 기일 불일치 조정을 통한 환리스크 회피
④ 상대적 신용도 우위를 이용한 조달금리 절감

36 NDF(Non-deliverable Forward)에 관한 설명으로서 잘못된 것은?

① 결제일에 거래통화의 인수도가 일어나지 않고 약정환율과 만기일의 환율을 고려하여 차액(거래손익)만을 원화로 결제한다.
② 주로 역외시장 참여자들이 거래하는 외환상품이다.
③ 비거주자가 해당 통화를 보유하거나 환전할 필요가 없고, 인수도도 일어나지 않기 때문에 결제위험(Settlement Risk)도 없다.
④ USD/Won NDF 거래는 국내 외환시장이 폐장된 이후 활발하게 거래되고 그 거래량도 많아서 익 영업일의 국내 은행 간 거래 환율에 큰 영향을 미친다.

37 통화선물(Currency Futures)과 가장 관련이 적은 용어는?

① Clearing House
② Leverage Effect
③ Exchange
④ Customized

38 선물가격과 현물가격의 차이를 Basis라 부르는데 이는 '재고유지비용(Cost of Carry)'이 반영되어 정해진다. 재고유지비용을 쉽게 이해하면 보관비, 금융비용, 보험료 등을 떠올릴 수 있으며, 금융선물에서의 재고비용은 항상 양(+)의 값을 갖게 된다.

( )

39 선물거래에서 Tick Value는 '최소 가격변동폭'의 변화에 따른 가치변동액을 말한다.

( )

40 선물거래는 대부분 선물거래 만기일 이전에 반대거래로 청산되지만 필요한 경우 인수도(Delivery) 결제가 가능하다.

( )

41 다음 용어는 서로 밀접한 관계가 있다. 이중 가장 관계가 가장 먼 것은?

① Clearing House
② Margin Call
③ Mark to Market
④ Open Outcry

42 수출기업 A는 USD/Won 환율 하락위험을 헤징하기 위해 KRX의 USD 선물 6월물을 30계약 매도하였다. 선물거래 당시에 외환시장 현물환율은 1,045원이고, 선물 매도가격은 1,050원이다. 6월초 Nego를 위해 은행에 확인해 보니 당일의 환율은 1,030원이고 KRX에서의 6월물 USD 선물 가격은 1,032원이다.

- 수출기업이 헤징을 하지 않았을 경우 발생할 수 있었던 환차손?
- 통화선물로 헤징을 함으로써 회피하게 된 환위험 금액?
- 수출기업이 수출후 최종적으로 확보하게 되는 원화금액?

43 KRX의 USD통화선물과 외국환은행의 USD/Won 선물환거래는 서로 대체상품으로 볼 수 있다. 두 상품을 비교할 때 선물거래의 장점이라고 할 수 없는 것은?

① 실수요 증빙이 필요치 않으며, 일반 개인도 거래할 수 있다.
② 선물환거래는 매 거래마다 계약서를 작성하여야 하나 선물거래는 계좌개설 후 별도 계약서 없이 거래가 가능하다.
③ 거래 유동성이 풍부하다.
④ 반대거래를 통해 포지션을 간단히 처분할 수 있다.

단답형

44 통화선물을 이용하여 헤징하는 경우 실수요거래의 외화 흐름에 맞춰 연속된 Delivery Month별로 선물 포지션을 갖는 형태의 헤징방법을 (   )이라 하고, 특정기간의 외화 흐름을 모두 합하여 최근월물로 일괄 헤징한 뒤 실수요 거래액 만큼 포지션을 청산하고 나머지는 Rollover시켜 나가는 헤징방법을 (   )이라 한다.

양자택일형

45 통화스왑도 외환스왑처럼 특정기간동안 서로 다른 통화를 바꿔 사용함으로써 환위험을 회피할 수 있는 상품이다. 통화스왑은 외환스왑에 비해 (큰 금액의 중장기 자금교환, 상대적으로 작은 규모의 단기간 자금교환)이고 스왑기간동안 (이자교환이 발생한다, 이자교환이 없다)는 점 등이 외환스왑과의 차이점이다.

46 통화스왑과 거리가 먼 것은?

① 통화스왑은 금리스왑과는 다르게 거래 상대방이 서로 통화를 교환한다.
② 스왑기간 중에 스왑금액에 대한 이자교환이 발생한다.
③ 환리스크 관리에 이용되는 상품으로서 조달금리 절감과는 무관하다.
④ 주로 중장기 투융자와 관련된 환리스크 회피에 이용된다.

47 다음 중 금리스왑(IRS) 헤징을 필요로 하지 않는 기업은?

① 자금조달은 고정금리로 했으나 투자는 변동금리로 한 기업
② 자금조달은 변동금리로 했으나 투자는 고정금리로 한 기업
③ 자금조달은 CD변동금리로 했으나 투자는 LIBOR변동금리로 한 기업
④ 자금조달은 은행에서 고정금리로 대출받아 투자는 고정금리 채권으로 운용한 기업

48 통화 콜옵션 프리미엄에 영향을 미치는 요인이 아닌 것은?

① 이자율
② Implied Volatility
③ Covered Call
④ Intrinsic Value

단답형

49 옵션 프리미엄은 내재가치와 (   )로 구분할 수 있으며, 기초자산 가격의 변동이 없어도 시간의 경과에 따라 옵션의 가치가 줄어드는 것은 (   )가 발생하기 때문이다.

단답형

50 옵션가격 결정모형에 기초자산 가격, 행사가격, 이자율, 행사기한까지의 기간, 가격 변동성 등을 입력하면 옵션의 가격을 구할 수 있다. 이러한 가격결정 요인 중에서 가격변동성을 제외한 요소들은 이미 확정적으로 주어진 상황이므로 가격을 제시하는 측이 가격변동성을 얼마로 적용하느냐에 따라 옵션의 가격이 다르게 산정될 수 있다. 시장에서 거래되는 옵션의 가격과 시장에 확정적으로 알려진 요소들을 옵션가격 결정모형에 대입하면 옵션가격 산정 시 고려한 가격변동성을 계산해 낼 수 있는데 이렇게 얻어진 가격변동성을 (   )라 한다.

51 옵션 판매자에게 유리하게 작용하는 것은?

① 옵션 Delta
② 옵션 Theta
③ 옵션 Gamma
④ 옵션 Vega

PART 01

PART 02

PART 03

부록

단답형

52 외가격(OTM) 콜옵션과 외가격 풋옵션을 합성하여 선물환 포지션 형태를 만들어 낸 것이지만 여기에 이용된 두 옵션의 행사가격 사이에서는 선물환 기능이 없어지는 구조를 보이는 선물환 을 (   )이라 한다. 이 상품은 특정범위(두 옵션의 행사가격 사이) 이내의 작은 가격변동 에는 포지션을 노출시키지만 특정범위를 벗어나는 큰 가격변화는 헤징하고자 하는 경우 이용 된다.

53 다음 중 가격변동성이 증대될 것으로 예상될 때 취하는 옵션 포지션형태는?

① Straddle 매입
② Strangle 매도
③ Butterfly 매입
④ Volatility 매도

01 답 ③

해설

USD로 표시한 EUR의 값이 상승하는 것이므로 USD 약세

02 답 ④

해설

USD를 가져와 팔고 원화 매입하여 주식투자 하는 과정을 거치며, 투자금 회수 시 환율이 상승할 위험을 헤징하고자 선물환으로 USD 매입하는 수요가 증가한다.

03 답 ②

해설

외화차입금 상환을 위해 외화매입 시 원화부담 증가

04 답 ③

해설

일반적으로 거래금액이 크면 거래금액이 작은 경우보다 스프레드가 좁게 제시된다.

05 답 1,010

해설

Market Taker는 기준통화(여기서는 USD)를 팔 때는 낮은 가격인 Bid Rate로 거래하고 살 때는 높은 가격인 Offer Rate로 거래해야 한다. 원화를 매도하려는 것은 댓가로 USD를 매입하는 것이므로 Offer Rate에 거래해야 한다.

06 답 Flight to Quality

07 답 ①

해설

환율이 상승했다 함은 USD 매입이 우세해서 원화로 표시한 숫자가 커진 것을 말하며, 이는 원화 약세를 뜻하고, 수출기업에게 유리하다.

08 탑 ③

Open Market Operation(공개 시장 조작) : 중앙은행이 공개 시장에 개입하여 유가 증권이나 어음 따위를 매매하여 통화량을 조절하는 일을 말한다.

09 탑 ②

10 탑 올랐다, 하락

11 탑 수출기업, 하락

선박 주문을 받으면서 받는 계약금이나 추후 수령할 외화에 대한 환율하락 위험을 헤징하기 위해 선물환 매도가 일어나므로 환율하락 요인이다.

12 탑 ②

EUR를 제외하고는 USD를 기준통화로 하여 환율을 표시한다.

13 탑 ③

③은 아무 관련이 없다.

14 탑 ④

전신환매도율을 적용한다.

15 탑 매매기준율 = 1,026.78, 매입률 = 1,016.51, 매도율 = 1,037.05

Yen(100)/Won 매매기준율 : 1,150/112(매매중간율) = 1,026.78
Yen(100)/Won 매입률 : 1,026.78 − 1,026.78 × 1% = 1,016.51
Yen(100)/Won 매도율 : 1,026.78 + 1,026.78 × 1% = 1,037.05

16 탑 ②

도쿄, 런던, 뉴욕 등과 같이 서로 다른 시장이 존재하는 것이 아니며, 특정시각에는 오직 하나만의 시장이 존재한다.

17 답 ③

〔해설〕
국제 외환시장에서의 외환거래는 거래일로부터 2영업일 후에 결제되는 Value Spot 거래가 일반적이다. 각 통화 간 결제는 외환동시결제시스템(Continuous Linked System)을 통해 동시에 이루어짐으로써 결제리스크가 제거되었다.

18 답 ③

19 답 ①

〔해설〕
미국기업이라 하더라도 자국통화가 지속적으로 강세가 되면 경쟁력이 약화되는 경제적 노출(위험)을 가진다.

20 답 ④

〔해설〕
영업점은 포지션을 본부로 집중시키고, 커버거래는 본부의 딜링룸에서 딜러들이 실행한다.

21 답 ①

〔해설〕
④ 수입기업의 환리스크는 수입계약을 체결하는 순간부터 관리해야 한다.

22 답 ×

〔해설〕
환율변동 위험을 헤징하여 영업이익을 안정적으로 확보하는 것을 말한다.

23 답 ①

〔해설〕
수출계약을 체결하는 시점부터 관리해야 한다.

24 답 ③

〔해설〕
FRA는 금리리스크 관리 상품이다. Currency Futures는 통화선물

25 답 ④

〔해설〕
Put옵션은 '매도할 수 있는 권리'이므로 환율 하락위험을 헤징하려면 풋옵션을 매입하여야 한다.

26 답 ④

〔해설〕
환변동 보험은 한국무역보험공사에서 제공하는 헤징상품이다.

27 ②

28 ④

해설

1백만불을 초과하여 손실을 볼 확률이 5%는 된다는 의미이다. 대부분의 경우(95%)는 환율변동에 따른 손실이 1백만불 이내로 들어올 것이지만, 1백만불을 초과하여 손실을 볼 확률도 5%는 되므로, 자체적으로 감내할 수 있는 손실한도가 최대 1백만불이라면 환위험 헤징을 위한 수단을 강구해야 할 것이다.

29 ③

30 높아지는, 프리미엄, 낮아지는, 디스카운트

31 선물환 프리미엄, 더해

32 양 통화의 금리를 고려하여 현물환율보다 낮게 제시된다.

해설

기준통화인 USD의 금리가 높아 선물환 디스카운트가 된다. 선물환율의 산출은 시장참가자들의 예측과는 무관하다.

33 ②

해설

한국 외환시장이 끝난 후에 거래되는 NDF의 환율은 그 다음영업일의 국내 외환시장 은행 간 현물환율에 영향을 미칠 뿐 선물환율 산출과는 무관하다.

34 ②

해설

외국환은행과의 선물환거래는 계약이행보증금을 예치해야 하나, 환변동 보험은 보험료만 지불하면 된다.

35 ④

해설

통화스왑을 이용하면 조달금리 절감이 가능하다. FX Swap의 경우에도 전혀 무관한 것은 아니지만 주요 용도는 아니다.

36 ①

해설

차액을 USD로 결제한다.

37 답 ④

표준화(Standardized)된 상품. 외국환은행 등의 OTC(Over-the-Counter) 거래되는 상품이 고객의 주문대로 맞춰주는 Customized된 상품이다.

38 답 ×

해설

음(−)의 값을 가질 수 있다(특히, 채권선물).

39 답 ○

해설

KOSPI200지수 선물의 경우 계약단위는 50만원이고, 최소가격변동폭은 0.05인 바, Tick Value는 500,000 × 0.05 = 25,0000이다.

40 답 ○

41 답 ④

해설

Open Outcry(공개 호가)는 선물거래소에서의 선물거래방식이다. 거래증거금은 청산회사(Clearing House)에 적립하며, 매일 거래증거금의 잔액을 살펴서(Mark to Market) 필요하면 마진콜(Margin Call)을 보낸다.

42 답 USD 선물 1계약 = 1만불

- $300,000 × (1,045 − 1,030) = 4,500,000원(헤징을 안했을 경우 손실)
- $300,000 × (1,050 − 1,032) = 5,400,000원(선물거래에서 발생한 이익)
- $300,000 × 1,045 + (5,400,000 − 4,500,000) = 314,400,000 또는 $300,000 × 1.30 + 5,400,000 = 314,400,000

해설

수출계약 당시보다 환율이 하락하여 보게 된 손실보다 통화선물거래에서 얻은 이익이 더 커서, 계약 당시에 예상했던 원화금액보다 90만원이 더 많게 된다.

43 답 ③

해설

KRX의 USD선물은 최근월물의 경우를 제외하고는 거래량이 적다.

44 답 Strip 헤징, Stack 헤징

45 답 큰 금액의 중장기 자금교환, 이자교환이 발생한다.

46 ③

> 해설

차입금리 측면에서 상대적 비교우위가 있는 경우 금리절감도 가능하다. 금리스왑은 동일 통화의 고정금리와 변동금리의 교환이다.

47 ④

> 해설

고정금리 조달, 고정금리 운용이므로 금리리스크 없다. 기준금리가 상이하면 서로 변동 패턴이 다를 수 있으므로 헤징이 필요할 수도 있다.

48 ③

> 해설

Covered Call이란, 기초자산을 보유한 상태에서 콜옵션을 매도한 경우를 말하며, 특정 가격수준까지는 가격상승에 따른 이익을 누리되 행사가격 이상으로 가격이 오르면 콜옵션이 행사될 것이므로, 누릴 수 있는 이익이 제한한다. 만약, 기초자산의 가격이 상승은 하되 행사가격 아래에 머문다면 기초자산을 보유함에 따른 수익은 물론 콜옵션 매도에 따른 프리미엄 수익도 누릴 수 있다.

49 시간가치, Time Decay

> 해설

옵션 프리미엄 = Intrinsic Value + Time Value = 내재가치 + 시간가치

50 내재변동성(Implied volatility)

51 답 ②

> 해설

Time Decay에 따라 옵션가치가 낮아지기 때문이다.

52 답 범위선물환(Range Forward)

53 답 ①

> 해설

가격변동성(Volatility)이 증대될 것으로 예상되는 경우에는 스프레들 매입, 스트랭글 매입, 버터플라이 매도 포지션을 취해야 한다(각 포지션이 갖는 Pay-off 구조를 참조).

부록

최종모의고사

최종모의고사

---

01 | 외국환관리실무(35문항)

01 다음 중 거주성 구분 기준으로서 잘못된 것은?

① 외국에서 2년 이상 거주했던 유학생으로서 입국하여 3개월 이상 체재하고 있는 자는 거주자로 분류

② 국내에서 6개월 체류하고 있는 외국인은 거주자로 분류

③ 국내에서 영업활동에 종사하고 있는 외국인은 거주기간에 불문하고 거주자로 분류

④ 대한민국 재외공관에 근무할 목적으로 외국에 파견되어 체재하고 있는 자는 비거주자로 분류

02 외국환거래규정에서는 '신고등'의 절차에 관해 규정하고 있다. 다음 괄호 안에 들어가야 할 용어는?

> 거주자가 외국에서 외화증권을 발행하고자 하는 경우에는 외국환은행의 장이나 기획재정부장관에게 (　　)하여야 한다.

① 신고　　　　　　　　　　② 신고수리

③ 허가　　　　　　　　　　④ 인정

03 외국환은행의 신고수리 사항인 경우 처리기간은?

① 즉시　　　　　　　　　　② 2영업일 이내

③ 5영업일 이내　　　　　　④ 7영업일 이내

04 외국환거래법령에서 말하는 '신고등'이라 함은 외국환거래 당사자가 소정의 신고서에 당해 외국환거래 등의 사유와 금액을 입증하는 서류를 첨부하여 신고기관에 제출하는 것을 말한다. 다음 중 신고대상과 신고기관이 잘못 짝지어진 것은?

① 지급수단의 수출입 – 세관장
② 대외지급수단 매매신고 – 한국은행총재
③ 상호계산 – 한국은행총재
④ 거주 목적의 해외부동산 취득 – 외국환은행의 장

05 국민인거주자의 해외여행경비 지급과 관련하여 잘못된 것은?

① 지급금액에 제한은 없으나 동일자 미화 1만불 초과 환전 시에는 국세청 및 관세청에 통보된다.
② 휴대수출 하는 경우 미화 1만불을 초과하면 세관장에게 신고하여야 한다. 1만불 초과 기준판정 시 원화는 제외한 금액이다.
③ 해외유학경비 지급 연간누계액이 미화 10만불 초과 시에는 국세청 및 금융감독원장에게 통보되며, 미화 10만불 초과 기준에는 신용카드로 사용한 금액을 포함한다.
④ 해외체재자 및 해외유학생은 해외체재 또는 해외유학을 입증할 수 있는 서류를 제출해야 하며, 해외유학생은 이후에도 매연도별로 재학사실을 입증할 수 있는 서류를 제출해야 한다.

06 다음 중 외국환의 종류에 속하지 않는 것은?

① 대외지급수단
② 외화증권
③ 외화채권
④ 금

07 거주자가 외국으로부터 송금된 미화 10만불 초과금액을 외국환은행에 매각할 때 제출해야 하는 서류는?

① 영수확인서
② 외국환신고필증
③ 대외지급수단 매매신고서
④ 외국환매입증명서

08 외국환거래법상 신고를 하였거나 신고가 필요하지 않은 거래를 ( ) 거래라 한다. 괄호 안에 들어갈 용어는?

① 인정된
② 면제된
③ 허가된
④ 신고된

09 외국환은행의 외국환매각에 관한 설명 중 잘못된 것은?

① 거주자계정에 예치를 위해 매각하는 경우에는 매각금액에 제한이 없다.
② 국민인거주자가 소지목적으로 외화를 매입하는 경우에는 한도 제한 없이 매각 가능하다.
③ 매각실적이 없는 비거주자에게는 외국환매각을 할 수 없다.
④ 외국인거주자에게는 해외여행경비로 미화 1만불까지 매각할 수 있다.

10 외국환은행이 미화 1만불을 초과하여 외국통화 또는 여행자수표를 매각하는 경우 외국환신고(확인)필증을 발급한다. 다음 중 외국환신고(확인)필증 교부대상이 아닌 것은?

① 일반 해외여행자 경비
② 해외유학생 경비
③ 해외이주비
④ 단체 해외여행 경비

11 한국은행총재 앞 신고대상의 기준으로서 잘못된 것은?

① 계약건당 미화 10만불을 초과하는 수출대금을 물품의 선적 전 1년을 초과하여 수령하고자 하는 경우
② 거주자가 외국환은행을 통하지 아니하고 지급수단을 수령하고자 하는 경우
③ 계약건당 미화 10만불을 초과하는 수입대금을 선적서류 또는 물품의 수령 전 1년을 초과하여 지급하고자 하는 경우
④ 거주자와 비거주자 간에 건당 미화 2만불 상당의 경상거래 대가를 대외지급수단으로 직접 지급하는 경우

12 제3자 지급등에 의한 지급등의 방법과 관련하여 다음의 괄호에 들어갈 내용은?

> 미화 5천불을 초과하는 금액을 제3자 지급등을 하는 경우에는 원칙적으로 한국은행총재에게 신고하여야 한다. 그러나 거주자가 미화 5천불을 초과하고 미화 (   )만불 이내의 금액을 제3자와 지급등을 하려는 경우에는 외국환은행의 장에게 신고하여야 한다.

① 10 　　　　　　　　　　　　② 5
③ 3 　　　　　　　　　　　　④ 1

13 외국환은행의 비거주자에 대한 원화대출 중 신고여부를 결정하는 기준금액은?

① 동일인 기준 5억원 초과
② 동일인 기준 10억원 초과
③ 동일인 기준 20억원 초과
④ 동일인 기준 30억원 초과

14 다음 중 관세청장 앞 통보대상이 아닌 것은?

① 모든 수출입대금의 지급 및 수령
② 건당 미화 5천달러 초과 증빙서류미제출 송금
③ 해외유학경비 지급금액이 연간 미화 10만달러 초과 시
④ 신용카드나 직불카드 사용금액이 연간 미화 1만불 초과 시

15 국민인거주자는 연간누계금액 미화 10만불까지는 증빙서류를 제출하지 아니하고도 지급등을 할 수 있다. 이 경우 미화 10만불 한도에 포함되지 아니하는 항목은?

① 해외예금
② 소액대출
③ 해외증권 취득
④ 해외부동산 취득

16 다음 중 외국환은행의 '외국환의 매입'과 관련하여 잘못 설명된 것은?

① 미화 2만불 이하의 대외지급수단을 매입하는 경우 당해 외국환의 취득이 신고등의 대상인 지 여부를 확인하지 않아도 된다.
② 외국인거주자 또는 비거주자가 취득경위를 입증하는 서류를 제출하지 않는 대외지급수단 을 매입을 요청하는 경우에는 '대외지급수단 매매신고필증'을 징구해야 한다.
③ 거주자계정에 예치되어 있던 외국환을 매입하는 경우에는 해당 외국환의 취득경위를 확 인해야 한다.
④ 동일자 미화 1만불을 초과하는 매입은 모두 외환전산망을 통해 자동통보 되므로 그 외의 매입에 대해서는 매월별로 국세청장 및 관세청장에게 통보하여야 한다.

17 일반 해외여행자와 해외체재자를 구분하는 체재기간은?

① 30일
② 60일
③ 3개월
④ 6개월

18 해외여행경비 지급절차와 관련한 설명 중 잘못된 것은?

① 외국에서의 치료비는 외국환은행을 통하여 외국에 지급할 수 있다.

② 해외체재자 및 해외유학생이 해외여행경비를 지급하고자 하는 경우에는 거래외국환은행을 지정하여야 한다.

③ 일반 해외여행경비는 외국환신고(확인)필증 발급대상이 아니고, 일반 해외여행자가 미화 1만불 초과 휴대수출 시 세관에 신고하면 된다.

④ 여행업자 또는 교육기관 등이 해외여행자와의 계약에 의해 필요 외화소요경비를 환전하는 경우에는 외국인거주자라 할지라도 여권에 매각금액 기재를 생략할 수 있다.

19 외국환은행의 장은, 건당 미화 5천불 초과 '증빙서류 미제출 송금'이 지급인별로 연간 미화 1만불을 초과하면 국세청장에게 통보하여야 한다. 해외유학생에 대한 해외여행경비 송금은 매년 재학사실을 증빙하는 서류를 제출받아야 하며 연간지급액이 미화 (   )만불을 초과하는 경우에는 국세청장 및 금융감독원장에게 통보하여야 한다. 괄호 안에 들어갈 금액은?

① 1   ② 2

③ 5   ④ 10

20 상계 등 계정의 대기 또는 차기에 의한 지급등과 관련한 설명 중 잘못된 것은?

① 거주자가 대외거래를 함에 있어 비거주자에 대한 채권 또는 채무를 비거주자에 대한 채무 또는 채권으로 상계를 하고자 하는 경우에는 원칙적으로 외국환은행의 장에게 신고해야 한다.

② 다국적기업의 상계센터를 통하여 상계하거나 다수의 당사자의 채권 또는 채무를 상계하고자 하는 경우에는 한국은행총재에게 신고하여야 한다.

③ 상계를 실시하는 자는 관계 증빙서류를 5년간 보관해야 한다.

④ 해운대리점이 외국 선박회사를 대리하면서 국내에서 징수한 선박임과 국내에서 지급한 경상운항경비를 상계하고자 하는 경우에는 한국은행총재앞 신고해야 한다.

21 다음 중 신고대상 거래가 아닌 것은?

① 비거주자에 대한 채권 또는 채무를 비거주자에 대한 채무 또는 채권으로 상계하고자 하는 경우
② 계약 건당 미화 10만불을 초과하는 수입대금을 선적서류 수령 전 1년을 초과하여 송금방식에 의해 지급하고자 하는 경우
③ 수출대금을 외국환은행을 통하지 않고 수입자로부터 직접 외국통화로 수령하는 경우
④ 거래당사자가 아닌 제 3자에게 대금을 지급하는 경우

22 지급수단의 수출입에 관한 설명 중 잘못된 것은?

① 거주자가 미화 5만불 상당액 이내의 외국통화를 화폐수집가에게 판매하기 위해 수출하는 경우에는 신고를 요하지 않는다.
② 미화 1만불을 초과하는 외화의 휴대수입은 세관장 신고대상이다.
③ 외국환은행의 외국환확인필증이 발행된 경우는 세관장 신고를 요하지 않는다.
④ 지급수단의 수출입에는 내국지급수단은 포함되지 아니한다.

23 외화계정에 관한 설명 중 잘못된 것은?

① 거주자계정과 대외계정 간 이체는 국내에서 이체가 일어난다 하더라도 해외송금을 하는 것과 동일하게 규정된다.
② 거주자계정은 국민인거주자와 개인사업자인 외국인거주자가 개설하는 외화계정이다.
③ 대한민국 재외공관 직원이 개설하는 외화계정은 거주자계정이다.
④ 대외계정에 동일자 미화 2만불 초과 예치 시에는 외국환신고필증, 소득서류 등 취득경위를 증빙하는 서류를 징구해야 한다.

24 다음 중 잘못 설명된 것은?

① 해외이주자 계정은 개설신청인이 보유하는 여타 외화예금 계정과 구분 관리해야 한다.

② 비거주자원화계정은 예치 시 재원 확인이 필요치 않으나 대외지급을 위한 처분 시 제한이 있다.

③ 비거주자자유원계정은 대외지급에 제약이 없을 뿐만 아니라 예치 시 재원확인도 필요치 않다.

④ 비거주자원화계정에서 발생한 이자의 대외송금은 금액 제한 없이 가능하다.

25 거주자가, 거주자 또는 비거주자와 외국의 시설물 등의 이용에 관한 권리를 취득하기 위해 회원권 매입거래를 하고자 하는 경우에는 (   )에게 신고한다. 거주자가 다른 거주자로부터 외국에 있는 골프장의 회원권을 매입하는 경우가 여기에 해당된다. 괄호 안에 들어갈 신고대상은?

① 외국환은행의 장

② 한국은행 총재

③ 기획재정부 장관

④ 국세청장

26 해외예금에 관한 설명으로서 잘못 된 것은?

① 거주자가 해외에서 비거주자와 신탁거래를 하고자 하는 경우에는 지정외국환은행의 장에게 신고하는 것이 원칙이다.

② 거주자가 해외에서 비거주자와 건당(동일인, 동일자 기준) 미화 5만불을 초과하여 국내에서 송금한 자금으로 예치하고자 하는 경우에는 한국은행 총재에게 신고하여야 한다.

③ 연간 미화 10만불 이내 대외송금은 증빙이 없어도 되며 동 금액에는 해외예금도 포함하여 운용되는 바, 연간 대외송금이 미화 10만불 이내이면 해외예금인 경우라도 신고 생략 가능하다.

④ 개인의 경우 해외예금 연말잔액이 미화 10만불을 초과하는 경우 매년 잔액현황보고서를 한국은행총재에게 제출하여야 한다.

27 거주자가 해외에서 비거주자와 예금 및 신탁거래를 함에 있어 예치한도에 제한을 받지 않는 자에 해당되지 않는 것은?

① 주채무계열 소속 기업체
② 전년도 수출입 실적이 미화 5백만불 이상인 자
③ 외국항로에 취항하고 있는 국내의 항공 또는 선박회사
④ 해외건설촉진법에 의한 해외건설업자

28 교포등에 대한 여신취급 시 거주자가 보증하거나 담보를 제공하는 경우 한국은행총재 신고대상 기준금액은?

① 미화 10만달러 초과
② 미화 20만달러 초과
③ 미화 50만달러 초과
④ 미화 1백만달러 초과

29 해외직접투자와 관련된 내용으로 잘못된 것은?

① 주채무계열 소속 기업체가 해외직접투자를 하고자 하는 경우에는 여신최다은행의 장에게 신고하여야 한다.
② 거주자가 해외직접투자를 한 거주자로부터 당해 지분을 양수받아 해외직접투자를 하고자 하는 경우에는 거래가 있은 날로부터 3개월 이내에 사후보고 할 수 있다.
③ 해외직접투자 신고를 할 때에는 조세체납이 없음을 입증하는 서류를 제출해야 한다.
④ 해외직접투자사업을 청산할 때에는 분배잔여재산을 즉시 국내로 회수하고 청산 관련 서류를 신고기관에 보고하여야 한다.

30 비금융기관의 해외지사와 관련한 설명 중 잘못된 것은?

① 증권에 관한 거래 또는 행위는 원칙적으로 한국은행총재에게 신고하여 수리를 받아야 한다.

② 해외지점이 주재원의 주거용 부동산을 취득하는 등 부동산에 관한 거래를 한 경우에는 한국은행총재에게 신고하여 수리를 받아야 한다.

③ 비거주자에 대해 상환기한이 1년을 초과하는 대부를 하는 경우는 한국은행총재에게 신고하여 수리를 받아야 한다.

④ 한국은행총재가 해외지사의 부동산 거래 또는 행위에 대해 신고수리 함에 있어서는 거주자의 외국부동산 취득 규정을 준용하여야 한다.

31 해외직접투자와 관련하여 잘못 설명된 것은?

① 해외직접투자는 대외 자본유출의 대표적인 거래유형이므로 신고 절차를 거쳐야 할뿐 아니라 철저한 사후관리를 받게 된다.

② 투자금액 납입 후 3개월 이내에 외화증권취득보고서를 신고기관의 장에게 제출해야 한다.

③ 해외직접투자자는 당해 신고내용에 따라 투자원금과 과실을 국내에 회수하여야 한다.

④ 투자자의 상호, 대표자, 소재지, 현지법인명 등을 변경하고자 하는 경우에는 변경신고를 하여야 하며, 변경사유가 발생한 후 3개월 이내에 사후보고할 수 있다.

32 거주자의 외국부동산 취득에 관한 설명 중 잘못된 것은?

① 거주자의 외국부동산 취득은 실수요목적과 투자 목적에 구분 없이 가능하다.

② 해외체재자 및 해외유학생이 본인 거주 목적으로 외국에 있는 부동산을 임차하는 경우에는 신고를 요하지 아니한다.

③ 거주자가 주거 이외의 목적으로 외국에 있는 부동산을 취득하는 경우에는 한국은행 총재에게 신고하여 수리를 받아야 한다.

④ 해외부동산을 처분한 경우, 처분 후 3개월 이내에 해외부동산처분보고서를 제출하여야 한다.

33 다음 중 외국환은행의 장의 신고수리 사항이 아닌 것은?

① 개인의 주거용 외국부동산 취득
② 개인의 투자용 외국부동산 취득
③ 기업의 사무용 외국부동산 취득
④ 기업의 사무용 외국부동산의 물권 취득

34 거래외국환은행 지정과 관련하여 잘못 설명된 것은?

① 법인의 경우 거래외국환은행 지정은 업체 단위로 한다.
② 연간 누계금액이 미화 10만불을 초과하여 지급하고자 하는 자는 거래외국환은행을 지정하여야 한다.
③ 거래외국환은행을 지정한 경우, 관리기간 내에서는 지정을 취소할 수 없으며 다른 외국환은행으로의 변경만 허용된다.
④ 거주자가 외국에서 비거주자와 신탁거래를 하는 경우 거래외국환은행을 지정해야 한다.

35 외국인투자자의 국내 원화증권 투자절차에 관한 설명으로 잘못된 것은?

① 국민인비거주자(영주권자) 및 외국인거주자는 투자등록증이 없어도 국내 주식에 투자할 수 있으나 추후 투자회수자금의 대외송금을 보장받고자 하는 경우에는 외국환거래규정에서 정하는 '외국인투자자의 국내 원화증권 투자절차'에 따라야 한다.
② 외국인투자자의 투자대상 원화증권은 주식, 기업어음, 무역어음, 상업어음, 표지어음, 종금사 발행어음 등이며 양도성예금증서도 해당된다.
③ '대외계정'과 '비거주자원화계정'이 이용된다.
④ 투자전용비거주자원화계정에서 미화 1만불 상당액을 초과하는 내국지급수단을 인출(동일자, 동일인 기준)하는 경우에는 금융감독원장에게 통보하여야 한다.

02 │ 외국환거래실무(25문항)

36 다음 중 외국환은행의 영업점에서 수행하는 업무는?

① 포지션 집중거래 　　　　　　　② 환거래 계약
③ 외화자금 관리 　　　　　　　　④ Test-Key 교환

37 환거래 계약을 체결한 은행으로서 당행의 외화계정이 개설되어 있는 은행을 칭하는 것은?

① Remitting Bank 　　　　　　　② Paying Bank
③ Depositary Bank 　　　　　　　④ Vostro Bank

38 다음 중 외국환은행이 외화자금을 조달해야 하는 경우가 아닌 것은?

① 수출환어음 매입 　　　　　　　② Reim방식 수입신용장 결제
③ 전신환 타발송금 　　　　　　　④ 매입초과 포지션 커버

39 외화유동성 관리에 관한 것으로 알맞지 않은 것은?

① 단기자금 운용은 단기자금 조달로, 장기자금 운용은 장기자금 조달로 Match
② 장기운용 자금을 저금리의 단기자금 조달로 충당함으로써 수익 극대화
③ 충분한 Credit Line의 확보
④ Idle Money의 최소화

40 SWIFT에 관한 설명 중 맞지 않는 것은?

① 외국환은행 간에 이용되는 국제적인 Communication 수단이다.
② 각 외국환은행들은 자신만의 고유 Code를 가진다.
③ SWIFT 전문은 외국환은행 본점에서만 송수신할 수 있다.
④ 외화송금 관련 전문의 Message Type은 MT103이다.

41 수출환어음매입대금이 예정대체일보다 빨리 입금되는 경우 발생하게 되는 미달환 형태는?

① They debited, we did not credit
② They credited, we did not debit
③ We debited, they did not credit
④ We credited, they did not debit

42 외국환은행 영업점의 포지션조정거래에 관한 설명 중 잘못된 것은?

① 각 영업점이 대고객거래 결과 떠안게 된 포지션을 본부로 집중시키는 거래이다.
② 각 영업점의 외환거래 매매익을 확정시키는 거래이다.
③ 포지션집중 시 적용되는 환율은 각 거래의 매매기준율이다.
④ 시장연동환율의 경우 포지션집중거래 환율은 거래당시 고시된 매매기준율이다.

43 외국통화 매입 시 업무절차에 관한 설명 중 잘못된 것은?

① 미화 2만불 상당액을 초과하여 매입하는 경우에는 당해 외국환의 취득이 신고등의 대상인 지 여부를 확인한다.
② 매입 시 영수증(계산서)을 교부하며, 고객이 요청 시 '외국환매입증명서'를 추가 발급할 수 있다.
③ 1백만원 상당액 이하 매입 시는 실명확인을 생략할 수 있다.
④ 외국환신고(확인)필증을 징구하여 매입하는 경우에는 동 신고필증에 거래내용을 기록한다.

44 외국통화 매도업무에 대한 설명 중 잘못된 것은?

① 미화 1만불 초과 매도 시 거래내용이 국세청에 통보된다.
② 국민인거주자에게는 소지목적으로 금액제한 없이 매도 가능하다.
③ 외국인거주자 및 비거주자는 외화를 매각한 실적 범위까지는 환전이 가능하다.
④ 비거주자라도 국내에서의 소득이 증빙되면 동 범위 내에서는 환전이 가능하다.

45 당발송금 업무와 관련한 설명 중 잘못된 것은?

① 연간지급 누계액이 미화 10만불 이하라도 거래외국환은행을 지정해야 한다.

② 자금세탁행위나 불법자금거래 소지가 있으면 외환전산망을 통해 한국은행으로 보고한다.

③ 당발송금 시에는 전신환매도율을 적용하며, 필요 시 우대환율을 적용할 수 있다.

④ 수취인 거래은행의 SWIFT Code가 필요하다.

46 당발송금 업무와 관련한 설명 중 잘못된 것은?

① 미화 50만불 이하 수입대금 송금 시에는 증빙서류를 사본으로 징구할 수 있다.

② 전년도 수입실적이 미화 3천만불 이상인 업체의 수입대금 송금은 증빙서류 징구를 생략할 수 있다.

③ 송금금액이 큰 경우(각행이 별도로 정함)에는 시장환율에 연동한 환율을 적용할 수 있다.

④ 유학생 경비로 연간 미화 5만불 초과 송금 시에는 금융감독원장에게 통보된다.

47 타발송금 업무와 관련하여 잘못 설명된 것은?

① 타발송금 지시서에 기재된 수취인의 성명이나 계좌번호가 조금이라도 다를 경우 Amend 전문을 받아야 한다.

② 국민인거주자 앞 미화 10만불 이하 타발송금은 취득경위 입증서류 징구를 생략할 수 있다.

③ 국민인거주자에게 미화 10만불 초과 타발송금(동일자, 동일인, 동일점포)의 취득경위 입증서류가 없으면 외국환신고(확인)필증을 받는다.

④ 외국인거주자 및 비거주자 앞 타발송금의 송금사유가 불명확한 경우 '해외재산 반입자금'으로 처리한다.

48 당발송금을 취소하여 퇴결대전을 지급할 때 적용하는 환율은?

① 전신환매입률
② 전신환매도율
③ 매매기준율
④ 시장연동환율

49 외화예금에 관한 설명 중 잘못된 것은?

① 고객으로부터 수취하는 외화예금은 외국환은행의 중요한 외화자금 조달원천이다.
② 대외계정에 예치된 외화예금은 대외송금에 아무런 제한이 없다.
③ 국민인거주자가 거주자계정에 입금하고자 하는 경우 금액제한 없이 매입하여 예치 가능하다.
④ 미화 2만불 상당액을 초과하여 거주자계정에 입금하는 경우에는 취득경위를 입증하는 서류를 제출해야 예치가 가능하다.

50 해외이주자계정에 관한 설명 중 잘못된 것은?

① 개설신청인의 다른 외화예금과 구분해서 관리해야 한다.
② 해외이주자, 재외동포가 반출하려는 자금을 예치하는 계정이다.
③ 예치금액 합계액이 미화 10만불을 초과하는 경우 예치금액 전체에 대한 자금출처확인서를 징구해야 하며, 동 확인서는 예금 처분 시까지 징구하면 된다.
④ 예치된 자금의 처분은 해외송금으로 제한된다.

51 여행자수표 업무에 대한 설명으로서 부적절한 것은?

① 여행자수표 판매 시 Holder's Sign란에 고객이 직접 서명토록 해야 한다.
② Counter Sign은 여행자수표를 사용하는 시점에 수표수취인의 면전에서 하도록 안내한다.
③ 여행자수표 구매신청서(Purchase Record)는 수표실물과 함께 보관하도록 안내한다.
④ 여행자수표에 사용하는 서명(Sign)은 여권의 서명과 동일한 서명을 사용토록 안내한다.

52 외국환업무는 실제 자금의 입출이 고객과의 거래와 동시에 이루어지지 않는 특징이 있다. 이러한 상황을 고려하여 고객과의 거래 시에는 경과계정으로 회계처리를 하였다가 실제 자금의 입출이 발생하거나 발생할 것으로 예상되는 시점에 외화타점예치 계좌를 조정하는 과정을 거친다. 다음 중 경과계정(Tunnel Account)이 아닌 것은?

① 매입외환
② 외화본지점
③ 매도외환
④ 미지급외환

PART 01　PART 02　PART 03　부록

53 다음 중 중장기 자금조달 방법이 아닌 것은?

① FX Swap
② Syndicated Loan
③ Foreign Bond
④ DR

54 채권에 관한 설명 중 부적절한 것은?

① 시장금리가 오르면 고정금리부 채권의 가격이 상승한다.
② Zero Coupon 채권이란, 이표가 없는 할인채권을 지칭한다.
③ Duration은 금리변동에 따른 채권가격 변동 민감도로 이용된다.
④ 채권을 만기까지 보유했을 때 얻게 되는 예상수익률을 Yield to Maturity라 한다.

55 다음 중 기초자산의 가격이 오르면 가치가 하락하는 옵션은?

① Call Option
② Put Option
③ American Option
④ European Option

56 다음 중 옵션거래를 결합하여 선물환율을 유리하게 만들어 주는 상품은?

① Enhanced Forward
② Range Forward
③ Target Forward
④ Merit Forward

57 옵션 프리미엄에 영향을 주는 요소가 아닌 것은?

① Underlying Asset   ② Exercise Price

③ Time to Maturity   ④ Price Volatility

58 Barrier Option에 관한 설명 중 잘못 된 것은?

① 옵션계약일에 행사가격을 정하지 않고 행사시점에서 과거를 돌아보아 자신에게 유리한 가격으로 행사사격을 선정하여 거래하는 옵션이다.

② 특정 가격에 다다르면 옵션의 효력이 발생하는 옵션을 Knock-in Option이라 한다.

③ 특정 가격에 다다르면 옵션의 효력이 소멸되는 옵션을 Knock-out Option이라 한다.

④ Barrier Option은 일반 옵션에 비해 옵션가격이 저렴하다.

59 아래와 같은 조건일 때, 현시점에서의 Call Option 매입자의 손익은?

> • 옵션 프리미엄 5원
> • 옵션 행사사격 100원
> • 기초자산 가격 98원

① 이익 2원   ② 손실 3원

③ 손실 5원   ④ 이익 3원

60 아래와 같은 조건일 때, 현시점에서의 Put Option 매입자의 손익은?

> • 옵션 프리미엄 5원
> • 옵션 행사사격 100원
> • 기초자산 가격 98원

① 이익 2원   ② 손실 3원

③ 손실 5원   ④ 이익 3원

03 | 환리스크 관리(20문항)

61 다음 중 환율에 관한 설명으로서 잘못된 것은?

① USD/Yen 환율이 상승하고 USD/Won 환율이 안정적이라면 일본기업에 비해 국내 수출기업의 경쟁력이 약화된다.
② 국내 외국환은행이 고시하는 환율이 올랐다 함은 원화가치가 상승함을 뜻한다.
③ 환율이란, 표시통화로 나타낸 기준통화의 가격이라 할 수 있다.
④ 국내 외환시장에서 환율이 상승하면 수출기업 상품의 가격경쟁력이 호전된다.

62 다음 중 환율의 상승요인으로 작용하는 것은?

① 외국인 투자자들의 국내주식 투자 증가
② 국내 선박건조회사들의 해외 수주량 증가
③ 국내 정유회사들의 원유 수입 증가
④ 지속적인 외국인 관광객 유입 증가

63 외화대출에 관한 설명으로서 적절치 못한 것은?

① 외국환은행은 외화를 조달하여 고객에게 외화로 대출하므로 환리스크가 없다.
② 고객들이 원화 수요를 외화대출을 통해 조달하면서 환리스크 회피를 위해 선물환거래로 헤징할 경우 환리스크 부담 없이 낮은 금리로 자금을 차입하는 결과를 얻게 된다.
③ 외화대출금을 원화로 환전하여 사용하면 차입당시의 환율과 상환 시의 환율이 다를 경우 환차손익이 발생하게 된다.
④ 외화대출은 환리스크 문제를 고려하여 대출 시 실수요 내용 등을 확인하게 된다.

64 외국환은행이 고시하는 대고객거래 환율에 관한 설명 중 잘못된 것은?

① 각 영업일의 최초 환율고시에 적용하는 USD/Won 매매기준율은 전 영업일에 국내외환시장에서 형성된 시장평균환율이다.
② 외국환은행은 대고객거래 환율을 수시로 재고시 하며, 재고시 횟수에는 제한이 없다.
③ 각 영업일의 최초 환율고시 시, 미 달러화를 제외한 외화의 환율은 국내외환시장의 USD/Won 환율과 국제외환시장에서 형성되는 '미 달러화에 대한 해당통화의 환율'을 고려하여 재정된 교차환율을 매매기준율로 고시한다.
④ 여행자수표 매도는 수표판매 관련 수수료 등이 발생하기 때문에 적용하는 환율이 전신환 매도율보다 높다.

65 국제 외환시장에 관한 설명 중 잘못된 것은?

① 신년 휴일이 끝나면 호주, 일본, 홍콩, 런던, 뉴욕 순으로 외환시장이 열린다.
② 도쿄 외환시장과 런던 외환시장의 환율이 상이한 경우 차익거래가 발생한다.
③ 현물환시장과 선물환시장이 별도로 구분되어 있는 건 아니다.
④ 투기거래 거래량이 실수요거래량 보다 많다.

66 다음 중 외환포지션이 발생하는 거래가 아닌 것은?

① Yen을 대가로 USD 매입
② 원화를 대가로 한 EUR 매도
③ 외화예금(USD)에서 출금하여 외화현찰(USD)로 지급
④ 고객의 원화통장에서 출금하여 외화예금 예치

67 환리스크에 관한 설명 중 잘못된 것은?

① 수출기업은 환율이 하락할 위험, 수입기업은 환율이 상승할 위험에 처한다.
② 외환 Exposure를 과도하게 유지하는 것은 환투기를 하는 것과 같다.
③ 수출기업의 환리스크는 수출상품 선적시점부터 관리해야 한다.
④ 외화대출 차입기업은 차입한 외화를 원화로 환전하는 순간부터 리스크에 노출된다.

68 환리스크 헤징에 관한 설명 중 잘못된 것은?

① 헤징의 기본원리는 외환포지션을 Square로 가져가는 것이다.

② 환노출 정도를 고려하여 헤징을 안 할 수도, 일부만 하는 것도 환리스크 헤징 전략이다.

③ 선물환거래, 환변동 보험, 통화선물 등은 대표적인 환리스크 헤징상품이다.

④ 환리스크 헤징이란, 환율변동 예측을 바탕으로 한 적극적인 환차익 실현 전략이다.

69 선물환거래에 관한 설명 중 잘못된 것은?

① 선물환거래는 만기일의 환율이 어떻게 변하든 계약 시 정한 환율로 관련통화를 교환해야 한다.

② 선물환거래는 거래통화의 결제일이 거래일로부터 3영업일 이후에 도래되는 외환거래이다.

③ 선물환거래는 고객이 원하는 금액과 기일에 맞춰 외국환은행이 제공하는 헤징상품이다.

④ 수출기업은 선물환 매입거래를, 수입기업은 선물환 매도거래를 통해 헤징한다.

70 선물환율에 관한 설명 중 잘못된 것은?

① 금리가 낮은 통화가 금리에 높은 통화에 대해 '선물환 디스카운트' 상태에 놓인다.

② 현물환율과 자금시장에서의 금리를 고려하여 산출된다.

③ 선물환율과 현물환율과의 차이를 Swap Point라 부른다.

④ 선물환율이란 미래 특정시점에 적용할 환율이며, 거래 시점에서 미리 확정한다.

71 선물환거래 시 외국환은행이 고객에게 요구하는 담보 또는 보증금은?

① 계약이행 보증금

② 개시증거금

③ 유지증거금

④ Margin

72 외국환은행 딜러가 다음과 같이 가격제시를 한 경우, 수입기업이 2개월 후의 수입결제를 위해 USD를 선물환으로 매입하려면 어떤 환율이 적용되는가?

USD/Won	Spot		1,050.50 − 1051.50
	Swap Point	1 Month	1.50 − 2.50
		2 Month	3.00 − 4.50
		3 Month	5.00 − 7.00

① 1,047.00

② 1,053.50

③ 1,046.00

④ 1,056.00

73 USD의 금리가 1%이고, Won의 금리가 3%이며, 현물환율이 1,050.00이며, 시장의 지배적인 의견은 환율이 지속적으로 떨어질 것으로 형성되는 경우, 3개월 선물환율은 다음 중 어느 수준으로 결정될 것인가?

① 1,050

② 1,050보다 높게 결정된다.

③ 1,050보다 낮게 결정된다.

④ 외환시장의 효율성에 따라 달라진다.

74 수입기업인 A는 향후 환율상승을 우려하여 헤징을 하고자 한다. 해당 기업의 상황이 다음과 같을 경우 어떤 헤징방법이 가장 유리한가?

- 수입결제 금액 : US $ 1,000,000(1개월 후 결제 예정)
- 현물환율 : USD/Won 1,050
- USD 금리 : 1%
- Won 금리 : 3%
- USD 통화선물(1개월물) 가격 : 1,050.10
- A기업이 보유중인 보통예금 : 20억원(향후 2개월간 예치될 예정)

① 외국환은행과 선물환거래를 한다.

② 거래소에서 통화선물 거래를 한다.

③ 현물환으로 USD를 매입하여 외화예금에 예치해 둔다.

④ USD를 차입하여, 현물환으로 매각하고 이 때 받은 원화를 보통예금으로 예치한다.

75 환변동 보험에 관한 설명으로 잘못된 것은?

① 환변동 보험은 수출입 관련 외환거래를 외국환은행이 아닌 한국무역보험공사와 하는 거래이다.

② 환변동 보험은 기본적으로 선물환거래와 가격구조가 같다.

③ 환변동 보험은 만기일의 연장이 불가하다.

④ 환변동 보험은 거래할 수 있는 통화가 제한적이다.

76 외환스왑(FX Swap)에 관한 설명 중 잘못된 것은?

① 수출입기업이 외화 수급의 Mismatch를 조정하기 위해 이용한다.

② 수출입기업이 선물환계약의 만기일 조정을 위해 이용한다.

③ 외국환은행이 외화자금 유동성 조정을 위해 이용한다.

④ 스왑기간 동안 거래 당사자 간에 이자교환을 해야 한다.

77 통화선물(Currency Futures)에 관한 설명 중 잘못된 것은?

① 한국거래소(KRX)에서 거래되는 환헤징 상품이다.

② 선물환거래와 달리 거래금액 및 만기일이 표준화된 상품이다.

③ 최근월물이 아닌 경우 거래량이 적어 활용도가 떨어지는 경향이 있다.

④ 거래상대방이 계약이행을 하지 않는 '계약 불이행' 위험이 있다.

78 다음 중 가장 관계가 먼 용어는?

① Cost of Carry

② 선물환 Premium, 선물환 Discount

③ Basis

④ Margin

79 수출기업이 환리스크 헤징을 위해 2025년 1월 15일에 다음과 같이 통화선물(USD) 매도거래를 하였다. 수출기업의 실제 환전환율은?

> • 2025. 1. 15 현물환율 : USD/Won 1,050
> • 수출대금 수령 예정일 : 2024. 2. 15
> • USD 금리 1%
> • Won 금리 3%
> • USD 선물 가격(만기 : 2025. 2. 15) : 1,051.50
> • 2025. 2. 15. 당일의 현물환율 USD/Won 1,040.00

① 1,051.75
② 1,051.50
③ 1,050.00
④ 1,040.00

80 선물환거래와 통화선물의 비교 중 잘못된 것은?

① 선물환거래는 외국환은행과 거래하며, 통화선물을 선물거래소에서 거래되는 상품이다.
② 두 상품의 가격산출 구조는 기본적으로 동일하다.
③ 선물환거래는 계약이행보증금을, 통화선물거래는 거래증거금을 예치하여야 한다.
④ 선물환거래 및 통화선물거래 모두 실수요 증빙서류가 필요하다.

CHAPTER 02 정답 및 해설

정답확인

01	02	03	04	05	06	07	08	09	10	11	12	13	14	15	16
④	①	④	③	②	④	①	①	③	①	②	④	②	③	④	③
17	18	19	20	21	22	23	24	25	26	27	28	29	30	31	32
①	④	④	②	③	④	③	③	①	①	①	③	①	②	②	③
33	34	35	36	37	38	39	40	41	42	43	44	45	46	47	48
④	④	③	①	③	③	②	③	②	④	②	③	②	④	③	①
49	50	51	52	53	54	55	56	57	58	59	60	61	62	63	64
④	④	③	②	①	①	②	①	①	①	③	②	②	③	②	③
65	66	67	68	69	70	71	72	73	74	75	76	77	78	79	80
②	③	③	④	①	①	①	④	②	③	①	④	④	④	④	④

01 | 외국환관리실무(35문항)

01 대한민국 재외공관 근무직원은 거주자이다.

03 신고수리업무는 7영업일 이내, 신고업무는 2영업일 이내

04 상호계산을 위해서는 지정거래외국환은행의 장에게 신고한다.

05 외화 및 원화를 포함하여 판정한다. 원화를 외화로 환산할 때는 행위 발생시점의 매매기준율을 적용하여 환산한다.

06 외국환에는 대외지급수단, 외화증권, 외화채권이 포함된다. 외국환거래법에서 규정하는 물적 대상에 외국환, 내국지급수단, 귀금속(금 등)이 해당된다. 즉, 외국환에 해당되지는 않지만 외국환거래법의 적용을 받는다.

09 매각실적이 없는 비거주자에게도 미화 1만불까지는 매각이 가능하다(매각 사실을 여권에 기재함).

10 일반 해외여행자의 경비는 미화 1만불 상당액을 초과하여 휴대수출 시 세관에 직접 신고한다.

11 수령하는 경우에는 신고를 요하지 아니한다. 거주자와 비거주자 간에 건당 미화 1만불 이하의 경상거래 대가는 외국환은행을 통하지 않고도 대외지급수단으로 직접 지급할 수 있다.

14 해외유학경비로 연간 미화 10만달러 초과 지급 시에는 국세청 및 금감원장 앞으로 통보한다.

15 해외부동산 취득 및 해외직접투자는 금액 분문하고 신고해야 한다.

16 거주자계정 예치 시 확인하므로 처분할 때는 확인하지 않아도 된다.

17 30일 이하 여행자는 일반 해외여행자이고, 30일 초과하는 경우는 해외체재자이다. 해외체재자에게 해외여행경비를 지급하고자 하는 경우에는 거래외국환은행을 지정하여야 하며 해외체재를 입증할 수 있는 서류를 제출해야 한다. 해외여행경비는 별도로 정해진 경우를 제외하고는 외국환은행을 통한 지급(대외송금)이 제한되지만 해외체재자에게는 지급금액에 제한 없이 대외송금이 가능하다(다만, 연간 미화 10만불 초과 시에는 국세청 및 금감원에 통보됨).

18 여행업자 또는 교육기관 등이 해외여행자와의 계약에 의해 필요 외화소요경비를 환전하는 경우, 여행자에 외국인거주자가 있는 경우에는 여권에 매각금액을 기재하여야 한다. 다만, 1백만원 이하에 상당하는 외국통화를 매각하는 경우에는 기재를 생략할 수 있다.

20 해운대리점이 외국 선박회사를 대리하면서 국내에서 징수한 선박임과 국내에서 지급한 경상운항경비를 상계하거나 상계한 잔액을 외국 선박회사와 지급 또는 수령하고자 하는 경우에는 신고를 요하지 않는다.

21 지급수단을 수령하는 경우에는 외국환은행을 통하지 않더라도 신고를 요하지 아니한다.

22 지급수단의 수출입에는 내국통화, 원화표시 여행자수표, 원화표시 자기앞수표가 포함되며, 미화 1만불 초과여부는 휴대수출입 시점의 매매기준율로 환산한다.

23 대한민국 재외공관 직원은 거주자이지만 대외계정으로 개설해야 한다.

24 비거주자유원계정은 대외지급에는 제약이 없으나, 예치 시 취득경위가 입증된 자금만으로 제한된다. 원화로 표시된 대외자산으로서 대외계정과 거의 흡사하다.

26 거주가가 해외에서 비거주자와 신탁거래를 하고자 하는 경우에는 거래금액 불문하고 한국은행총재에게 신고한다.

27 기관투자가, 원양어업자도 예치한도에 제한이 없다.

28 동일인 미화 50만달러 이하 보증 및 담보제공은 외국환은행의 장에게 신고사항이며, 미화 50만달러 초과 시에는 한국은행총재 신고 사항이다.

29 주채무계열 소속 기업체가 해외직접투자를 하고자 하는 경우에는 당해기업의 주채권은행의 장에게 신고하여야 한다.

30 해외지점이 영업기금과 이익금유보액 범위 내에서 사무실 및 주재원의 주거용 부동산 등 해외에서의 영업활동에 필요하여 외국에 있는 부동산을 취득하는 등 부동산에 관한 거래를 한 경우에는 한국은행총재 신고수리 사항이 아니다.

31 투자금액 납입 후 6개월 이내에 제출한다.

32 주거용이든 주거이외의 목적이든 부동산의 지정거래외국환은행의 장에게 신고하여 수리를 받으면 된다.

33 한국은행총재의 신고수리에 속하는 사항이다.

34 거주자가 해외에서 비거주자와 신탁거래를 하는 경우는 거래외국환은행 지정 대상이 아니다(한국은행 총재 앞 신고사항).

35 투자전용계정으로 투자전용대외계정과 투자전용비거주자원화계정이 이용된다.

02 | 외국환거래실무(25문항)

36 영업마감 시 각 영업점의 외환포지션을 본부로 집중시키는 거래를 한다. 환거래 계약, 외화자금 관리, Test-Key 교환은 외국환은행 본점 주무부서에서 행한다.

38 전신환 타발송금은 지급지시서 도착시점에 이미 당방계정에 자금이 입금되므로 자금부담이 없으나, 수출환어음 매입은 외화를 먼저 지급하고 당방계정에는 나중에 입금되며, Reim방식 수입결제는 당방에서 먼저 출금되어 고객으로부터는 나중에 받고, 매입초과 포지션 커버거래는 매도거래이므로 매도대금 지급을 위해 자금을 조달해야 한다.

39 장기운용자금을 단기자금으로 조달하는 경우 단기자금의 Roll-over가 되지 않아 유동성위험에 처할 우려도 있고 단기자금 조달금리 상승으로 인한 금리위험도 있으므로 적절한 방법이 아니다.

40 Telex와 달리 외국환은행 영업점에서도 가능하다.

41 외타계정에 자금이 들어와 있으나 다음과 같은 예정대체 기표가 되기 전이라 잔액이 서로 다른 상황이 발생한다. 외타계정은 그들의 입장에서는 예금이고 대변계정(Cr.)이다.

(예정대체일에 외타계정에 자금이 들어온 것을 인식하는 회계처리) 외화타점예치 / 매입외환

42 시장연동환율의 경우에는 고시된 매매기준율과는 별도로 딜링룸이 별도로 제시(지정)한 환율로 포지션이 본부로 이전(집중)된다.

43 외국환매입증명서 및 영수증은 추후 재환전 시 증빙자료로 활용되므로 둘 중에 하나만 발급해야 한다 (외국환매입증명서 발급 시에 영수증은 회수).

44 비거주자의 경우에는 '최근 입국일' 이후에 매각한 범위까지는 환전 가능하다. 매각실적이 없어도 미화 1만불까지는 환전할 수 있다.

45 금융정보분석원 앞으로 보고한다.

46 연간 미화 10만불 상당액 초과 유학생 경비 송금은 국세청장 및 금감원장에게 통보대상이다.

47 '영수확인서'를 징구하며 '이전거래'로 처리한다.

49 취득 또는 보유가 인정된 대외지급수단이면 금액 제한이 없다. 국민인거주자는 소지목적으로도 별다른 신고등의 절차 없이 외화를 매입할 수 있는 바, 보유가 인정된 대외지급수단에 해당된다.

50 내국지급수단을 대가로 한 매각도 가능하다.

51 구매신청서는 수표실물과 분리하여 소지하도록 안내한다(분실 시 재발행의 근거서류로 제출해야 하므로).

53 FX Swap은 단기간의 자금 Mismatch 조절에 이용되는 수단이다.

54 시장금리가 오르면 고정금리부 채권의 가격은 하락한다.

56 옵션매도에 따른 프리미엄만큼 선물환율을 유리하게 만들어 준다.

57 Underlying Asset은 옵션이 바탕으로 하는 거래대상물인 기초자산을 지칭한다.

58 Look Back Option에 대한 설명이다.

59 옵션 행사가격이 기초자산 가격보다 높기 때문에 옵션을 행사할 필요가 없으며, 옵션 매입 시 지불한 프리미엄인 5원만큼 손실이다.

60 기초자산 가격보다 행사가격이 높으므로 Put Option을 행사하면 2원 이익이나, 옵션 매입 시 지불한 프리미엄이 5원이므로 총 손실액은 3원이다.

03 | 환리스크 관리(20문항)

61 환율이 올랐다 함은 외화의 가치가 올랐음을 의미하므로 원화가치는 하락한 것이다.

62 정유회사들의 원유대금 수입결제 수요로 인해 환율 상승, 기타 항목들은 외화의 공급요인으로서 환율 하락에 기여한다.

63 외화대출의 환리스크 헤징을 위해 선물환거래를 이용하게 되면 선물환율에 양통화의 금리(예 외화금리 및 원화금리)차이가 반영되므로 금리효과가 상쇄된다. 선물환거래 등으로 헤징을 하지 않게 되면 환율 하락 시 추가로 환차익을 누릴 수 있겠으나, 환율이 상승하면 저금리 효과를 훨씬 상회하는 환차손 우려도 크다.

64 미달러화와 위안화는 시장평균환율을 매매기준율로 사용

65 도쿄 외환시장과 런던 외환시장이 별도로 존재하는 건 아니며, 특정 시각에는 오직 하나의 시장만 존재힌다. Time Zone이 서로 달라서 아시아 시간대에는 도쿄소재 은행들을 중심으로 시장이 형성되고, 유럽 시간대에는 런던 등에 소재하는 은행들을 중심으로 시장이 형성됨에 따라 편의상 그렇게 호칭할 뿐이며, 특정 시각에 서로 다른 시장이 존재하는 것은 아니다.

66 동일한 통화 간 이동은 외환포지션에 영향을 주지 않는다.

67 수출입기업은 수출입계약을 하는 순간부터 환리스크를 관리해야 한다.

68 헤징이란, 환율변동 위험으로부터 벗어나기 위한 조치이며 안정적인 기업운영을 위해 필요한 영업이익을 불리한 환율변동으로부터 보호하기 위한 활동이다.

69 수출기업은 수출대금을 선물환으로 매도, 수입기업은 수입대금 결제를 위한 선물환 매입

70 금리가 낮은 통화는 선물환 프리미엄, 금리가 높은 통화는 선물환 디스카운트

71 계약이행 보증금은 현금, 예금, 부동산 등으로 제공할 수 있다.

72 Offer쪽 스왑포인트가 Bid쪽 스왑포인트보다 크므로 USD가 선물환 프리미엄 상태이고, 선물환 프리미엄의 경우에는 현물환율에 해당 스왑포인트를 더해 주어야 한다. 기업의 입장에서 기준통화인 USD를 매입하는 경우에는 딜러가 제시한 Offer Rate가 적용된다.

73 USD의 금리가 Won의 금리보다 낮으므로 선물환 프리미엄 상태가 되어 환율이 지금보다 높은 수준으로 결정된다.

74 원화자금이 충분히 있고, 향후 2개월간은 해당 원화를 사용할 계획이 없으므로, 이자도 없는 보통예금에 놓아두는 대신에 해당자금으로 USD를 매입하여 외화예금에 예치해 두면, 1개월 후의 실제 원가환율은 현물환율인 1,050보다 낮아지는 결과를 얻게 된다(Self-made Forward).

75 수출입관련 외환거래는 궁극적으로 외국환은행과 하는 것이며, 한국무역보험공사는 선물환거래와 동일한 가격구조를 갖는 헤징상품인 '환변동 보험'만 제공하는 것이다.

76 외환스왑은 현물환거래와 선물환거래를 동시에 실행하면서 이자에 해당하는 금액을 선물환율에 반영하므로 스왑기간동안 이자교환이 일어나지 아니한다. 수출입기업이 선물환거래를 하는 경우 만기일이 변경되면 활용해야 하는 거래이다.

77 청산회사가 계약이행을 보증하므로 계약불이행 위험이 없다(거래증거금 예치 및 마진콜 제도).

78 선물(또는 선물환)가격과 현물가격은 재고유지비용에 의해 일정한 차이를 보이게 된다. 이러한 차이를 선물거래에서는 Cost of Carry, Basis 등으로 표현하고, 선물환 거래에서는 Premium/Discount로 표시한다. Margin은 선물거래 시 적립해야 할 거래증거금을 지칭한다.

79 통화선물을 이용하여 미리 수출대금 시 수령할 외화를 팔아 놓았기 때문에, 수출대금 수령일의 환율이 어떻게 되든 해당 수출기업에 적용될 환율은 1,051.50이다.
통화선물로 헤징을 안했더라면 수출대금 수령당시의 환율인 1,040.00에 환전을 해야 하므로 수출계약 당시의 계상하였던 환율 (1,050)을 고려하면 1불당 10원씩 환차손이 발생하게 되나 선물거래를 통해 헤징을 하였으므로 이러한 환차손 가능성을 피하게 된다.

> • 수출기업이 외국환은행에 수출대금을 매도할 때 적용될 환율 : 1,040
> • 통화선물 매도거래에서 발생하는 이익 : 11.50(= 1,051.50 − 1,040.00)
>   * 통화선물의 만기일에는 통화선물의 가격과 현물가격이 같아짐
> • 수출기업에 적용되는 실제환율 : 1,051.50(= 1,040.00 + 11.50)

80 통화선물거래는 실수요증빙 서류가 필요치 아니하며 일반 개인도 거래 가능하다. 선물환거래는 '왜, 해당거래를 해야 하는지'를 증빙하는 서류를 제출해야 한다.

참고 문헌 및 Web-site

한국은행 홈페이지, http://www.bok.or.kr

국가법령정보센터 홈페이지, http://www.law.go.kr/

이유춘, 2024, 「외환관리 실무」, 한국금융연수원

김병섭, 임영학, 신태용, 민병조, 임희진, 2024, 「외국환거래 실무」, 한국금융연수원

김운섭, 2023, 「환리스크 관리」, 한국금융연수원

좋은 책을 만드는 길, 독자님과 함께하겠습니다.

한승연의 외환전문역 I 종 한권으로 끝내기 + 무료동영상

개정11판1쇄 발행	2025년 05월 15일(인쇄 2025년 04월 17일)
초 판 발 행	2014년 03월 25일(인쇄 2014년 02월 11일)
발 행 인	박영일
책 임 편 집	이해욱
저 자	한승연
편 집 진 행	김준일 · 이경민
표지디자인	조혜령
편집디자인	하한우 · 박지은
발 행 처	(주)시대고시기획
출 판 등 록	제10-1521호
주 소	서울시 마포구 큰우물로 75 [도화동 538 성지 B/D] 9F
전 화	1600-3600
팩 스	02-701-8823
홈 페 이 지	www.sdedu.co.kr

I S B N	979-11-383-9282-2 (13320)
정 가	25,000원

※ 이 책은 저작권법의 보호를 받는 저작물이므로 동영상 제작 및 무단전재와 배포를 금합니다.
※ 잘못된 책은 구입하신 서점에서 바꾸어 드립니다.

시대에듀
금융시리즈

시대에듀 금융, 경제·경영과 함께라면
쉽고 빠르게 단기 합격!

금융투자협회	펀드투자권유대행인 한권으로 끝내기	18,000원
	펀드투자권유대행인 출제동형 100문항 + 모의고사 3회분 + 특별부록 PASSCODE	18,000원
	증권투자권유대행인 한권으로 끝내기	18,000원
	증권투자권유대행인 출제동형 100문항 + 모의고사 3회분 + 특별부록 PASSCODE	18,000원
	펀드투자권유자문인력 한권으로 끝내기	30,000원
	펀드투자권유자문인력 실제유형 모의고사 4회분 + 특별부록 PASSCODE	21,000원
	증권투자권유자문인력 한권으로 끝내기	32,000원
	증권투자권유자문인력 실제유형 모의고사 3회분 + 특별부록 PASSCODE	21,000원
	파생상품투자권유자문인력 한권으로 끝내기	30,000원
	투자자산운용사 한권으로 끝내기(전2권)	38,000원
	투자자산운용사 실제유형 모의고사 + 특별부록 PASSCODE	55,000원
	투자자산운용사 출제동형 100문항 최신 9회분	33,000원
금융연수원	신용분석사 1부 한권으로 끝내기 + 무료동영상	24,000원
	신용분석사 2부 한권으로 끝내기 + 무료동영상	24,000원
	은행FP 자산관리사 1부 [개념정리 + 적중문제] 한권으로 끝내기	20,000원
	은행FP 자산관리사 1부 출제동형 100문항 + 모의고사 3회분 + 특별부록 PASSCODE	17,000원
	은행FP 자산관리사 2부 [개념정리 + 적중문제] 한권으로 끝내기	20,000원
	은행FP 자산관리사 2부 출제동형 100문항 + 모의고사 3회분 + 특별부록 PASSCODE	17,000원
	은행텔러 한권으로 끝내기	23,000원
	한승연의 외환전문역 Ⅰ종 한권으로 끝내기 + 무료동영상	25,000원
	한승연의 외환전문역 Ⅱ종 한권으로 끝내기 + 무료동영상	25,000원
기술보증기금	기술신용평가사 3급 한권으로 끝내기	31,000원
매일경제신문사	매경TEST 단기완성 필수이론 + 출제예상문제 + 히든노트	30,000원
	매경TEST 600점 뛰어넘기	23,000원
한국경제신문사	TESAT(테셋) 한권으로 끝내기	28,000원
	TESAT(테셋) 초단기완성	23,000원
신용회복위원회	신용상담사 한권으로 끝내기	27,000원
생명보험협회	변액보험판매관리사 한권으로 끝내기	20,000원
한국정보통신진흥협회	SNS광고마케터 1급 7일 단기완성	20,000원
	검색광고마케터 1급 7일 단기완성	20,000원

※ 도서의 제목 및 가격은 변동될 수 있습니다.

시대에듀 금융자격증 시리즈와 함께하는
금융권 취업의 골든키!

은행텔러
한권으로 끝내기

한승연의 외환전문역
1·2종 한권으로 끝내기

신용분석사
1·2부 한권으로 끝내기
+ 무료동영상

은행FP 자산관리사
1·2부 [개념정리 + 적중문제]
한권으로 끝내기 &
실제유형 모의고사 PASSCODE

독학으로 2주면 합격!
핵심개념부터 실전까지 단기 완성!

국내 유일! 핵심이론과 유형문제 및
무료동영상 강의로 합격하기!

개념정리 + 문제풀이 무료동영상
강의로 실전에 강해지는 체계적 학습!

방대한 내용에서 핵심만 쏙! 쏙!
효율적 학습으로 단기 합격!

시대에듀 금융자격증 시리즈

시대에듀 금융자격증 도서 시리즈는 짧은 시간 안에 넓은 시험범위를 가장 효율적으로 학습할 수 있도록 구성하여 시험장을 나올 그 순간까지 독자님들의 합격을 도와드립니다.

투자자산운용사

한권으로 끝내기 &
실제유형 모의고사 + 특별부록 PASSCODE &
출제동형 100문항 최신 9회분

펀드투자권유자문인력

한권으로 끝내기 &
실제유형 모의고사 PASSCODE

매경TEST & TESAT

단기완성 & 한권으로 끝내기

매회 최신시험 출제경향을 완벽하게 반영한
종합본, 모의고사, 기출문제집

단기합격을 위한 이론부터 실전까지
완벽하게 끝내는 종합본과 모의고사!

단순 암기보다는 기본에 충실하자!
자기주도 학습형 종합서!

※ 도서의 제목 및 이미지는 변동될 수 있습니다.

대한민국
모든 시험 일정 및
최신 출제 경향·신유형 문제

꼭 필요한
자격증·시험 일정과
최신 출제 경향·신유형 문제를
확인하세요!

출제 경향·신유형 문제

◀ 시험 일정 안내 / 최신 출제 경향 · 신유형 문제 ▶

시험 일정 안내

- 한국산업인력공단 국가기술자격 검정 일정
- 자격증 시험 일정
- 공무원·공기업·대기업 시험 일정

합격의 공식
시대에듀